中外文稀有版本文献

《反杜林论》

①

德 文 版

【德】弗里德里希·恩格斯 ◎ 著

图书在版编目(CIP)数据

《反杜林论》中外文稀有版本文献：汉文、英文、德文/(德)恩格斯著；钱铁如，吴理屏译.—北京：中央编译出版社，2023.2

ISBN 978-7-5117-4244-5

Ⅰ.①反⋯ Ⅱ.①恩⋯ ②钱⋯ ③吴⋯ Ⅲ.①《反杜林论》-恩格斯著作研究-汉、英、德 Ⅳ.① A124

中国版本图书馆 CIP 数据核字 (2022) 第 153715 号

《反杜林论》中外文稀有版本文献

策划统筹	张远航
责任编辑	郑永杰　周雪凝
责任印制	刘　慧
出版发行	中央编译出版社
地　　址	北京市海淀区北四环西路 69 号 (100080)
电　　话	(010)55627391(总编室)　　(010)55627312(编辑室)
	(010)55627320(发行)　　　(010)55627377(网站)
经　　销	全国新华书店
印　　刷	北京文昌阁彩色印刷有限责任公司
开　　本	710 毫米 × 1000 毫米　1/16
字　　数	1215 千字
印　　张	87.75
版　　次	2023 年 2 月第 1 版
印　　次	2023 年 2 月第 1 次印刷
定　　价	1480.00 元 (全 4 册)

新浪微博：@ 中央编译出版社　微　信：中央编译出版社 (ID：cctphome)
淘宝店铺：中央编译出版社直销店 (http://shop108367160.taobao.com)
　　　　 (010)55627331

本社常年法律顾问：北京市吴栾赵阎律师事务所律师　闫　军　梁　勤
凡有印装质量问题，本社负责调换。电话：(010)55626985

《反杜林论》的出版与传播

(代序)

恩格斯在《反杜林论》中对杜林的批判以及反对杜林主义的斗争，捍卫和发展了马克思主义，不仅使德国社会民主党摆脱了杜林主义的影响，确立了正确的思想理论基础，而且有力地推动了国际工人运动，促进了马克思主义在世界各国的迅速传播和发展。《反杜林论》一书在世界各国广泛的传播，甚至出乎恩格斯的意料，1884年4月11日，恩格斯在获悉《反杜林论》在德国及其他国家，特别是在俄国产生了巨大影响后，写信给伯恩施坦说："对于随书寄来的《杜林》，我费了一点脑筋，后来认为是误寄给我的，也就放心地搁在一边了。我根本没有想到，这是暗示要出第二版。使我很高兴的是，事情果然如此，尤其是现在各方面都告诉我，这本东西产生了完全出乎我意料的影响，特别是在俄国。可见，尽管同不足道的对手进行论战不可避免具有枯燥的性质，但是我们百科全书式地概述了我们在哲学、自然科学和历史问题上的观点，还是起了作用。"130余年来，《反杜林论》以多种语言出版各种版本，这些版本的传播在很大程度上反映了不同时代人们理解《反杜林论》的历史经验。

一 《反杜林论》在俄国及其他国家的出版与传播

众所周知，马克思恩格斯十分重视俄国的革命运动，并与俄国革命家有着密切的联系。1878年7月16日，《反杜林论》刚刚出版一个星期，恩格斯就写信给 B.H.斯米尔诺夫说，前一天已经寄给他了一本"反对杜林的著作"，并请斯米尔诺夫告知拉甫罗夫和洛帕廷的地址，恩格斯想把这本书也邮寄给他们。

1894年，《反杜林论》第三版在斯图加特出版。同一年，沙皇俄国书报审查机关却颁布法令禁止它在俄国出版和传播。禁止的原因在于，恩格斯在其著作中"证明了由于现代资本主义生产方式所造成的不正常的社会经济生活，而导致的社会主义革命的必然性"。因此，《反杜林论》是一本"社会主义教义问答手册"，是民主党人进行宣传的"危险武器"。尽管如此，19世纪80—90年代，《反杜林论》的部分章节还是在俄国被半公开或秘密地发表过几次，并成为"首批俄国马克思主义者的思想武器"。

19世纪80年代初，曾有一本缩略版的《反杜林论》译本在莫斯科的"翻译者和出版者协会"出版。1884年，"劳动解放社"出版了由查苏利奇翻译的小册子《社会主义从空想到科学的发展》，《反杜林论》中的"暴力论"一章也被作为附录收录其中。列宁高度评价了这个译本，认为查苏利奇这个工作是第一次尝试用俄语翻译《反杜林论》的理论财富。19世纪90年代初，莫斯科马克思主义小组成员翻译了一系列《反杜林论》的片段，并发表在杂志上。彼得堡、喀山、莫斯科、萨马拉等许多城市的地下小组都学习和研究恩格斯这部著作，将其中的思想广泛地运用在理论斗争中。值得提及的是，1889年至1893年，列宁在萨马拉生活时期阅读了《反杜林论》，并撰写了关于这部著作的内容概要，但这份概要没能保存下来。

1904年，《反杜林论》俄译本在彼得堡雅科温科出版社出版，印数为2450册。该书的书名为《哲学、政治经济学、社会主义（杜林在科学中实行的变革）》，没有署译者的名字，实际上，它是由孟什维克马尔托夫根据德文第三版翻译的。

1904年10月，《反杜林论》俄文节译本出版。列宁熟悉这个译本。1907年2月，列宁在《卡·马克思致路·库格曼书信集》俄译本序言中指出,"这本书有策杰尔包姆的俄译本,可惜这个译本翻译得很糟,不仅有许多遗漏,而且有不少错误"。1907年,B.雅科温科出版社出版了完整译本的《反杜林论》,标题改为《反杜林论(欧根·杜林先生在哲学中实行的变革)》。

十月革命胜利后,列宁领导的俄共(布)中央十分重视对马克思主义经典文献的收集、整理、翻译和出版,并专门成立马列主义研究院负责此项工作。《反杜林论》属于马克思恩格斯较为大部头的著作,直至1945年第二次世界大战后,马列主义研究院才出版了比较科学和准确的译本,这一版本共印行了10万册。在这个译本中,全部译文都根据1894年出版的《反杜林论》德文第三版校订和修改;在"政治经济学"部分中马克思撰写的第十章也根据保存在马列主义研究院里的手稿复印件校订;被列宁在其著作中引证过的地方,全部采用列宁的译文,正文也都采用列宁的术语。在这个译本的附录中还刊载了《反杜林论》的准备材料以及与该书相关的作品,其中包括第一次用俄文发表的恩格斯的论文《步兵战术及其物质基础》。1948年,该版本再版发行。到1960年前,苏联曾用18种文字出了63种版本的《反杜林论》,总发行量达2461000册。

如前所述,尽管《反杜林论》在俄国产生了广泛的影响,但是,对于一部40余万字的大部头论战性著作来说,一方面,"多数人懒得读像《资本论》那样厚的书",另一方面,把它翻译成其他文字也极为不易。因此,1880年在法国出版的,根据从《反杜林论》一书中摘录出的三章整理而成的小册子《空想社会主义和科学社会主义》很受世界各国人民的欢迎。这部小册子用平铺直叙的方式阐明了科学社会主义的基本理论,用浅显易懂的语言平实地说明了唯物史观和剩余价值学说的创立使社会主义从空想变为科学的发展过程。正是"这本书在许多优秀的法国人的头脑中引起了真正的革命"。而《反杜林论》第一个不完整的法文单行本是1901年问世的,由保尔·拉法格和劳拉·拉法格翻译,巴黎"拉克"出版社出版。完整版则于1911由贾尔和布里埃出版社出版。此外，1956年出版的法文版《马克思恩格斯全集》也收录了《反杜林论》。

《反杜林论》曾多次被译成英文出版，除了在莫斯科出版的《反杜林论》英文版外，在英美也出版过不少版本的《反杜林论》。例如，美国于1907年在芝加哥首先出版了一部由刘易斯翻译的《反杜林论》。直到1934年，《反杜林论》的全译本才在纽约面世。1936年，英国劳伦斯和威沙特（Lawrence & Wishart）出版社在伦敦出版了该书，1975年再版。此外，《马克思恩格斯全集》英文版和《马克思恩格斯读本》等文集几乎均收录这部名著。

值得提及的是，1935年，《马克思恩格斯全集》历史考证版出版了《〈欧根·杜林先生在科学中实行的变革〉和〈自然辩证法〉》专卷（1935年莫斯科—列宁格勒版）。除收录恩格斯在世时出版过的三个版次《反杜林论》全文外，还发表了恩格斯《〈反杜林论〉的准备材料》和《步兵战术及其物质基础。1700—1870年》。1988年，《马克思恩格斯全集》历史考证版第二版第1部分第27卷发表恩格斯在世时出版过的三个版次《反杜林论》的全文，同时收录的还有恩格斯《〈反杜林论〉的准备材料》，1880年由《反杜林论》改编成的小册子《空想社会主义和科学社会主义》及其1883年德文版《社会主义从空想到科学的发展》。

此外，《反杜林论》还曾在波兰、罗马尼亚、阿尔巴尼亚、南斯拉夫、民主德国、朝鲜民主主义人民共和国和其他一些国家相继被翻译多次出版。

二 《反杜林论》在中国的翻译和传播

百余年来，《反杜林论》在中国得到广泛传播，几代中国读者阅读的该书包括吴亮平译本、中央编译局译本以及其他多种中译本。下面详述之：

1. 吴亮平译《反杜林论》及其重要版本

《反杜林论》被介绍到中国是在五四运动以后。1920年前后，各地共产主义小组相继成立，马克思和恩格斯的著作得到较为广泛的传播。当时，《新青年》《国民》《每周评论》《建设》等进步刊物相继发表介绍马克思主义的文章和马克思主义经典著作的译文。1920年12月，《建设》杂志3卷1号刊载了一篇题为《科学的社会主义与唯物史观》的译文，即是《反杜林论》第三编"社会主义编"的一部分。这篇译文是《反杜林论》一书中最早和我国读者见面的内容。而《反杜林论》第一个中译本在十年后才问世，译者是吴亮平。

吴亮平曾与张闻天、王稼祥、乌兰夫、左权、伍修权、朱瑞、赵一曼等共赴莫斯科中山大学学习，1927年由张闻天等5人介绍加入中国共产党。最初，吴亮平翻译了《社会主义从空想到科学的发展》，这个小册子是《反杜林论》的一部分，从此与《反杜林论》结下不解之缘，产生了要把这部著作完整翻译出版的愿望。随后，吴亮平与张闻天一起合译了马克思的《法兰西内战》、列宁的《社会民主党在民主革命中的两个策略》《国家与革命》等马克思主义经典著作。正是在参与翻译大量马克思主义经典著作的基础上，他收集了关于《反杜林论》的资料，为翻译这一大部头著作做准备。

1929年秋，吴亮平从莫斯科回到上海，在中共中央宣传部工作。1930年5月，由于受到王明的打击，吴亮平被撤职，但他宣传马克思主义的决心没有改变。经地下党员张庆孚介绍，白天他在一所大学代课，维持生计；晚上进行支部规定的革命活动，夜里从事《反杜林论》的翻译。1930年的上海被白色恐怖所笼罩，要秘密翻译一部27万字的理论高深的宏篇巨著，谈何容易！吴亮平遇到的困难是常人难以想象的。时值炎热的盛夏，酷暑难熬，他埋头于简陋的亭子间，挥汗译著。一方面，他时刻提防国民党特务的跟踪盯梢，饮食起居没有规律；另一方面，为了力求译文的准确，吴亮平根据德文原本，参照俄文和日文两种译本进行翻译。在这样的情况下，废寝忘食的吴亮平仅用了三个月的时间就译完了《反杜林论》这部"马克思主义的百科全书"。随后交给了上海江南书店出版。

1930年11月，江南书店出版了吴亮平翻译的《反杜林论》第一个全译本。该书32开横排本，分平装和精装两种。米黄色封面，上端用粗黑体美术字横题书名：反杜林论。下端署有"上海""江南书店印行"等字样。扉页赤字红边，正文横排，共601页。正文前还有写于1930年10月26日的"译者序言"。

《反杜林论》中译本出版不久，吴亮平就被国民党特务逮捕，关押在上海提篮桥监狱。他在监狱中坚贞不屈，团结同牢难友，同敌人进行了不屈不挠的斗争，把敌人的监牢变成了秘密宣传马列主义的特殊学校。吴亮平曾说，《反杜林论》幸好他译得快，不然，就有夭折的危险。如同19世纪德国的俾斯麦实行反社会党人非常法，没有能够禁止《反杜林论》在德国和欧洲的传播一样，《反杜林论》中译本一旦出版，就在中国扎根并得到广泛传播。

吴亮平翻译的《反杜林论》"在三年中间，曾经销行了四五版"，主要的版本有：1931年8月，江南书店再版吴亮平译本。1932年7月，上海笔耕堂重印，改竖排平装本，译者署名"吴理屏"。1937年，上海生活书店重印，竖排平装本，译者署名"吴理屏"，书前有张仲实翻译的V. Posner的《〈反杜林论〉出版六十周年纪念》一文。这对当时的读者了解《反杜林论》一书很有帮助。1938年3月，《反杜林论》又被上海生活书店重印一次，以应当时读者的迫切需要。1939年5月，重庆生活书店重印，封面印有"世界名著译丛之三"字样，书前也收录了张仲实翻译的《〈反杜林论〉出版六十周年纪念》一文和"译者序言"。

1932年，吴亮平被营救出狱。他辗转到中央苏区，从事经济工作。当时，毛泽东非常重视马克思主义著作的翻译和研究，想方设法从各处收集，其中就收集到了吴亮平翻译的《反杜林论》。毛泽东得到这部著作后爱不释手，并多次同吴亮平探讨《反杜林论》中的理论问题，用马克思主义基本理论深入探讨当时中国革命的实际问题。此外，毛泽东不仅注重书的内容，而且还注意译文是否优美。例如"哲学篇"第十一节末尾处，吴亮平用了"太过沉溺于杯中"一句话，毛泽东看了说："这样好，有味。"他还认为吴黎平这个署名很好。

1937年，吴亮平跟随红军经过长征来到延安，继续从事中宣部的工作。1939年，在毛泽东的鼓励下，他花费半年时间，将《反杜林论》的译文根据苏联马克思列宁主义研究院1938年订正的新俄译本、德文原本和英文本重新审校一遍，更正了许多初译时由于地下工作条件恶劣而导致的译文错误。此时，延安已经建立了印刷厂，这个校订本就在1940年8月由解放社出版。全书为竖排32开本，用的是粗糙的通廉纸。书前有译者根据尤琴的文章编译的《〈反杜林论〉内容大要》，以及吴亮平于1940年7月7日写的《〈反杜林论〉中译本出版十年小序》，其中简述了《反杜林论》中译本的十年沧桑，并对该书的内容作了简明的提要勾玄，文中有注释。1978年，吴亮平在《〈反杜林论〉中译本的五十年》一文中写道："《反杜林论》的1940年校订本，对我说来始终具有很大的纪念意义。因为它是我在毛泽东同志的亲自鼓励督促下完成的。假如说，1930年我第一次翻译《反杜林论》时，主要还是出于对马列著作和革命理论的朴素感情（当时我才二十二岁），那么到了这时，我在毛泽东同志教育下，对搞好《反杜林论》这本名著的译本的认识是比较提高了一些。"

直到20世纪80年代，吴亮平翻译的1940年版《反杜林论》还多次被重印，可见他的译本对于《反杜林论》在中国的传播具有重要作用。这些重印的版本是：1947年1月，上海生活书店重印，32开竖排平装本；1949年12月，北京生活·读书·新知三联书店重印，注明初版，32开竖排平装本，封面印有"马列主义理论丛书"字样；1950年11月，生活·读书·新知三联书店重印，注明第二版，大32开，横排平装本，封面印有"马列主义理论丛书"字样；1951年5月，生活·读书·新知三联书店重印，注明上海第四版，大32开，横排平装本，封面印有"马列主义理论丛书"字样,书后附勘误表;1951年6月,生活·读书·新知三联书店重印,注明第三版,大32开,横排平装本,封面印有"马列主义理论丛书"字样,书后附勘误表。

1954年,吴亮平在北京对《反杜林论》的译本作了第二次校订。这次校订是根据1950的俄文本,同时参照德文原本和1954年莫斯科的英文本校译的。校译工作早在1951年就开始了,直到1955年12月才全部完成。他重新翻译了《反杜林论》前十四章。1956年2月,该校译本由人民出版社出版,注明新一版,大32开,横排平装本。书中有著者注、译者注、俄文版编者注,书后有吴亮平写于1955年12月12日的"校译后记"。这一版本到1965年3月共印制了14次之多。1963年9月还出版了十六开大字本。

1973年3月,周恩来总理在一次干部会上谈到,他同毛主席在一次谈话中提到了吴亮平。毛主席讲,吴亮平30年代翻译了《反杜林论》,把马克思主义引入中国,他是第一代马克思主义理论翻译者。后来在陕北为我和斯诺谈话做翻译,把中国共产党和中国革命情况介绍到全世界。大禹治水是用疏导的办法,有进有出,吴亮平在翻译上这一进一出,意义很大,其功不下于大禹治水。此后,毛泽东对吴亮平"其功不在禹下"的评论被广为传播,这促成吴亮平再次较为仔细地校对《反杜林论》。1974年,吴亮平再次对译文根据德文版作了"名词上文字上的校订"后,由人民出版社出版了第二版。这个版本为大32开,横排平装本,书中有著者注、译者注、俄文版编者注,还增加了恩格斯《社会主义从空想到科学的发展》英文版导言。书后附吴亮平写于1973年11月的"校译后记"。该版共印制15次。1980年8月,生活·读书·新知三联书店出版了吴亮平对《反杜林论》的第四次校译本,书后附有吴亮平写于1978年11月的"校译后记"。

2.《反杜林论》中译文的其他版本

新中国成立前,除了吴亮平翻译的《反杜林论》中文全译本之外,还有很多学者翻译了该书的中文摘译文或部分内容。尽管这些译本均不完整，但是对马克思主义基本原理和方法论在中国的传播也起到了不可忽视的历史作用。了解这些译文或译本的内容和版次，有助于思考马克思主义在中国的传播进程。这些译文或译本主要有：

（1）叶作丹摘译《反杜林论》哲学编第七节"自然哲学。有机界"中"达尔文学说部分"，标题为《达尔文学说之基础的要素》，载于1930年6月出版的《马克思学体系》第三册第39—41页。

（2）钱铁如译，《反杜林格论——哲学·经济学·社会主义·批判》（即《反杜林论》），1930年12月上海昆仑书店出版，该译本分为上下册，但现在只见上册，包括三版序言、绪论和哲学编。全书共228页，32开，竖排平装本。正文前有"译者的话"（写于1930年8月30日），书中有译者注。这个译本后来没有再版过。

（3）杜畏之摘译《反杜林论》第二版序言和"概论"部分第1—6自然段，标题为《反杜林论别序》《现代自然科学中之辩证法》，收录于1932年8月出版的《自然辩证法》第159—168、557—560页。

（4）程始仁摘译《反杜林论》"概论"部分，标题为《唯物辩证法与马克思主义》，著者译为"昂格思"。载于1930年4月上海亚东图书馆出版的《辩证法经典》第135—158页。

（5）周建人摘译《反杜林论》第一编第3、6、10、11、12、13节，第二编第2、4节，第三编第2、5节的部分章节和段落，标题为《杜林君在科学中的革命》。载于1948年8月出版的《新哲学手册》第24—84页。

（6）梁武译《新哲学典范》和《新经济学典范》，1949年10月上海文源出版社出版，《新哲学典范》包括：《反杜林论》第一版序言，引论第2节"杜林先生许下了什么诺言"和第一编"哲学编"。全书共127页，32开，竖排平装本。《新经济学典范》包括：《反杜林论》的第二编政治经济学编，书前有写于1949年7月的"编者序"。全书共134页，32开，竖排平装本。

（7）郑易里摘译《〈反杜林论〉的准备材料》第二编第二章和第三

编第一章，标题分别为《奴隶制度》和《傅利叶》，载于1950年9月版《自然辩证法》第374—375、375—376页。

3. 中央编译局编译《反杜林论》各版本

中央编译局在1970年12月编译并出版了《反杜林论》单行本。该文本正文根据《马克思恩格斯全集》德文版第20卷翻译，书后附《社会主义从空想到科学的发展》英文版导言，其正文根据1958年英文版《马克思恩格斯文选》（两卷集）翻译，同时参考了德文本和俄译本。书后还附有注释230条。后来这个译本收入1971年3月出版的《马克思恩格斯全集》第20卷。1972年，这个译本又被收入《马克思恩格斯选集》第3卷。

1995年，中央编译局编译出版《马克思恩格斯选集》中文第二版，其中第3卷收录了根据德文本重新校改的《反杜林论》。1999年，《反杜林论》单行本的第二版出版。这个版本主要采用《马克思恩格斯选集》第二版第3卷中《反杜林论》的译文，同时也根据德文本再次校改过。为了方便研究者对《反杜林论》的深入研读，这版单行本还收录了《〈反杜林论〉的准备材料》和《马克思和恩格斯关于杜林和〈反杜林论〉的书信摘选》。2009年，中央编译局编译出版的《马克思恩格斯文集》第9卷收录《反杜林论》译文，其正文主要根据《马克思恩格斯全集》历史考证版和《马克思恩格斯全集》德文版作了新的审核和修订。在这里还收录了《〈反杜林论〉的准备材料》，恩格斯的《步兵战术及其物质基础。1700—1870年》，以及恩格斯在《社会主义从空想到科学的发展》中对《反杜林论》正文所作的补充和修改。2012年，中央编译局编译出版《马克思恩格斯选集》中文第三版，在第3卷中再次收录《反杜林论》，其译文同《马克思恩格斯文集》的译文。在2013年即将出版的《马克思恩格斯全集》中文第二版第26卷中，《反杜林论》经过与原文再次核校和修改被收录其中，值得提及的是，在这卷中除了在《反杜林论》正文后附了《〈反杜林论〉的准备材料》和《步兵战术及其物质基础。1700—1870年》两篇相关材料外，首次附上了马克思为《反杜林论》政治经济学部分撰写的两篇材料,即《评杜林〈国民经济学批判史〉》和《经济表及若干批注》,恩格斯正是根据这两篇材料写成第二编第十章《〈批判史〉论述》。

此外,民族出版社根据中央编译局翻译的《反杜林论》中译本出版了蒙文版(1972年12月)、藏文版(1973年8月)、维吾尔文版(1972年7月、1978年6月两版)、朝鲜文版(1972年10月)、哈萨克文版(1975年10月)等民族文字译本。新疆人民出版社于1977年3月出版托忒蒙古文版。

《反杜林论》各中译本使恩格斯撰写的这部马克思主义经典著作在中国得到了广泛的传播,在一定程度上反映了中国先进知识分子和马克思主义理论家翻译、研究和传播马克思主义的历程,也在一定程度上反映了中国读者接受、理解和思考马克思主义理论的历程。回顾这一历程,可以帮助我们从文献传播的视角理解中国马克思主义理论发展的学术背景,这对我们进一步促进马克思主义中国化、时代化和大众化无疑具有不可忽视的借鉴意义。

(本文来自2014年中央编译出版社出版的姚颖所著《恩格斯〈反杜林论〉研究读本》有关内容。)

Auszug aus der Bibliothekordnung

Die freie Benutzung der Bibliothek ist nur den Vereinsmitgliedern u. den angeschlossenen Verbänden gestattet.

Niemand hat das Recht ein Buch länger als 14 Tage zu behalten, nach Ablauf dieser Frist muss dieselbe bei dem Bibliothekar verlängert werden bis höchsten 6 Wochen und bei übertretung jede Woche 10 Cent Strafe.

Der Entlehner hat nicht das Recht mehr als einen Band in gleicher Zeit zu entlehnen.

Es ist nicht gestattet Bücher an Nichtmitglieder zu übergeben.

Wer Bücher beschmutzt beschädigt oder nicht abliefert ist für den Schaden haftbar.

In Übertretungsfällen u. nicht zahlen der Strafe werden ihm die Bücher bis auf weiteres entzogen.

Der Vorstand.

Herrn Eugen Dühring's
Umwälzung der Wissenschaft.

Von

Friedrich Engels.

Zweite Auflage.

Hottingen-Zürich.
Verlag der Volksbuchhandlung.
1886.

Inhalts-Verzeichniß.

	Seite
Vorwort zur ersten Auflage	V
Vorwort zur zweiten Auflage	IX

Einleitung.

| I. | Allgemeines | 1 |
| II. | Was Herr Dühring verspricht | 12 |

Erster Abschnitt: Philosophie.

III.	Eintheilung. Apriorismus	18
IV.	Weltschematik	25
V.	Naturphilosophie. Zeit und Raum	31
VI.	Naturphilosophie. Kosmogenie, Physik, Chemie	42
VII.	Naturphilosophie. Organische Welt	52
VIII.	Naturphilosophie. Organische Welt. Schluß	62
IX.	Moral und Recht. Ewige Wahrheiten	70
X.	Moral und Recht. Gleichheit	83
XI.	Moral und Recht. Freiheit und Nothwendigkeit	97
XII.	Dialektik. Quantität und Qualität	109
XIII.	Dialektik. Negation der Negation	120
XIV.	Schluß	134

Zweiter Abschnitt: Politische Oekonomie.

I.	Gegenstand und Methode	137
II.	Gewaltstheorie	149
III.	Gewaltstheorie. Fortsetzung	157
IV.	Gewaltstheorie. Schluß	166
V.	Werththeorie	177
VI.	Einfache und zusammengesetzte Arbeit	190
VII.	Kapital und Mehrwerth	196
VIII.	Kapital und Mehrwerth. Schluß	206
IX.	Naturgesetze der Wirthschaft. Grundrente	216
X.	Aus der „Kritischen Geschichte"	223

Dritter Abschnitt: Sozialismus.

I.	Geschichtliches	242
II.	Theoretisches	253
III.	Produktion	271
IV.	Vertheilung	286
V.	Staat, Familie, Erziehung	302

Vorwort zur ersten Auflage.

Die nachfolgende Arbeit ist keineswegs die Frucht irgend welches „innern Dranges". Im Gegentheil.

Als vor drei Jahren Herr Dühring plötzlich als Adept und gleichzeitig Reformator des Sozialismus sein Jahrhundert in die Schranken forderte, drangen Freunde in Deutschland wiederholt auf mich ein mit dem Wunsch, ich möchte diese neue sozialistische Theorie im Centralorgan der sozialdemokratischen Partei, damals dem „Volksstaat", kritisch beleuchten. Sie hielten dies für durchaus nöthig, wenn nicht in der noch so jungen und eben erst definitiv geeinten Partei von neuem Gelegenheit zu sektirerischer Spaltung und Verwirrung gegeben werden sollte. Sie waren besser im Stande als ich, die Verhältnisse in Deutschland zu beurtheilen; ich war also verpflichtet, ihnen zu glauben. Daneben zeigte sich, daß der Neubekehrte von einem Theil der sozialistischen Presse mit einer Wärme bewillkommt wurde, die zwar nur dem guten Willen des Herrn Dühring galt, gleichzeitig aber auch bei diesem Theil der Parteipresse den guten Willen durchblicken ließ, auf Rechnung eben dieses Dühring'schen guten Willens auch die Dühring'sche Doktrin unbesehen mit in den Kauf zu nehmen. Auch fanden sich Leute, die sich schon anschickten, diese Doktrin in popularisirter Form unter den Arbeitern zu verbreiten. Und endlich boten Herr Dühring und sein kleiner Sektenstamm alle Künste der Reklame und der Intrigue auf, um den „Volksstaat" zu entschiedener Stellungnahme zu nöthigen gegenüber der mit so gewaltigen Ansprüchen auftretenden neuen Lehre.

Trotzdem dauerte es ein Jahr, bis ich mich entschließen konnte, mit Vernachlässigung andrer Arbeiten in diesen sauren

Apfel zu beißen. Es war eben ein Apfel, den man ganz verzehren mußte, sobald man einmal anbiß. Und er war nicht nur sehr sauer, sondern auch sehr dick. Die neue sozialistische Theorie trat auf als letzte praktische Frucht eines neuen philosophischen Systems. Es galt also, sie im Zusammenhang dieses Systems, und damit das System selbst zu untersuchen; es galt, Herrn Dühring zu folgen auf jenes weitläufige Gebiet, wo er von allen möglichen Dingen handelt und noch von einigen mehr. So entstand eine Reihe von Artikeln, die seit Anfang 1877 im Nachfolger des „Volksstaat", im Leipziger „Vorwärts", erschien und hier im Zusammenhang vorliegt.

Es war somit die Beschaffenheit des Gegenstandes selbst, die die Kritik zu einer Ausführlichkeit zwang, zu der der wissenschaftliche Gehalt dieses Gegenstands, also der Dühring'schen Schriften, im äußersten Mißverhältniß steht. Jedoch mögen auch noch zwei andere Umstände diese Ausführlichkeit entschuldigen. Einerseits gab sie mir die Gelegenheit, auf den sehr verschiednen hier zu berührenden Gebieten meine Auffassung von Fragepunkten positiv zu entwickeln, die heute von allgemeinerem wissenschaftlichem oder praktischem Interesse sind. Es ist dies in jedem einzelnen Kapitel geschehn, und so wenig diese Schrift den Zweck haben kann, dem „System" des Herrn Dühring ein andres System entgegenzusetzen, so wird der Leser doch hoffentlich in den von mir aufgestellten Ansichten den innern Zusammenhang nicht vermissen. Daß meine Arbeit in dieser Beziehung keine ganz fruchtlose gewesen ist, dafür habe ich schon jetzt Beweise genug.

Andrerseits ist der „systemschaffende" Herr Dühring keine vereinzelte Erscheinung in der deutschen Gegenwart. Seit einiger Zeit schießen in Deutschland die Systeme der Kosmogonie, der Naturphilosophie überhaupt, der Politik, der Oekonomie u. s. w. über Nacht zu Dutzenden auf wie die Pilze. Der kleinste Doktor Philosophiä, ja selbst der Studiosus thut nicht mehr mit unter einem vollständigen „System". Wie im modernen Staat vorausgesetzt wird, daß jeder Staatsbürger urtheilsreif ist über alle die Fragen, über die er abzustimmen hat; wie man in der Oekonomie annimmt, daß jeder Konsument gründlicher Kenner aller der Waaren ist, die er zu seinem Lebensunterhalt einzukaufen in den Fall kommt — so soll es nun auch in der Wissenschaft gehalten werden. Freiheit der Wissenschaft heißt, daß man über Alles schreibt, was man nicht gelernt hat, und dies für die einzige streng wissenschaftliche Methode ausgibt. Herr Dühring aber ist einer der bezeichnendsten Typen dieser vorlauten Pseudo-Wissenschaft, die sich heutzutage in Deutschland überall in den Vordergrund drängt und Alles übertönt mit ihrem dröhnenden — höheren Blech. Höheres Blech in der Poesie, in der Philosophie, in der Politik, in der Oekonomie, in der Geschichtsschreibung, höheres Blech auf Katheder und Tribüne, höheres Blech überall, höheres Blech mit dem Anspruch auf Ueberlegenheit und Gedankentiefe im Unterschied von dem simpeln, platt-vulgären Blech andrer Nationen, höheres Blech das charakteristischste und massenhafteste Produkt der deutschen intellektuellen Industrie, billig aber schlecht, ganz wie andre deutsche Fabrikate, neben denen es leider in Philadelphia nicht vertreten war. Sogar der deutsche Sozialismus, namentlich seit dem guten Beispiel des Herrn Dühring, macht neuerdings recht erklecklich in höherm Blech und produzirt diesen und jenen, der sich mit „Wissenschaft" brüstet, von der er „wirklich auch nichts gelernt hat". Es ist dies eine Kinderkrankheit, die die beginnende Bekehrung des deutschen Studiosus zur Sozialdemokratie anzeigt, und von ihr untrennlich ist, die aber bei der merkwürdig gesunden Natur unserer Arbeiter schon überwunden werden wird.

Es war nicht meine Schuld, wenn ich Herrn Dühring auf Gebiete folgen mußte, auf denen ich mich höchstens mit den Ansprüchen eines Dilettanten bewegen kann. In solchen Fällen habe ich mich meistens darauf beschränkt, den falschen oder schiefen Behauptungen meines Gegners die richtigen, unbestrittenen Thatsachen entgegenzustellen. So in der Juristerei und in manchen Fällen aus der Naturwissenschaft. In andern handelt es sich um allgemeine Ansichten aus der theoretischen Naturwissenschaft, also um ein Terrain, wo auch der Naturforscher von Fach über seine Spezialität hinaus auf benachbarte Gebiete übergreifen muß — auf Gebiete also, auf denen er, nach Herrn Virchow's Eingeständniß, ebensogut ein „Halbwisser" ist, wie wir Andern auch. Dieselbe Nachsicht für kleine Ungenauigkeiten und Unbehülflichkeiten des Ausdrucks, die man da gegenseitig ausübt, wird man auch mir hoffentlich zu Theil werden lassen.

Bei Schluß dieses Vorworts kommt mir eine von Herrn

— VIII —

Dühring verfaßte Buchhändleranzeige eines neuen „maßgebenden" Werks des Herrn Dühring zu: „Neue Grundgesetze zur rationellen Physik und Chemie". So sehr ich nun auch der Mangelhaftigkeit meiner physikalischen und chemischen Kenntnisse mir bewußt bin, so glaube ich doch meinen Herrn Dühring zu kennen, und daher, ohne die Schrift selbst je gesehen zu haben, voraussagen zu dürfen, daß die hier aufgestellten Gesetze der Physik und Chemie sich den früheren von Herrn Dühring entdeckten und in meiner Schrift untersuchten Gesetzen der Oekonomie, Weltschematik u. s. w., nach Mißverstand oder Gemeinplätzlichkeit würdig anreihen werden, und daß das von Herrn Dühring konstruirte Rhigometer oder Instrument zur Messung sehr niedriger Temperaturen zum Maßstab dienen wird, nicht für Temperaturen, weder hohe noch niedrige, sondern einzig und allein für die unwissende Arroganz des Herrn Dühring.

London, 11. Juni 1878.

F. Engels.

Vorwort zur zweiten Auflage.

Daß die vorliegende Schrift in neuer Auflage zu erscheinen hat, kam mir unerwartet. Der Gegenstand, den sie kritisirt, ist heute schon so gut wie vergessen; sie selbst hat nicht nur stückweise im Leipziger „Vorwärts" 1877 und 1878 vielen Tausenden von Lesern vorgelegen, sondern ist auch noch im Zusammenhang und separat in starker Auflage gedruckt worden. Wie kann es da noch Jemand interessiren, was ich vor Jahren über Herrn Dühring zu sagen hatte?

In erster Linie verdanke ich dies wohl dem Umstand, daß diese Schrift, wie überhaupt fast alle meine damals noch umlaufenden Schriften, gleich nach Erlaß des Sozialistengesetzes im deutschen Reich verboten wurde. Wer nicht in den erblichen Beamtenvorurtheilen der Länder der heiligen Allianz vernagelt war, für den mußte die Wirkung dieser Maßregel klar sein: verdoppelter und verdreifachter Absatz der verbotenen Bücher, Bloßlegung der Ohnmacht der Herren in Berlin, die Verbote erlassen und sie nicht durchführen können. In der That trägt mir die Liebenswürdigkeit der Reichsregierung mehr neue Auflagen meiner kleineren Schriften ein, als ich verantworten kann; ich habe nicht die Zeit, den Text nach Gebühr zu revidiren und muß ihn meist einfach wieder abdrucken lassen.

Dazu kommt aber noch ein anderer Umstand. Das hier kritisirte „System" des Herrn Dühring verbreitet sich über ein sehr ausgedehntes theoretisches Gebiet; ich war genöthigt, ihm überall hin zu folgen, und seinen Auffassungen die meinigen entgegenzusetzen. Die negative Kritik wurde damit positiv; die Polemik schlug um in eine mehr oder minder zusammenhängende Darstellung der von Marx und mir vertretenen dialektischen

Methode und kommunistischen Weltanschauung, und dies auf einer ziemlich umfassenden Reihe von Gebieten. Diese unsere Anschauungsweise hat, seit sie zuerst in Marx' Misère de la Philosophie und im kommunistischen Manifest vor die Welt trat, ein reichlich zwanzigjähriges Inkubationsstadium durchgemacht, bis sie seit dem Erscheinen des „Kapital" mit wachsender Geschwindigkeit stets weitere Kreise ergriff und jetzt, weit über die Grenzen Europa's hinaus, Beachtung und Anhang findet in allen Ländern, wo es einerseits Proletarier und andererseits rücksichtslose wissenschaftliche Theoretiker gibt. Es scheint also, daß ein Publikum besteht, dessen Interesse für die Sache groß genug ist, um die jetzt in vielen Beziehungen gegenstandslose Polemik gegen die Dühring'schen Sätze in den Kauf zu nehmen, den daneben gegebenen positiven Entwicklungen zu Gefallen.

Ich bemerke nebenbei: Da die hier entwickelte Anschauungsweise zum weitaus größeren Theil von Marx begründet und entwickelt worden, und nur zum geringsten Theil von mir, so verstand es sich unter uns von selbst, daß diese meine Darstellung nicht ohne seine Kenntniß erfolgte. Ich habe ihm das ganze Manuskript vor dem Druck vorgelesen, und das zehnte Kapitel des Abschnitts über Oekonomie („Aus der kritischen Geschichte") ist von Marx geschrieben und mußte nur, äußerlicher Rücksichten halber, von mir leider etwas verkürzt werden. Es war eben von jeher unser Brauch, uns in Spezialfächern gegenseitig auszuhelfen.

Die gegenwärtige neue Auflage ist, mit Ausnahme eines Kapitels, ein unveränderter Abdruck der vorigen. Einerseits fehlte mir die Zeit zu einer durchgreifenden Revision, so sehr ich Manches in der Darstellung geändert wünschte. Aber ich habe die Pflicht, die hinterlassenen Manuskripte von Marx für den Druck fertig zu stellen, und dies ist viel wichtiger, als alles Andere. Dann aber sträubt sich mein Gewissen gegen jede Aenderung. Die Schrift ist eine Streitschrift, und ich glaube es meinem Gegner schuldig zu sein, da meinerseits nichts zu bessern, wo er nichts bessern kann. Ich könnte nur das Recht beanspruchen, auf Herrn Dühring's Antwort wieder zu entgegnen. Was aber Herr Dühring über meinen Angriff geschrieben hat, habe ich nicht gelesen und werde es nicht ohne besondere Veranlassung lesen; ich bin theoretisch mit ihm fertig.

Im Uebrigen muß ich ihm gegenüber die Anstandsregeln des literarischen Kampfs um so mehr aufrecht halten, als ihm seitdem von der Berliner Universität schmähliches Unrecht angethan worden ist. Freilich ist sie dafür gezüchtigt worden. Eine Universität, die sich dazu hergibt, Herrn Dühring unter den bekannten Umständen die Lehrfreiheit zu entziehn, darf sich nicht wundern, wenn man ihr unter den ebenfalls bekannten Umständen Herrn Schwenninger aufzwingt.

Das einzige Kapitel, worin ich mir erläuternde Zusätze erlaubt habe, ist das zweite des dritten Abschnitts: „Theoretisches." Hier, wo es sich einzig und allein um die Darstellung eines Kernpunkts der von mir vertretenen Anschauung handelt, wird sich mein Gegner nicht beklagen können, wenn ich mich bemühte, populärer zu sprechen und den Zusammenhang zu ergänzen. Und zwar hatte dies eine äußere Veranlassung. Ich hatte drei Kapitel der Schrift (das erste der Einleitung und das erste und zweite des dritten Abschnitts) für meinen Freund Lafargue behufs Uebersetzung in's Französische zu einer selbstständigen Broschüre verarbeitet, und nachdem die französische Ausgabe einer italienischen und polnischen als Grundlage gedient, eine deutsche Ausgabe besorgt unter dem Titel: „Die Entwicklung des Sozialismus von der Utopie zur Wissenschaft." Diese hat in wenigen Monaten drei Auflagen erlebt und ist auch in russischer und dänischer Uebersetzung erschienen. Zusätze hatte in allen diesen Ausgaben nur das fragliche Kapitel erhalten, und es wäre pedantisch gewesen, hätte ich in der neuen Auflage des Originalwerks mich an den ursprünglichen Wortlaut binden wollen, gegenüber seiner späteren, international gewordenen Gestalt.

Was ich sonst geändert wünschte, bezieht sich hauptsächlich auf zwei Punkte. Erstens auf die menschliche Urgeschichte, zu der uns Morgan erst 1877 den Schlüssel lieferte. Da ich aber seitdem in meiner Schrift: „Der Ursprung der Familie, des Privateigenthums und des Staats", Zürich 1884, Gelegenheit hatte, das mir inzwischen zugänglich gewordene Material zu verarbeiten, genügt der Hinweis auf diese spätere Arbeit.

Zweitens aber der Theil, der von der theoretischen Naturwissenschaft handelt. Hier herrscht eine große Unbeholfenheit der Darstellung, und Manches ließe sich heute klarer und bestimmter ausdrücken. Wenn ich mir nicht das Recht zuschreibe, hier zu bessern, so bin ich eben deßwegen verpflichtet, mich statt dessen hier selbst zu kritisiren.

Marx und ich waren wohl ziemlich die Einzigen, die aus der deutschen idealistischen Philosophie die bewußte Dialektik in die materialistische Auffassung der Natur und Geschichte hinüber gerettet hatten. Aber zu einer dialektischen und zugleich materialistischen Auffassung der Natur gehört Bekanntschaft mit der Mathematik und der Naturwissenschaft. Marx war ein gründlicher Mathematiker, aber die Naturwissenschaften konnten wir nur stückweise, sprungweise, sporadisch verfolgen. Als ich daher durch Rückzug aus dem kaufmännischen Geschäft und Umzug nach London die Zeit dazu gewann, machte ich, soweit es mir möglich, eine vollständige mathematische und naturwissenschaftliche „Mauserung", wie Liebig es nennt, durch, und verwandte den besten Theil von acht Jahren darauf. Ich war gerade mitten in diesem Mauserungsprozeß begriffen, als ich in den Fall kam, mich mit Herrn Dührings sogenannter Naturphilosophie zu befassen. Wenn ich also da manchmal den richtigen technischen Ausdruck nicht finde und mich überhaupt mit ziemlicher Schwerfälligkeit auf dem Gebiet der theoretischen Naturwissenschaft bewege, so ist das nur zu natürlich. Andererseits hat mich aber das Bewußtsein meiner noch nicht überwundenen Unsicherheit vorsichtig gemacht; wirkliche Verstöße gegen die damals bekannten Thatsachen und unrichtige Darstellung der damals anerkannten Theorien wird man mir nicht nachweisen können. In dieser Beziehung hat sich nur ein verkannter großer Mathematiker bei Marx brieflich beklagt, ich hätte die $\sqrt{-1}$ frevelhaft an ihrer Ehre angegriffen.

Es handelte sich bei dieser meiner Rekapitulation der Mathematik und der Naturwissenschaften selbstredend darum, mich auch im Einzelnen zu überzeugen — woran im Allgemeinen kein Zweifel für mich war — daß in der Natur dieselben dialektischen Bewegungsgesetze im Gewirr der zahllosen Veränderungen sich durchsetzen, die auch in der Geschichte die scheinbare Zufälligkeit der Ereignisse beherrschen; dieselben Gesetze, die, ebenfalls in der Entwicklungsgeschichte des menschlichen Denkens den durchlaufenden Faden bildend, allmälig den denkenden Menschen zum Bewußtsein kommen; die zuerst von Hegel in umfassender Weise, aber in mystifizirter Form entwickelt worden, und die aus dieser mystischen Form herauszuschälen und in ihrer ganzen Einfachheit und Allgemeingültigkeit klar zum Bewußtheit zu bringen, eine unserer Bestrebungen war. Es verstand sich von selbst, daß die alte Naturphilosophie — so viel wirklich Gutes und so viel fruchtbare Keime sie enthielt*) — uns nicht genügen konnte. Wie in dieser Schrift näher entwickelt, fehlte sie, namentlich in der Hegel'schen Form, darin, daß sie der Natur keine Entwicklung in der Zeit zuerkannte, kein „Nacheinander", sondern nur ein „Nebeneinander". Dies war einerseits im Hegel'schen System selbst begründet, das nur dem „Geist" eine geschichtliche Fortentwicklung zuschrieb, andrerseits aber auch im damaligen Gesammtstand der Naturwissenschaften. So fiel Hegel hier weit hinter Kant zurück, dessen Nebulartheorie bereits die Entstehung,

---

*) Es ist viel leichter, mit dem gedankenlosen Vulgus à la Karl Vogt über die alte Naturphilosophie herzufallen, als ihre geschichtliche Bedeutung zu würdigen. Sie enthält viel Unsinn und Phantasterei, aber nicht mehr als die gleichzeitigen unphilosophischen Theorien der empirischen Naturforscher, und daß sie auch viel Sinn und Verstand enthält, fängt man seit der Verbreitung der Entwicklungstheorie an einzusehen. So hat Häckel mit vollem Recht die Verdienste von Treviranus und Oken anerkannt. Oken stellt in seinem Urschleim und Urbläschen Dasjenige als Postulat der Biologie auf, was seitdem als Protoplasma und Zelle wirklich entdeckt worden. Was speziell Hegel angeht, steht er in vieler Beziehung hoch über seinen empirischen Zeitgenossen, die alle unerklärten Erscheinungen erklärt zu haben glaubten, wenn sie ihnen eine Kraft — Schwerkraft, Schwimmkraft, elektrische Kontaktkraft u. s. w. — unterschoben, oder wo dies nicht ging, einen unbekannten Stoff: Lichtstoff, Wärmestoff, Elektrizitätsstoff u. s. w. Die imaginären Stoffe sind jetzt so ziemlich beseitigt, aber der von Hegel bekämpfte Kräfteschwindel spukt z. B. noch 1869 in Helmholtz's Innsbrucker Rede lustig fort (Helmholtz, Pop. Vorlesungen, II. Heft, 1871, S. 190). Gegenüber der von den Franzosen des 18. Jahrhunderts überkommenen Vergötterung Newton's, den England mit Ehren und Reichthum überhäufte, hob Hegel hervor, daß Kepler, den Deutschland verhungern ließ, der eigentliche Begründer der modernen Mechanik der Weltkörper, und daß das Newton'sche Gravitationsgesetz bereits in allen drei Kepler'schen Gesetzen, im dritten sogar ausdrücklich enthalten ist. Was Hegel in seiner Naturphilosophie, § 270 und Zusätze (Hegel's Werke, 1842, VII. Band, S. 98 und 113—115) mit ein paar einfachen Gleichungen nachweist, findet sich als Resultat der neuesten mathematischen Mechanik wieder bei Gustav Kirchhoff, Vorlesungen über mathem. Physik, 2. Aufl., Leipzig 1877, S. 10, und in wesentlich derselben, von Hegel zuerst entwickelten, einfachen, mathematischen Form. Die Naturphilosophen verhalten sich zur bewußt-dialektischen Naturwissenschaft, wie die Utopisten zum modernen Kommunismus.

und dessen Entdeckung der Hemmung der Erdrotation durch die Meeresfluthwelle auch schon den Untergang des Sonnensystems proklamirt hatte. Und endlich konnte es sich für mich nicht darum handeln, die dialektischen Gesetze in die Natur hineinzukonstruiren, sondern sie in ihr aufzufinden und aus ihr zu entwickeln.

Dies im Zusammenhang und auf jedem einzelnen Gebiet zu thun, ist aber eine Riesenarbeit. Nicht nur ist das zu beherrschende Gebiet fast unermeßlich; es ist auch auf diesem gesammten Gebiet die Naturwissenschaft selbst in einem so gewaltsamen Umwälzungsprozeß begriffen, daß auch Derjenige kaum folgen kann, dem seine ganze freie Zeit hierfür zur Verfügung steht. Seit dem Tode von Karl Marx ist meine Zeit aber durch dringendere Pflichten mit Beschlag belegt worden, und da mußte ich meine Arbeit unterbrechen. Ich muß mich vor der Hand mit den in der vorliegenden Schrift gegebenen Andeutungen begnügen und abwarten, ob sich später einmal Gelegenheit findet, die gewonnenen Resultate zu sammeln und herauszugeben, vielleicht zusammen mit den hinterlassenen höchst wichtigen mathematischen Manuskripten von Marx.

Vielleicht aber macht der Fortschritt der theoretischen Naturwissenschaft meine Arbeit größtentheils oder ganz überflüssig. Denn die Revolution, die der theoretischen Naturwissenschaft aufgezwungen wird durch die bloße Nothwendigkeit, die sich massenhaft häufenden, rein empirischen Entdeckungen zu ordnen, ist der Art, daß sie den dialektischen Charakter der Naturvorgänge mehr und mehr auch dem widerstrebendsten Empiriker zum Bewußtsein bringen muß. Die alten starren Gegensätze, die scharfen, unüberschreitbaren Grenzlinien verschwinden mehr und mehr. Seit der Flüssigmachung auch der letzten „echten" Gase, seit dem Nachweis, daß ein Körper in einen Zustand versetzt werden kann, worin tropfbare und Gasform ununterscheidbar sind, haben die Aggregatzustände den letzten Rest ihres früheren absoluten Charakters verloren. Mit dem Satz der kinetischen Gastheorie, daß in vollkommenen Gasen die Quadrate der Geschwindigkeiten, womit die einzelnen Gasmoleküle sich bewegen, sich bei gleicher Temperatur umgekehrt verhalten wie die Molekulargewichte, tritt die Wärme auch direkt in die Reihe der unmittelbar als solche meßbaren Bewegungsformen. Wurde noch vor zehn Jahren das neuentdeckte große Grundgesetz der Bewegung gefaßt als bloßes Gesetz von der Erhaltung der Energie, als bloßer Ausdruck der Unzerstörbarkeit und Unerschaffbarkeit der Bewegung, also bloß nach seiner quantitativen Seite, so wird dieser enge, negative Ausdruck mehr und mehr verdrängt durch den positiven der Verwandlung der Energie, worin erst der qualitative Inhalt des Prozesses zu seinem Recht kommt, und worin die letzte Erinnerung an den außerweltlichen Schöpfer ausgelöscht ist. Daß die Menge der Bewegung (der sog. Energie) sich nicht verändert, wenn sie sich aus kinetischer Energie (sog. mechanischer Kraft) in Elektrizität, Wärme, potentielle Energie der Lage ꝛc. verwandelt und umgekehrt, braucht jetzt nicht mehr als etwas Neues gepredigt zu werden; es dient als einmal gewonnene Grundlage der nun viel inhaltsvolleren Untersuchung des Verwandlungsprozesses selbst, des großen Grundprozesses, in dessen Erkenntniß die ganze Erkenntniß der Natur sich zusammenfaßt. Und seitdem die Biologie mit der Leuchte der Evolutionstheorie betrieben wird, hat sich auf dem Gebiet der organischen Natur eine starre Grenzlinie der Klassifikation nach der andern aufgelöst; die fast unklassifizirbaren Mittelglieder mehren sich täglich, die genauere Untersuchung wirft Organismen aus einer Klasse in die andere, und fast zu Glaubensartikeln gewordene Unterscheidungsmerkmale verlieren ihre unbedingte Gültigkeit; wir haben jetzt eierlegende Säugethiere und wenn die Nachricht sich bestätigt, auch Vögel, die auf allen Vieren gehn. War schon vor Jahren Virchow genöthigt gewesen, in Folge der Entdeckung der Zelle die Einheit des thierischen Individuums mehr fortschrittlich als naturwissenschaftlich und dialektisch in eine Föderation von Zellenstaaten aufzulösen, so wird der Begriff der thierischen (also auch menschlichen) Individualität noch weit verwickelter durch die Entdeckung der amöbenartig im Körper der höheren Thiere herumkriechenden weißen Blutzellen. Es sind aber gerade die als unversöhnlich und unlösbar vorgestellten polaren Gegensätze, die gewaltsam fixirten Grenzlinien und Klassenunterschiede, die der modernen theoretischen Naturwissenschaft ihren beschränkt-metaphysischen Charakter gegeben haben. Die Erkenntniß, daß diese Gegensätze und Unterschiede in der Natur zwar vorkommen, aber nur mit relativer Gültigkeit, daß dagegen jene ihre vorgestellte Starrheit und absolute Gültigkeit erst durch unsere Reflexion in die Natur hineingetragen ist — diese Erkenntniß macht den Kernpunkt der dialektischen Auffassung der Natur aus. Man kann zu ihr gelangen, indem man von den sich häufenden Thatsachen der Naturwissenschaft dazu gezwungen wird; man gelangt leichter dahin, wenn man dem dialektischen Charakter dieser Thatsachen das Bewußtsein der Gesetze des dialektischen Denkens entgegenbringt. Jedenfalls ist die Naturwissenschaft jetzt so weit, daß sie der dialektischen Zusammenfassung nicht mehr entrinnt. Sie wird sich diesen Prozeß aber erleichtern, wenn sie nicht vergißt, daß die Resultate, worin sich ihre Erfahrungen zusammenfassen, Begriffe sind; daß aber die Kunst, mit Begriffen zu operiren, nicht eingeboren und auch nicht mit dem gewöhnlichen Alltagsbewußtsein gegeben ist, sondern wirkliches Denken erfordert, welches Denken ebenfalls eine lange erfahrungsmäßige Geschichte hat, nicht mehr und nicht minder als die erfahrungsmäßige Naturforschung. Eben dadurch, daß sie sich die Resultate der dritthalbtausendjährigen Entwicklung der Philosophie aneignen lernt, wird sie einerseits jede aparte, außer und über ihr stehende Naturphilosophie los, andrerseits aber auch ihre eigene, aus dem englischen Empirismus überkommene, bornirte Denkmethode.

London, 23. September 1885.

F. Engels.

Einleitung.

I. Allgemeines.

Der moderne Sozialismus ist seinem Inhalte nach zunächst das Erzeugniß der Anschauung, einerseits der in der modernen Gesellschaft herrschenden Klassengegensätze von Besitzenden und Besitzlosen, Lohnarbeitern und Bourgeois, andererseits der in der Produktion herrschenden Anarchie. Aber seiner theoretischen Form nach erscheint er anfänglich als eine weitergetriebene, angeblich konsequentere Fortführung der von den großen französischen Aufklärern des 18. Jahrhunderts aufgestellten Grundsätze. Wie jede neue Theorie, mußte er zunächst anknüpfen an das vorgefundene Gedankenmaterial, so sehr auch seine Wurzel in den ökonomischen Thatsachen lag.

Die großen Männer, die in Frankreich die Köpfe für die kommende Revolution klärten, traten selbst äußerst revolutionär auf. Sie erkannten keine äußere Autorität an, welcher Art sie auch sei. Religion, Naturanschauung, Gesellschaft, Staatsordnung, Alles wurde der schonungslosesten Kritik unterworfen; Alles sollte seine Existenz vor dem Richterstuhl der Vernunft rechtfertigen oder auf die Existenz verzichten. Der denkende Verstand wurde als alleiniger Maßstab an Alles angelegt. Es war die Zeit, wo, wie Hegel sagt, die Welt auf den Kopf gestellt wurde, zuerst in dem Sinn, daß der menschliche Kopf und die durch sein Denken gefundenen Sätze den Anspruch machten, als Grundlage aller menschlichen Handlungen und Vergesellschaftung zu gelten; dann aber später auch in dem weiteren Sinn, daß die Wirklichkeit, die diesen Sätzen widersprach, in der That von oben bis unten umgekehrt wurde. Alle bisherigen Gesellschafts- und Staatsformen, alle altüberlieferten Vorstellungen wurden als unvernünftig in die Rumpelkammer geworfen;

Engels, Dühring. 1

die Welt hatte sich bisher lediglich von Vorurtheilen leiten lassen; alles Vergangene verdiente nur Mitleid und Verachtung. Jetzt erst brach das Tageslicht an; von nun an sollte der Aberglaube, das Unrecht, das Privilegium und die Unterdrückung verdrängt werden durch die ewige Wahrheit, die ewige Gerechtigkeit, die in der Natur begründete Gleichheit und die unveräußerlichen Menschenrechte.

Wir wissen jetzt, daß dies Reich der Vernunft weiter nichts war, als das idealisirte Reich der Bourgeoisie; daß die ewige Gerechtigkeit ihre Verwirklichung fand in der Bourgeoisjustiz; daß die Gleichheit hinauslief auf die bürgerliche Gleichheit vor dem Gesetz; daß als eins der wesentlichsten Menschenrechte proklamirt wurde — das bürgerliche Eigenthum; und daß der Vernunftstaat, der Rousseau'sche Gesellschaftsvertrag in's Leben trat und nur in's Leben treten konnte als bürgerliche, demokratische Republik. So wenig wie alle ihre Vorgänger konnten die großen Denker des 18. Jahrhunderts über die Schranken hinaus, die ihnen ihre eigene Epoche gesetzt hatte.

Aber neben dem Gegensatz von Feudaladel und Bürgerthum bestand der allgemeine Gegensatz von Ausbeutern und Ausgebeuteten, von reichen Müßiggängern und arbeitenden Armen. War es doch gerade dieser Umstand, der es den Vertretern der Bourgeoisie möglich machte, sich als Vertreter, nicht einer besonderen Klasse, sondern der ganzen leidenden Menschheit hinzustellen. Noch mehr. Von ihrem Ursprung an war die Bourgeoisie behaftet mit ihrem Gegensatz: Kapitalisten können nicht bestehen ohne Lohnarbeiter, und im selben Verhältniß wie der mittelalterliche Zunftbürger sich zum modernen Bourgeois, im selben Verhältniß entwickelte sich auch der Zunftgeselle und nichtzünftige Tagelöhner zum Proletarier. Und wenn auch im Ganzen und Großen das Bürgerthum beanspruchen durfte, im Kampf mit dem Adel gleichzeitig die Interessen der verschiedenen arbeitenden Klassen jener Zeit mit zu vertreten, so brachen doch bei jeder großen bürgerlichen Bewegung selbständige Regungen derjenigen Klasse hervor, die die mehr oder weniger entwickelte Vorgängerin des modernen Proletariats war. So in der deutschen Reformations- und Bauernkriegszeit die Thomas Münzer'sche Richtung; in der großen englischen Revolution die Levellers; in der großen französischen Revolution Babeuf. Neben diesen revolutionären Schilderhebungen einer noch unfertigen Klasse gingen entsprechende theoretische Manifestationen her: im 16. und 17. Jahrhundert utopische Schilderungen idealer Gesellschaftszustände, im 18. schon direkt kommunistische Theorien (Morelly und Mably). Die Forderung der Gleichheit wurde nicht mehr auf die politischen Rechte beschränkt, sie sollte sich auch auf die gesellschaftliche Lage der Einzelnen erstrecken; nicht blos die Klassenprivilegien sollten aufgehoben werden, sondern die Klassenunterschiede selbst. Ein ascetischer, an Sparta anknüpfender Kommunismus war so die erste Erscheinungsform der neuen Lehre. Dann folgten die drei großen Utopisten: Saint Simon, bei dem die bürgerliche Richtung noch neben der proletarischen eine gewisse Geltung behielt; Fourier und Owen, der, im Lande der entwickeltsten kapitalistischen Produktion und unter dem Eindruck der durch diese erzeugten Gegensätze, seine Vorschläge zur Beseitigung der Klassenunterschiede in direkter Anknüpfung an den französischen Materialismus systematisch entwickelte.

Allen Dreien ist gemeinsam, daß sie nicht als Vertreter der Interessen des inzwischen historisch erzeugten Proletariats auftreten. Wie die Aufklärer, wollen sie nicht eine bestimmte Klasse, sondern die ganze Menschheit befreien. Wie jene wollen sie das Reich der Vernunft und der ewigen Gerechtigkeit einführen; aber ihr Reich ist himmelweit verschieden von dem der Aufklärer. Auch die nach den Grundsätzen dieser Aufklärer eingerichtete bürgerliche Welt ist unvernünftig und ungerecht, und wandert daher ebensogut in den Topf des Verwerflichen wie der Feudalismus und alle früheren Gesellschaftszustände. Daß die wirkliche Vernunft und Gerechtigkeit bisher nicht in der Welt geherrscht haben, kommt nur daher, daß man sie bisher nicht richtig erkannt hatte. Es fehlte eben der geniale einzelne Mann, der jetzt aufgetreten, und der die Wahrheit erkannt hat; daß er jetzt aufgetreten, daß die Wahrheit gerade jetzt erkannt worden, ist nicht ein aus dem Zusammenhang der geschichtlichen Entwicklung mit Nothwendigkeit folgendes, unvermeidliches Ereigniß, sondern ein reiner Glücksfall. Er hätte ebensogut 500 Jahre früher geboren werden können, und hätte dann der Menschheit 500 Jahre Irrthum, Kämpfe und Leiden erspart.

Diese Anschauungsweise ist wesentlich die aller englischen und französischen und der ersten deutschen Sozialisten, Weitling ein=

begriffen. Der Sozialismus ist der Ausdruck der absoluten Wahrheit, Vernunft und Gerechtigkeit, und braucht nur entdeckt zu werden, um durch eigene Kraft die Welt zu erobern; da die absolute Wahrheit unabhängig von Zeit, Raum und menschlicher, geschichtlicher Entwicklung ist, so ist es bloßer Zufall, wann und wo sie entdeckt wird. Dabei ist dann die absolute Wahrheit, Vernunft und Gerechtigkeit wieder bei jedem Schulstifter verschieden; und da bei einem Jeden die besondere Art der absoluten Wahrheit, Vernunft und Gerechtigkeit wieder bedingt ist durch seinen subjektiven Verstand, seine Lebensbedingungen, sein Maß von Kenntnissen und Denkschulung, so ist in diesem Konflikt absoluter Wahrheiten keine andere Lösung möglich, als daß sie sich an einander abschleißen. Dabei konnte dann nichts Anderes herauskommen, als eine Art von eklektischem Durchschnittssozialismus, wie er in der That bis heute in den Köpfen der meisten sozialistischen Arbeiter in Frankreich und England herrscht, eine, äußerst mannigfaltige Schattirungen zulassende, Mischung aus den weniger auffälligen kritischen Auslassungen, ökonomischen Lehrsätzen und gesellschaftlichen Zukunftsvorstellungen der verschiedenen Sektenstifter, eine Mischung, die sich um so leichter bewerkstelligt, je mehr den einzelnen Bestandtheilen im Strom der Debatte die scharfen Ecken der Bestimmtheit abgeschliffen sind, wie runden Kieseln im Bach. Um aus dem Sozialismus eine Wissenschaft zu machen, mußte er erst auf einen realen Boden gestellt werden.

Inzwischen war neben und nach der französischen Philosophie des 18. Jahrhunderts die neuere deutsche Philosophie entstanden und hatte in Hegel ihren Abschluß gefunden. Ihr größtes Verdienst war die Wiederaufnahme der Dialektik, als der höchsten Form des Denkens. Die alten griechischen Philosophen waren alle geborne, naturwüchsige Dialektiker, und der universellste Kopf unter ihnen, Aristoteles, hat auch bereits die wesentlichsten Formen des dialektischen Denkens untersucht. Die neuere Philosophie dagegen, obwohl auch in ihr die Dialektik glänzende Vertreter hatte (z. B. Descartes und Spinoza), war besonders durch englischen Einfluß mehr und mehr in der sog. metaphysischen Denkweise festgefahren, von der auch die Franzosen des 18. Jahrhunderts, wenigstens in ihren speziell philosophischen Arbeiten, fast ausschließlich beherrscht wurden. Außerhalb der eigentlichen Philosophie waren sie ebenfalls im Stande,

Meisterwerke der Dialektik zu liefern; wir erinnern nur an Rameau's Neffen von Diderot und die Abhandlung über den Ursprung der Ungleichheit unter den Menschen von Rousseau. — Wir geben hier kurz das Wesentliche beider Denkmethoden an; wir werden noch ausführlicher darauf zurückzukommen haben.

Wenn wir die Natur, oder die Menschengeschichte oder unsere eigne geistige Thätigkeit der denkenden Betrachtung unterwerfen, so bietet sich uns zunächst dar das Bild einer unendlichen Verschlingung von Zusammenhängen und Wechselwirkungen, in der Nichts bleibt, was, wo und wie es war, sondern Alles sich bewegt, sich verändert, wird und vergeht. Diese ursprüngliche, naive, aber der Sache nach richtige Anschauung von der Welt ist die der alten griechischen Philosophie und ist zuerst klar ausgesprochen von Heraklit: Alles ist und ist auch nicht, denn Alles fließt, ist in steter Veränderung, in stetem Werden und Vergehen begriffen. Aber diese Anschauung, so richtig sie auch den allgemeinen Charakter des Gesammtbildes der Erscheinungen erfaßt, genügt doch nicht, die Einzelnheiten zu erklären, aus denen sich dies Gesammtbild zusammensetzt; und solange wir dies nicht können, sind wir auch über das Gesammtbild nicht klar. Um diese Einzelnheiten zu erkennen, müssen wir sie aus ihrem natürlichen oder geschichtlichen Zusammenhang herausnehmen und sie, jede für sich, nach ihrer Beschaffenheit, ihren besondern Ursachen und Wirkungen 2c. untersuchen. Dies ist zunächst die Aufgabe der Naturwissenschaft und Geschichtsforschung; Untersuchungszweige, die aus sehr guten Gründen bei den Griechen der klassischen Zeit einen nur untergeordneten Rang einnahmen, weil diese vor Allem erst das Material zusammenschleppen mußten. Die Anfänge der exakten Naturforschung werden erst bei den Griechen der alexandrinischen Periode und später, im Mittelalter, von den Arabern, weiter entwickelt; eine wirkliche Naturwissenschaft datirt indeß erst von der zweiten Hälfte des 15. Jahrhunderts, und von da an hat sie mit stets wachsender Geschwindigkeit Fortschritte gemacht. Die Zerlegung der Natur in ihre einzelnen Theile, die Sonderung der verschiedenen Naturvorgänge und Naturgegenstände in bestimmte Klassen, die Untersuchung des Innern der organischen Körper nach ihren mannigfachen anatomischen Gestaltungen war die Grundbedingung der Riesenfortschritte, die die letzten vierhundert Jahre uns in der Erkenntniß der Natur gebracht. Aber sie hat uns ebenfalls die Gewohnheit hinterlassen, die Naturdinge und Naturvorgänge in ihrer Vereinzelung, außerhalb des großen Gesammtzusammenhangs aufzufassen; daher nicht in ihrer Bewegung, sondern in ihrem Stillstand, nicht als wesentlich veränderliche, sondern als feste Bestände, nicht in ihrem Leben, sondern in ihrem Tod. Und indem, wie dies durch Bacon und Locke geschah, diese Anschauungsweise aus der Naturwissenschaft sich in die Philosophie übertrug, schuf sie die spezifische Bornirtheit der letzten Jahrhunderte, die metaphysische Denkweise.

Für den Metaphysiker sind die Dinge und ihre Gedanken-Abbilder, die Begriffe, vereinzelte, eins nach dem andern und ohne das andre zu betrachtende, feste, starre, ein für allemal gegebne Gegenstände der Untersuchung. Er denkt in lauter unvermittelten Gegensätzen: seine Rede ist Ja, ja, Nein, nein, was darüber ist, ist vom Uebel. Für ihn existirt ein Ding entweder, oder es existirt nicht: ein Ding kann ebensowenig zugleich es selbst und ein Anderes sein. Positiv und negativ schließen einander absolut aus; Ursache und Wirkung stehn ebenso in starrem Gegensatz zu einander. Diese Denkweise erscheint uns auf den ersten Blick deswegen äußerst plausibel, weil sie diejenige des sogenannten gesunden Menschenverstandes ist. Allein der gesunde Menschenverstand, ein so respektabler Geselle er auch in dem hausbackenen Gebiet seiner vier Wände ist, erlebt ganz wunderbare Abenteuer, sobald er sich in die weite Welt der Forschung wagt; und die metaphysische Anschauungsweise, auf so weiten, je nach der Natur des Gegenstandes ausgedehnten Gebieten sie auch berechtigt und sogar nothwendig ist, stößt doch jedesmal früher oder später auf eine Schranke, jenseits welcher sie einseitig, bornirt, abstrakt wird und sich in unlösliche Widersprüche verirrt, weil sie über den einzelnen Dingen deren Zusammenhang, über ihrem Sein ihr Werden und Vergehn, über ihrer Ruhe ihre Bewegung vergißt, weil sie vor lauter Bäumen den Wald nicht sieht. Für alltägliche Fälle wissen wir z. B. und können mit Bestimmtheit sagen, ob ein Thier existirt oder nicht; bei genauerer Untersuchung finden wir aber, daß dies manchmal eine höchst verwickelte Sache ist, wie das die Juristen sehr gut wissen, die sich umsonst abgeplagt haben, eine rationelle Grenze zu entdecken, von der an die

Tödtung des Kindes im Mutterleibe Mord ist; und ebenso unmöglich ist es, den Moment des Todes festzustellen, indem die Physiologie nachweist, daß der Tod nicht ein einmaliges, augenblickliches Ereigniß, sondern ein sehr langwieriger Vorgang ist. Ebenso ist jedes organische Wesen in jedem Augenblick dasselbe und nicht dasselbe; in jedem Augenblick verarbeitet es von Außen zugeführte Stoffe und scheidet andre aus, in jedem Augenblick sterben Zellen seines Körpers ab und bilden sich neue; je nach einer längeren oder kürzeren Zeit ist der Stoff dieses Körpers vollständig erneuert, durch andere Stoffatome ersetzt worden, so daß jedes organisirte Wesen stets dasselbe und doch ein anderes ist. Auch finden wir bei genauerer Betrachtung, daß die beiden Pole eines Gegensatzes, wie positiv und negativ, ebenso untrennbar von einander wie entgegengesetzt sind, und daß sie trotz aller Gegensätzlichkeit sich gegenseitig durchdringen; ebenso, daß Ursache und Wirkung Vorstellungen sind, die nur in der Anwendung auf den einzelnen Fall als solche Gültigkeit haben, daß sie aber, sowie wir den einzelnen Fall in seinem allgemeinen Zusammenhang mit dem Weltganzen betrachten, zusammengehn, sich auflösen in der Anschauung der universellen Wechselwirkung, wo Ursachen und Wirkungen fortwährend ihre Stelle wechseln, das was jetzt oder hier Wirkung, dort oder dann Ursache wird und umgekehrt.

Alle diese Vorgänge und Denkmethoden passen nicht in den Rahmen des metaphysischen Denkens hinein. Für die Dialektik dagegen, die die Dinge und ihre begrifflichen Abbilder wesentlich in ihrem Zusammenhang, ihrer Verkettung, ihrer Bewegung, ihrem Entstehn und Vergehn auffaßt, sind Vorgänge wie die obigen, ebensoviel Bestätigungen ihrer eignen Verfahrungsweise. Die Natur ist die Probe auf die Dialektik, und wir müssen es der modernen Naturwissenschaft nachsagen, daß sie für diese Probe ein äußerst reichliches, sich täglich häufendes Material geliefert und damit bewiesen hat, daß es in der Natur, in letzter Instanz, dialektisch und nicht methaphysisch hergeht. Da aber die Naturforscher bis jetzt zu zählen sind, die dialektisch zu denken gelernt haben, so erklärt sich aus diesem Konflikt der entdeckten Resultate mit der hergebrachten Denkweise die gränzenlose Verwirrung, die jetzt in der theoretischen Naturwissenschaft herrscht, und die Lehrer wie Schüler, Schriftsteller wie Leser zur Verzweiflung bringt.

Eine exakte Darstellung des Weltganzen, seiner Entwicklung und der der Menschheit, sowie des Spiegelbildes dieser Entwicklung in den Köpfen der Menschen, kann also nur auf dialektischem Wege, mit steter Beachtung der allgemeinen Wechselwirkungen des Werdens und Vergehens, der fort- oder rückschreitenden Aenderungen zu Stande kommen. Und in diesem Sinn trat die neuere deutsche Philosophie auch sofort auf. Kant eröffnete seine Laufbahn damit, daß er das stabile newton'sche Sonnensystem und seine — nachdem der famose erste Anstoß einmal gegeben — ewige Dauer auflöste in einen geschichtlichen Vorgang: in die Entstehung der Sonne und aller Planeten aus einer rotirenden Nebelmasse. Dabei zog er bereits die Folgerung, daß mit dieser Entstehung ebenfalls der künftige Untergang des Sonnensystems nothwendig gegeben sei. Seine Ansicht wurde ein halbes Jahrhundert später durch Laplace mathematisch begründet und noch ein halbes Jahrhundert später wies das Spektroskop die Existenz solcher glühenden Gasmassen, in verschiedenen Stufen der Verdichtung, im Weltraum nach.

Ihren Abschluß fand diese neuere deutsche Philosophie im Hegel'schen System, worin zum ersten Mal — und das ist sein großes Verdienst — die ganze natürliche, geschichtliche und geistige Welt als ein Prozeß, d. h. als in steter Bewegung, Veränderung, Umbildung und Entwicklung begriffen dargestellt und der Versuch gemacht wurde, den inneren Zusammenhang in dieser Bewegung und Entwicklung nachzuweisen. Von diesem Gesichtspunkt aus erschien die Geschichte der Menschheit nicht mehr als ein wüstes Gewirr sinnloser Gewaltthätigkeiten, die vor dem Richterstuhl der jetzt gereiften Philosophenvernunft alle gleich verwerflich sind, und die man am besten so rasch wie möglich vergißt, sondern als der Entwicklungsprozeß der Menschheit selbst, dessen allmählichen Stufengang durch alle Irrwege zu verfolgen, und dessen innere Gesetzmäßigkeit durch alle scheinbaren Zufälligkeiten hindurch nachzuweisen, jetzt die Aufgabe des Denkens wurde.

Daß Hegel diese Aufgabe nicht löste, ist hier gleichgültig. Sein epochemachendes Verdienst war, sie gestellt zu haben. Es ist eben eine Aufgabe, die kein Einzelner je wird lösen können. Obwohl Hegel — neben Saint-Simon — der universellste Kopf seiner Zeit war, so war er doch beschränkt erstens durch den nothwendig begrenzten Umfang seiner eignen Kenntnisse, und zweitens durch die, ebenfalls nach Umfang und Tiefe begrenzten Kenntnisse und Anschauungen seiner Epoche. Dazu kam aber noch ein Drittes. Hegel war Idealist, d. h. ihm galten die Gedanken seines Kopfs nicht als die mehr oder weniger abstrakten Abbilder der wirklichen Dinge und Vorgänge, sondern umgekehrt galten ihm die Dinge und ihre Entwicklung nur als die verwirklichten Abbilder der irgendwo schon vor der Welt existirenden „Idee." Damit war Alles auf den Kopf gestellt und der wirkliche Zusammenhang der Welt vollständig umgekehrt. Und so richtig und genial auch manche Einzel-Zusammenhänge von Hegel aufgefaßt worden, so mußte doch aus den angegebenen Gründen auch im Detail Vieles geflickt, gekünstelt, konstruirt, kurz verkehrt ausfallen. Das Hegel'sche System als solches war eine kolossale Fehlgeburt — aber auch die letzte ihrer Art. Es litt nämlich noch an einem unheilbaren inneren Widerspruch: einerseits hatte es zur wesentlichen Voraussetzung die historische Anschauung, wonach die menschliche Geschichte ein Entwicklungsprozeß ist, der seiner Natur nach nicht durch die Entdeckung einer sogenannten absoluten Wahrheit seinen intellektuellen Abschluß finden kann; andrerseits aber behauptet es der Inbegriff eben dieser absoluten Wahrheit zu sein. Ein allumfassendes, ein für allemal abschließendes System der Erkenntniß von Natur und Geschichte steht im Widerspruch mit den Grundgesetzen des dialektischen Denkens; was indeß keineswegs ausschließt, sondern im Gegentheil einschließt, daß die systematische Erkenntniß der gesammten äußeren Welt von Geschlecht zu Geschlecht Riesenschritte machen kann.

Die Einsicht in die totale Verkehrtheit des bisherigen deutschen Idealismus führte nothwendig zum Materialismus, aber wohlgemerkt, nicht zum blos metaphysischen, ausschließlich mechanischen Materialismus des 18. Jahrhunderts. Gegenüber der naiv-revolutionären, einfachen Verwerfung aller früheren Geschichte, sieht der moderne Materialismus in der Geschichte den Entwicklungsprozeß der Menschheit, dessen Bewegungsgesetze zu entdecken seine Aufgabe ist. Gegenüber der sowohl bei den Franzosen des 18. Jahrhunderts wie bei Hegel herrschenden Vorstellung von der Natur als eines sich in engen Kreisläufen bewegenden, sich gleich bleibenden Ganzen mit ewigen Weltkörpern, wie sie Newton, und unveränderlichen Arten von organischen Wesen, wie sie Linné gelehrt hatte, faßt er die neueren Fortschritte der Naturwissenschaft zusammen, wonach die Natur ebenfalls ihre Geschichte in der Zeit hat, die Weltkörper wie die Artungen der Organismen, von denen sie unter günstigen Umständen bewohnt werden, entstehn und vergehn, und die Kreisläufe, soweit sie überhaupt zulässig sind, unendlich großartigere Dimensionen annehmen. In beiden Fällen ist er wesentlich dialektisch und braucht keine über den andern Wissenschaften stehende Philosophie mehr. Sobald an jede einzelne Wissenschaft die Forderung herantritt, über ihre Stellung im Gesammtzusammenhang der Dinge und der Kenntniß von den Dingen sich klar zu werden, ist jede besondre Wissenschaft vom Gesammtzusammenhang überflüssig. Was von der ganzen bisherigen Philosophie dann noch selbstständig bestehn bleibt, ist die Lehre vom Denken und seinen Gesetzen — die formelle Logik und die Dialektik. Alles andre geht auf die positive Wissenschaft von Natur und Geschichte.

Während jedoch der Umschwung der Naturanschauung nur in dem Maß sich vollziehen konnte als die Forschung den entsprechenden positiven Erkenntnißstoff lieferte, hatten sich schon viel früher historische Thatsachen geltend gemacht, die für die Geschichtsauffassung eine entscheidende Wendung herbeiführten. 1834 hatte in Lyon der erste Arbeiteraufstand stattgefunden; 1838—42 erreichte die erste nationale Arbeiterbewegung, die der englischen Chartisten, ihren Höhepunkt. Der Klassenkampf zwischen Proletariat und Bourgeoisie trat in den Vordergrund der Geschichte der fortgeschrittensten Länder Europas, in demselben Maß wie sich dort einerseits die große Industrie, andrerseits die neueroberte politische Herrschaft der Bourgeoisie entwickelte. Die Lehren der bürgerlichen Oekonomie von der Identität der Interessen von Kapital und Arbeit, von der allgemeinen Harmonie und dem allgemeinen Volkswohlstand als Folge der freien Konkurrenz, wurden immer schlagender von den Thatsachen Lügen gestraft. Alle diese Dinge waren nicht mehr abzuweisen, ebensowenig wie der französische und englische Sozialismus, der ihr theoretischer, wenn auch höchst unvollkommener Ausdruck war. Aber die alte idealistische Geschichtsauffassung, die noch nicht verdrängt war, kannte keine auf materiellen Interessen beruhenden Klassenkämpfe, überhaupt keine materiellen Interessen; die Produktion wie alle ökonomischen Verhältnisse kamen in ihr nur so nebenbei, als untergeordnete Elemente der „Kulturgeschichte" vor. Die neuen Thatsachen zwangen dazu, die ganze bisherige Geschichte einer neuen Untersuchung zu unterwerfen, und da zeigte sich, daß **alle** bisherige Geschichte die Geschichte von Klassenkämpfen war, daß diese einander bekämpfenden Klassen der Gesellschaft jedesmal Erzeugnisse sind der Produktions- und Verkehrsverhältnisse, mit Einem Wort der ökonomischen Verhältnisse ihrer Epoche; daß also die jedesmalige ökonomische Struktur der Gesellschaft die reale Grundlage bildet, aus der der gesammte Ueberbau der rechtlichen und politischen Einrichtungen, sowie der religiösen, philosophischen und sonstigen Vorstellungsweise eines jeden geschichtlichen Zeitabschnittes in letzter Instanz zu erklären sind. Hiermit war der Idealismus aus seinem letzten Zufluchtsort, aus der Geschichtsauffassung, vertrieben, eine materialistische Geschichtsauffassung gegeben, und der Weg gefunden, um das Bewußtsein der Menschen aus ihrem Sein, statt wie bisher ihr Sein aus ihrem Bewußtsein zu erklären.

Mit dieser materialistischen Geschichtsauffassung war aber der bisherige Sozialismus ebenso unverträglich wie die Naturauffassung des französischen Materialismus mit der Dialektik und der neueren Naturwissenschaft. Der bisherige Sozialismus kritisirte zwar die bestehende kapitalistische Produktionsweise und ihre Folgen, konnte sie aber nicht erklären, also auch nicht mit ihr fertig werden; er konnte sie nur einfach als schlecht verwerfen. Es handelte sich aber darum, diese kapitalistische Produktionsweise einerseits in ihrem geschichtlichen Zusammenhang und ihrer Nothwendigkeit für einen bestimmten geschichtlichen Zeitabschnitt, also auch die Nothwendigkeit ihres Untergangs, darzustellen, andrerseits aber auch ihren innern Charakter zu enthüllen, der noch immer verborgen war, da die bisherige Kritik sich mehr auf die üblen Folgen als auf den Gang der Sache selbst geworfen hatte. Dies geschah durch die Entdeckung des **Mehrwerths**. Es wurde bewiesen, daß die Aneignung unbezahlter Arbeit die Grundform der kapitalistischen Produktionsweise und der durch sie vollzognen Ausbeutung des Arbeiters ist; daß der Kapitalist, selbst wenn er die Arbeitskraft seines Arbeiters zum vollen Werth kauft, den sie als Waare auf dem Waarenmarkt hat, dennoch mehr Werth aus ihr herausschlägt, als er für sie bezahlt hat; und daß dieser Mehrwerth in letzter Instanz die Werthsumme bildet, aus der sich die stets wachsende Kapitalmasse in den Händen der besitzenden Klassen aufhäuft. Der Hergang sowohl der kapitalistischen Produktion wie der Produktion von Kapital war erklärt.

Diese beiden großen Entdeckungen: die materialistische Geschichtsauffassung und die Enthüllung des Geheimnisses der kapitalistischen Produktion vermittelst des Mehrwerths, verdanken wir Marx. Mit ihnen wurde der Sozialismus eine Wissenschaft, die es sich nun zunächst darum handelt, in allen ihren Einzelnheiten und Zusammenhängen weiter auszuarbeiten. —

So etwa standen die Sachen auf dem Gebiete des theoretischen Sozialismus und der verstorbenen Philosophie, als Herr Eugen Dühring nicht ohne beträchtliches Gepolter auf die Bühne sprang und eine durch ihn vollzogene, totale Umwälzung der Philosophie, der politischen Oekonomie und des Sozialismus ankündigte.

Sehen wir zu, was Herr Dühring uns verspricht und — was er hält.

II. Was Herr Dühring verspricht.

Herrn Dühring's zunächst hieher gehörige Schriften sind sein „Cursus der Philosophie", sein „Cursus der National- und Sozialökonomie" und seine „Kritische Geschichte der Nationalökonomie und des Sozialismus." Zunächst interessirt uns vorwiegend das erste Werk.

Gleich auf der ersten Seite kündigt Herr Dühring sich an als „denjenigen, der die Vertretung dieser Macht (der Philosophie) in seiner Zeit und für die zunächst absehbare Entfaltung derselben in Anspruch nimmt." Er erklärt sich also für den einzig wahren Philosophen der Gegenwart und „absehbaren" Zukunft. Wer von ihm abweicht, weicht ab von der Wahrheit. Viele Leute haben, schon vor Herrn Dühring, so etwas von sich selbst gedacht, aber er ist — — außer Richard Wagner — wohl der Erste, der es von sich selbst gelassen ausspricht. Und zwar ist die Wahrheit, um die es sich bei ihm handelt „eine endgültige Wahrheit letzter Instanz."

Die Philosophie des Herrn Dühring ist „das natürliche System oder die Wirklichkeitsphilosophie ... die Wirklichkeit wird in ihm in einer Weise gedacht, die jede Anwandlung zu einer traumhaften und subjektivistisch beschränkten Weltvorstellung ausschließt." Diese Philosophie ist also so beschaffen, daß sie Herrn Dühring über die von ihm selbst nicht zu leugnenden Schranken seiner persönlich-subjektiven Beschränktheit hinaushebt. Es ist dies allerdings nöthig, wenn er im Stande sein soll, endgültige Wahrheiten letzter Instanz festzustellen, obwohl wir bis jetzt noch nicht einsehn, wie dies Wunder sich bewerkstelligen soll.

Dies „natürliche System des an sich für den Geist werthvollen Wissens" hat, „ohne der Tiefe des Gedankens etwas zu vergeben, die Grundgestalten des Seins sicher festgestellt." Von seinem „wirklich kritischen Standpunkt" aus bietet es „die Elemente einer wirklichen und demgemäß auf die Wirklichkeit der Natur und des Lebens gerichteten Philosophie, welche keinen blos scheinbaren Horizont gelten läßt, sondern in ihrer mächtig umwälzenden Bewegung alle Erden und Himmel der äußeren und inneren Natur aufrollt"; es ist eine „neue Denkweise", und ihre Resultate sind „von Grund aus eigenthümliche Ergebnisse und Anschauungen ... systemschaffende Gedanken ... festgestellte Wahrheiten." Wir haben in ihr vor uns „eine Arbeit, die ihre Kraft in der konzentrirten Initiative suchen muß" — was das auch immer heißen möge; eine „bis an die Wurzeln reichende Untersuchung ... eine wurzelhafte Wissenschaft ... eine streng wissenschaftliche Auffassung von Dingen und Menschen ... eine allseitig durchdringende Gedankenarbeit ... ein schöpferisches Entwerfen der vom Gedanken beherrschbaren Voraussetzungen und Folgen ... das absolut Fundamentale". Es gibt uns auf ökonomisch-politischem Gebiet nicht nur „historisch und systematisch umfassende Arbeiten," von denen die historischen sich obendrein durch „meine Geschichtszeichnung großen Stils" auszeichnen und welche in der Oekonomie „schöpferische Wendungen" zu Wege brachten, sondern schließt auch mit einem eignen vollständig ausgearbeiteten sozialistischen Plan für die Zukunftsgesellschaft ab, der die „praktische Frucht einer klaren und bis an die letzten Wurzeln reichenden Theorie", und daher ebenso unfehlbar und alleinseligmachend ist wie die Dühring'sche Philosophie; denn „nur in demjenigen sozialistischen Gebilde, welches ich in meinem Cursus der National- und Sozialökonomie gekennzeichnet habe, kann ein echtes Eigen an die Stelle des blos scheinbaren und vorläufigen oder aber gewaltsamen Eigenthums treten." Wonach die Zukunft sich zu richten hat.

Diese Blumenlese von Lobpreisungen des Herrn Dühring durch Hrn. Dühring ließe sich leicht um's Zehnfache vermehren. Sie dürfte schon jetzt beim Leser einige Zweifel rege gemacht haben, ob er es wirklich mit einem Philosophen zu thun habe oder mit — aber wir müssen den Leser bitten sein Urtheil zurückzuhalten bis er die besagte Wurzelhaftigkeit wird näher kennen gelernt haben. Wir geben obige Blumenlese auch nur, um zu zeigen, daß wir nicht einen gewöhnlichen Philosophen und Sozialisten vor uns haben, der seine Gedanken einfach ausspricht und es der weiteren Entwicklung überläßt, über ihren Werth zu entscheiden, sondern mit einem ganz außergewöhnlichen Wesen, das nicht weniger unfehlbar zu sein behauptet, als der Papst, und dessen alleinseligmachende Lehre man einfach anzunehmen hat, wenn man nicht der verwerflichsten Ketzerei verfallen will. Wir haben es keineswegs mit einer jener Arbeiten zu thun, an denen alle sozialistischen Literaturen und neuerdings auch die deutsche überreich sind, Arbeiten, in denen Leute verschiedenen Kalibers sich in der aufrichtigsten Weise von der Welt über Fragen klar zu werden suchen, zu deren Beantwortung ihnen das Material vielleicht mehr oder weniger abgeht; Arbeiten, bei denen, was auch ihre wissenschaftlichen und literarischen Mängel, der sozialistische gute Wille immer anerkennenswerth ist. Im Gegentheil, Herr Dühring bietet uns Sätze, die er für endgültige Wahrheiten letzter Instanz erklärt, neben denen jede andre Meinung also von vorn herein falsch ist; wie die ausschließliche Wahrheit, so hat er auch die einzige streng wissenschaftliche Methode der Untersuchung, neben der alle andern unwissenschaftlich sind. Entweder hat er Recht — und dann stehn wir vor dem größten Genie aller Zeiten, dem ersten übermenschlichen, weil unfehlbaren Menschen. Oder er hat Unrecht, und auch dann, wie unser Urtheil immer ausfallen möge, wäre wohlwollende Rücksichtnahme auf seinen etwaigen guten Willen immer noch die tödtlichste Beleidigung für Herrn Dühring.

Wenn man im Besitz der endgültigen Wahrheit letzter Instanz und der einzig strengen Wissenschaftlichkeit ist, so muß man selbstredend für die übrige irrende und unwissenschaftliche Menschheit eine ziemliche Verachtung haben. Wir dürfen uns also nicht wundern, wenn Herr Dühring von seinen Vorgängern mit der äußersten Wegwerfung spricht, und wenn nur wenige, ausnahmsweise von ihm selbst ernannte große Männer vor seiner Wurzelhaftigkeit Gnade finden.

Hören wir ihn zuerst über die Philosophen: „Der jeder besseren Gesinnung baare Leibnitz, dieser beste unter allen höfisch möglichen Philosophirern." Kant wird noch soeben geduldet; aber nach ihm ging alles drunter und drüber: es kamen die Wüstheiten und ebenso läppischen als windigen Thorheiten der nächsten Epigonen, also namentlich eines Fichte und Schelling ... ungeheuerliche Zerrbilder unwissender Naturphilosophastrik ... die nachkantischen Ungeheuerlichkeiten" und „Fieberphantasien", denen die Krone aufsetzte „ein Hegel". Dieser sprach einen „Hegeljargon" und verbreitete die „Hegelseuche" vermittelst seiner „überdies noch in der Form unwissenschaftlichen Manier" und seiner „Cruditäten".

Den Naturforschern geht's nicht besser, doch wird nur Darwin namentlich aufgeführt und so müssen wir uns auf diesen beschränken: „Darwinistische Halbpoesie und Metamorphosenfertigkeit mit ihrer grobsinnlichen Enge der Auffassung und Stumpfheit der Unterscheidungskraft. ... Unseres Erachtens ist der spezifische Darwinismus, wovon natürlich die Lamarck'schen Aufstellungen auszunehmen sind, ein Stück gegen die Humanität gerichtete Brutalität."

Am schlimmsten aber kommen die Sozialisten weg. Mit Ausnahme von allenfalls Louis Blanc — dem unbedeutendsten von Allen — sind sie allzumal Sünder und mangeln des Ruhms, den sie vor (oder hinter) Hrn. Dühring haben sollten. Und nicht nur der Wahrheit und Wissenschaftlichkeit, nein, auch dem Charakter nach. Mit Ausnahme von Babeuf und einigen Communards von 1871 sind sie allesammt keine „Männer". Die drei Utopisten heißen „soziale Alchymisten". Von ihnen wird Saint-Simon noch insoweit glimpflich behandelt, als ihm blos „Ueberspanntheit" vorgeworfen und mitleidig angedeutet wird, er habe an religiösem Wahnsinn gelitten. Bei Fourier dagegen reißt Herrn Dühring die Geduld vollständig. Denn

Fourier „enthüllte alle Elemente des Wahnwitzes ... Ideen, die man sonst am ehesten in Irrenhäusern aufsucht ... wüsteste Träume ... Erzeugnisse des Wahnwitzes. ... Der unsäglich alberne Fourier", dieses „Kinderköpfchen", dieser „Idiot" ist dabei nicht einmal ein Sozialist; sein Phalanstère ist durchaus kein Stück rationeller Sozialismus, sondern „ein nach der Schablone des gewöhnlichen Verkehrs konstruirtes Mißgebilde." Und endlich: „Wem diese Auslassungen (Fouriers über Newton) ... nicht genügen, um sich zu überzeugen, daß in Fouriers Namen und am ganzen Fourierismus nur die erste Silbe (fou = verrückt) etwas Wahres besagt, der dürfte selbst unter irgend eine Kategorie von Idioten einzureihen sein." Endlich, Robert Owen „hatte matte und dürftige Ideen ... sein im Punkte der Moral so rohes Denken .... einige in's Verschrobene ausgeartete Gemeinplätze .... widersinnige und rohe Anschauungsweise ... Owen's Vorstellungslauf ist kaum werth, daß man eine ernstere Kritik zur Geltung bringe ... seine Eitelkeit" u. s. w. Wenn also Herr Dühring die Utopisten nach ihren Namen äußerst geistreich folgendermaßen kennzeichnet: Saint-Simon — saint (heilig), Fourier — fou (verrückt), Enfantin — enfant (kindisch), so fehlt nur noch, daß er hinzusetzt: Owen — o weh! und eine ganze bedeutende Periode der Geschichte des Sozialismus ist mit vier Worten einfach — verdonnert, und wer daran zweifelt, der „dürfte selbst unter irgend eine Kategorie von Idioten einzureihen sein."

Von den Dühring'schen Urtheilen über die späteren Sozialisten nehmen wir der Kürze halber nur noch die über Lassalle und Marx heraus.

Lassalle: „pedantisch-klaubende Popularisirungsversuche ... überwuchernde Scholastik ... ungeheuerliches Gemisch von allgemeiner Theorie und kleinlichem Quark ... sinn- und formlose Hegelsuperstition ... abschreckendes Beispiel ... eigne Beschränktheit ... Wichtigthuerei mit dem gleichgültigsten Kleinkram ... unser jüdischer Held ... Pamphletschreiber ... ordinär ... innere Haltungslosigkeit der Lebens- und Weltanschauung."

Marx: „Beengtheit der Auffassung ... seine Arbeiten und Leistungen sind an und für sich, d. h. rein theoretisch betrachtet, für unser Gebiet (die kritische Geschichte des Sozialismus) ohne dauernde Bedeutung, und für die allgemeine Geschichte der geistigen Strömung höchstens als Symptome der Einwirkung eines Zweiges der neueren Sektenscholastik anzuführen ... Ohnmacht der konzentrirenden und ordnenden Fähigkeiten ... Unförmlichkeit der Gedanken und des Stils, würdelose Allüren der Sprache ... englisirte Eitelkeit ... Düpirung ... wüste Konzeptionen, die in der That nur Bastarde historischer und logischer Phantastik sind ... trügerische Wendung ... persönliche Eitelkeit ... schnöde Manierchen ... schnoddrig ... schöngeistige Plätzchen und Mätzchen ... Chinesengelehrsamkeit ... philosophische und wissenschaftliche Rückständigkeit."

Und so weiter, und so weiter — denn auch dies ist nur eine kleine oberflächliche Blumenlese aus dem Dühring'schen Rosengarten. Wohlverstanden, vorderhand geht es uns noch gar nichts an, ob diese liebenswürdigen Schimpfereien, die es Herrn Dühring, bei einiger Bildung, verbieten sollten, irgend etwas schnöde und schnoddrig zu finden, ebenfalls endgültige Wahrheiten letzter Instanz sind. Auch werden wir uns — jetzt noch — hüten, irgend einen Zweifel an ihrer Wurzelhaftigkeit laut werden zu lassen, da man uns sonst vielleicht sogar verbieten dürfte, die Kategorie von Idioten auszusuchen, zu der wir gehören. Wir haben es nur für unsere Schuldigkeit gehalten, einerseits ein Beispiel davon zu geben, was Herr Dühring „das Gewählte der rücksichtsvollen und im echten Sinn des Wortes bescheidenen Ausdrucksart" nennt, und andrerseits festzustellen, daß bei Herrn Dühring die Verwerflichkeit seiner Vorgänger nicht minder feststeht, als seine eigne Unfehlbarkeit. Hiernach ersterben wir in tiefster Ehrerbietung vor dem gewaltigsten Genius aller Zeiten — wenn sich das Alles nämlich so verhält.

Erster Abschnitt.
Philosophie.

III. Eintheilung. Apriorismus.

Philosophie ist, nach Herrn Dühring, die Entwicklung der höchsten Form des Bewußtseins von Welt und Leben und umfaßt in einem weiteren Sinne die Prinzipien alles Wissens und Wollens. Wo irgend eine Reihe von Erkenntnissen oder Antrieben oder eine Gruppe von Existenzformen für das menschliche Bewußtsein in Frage kommt, müssen die Prinzipien dieser Gestalten ein Gegenstand der Philosophie sein. Diese Prinzipien sind die einfachen oder bis jetzt als einfach vorausgesetzten Bestandtheile, aus denen sich das mannigfaltige Wissen und Wollen zusammensetzen läßt. Aehnlich wie die chemische Konstitution der Körper kann auch die allgemeine Verfassung der Dinge auf Grundformen und Grundelemente zurückgeführt werden. Diese letzten Bestandtheile oder Prinzipien gelten, sobald sie einmal gewonnen sind, nicht blos für das unmittelbar Bekannte und Zugängliche, sondern auch für die uns unbekannte und unzugängliche Welt. Die philosophischen Prinzipien bilden mithin die letzte Ergänzung, deren die Wissenschaften bedürfen, um zu einem einheitlichen System der Erklärung von Natur und Menschenleben zu werden. Außer den Grundformen aller Existenz hat die Philosophie nur zwei eigentliche Gegenstände der Untersuchung, nämlich die Natur und die Menschenwelt. Hiernach ergeben sich für die Anordnung unseres Stoffs völlig ungezwungen drei Gruppen, nämlich die allgemeine Weltschematik, die Lehre von den Naturprinzipien und schließlich diejenige vom Menschen. In dieser Abfolge ist zugleich eine innere logische Ordnung enthalten; denn die formalen Grundsätze, welche für alles Sein gelten, gehn voran, und die gegenständlichen Gebiete, auf die sie anzuwenden sind, folgen in der Abstufung ihrer Unterordnung nach. Soweit Herr Dühring, und fast ausschließlich wörtlich.

Also um **Prinzipien** handelt es sich bei ihm, um aus dem **Denken**, nicht aus der äußeren Welt, abgeleitete formale Grundsätze, die auf die Natur und das Reich des Menschen anzuwenden sind, nach denen also Natur und Mensch sich zu richten haben. Aber woher nimmt das Denken diese Grundsätze? Aus sich selbst? Nein, denn Herr Dühring sagt selbst: das rein ideelle Gebiet beschränkt sich auf logische Schemata und mathematische Gebilde (welches Letztere noch dazu falsch ist, wie wir sehen werden). Die logischen Schemata können sich nur auf Denkformen beziehn, hier aber handelt es sich nur um die Forderung des Seins, der Außenwelt, und diese Formen kann das Denken niemals aus sich selbst, sondern eben nur aus der Außenwelt schöpfen und ableiten. Damit aber kehrt sich das ganze Verhältniß um: die Prinzipien sind nicht der Ausgangspunkt der Untersuchung, sondern ihr Endergebniß; sie werden nicht auf Natur und Menschengeschichte angewandt, sondern aus ihnen abstrahirt; nicht die Natur und das Reich des Menschen richten sich nach den Prinzipien, sondern die Prinzipien sind nur in soweit richtig, als sie mit Natur und Geschichte stimmen. Das ist die einzige materialistische Auffassung der Sache, und die entgegenstehende des Herrn Dühring ist idealistisch, stellt die Sache vollständig auf den Kopf und konstruirt die wirkliche Welt aus dem Gedanken, aus irgendwo vor der Welt von Ewigkeit bestehenden Schematen, Schemen oder Kategorien ganz wie — ein Hegel.

In der That. Legen wir die Encyklopädie Hegels mit all' ihren Fieberphantasien neben die endgültigen Wahrheiten letzter Instanz des Herrn Dühring. Bei Herrn Dühring haben wir erstens die allgemeine Weltschematik, die bei Hegel die Logik heißt. Dann haben wir bei Beiden die Anwendung dieser Schemata, beziehungsweise logischen Kategorien auf die Natur: Naturphilosophie, und endlich deren Anwendung auf das Reich des Menschen, was Hegel die Philosophie des Geistes nennt. Die „innerlich logische Ordnung" der Dühring'schen Abfolge führt uns also „völlig ungezwungen" auf Hegels Encyklopädie zurück, aus der sie mit einer Treue entnommen ist, die den ewigen Juden der Hegel'schen Schule, den Professor Michelet in Berlin, zu Thränen rühren wird.

Das kommt davon, wenn man „das Bewußtsein", „das Denken" ganz naturalistisch als etwas Gegebenes, von vorn herein dem Sein, der Natur Entgegengesetztes, so hinnimmt. Dann muß man es auch höchst merkwürdig finden, daß Bewußtsein und Natur, Denken und Sein, Denkgesetze und Naturgesetze so sehr zusammen stimmen. Fragt man aber weiter, was denn Denken und Bewußtsein sind und woher sie stammen, so findet man, daß es Produkte des menschlichen Hirns und daß der Mensch selbst ein Naturprodukt, das sich in und mit seiner Umgebung entwickelt hat; wobei es sich dann von selbst versteht, daß die Erzeugnisse des menschlichen Hirns, die in letzter Instanz ja auch Naturprodukte sind, dem übrigen Naturzusammenhang nicht widersprechen, sondern entsprechen.

Aber Herr Dühring darf sich diese einfache Behandlung der Sache nicht erlauben. Er denkt nicht nur im Namen der Menschheit — was doch schon eine ganz hübsche Sache wäre — sondern im Namen der bewußten und denkenden Wesen aller Weltkörper. In der That, es wäre „eine Herabwürdigung der Grundgestalten des Bewußtseins und Wissens, wenn man ihre souveraine Geltung und ihren unbedingten Anspruch auf Wahrheit durch das Epitheton menschlich ausschließen oder auch nur verdächtigen wollte". Damit also nicht der Verdacht aufkomme, als sei auf irgend einem andern Weltkörper zwei mal zwei gleich fünf, darf Herr Dühring das Denken nicht als menschliches bezeichnen, muß es damit abtrennen von der einzigen wirklichen Grundlage, auf der es für uns vorkommt, nämlich vom Menschen und der Natur, und plumpst damit rettungslos in eine Ideologie, die ihn als Epigonen des „Epigonen" Hegel auftreten macht. Uebrigens werden wir Herrn Dühring noch öfters auf andern Weltkörpern begrüßen.

Es versteht sich von selbst, daß man auf so ideologischer Grundlage keine materialistische Lehre gründen kann. Wir werden später sehn, daß Herr Dühring genöthigt ist, der Natur mehr als einmal bewußte Handlungsweise unterzuschieben, also das, was man auf Deutsch Gott nennt.

Indeß hatte unser Wirklichkeitsphilosoph auch noch andre Beweggründe, die Grundlage aller Wirklichkeit aus der wirklichen Welt in die Gedankenwelt zu übertragen. Die Wissenschaft von diesem allgemeinen Weltschematismus, von diesen formellen Grundsätzen des Seins, ist ja gerade die Grundlage von Herrn Dühring's Philosophie. Wenn wir den Weltschematismus nicht aus dem Kopf, sondern blos vermittelst des Kopfs aus der wirklichen Welt, die Grundsätze des Seins aus dem, was ist, ableiten, so brauchen wir dazu keine Philosophie, sondern positive Kenntnisse von der Welt und was in ihr vorgeht; und was dabei herauskommt, ist ebenfalls keine Philosophie, sondern positive Wissenschaft. Damit wäre aber Herrn Dühring's ganzer Band nichts als verlorne Liebesmüh.

Ferner: wenn keine Philosophie als solche mehr nöthig, dann auch kein System, selbst kein natürliches System der Philosophie mehr. Die Einsicht, daß die Gesammtheit der Naturvorgänge in einem systematischen Zusammenhang steht, treibt die Wissenschaft dahin, diesen systematischen Zusammenhang überall im Einzelnen wie im Ganzen nachzuweisen. Aber eine entsprechende, erschöpfende, wissenschaftliche Darstellung dieses Zusammenhangs, die Abfassung eines exakten Gedankenabbildes des Weltsystems, in dem wir leben, bleibt für uns sowohl wie für alle Zeiten eine Unmöglichkeit. Würde an irgend einem Zeitpunkt der Menschheitsentwicklung ein solches endgültig abschließendes System der Weltzusammenhänge, physischer wie geistiger und geschichtlicher, fertig gebracht, so wäre damit das Reich der menschlichen Erkenntniß abgeschlossen, und die zukünftige geschichtliche Fortentwicklung abgeschnitten von dem Augenblick an, wo die Gesellschaft im Einklang mit jenem System eingerichtet ist — was eine Absurdität, ein reiner Widersinn wäre. Die Menschen finden sich also vor den Widerspruch gestellt: einerseits das Weltsystem erschöpfend in seinem Gesammtzusammenhang zu erkennen, und andrerseits, sowohl ihrer eignen wie der Natur des Weltsystems nach, diese Aufgabe nie vollständig lösen zu können. Aber dieser Widerspruch liegt nicht nur in der Natur der beiden Faktoren: Welt und Menschen, sondern er ist auch der Haupthebel des gesammten intellektuellen Fortschritts und löst sich tagtäglich und fortwährend in der unendlichen progressiven Entwicklung der Menschheit, ganz wie z. B. mathematische Aufgaben in einer unendlichen Reihe oder einem Kettenbruch ihre Lösung finden. Thatsächlich ist und bleibt jedes Gedankenabbild des Weltsystems objektiv durch die geschichtliche Lage, und subjektiv durch die Körper- und Geistesverfassung seines Urhebers beschränkt. Aber Herr Dühring erklärt von vornherein seine Denkweise für eine solche, die jede Anwandlung zu einer subjektivistisch beschränkten Weltvorstellung ausschließt. Wir sahen vorher, er war allgegenwärtig — auf allen möglichen Weltkörpern. Jetzt sehn wir auch, daß er allwissend ist. Er hat die letzten Aufgaben der Wissenschaft gelöst und so die Zukunft aller Wissenschaft mit Brettern zugenagelt.

Wie die Grundgestalten des Seins, meint Herr Dühring, auch die gesammte reine Mathematik apriorisch, d. h. ohne Benutzung der Erfahrungen, die uns die Außenwelt bietet, aus dem Kopf heraus fertig bringen zu können. In der reinen Mathematik soll sich der Verstand befassen „mit seinen eignen freien Schöpfungen und Imaginationen"; die Begriffe von Zahl und Figur sind „ihr zureichendes und von ihr selbst erzeugbares Objekt", und somit hat sie „eine von der besondern Erfahrung und dem realen Weltinhalt unabhängige Geltung".

Daß die reine Mathematik eine von der besondern Erfahrung jedes Einzelnen unabhängige Geltung hat, ist allerdings richtig und gilt von allen festgestellten Thatsachen aller Wissenschaften, ja von allen Thatsachen überhaupt. Die magnetischen Pole, die Zusammensetzung des Wassers aus Wasserstoff und Sauerstoff, die Thatsache, daß Hegel todt ist und Herr Dühring lebt, gelten unabhängig von meiner oder andrer einzelnen Leute Erfahrung, selbst unabhängig von der des Herrn Dühring, sobald er den Schlaf des Gerechten schläft. Keineswegs aber befaßt sich in der reinen Mathematik der Verstand blos mit seinen eigenen Schöpfungen und Imaginationen. Die Begriffe von Zahl und Figur sind nirgend anders hergenommen, als aus der wirklichen Welt. Die zehn Finger, an denen die Menschen zählen, also die erste arithmetische Operation vollziehn gelernt haben, sind alles Andre, nur nicht eine freie Schöpfung des Verstandes. Zum Zählen gehören nicht nur zählbare Gegenstände, sondern auch schon die Fähigkeit, bei Betrachtung dieser Gegenstände von allen ihren übrigen Eigenschaften abzusehn außer ihrer Zahl — und diese Fähigkeit ist das Ergebniß einer langen geschichtlichen, erfahrungsmäßigen Entwicklung. Wie der Begriff Zahl, so ist der Begriff Figur ausschließlich der Außenwelt entlehnt, nicht im Kopf aus dem reinen Denken entsprungen. Es mußte Dinge geben, die Gestalt hatten und deren Gestalten man verglich, ehe man auf den Begriff Figur kommen konnte. Die reine Mathematik hat zum Gegenstand die Raumformen und Quantitätsverhältnisse der wirklichen Welt, also einen sehr realen Stoff. Daß dieser Stoff in einer höchst abstrakten Form erscheint, kann seinen Ursprung aus der Außenwelt nur oberflächlich verdecken. Um diese Formen und Verhältnisse in ihrer Reinheit untersuchen zu können, muß man sie aber vollständig von ihrem Inhalt trennen, diesen als gleichgültig bei Seite setzen; so erhält man die Punkte ohne Dimensionen, die Linien ohne Dicke und Breite, die a und b und x und y, die Constanten und die Variablen, und kommt dann ganz zuletzt erst auf die eignen freien Schöpfungen und Jmaginationen des Verstandes, nämlich die imaginären Größen. Auch die scheinbare Ableitung mathematischer Größen aus einander beweist nicht ihren apriorischen Ursprung, sondern nur ihren rationellen Zusammenhang. Ehe man auf die Vorstellung kam, die Form eines Cylinders aus der Drehung eines Rechtecks um eine seiner Seiten abzuleiten, muß man eine Anzahl wirklicher Rechtecke und Cylinder, wenn auch in noch so unvollkommner Form, untersucht haben. Wie alle andern Wissenschaften ist die Mathematik aus den Bedürfnissen der Menschen hervorgegangen: aus der Messung von Land und Gefäßinhalt, aus Zeitrechnung und Mechanik. Aber wie in allen Gebieten des Denkens werden auf einer gewissen Entwicklungsstufe die aus der wirklichen Welt abstrahirten Gesetze von der wirklichen Welt getrennt, ihr als etwas Selbständiges gegenüber gestellt, als von Außen kommende Gesetze, wonach die Welt sich zu richten hat. So ist es in Gesellschaft und Staat hergegangen, so und nicht anders wird die reine Mathematik nachher auf die Welt angewandt, obwohl sie eben dieser Welt entlehnt ist und nur einen Theil ihrer Zusammensetzungsformen darstellt — und gerade nur deßwegen überhaupt anwendbar ist.

Wie aber Herr Dühring sich einbildet, aus den mathematischen Axiomen, „die auch nach der rein logischen Vorstellung einer Begründung weder fähig noch bedürftig sind", ohne irgend welche erfahrungsmäßige Zuthat die ganze reine Mathematik ableiten und diese dann auf die Welt anwenden zu können, ebenso bildet er sich ein, zuerst die Grundgestalten des Seins, die einfachen Bestandtheile alles Wissens, die Axiome der Philosophie, aus dem Kopf erzeugen, aus ihnen die ganze Philosophie oder Weltschematik ableiten und diese seine Verfassung der Natur und Menschenwelt Allerhöchst oktroyiren zu können. Leider besteht die Natur gar nicht und die Menschenwelt nur zum allergeringsten Theil aus den Manteuffel'schen Preußen von 1850.

Die mathematischen Axiome sind die Ausdrücke des höchst dürftigen Gedankeninhalts, den die Mathematik der Logik entlehnen muß. Sie lassen sich auf zwei zurückführen:

1) Das Ganze ist größer als der Theil. Dieser Satz ist eine reine Tautologie, da die quantitativ gefaßte Vorstellung: Theil sich von vornherein in bestimmter Weise auf die Vorstellung: Ganzes bezieht, nämlich so, daß „Theil" ohne Weiteres besagt, daß das quantitative „Ganze" aus mehreren quantitativen „Theilen" besteht. Indem das sogenannte Axiom dies ausdrücklich konstatirt, sind wir keinen Schritt weiter. Man kann diese Tautologie sogar gewissermaßen beweisen, wenn man sagt: ein Ganzes ist das, was aus mehreren Theilen besteht; ein Theil ist das, von dem mehrere ein Ganzes ausmachen, folglich ist der Theil kleiner als das Ganze — wo die Oede der Wiederholung die Oede des Inhalts noch stärker hervortreten läßt.

2) Wenn zwei Größen einer dritten gleich sind, so sind sie unter einander gleich. Dieser Satz ist, wie schon Hegel nachgewiesen hat, ein Schluß, für dessen Richtigkeit die Logik einsteht, der also bewiesen ist, wenn auch außerhalb der reinen Mathematik. Die übrigen Axiome über Gleichheit und Ungleichheit sind bloße logische Erweiterungen dieses Schlusses.

Diese mageren Sätze locken weder in der Mathematik noch sonstwo einen Hund vom Ofen. Um weiter zu kommen, müssen wir reale Verhältnisse hineinziehn, Verhältnisse und Raumformen, die von wirklichen Körpern hergenommen sind. Die Vorstellungen von Linien, Flächen, Winkeln, von Vielecken, Würfeln, Kugeln u. s. w. sind alle der Wirklichkeit entlehnt, und es gehört ein gut Stück naiver Ideologie dazu, den Mathematikern zu glauben, die erste Linie sei durch Bewegung eines Punktes im Raum entstanden, die erste Fläche durch Bewegung einer Linie, der erste Körper durch Bewegung einer Fläche u. s. w. Schon die Sprache rebellirt dagegen. Eine mathematische Figur von drei Dimensionen heißt ein Körper, **corpus solidum**, also im Lateinischen sogar ein handgreiflicher **Körper**, führt also einen Namen, der keineswegs der freien Imagination des Verstandes, sondern der handfesten Realität entlehnt ist.

Aber wozu all' diese Weitläufigkeiten? Nachdem Herr Dühring auf Seite 42 und 43 die Unabhängigkeit der reinen Mathematik von der Erfahrungswelt, ihre Apriorität, ihre Beschäftigung mit den eignen freien Schöpfungen und Imaginationen des Verstandes, begeistert besungen, sagt er auf S. 63: „Es wird nämlich leicht übersehen, daß jene mathematischen Elemente (Zahl, Größe, Zeit, Raum und geometrische Bewegung) **nur ihrer Form nach ideell sind,** ... die **absoluten Größen sind daher etwas durchaus Empirisches,** gleichviel welcher Gattung sie angehören" ... aber „die mathematischen Schemata sind einer von der Erfahrung **abgesonderten und dennoch zureichenden Charakteristik fähig**", welches Letztere mehr oder weniger von jeder Abstraktion gilt, aber keineswegs beweist, daß sie nicht aus der Wirklichkeit abstrahirt ist. In der Weltschematik ist die reine Mathematik aus dem reinen Denken entsprungen — in der Naturphilosophie ist sie etwas durchaus Empirisches, aus der Außenwelt Genommenes und dann Abgesondertes. Wem sollen wir nun glauben?

IV. Weltschematik.

„Das allumfassende Sein ist **einzig.** In seiner Selbstgenügsamkeit hat es nichts neben oder über sich. Ihm ein zweites Sein zugesellen, hieße es zu dem machen, was es nicht ist, nämlich zu dem Theil oder Bestandstück eines umfangreicheren Ganzen. Indem wir unsern **einheitlichen Gedanken** gleichsam als Rahmen ausspannen, kann nichts, was in diese Gedankeneinheit eingehen muß, eine Doppelheit an sich behalten. Es kann sich aber dieser Gedankeneinheit auch nichts entziehn. ... Das Wesen alles Denkens besteht in der Vereinigung von Bewußtseinselementen zu einer Einheit. ... Es ist der Einheitspunkt der Zusammenfassung, wodurch der **untheilbare Weltbegriff** entstanden und das Universum, wie es schon das Wort besagt, als etwas erkannt wird, worin **Alles zu einer Einheit vereinigt ist.**"

Soweit Herr Dühring. Die mathematische Methode: „Jede Frage ist an einfachen Grundgestalten **axiomatisch** zu entscheiden, als wenn es sich um einfache ... Grundsätze der Mathematik handelte" — diese Methode wird hier zuerst angewandt.

„Das allumfassende Sein ist einzig." Wenn Tautologie, einfache Wiederholung, im Prädikat, dessen, was im Subjekte schon ausgesprochen worden — wenn das ein Axiom ausmacht, so haben wir hier eins vom reinsten Wasser. Im Subjekt sagte uns Herr Dühring, daß das Sein Alles umfaßt, und im Prädikat behauptet er unerschrocken, daß alsdann Nichts außer ihm ist. Welch' kolossal „systemschaffender Gedanke"!

Systemschaffend in der That. Ehe wir sechs Zeilen weiter sind, hat Herr Dühring die Einzigkeit des Seins vermittelst unsres einheitlichen Gedankens in seine Einheit verwandelt. Da das Wesen alles Denkens in der Zusammenfassung zu einer Einheit besteht, so ist das Sein, sobald es gedacht wird, als einheitliches gedacht, der Weltbegriff ein untheilbarer, und weil das gedachte Sein, der Weltbegriff einheitlich ist, so ist das wirkliche Sein, die wirkliche Welt, ebenfalls eine untheilbare Einheit. Und somit „haben die Jenseitigkeiten keinen Raum mehr sobald der Geist einmal gelernt hat, das Sein in seiner gleichartigen Universalität zu erfassen."

Das ist ein Feldzug, gegen den Austerlitz und Jena, Königgrätz und Sedan vollständig verschwinden. In ein paar Sätzen, kaum eine Seite, nachdem wir das erste Axiom mobil gemacht haben, haben wir bereits alle Jenseitigkeiten, Gott, die himmlischen Heerschaaren, Himmel, Hölle und Fegefeuer sammt der Unsterblichkeit der Seele abgeschafft, beseitigt, vernichtet.

Wie kommen wir von der Einzigkeit des Seins zu seiner Einheit? Indem wir es uns überhaupt vorstellen. Sowie wir unsern einheitlichen Gedanken als Rahmen um es ausspannen, wird das einzige Sein in Gedanken ein einheitliches, eine Gedankeneinheit; denn das Wesen alles Denkens besteht in der Vereinigung von Bewußtseinselementen zu einer Einheit.

Dieser letzte Satz ist einfach falsch. Erstens besteht das Denken ebensosehr in der Zerlegung von Bewußtseinsgegenständen in ihre Elemente, wie in der Vereinigung zusammengehöriger Elemente zu einer Einheit. Ohne Analyse keine Synthese. Zweitens kann das Denken, ohne Böcke zu schießen, nur diejenigen Bewußtseinselemente zu einer Einheit zusammenfassen, in denen oder in deren realen Urbildern diese Einheit schon **vorher bestanden**. Wenn ich eine Schuhbürste unter die Einheit Säugethier zusammenfasse, so bekommt sie damit noch lange keine Milchdrüsen. Die Einheit des Seins, beziehentlich die Berechtigung seiner Gedanken-Auffassung als einer Einheit, ist also gerade das, was zu beweisen war, und wenn Herr Dühring uns versichert, er denke sich das Sein einheitlich und nicht etwa als Doppelheit, so sagt er uns damit weiter nichts, als seine unmaßgebliche Meinung.

Wenn wir seinen Gedankengang rein darstellen wollen, so ist er folgender: „Ich fange an mit dem Sein. Also denke ich mir das Sein. Der Gedanke des Seins ist einheitlich. Denken und Sein müssen aber zusammen stimmen, sie entsprechen einander, sie „decken sich". Also ist das Sein auch in der Wirklichkeit einheitlich. Also gibt's keine „Jenseitigkeiten". Hätte Herr Dühring aber so unverhüllt gesprochen, statt uns obige Orakelstelle zum Besten zu geben, so lag die Ideologie klar zu Tage. Aus der Identität von Denken und Sein die Realität irgend eines Denkergebnisses beweisen zu wollen, das war ja gerade eine der tollsten Fieberphantasien — eines Hegel.

Den Spiritualisten hätte Herr Dühring, selbst wenn seine ganze Beweisführung richtig wäre, noch keinen Zoll breit Gebiet abgewonnen. Die Spiritualisten antworten ihm kurz: die Welt **ist** auch für uns einfach; die Spaltung in Diesseits und Jenseits existirt nur für unsern spezifisch irdischen, erbsündlichen Standpunkt; an und für sich, d. h. in Gott, ist das gesammte Sein ein einiges. Und sie werden Herrn Dühring auf seine beliebten andern Weltkörper begleiten und ihm einen oder mehrere zeigen, wo kein Sündenfall stattgefunden, wo also auch kein Gegensatz zwischen Diesseits und Jnseits besteht und die Einheitlichkeit der Welt Forderung des Glaubens ist.

Das Komischste bei der Sache ist, daß Herr Dühring, um die Nichtexistenz Gottes aus dem Begriff des Seins zu beweisen, den ontologischen Beweis für das Dasein Gottes anwendet. Dieser lautet: Wenn wir uns Gott denken, so denken wir ihn uns als den Inbegriff aller Vollkommenheiten. Zum Inbegriff aller Vollkommenheiten gehört aber vor Allem das Dasein, denn ein nicht daseiendes Wesen ist nothwendig unvollkommen. Also müssen wir zu den Vollkommenheiten Gottes auch das Dasein rechnen. Also muß Gott existiren. — Genau so raisonnirt Herr Dühring: Wenn wir uns das Sein denken, so denken wir es uns als einen Begriff. Was in Einem Begriff zusammengefaßt, das ist einheitlich. Das Sein entspräche also seinem Begriff nicht, wäre es nicht einheitlich. Folglich muß es einheitlich sein. Folglich giebt es keinen Gott u. s. w.

Wenn wir vom Sein sprechen, und blos vom Sein, so kann die Einheit nur darin bestehen, daß alle die Gegenstände, um die es sich handelt — sind, existiren. In der Einheit dieses Seins, und in keiner andern, sind sie zusammengefaßt und der gemeinsame Ausspruch, daß sie alle sind, kann ihnen nicht nur keine weiteren, gemeinsamen oder nicht gemeinsamen, Eigenschaften geben, sondern schließt alle solche von der Betrachtung vorläufig aus. Denn sowie wir von der einfachen Grundthatsache, daß allen diesen Dingen das Sein gemeinsam zukommt, auch nur einen Millimeter breit entfernen, so fangen die Unterschiede dieser Dinge an, vor unsern Blick zu treten — und ob diese Unterschiede darin bestehn, daß die einen weiß, die andern schwarz, die einen belebt, die andern unbelebt, die einen etwa diesseitig, die andern etwa jenseitig sind, das können wir nicht daraus entscheiden, daß ihnen allen gleichmäßig die bloße Existenz zugeschrieben wird.

Die Einheit der Welt besteht nicht in ihrem Sein, obwohl ihr Sein eine Voraussetzung ihrer Einheit ist, da sie doch zuerst sein muß, ehe sie eins sein kann. Das Sein ist ja überhaupt eine offene Frage von der Grenze an, wo unser Gesichtskreis aufhört. Die wirkliche Einheit der Welt besteht in ihrer Materialität, und diese ist bewiesen nicht durch ein paar Taschenspielerphrasen, sondern durch eine lange und langwierige Entwicklung der Philosophie und der Naturwissenschaft.

Weiter im Text. Das Sein, wovon Herr Dühring uns unterhält, ist „nicht jenes reine Sein, welches sich selbst gleich, aller besondern Bestimmungen ermangeln soll, und in der That nur ein Gegenbild des Gedankennichts oder der Gedankenabwesenheit vertritt". Nun werden wir aber sehr bald sehn, daß Herrn Dühring's Welt allerdings mit einem Sein anhebt, welches aller innern Unterscheidung, aller Bewegung und Veränderung ermangelt und also in der That nur ein Gegenbild des

Gedanken-Nichts, also ein wirkliches Nichts ist. Erst aus diesem Sein-Nichts entwickelt sich der gegenwärtige differenzirte, wechselvolle, eine Entwicklung, ein Werden darstellende Weltzustand; und erst nachdem wir dies begriffen, kommen wir dahin, auch unter dieser ewigen Wandlung „den Begriff des universellen Seins sich selbst gleich festzuhalten." Wir haben als jetzt den Begriff des Seins auf einer höheren Stufe, wo er sowohl Beharrung wie Veränderung, Sein wie Werden in sich begreift. Hier angekommen, finden wir, daß „Gattung und Art, überhaupt Allgemeines und Besonderes die einfachsten Unterscheidungsmittel sind, ohne welche die Verfassung der Dinge nicht begriffen werden kann". Es sind dies aber Unterscheidungsmittel der Qualität; und nachdem diese verhandelt, gehn wir weiter: „den Gattungen gegenüber steht der Begriff der Größe, als desjenigen Gleichartigen, in welchem keine Artdifferenzen mehr stattfinden"; d. h. von der Qualität gehn wir über zur Quantität, und diese ist stets „meßbar".

Vergleichen wir nun diese „scharfe Sonderung der allgemeinen Wirkungsschemata" und ihren „wirklich kritischen Standpunkt" mit den Cruditäten, Wüstheiten und Fieberphantasien eines Hegel. Wir finden, daß Hegels Logik anfängt vom Sein — wie Herr Dühring; daß das Sein sich herausstellt als das Nichts, wie bei Herrn Dühring; daß aus diesem Sein-Nichts übergangen wird zum Werden, dessen Resultat das Dasein ist, d. h. eine höhere, erfülltere Form des Seins — ganz wie bei Herrn Dühring. Das Dasein führt zur Qualität, die Qualität zur Quantität — ganz wie bei Herrn Dühring. Und damit kein wesentliches Stück fehle, erzählt uns Herr Dühring bei einer andern Gelegenheit: „Aus dem Reich der Empfindungslosigkeit tritt man in das der Empfindung, trotz aller quantitativen Allmähligkeit, nur mit einem qualitativen Sprung ein, von dem wir ... behaupten können, daß er sich unendlich von der bloßen Gradation einer und derselben Eigenschaft unterscheide". Dies ist ganz die Hegel'sche Knotenlinie von Maßverhältnissen, wo blos quantitative Steigerung oder Abnahme an gewissen bestimmten Knotenpunkten einen qualitativen Sprung verursacht, z. B. bei erwärmtem oder abgekühltem Wasser, wo der Siedepunkt und der Gefrierpunkt die Knoten sind, an denen der Sprung in einen neuen Aggregatzustand — unter Normaldruck — sich vollzieht, wo also Quantität in Qualität umschlägt.

Unsre Untersuchung hat ebenfalls versucht bis an die Wurzeln zu reichen, und als die Wurzel der wurzelhaften Dühring'schen Grundschemata findet sie — die „Fieberphantasien" eines Hegel, die Kategorien der Hegel'schen Logik, erster Theil, Lehre vom Sein, in streng althegel'scher „Abfolge" und mit kaum versuchter Verschleierung des Plagiats!

Und nicht zufrieden damit, seinem bestverläumdeten Vorgänger dessen ganze Schematik vom Sein zu entwenden, hat Herr Dühring, nachdem er selbst obiges Beispiel von sprungweisem Umschlagen der Quantität in die Qualität gegeben, die Gelassenheit, von Marx zu sagen: „Wie komisch nimmt sich nicht z. B. die Berufung (Marx's) auf die Hegel'sche **konfuse Nebelvorstellung aus, daß die Quantität in die Qualität umschlage**"!

Konfuse Nebelvorstellung! Wer schlägt hier um, und wer nimmt sich hier komisch aus, Herr Dühring?

Alle diese schönen Sächelchen sind also nicht nur nicht vorschriftsmäßig „axiomatisch entschieden", sondern einfach von Außen, d. h. aus Hegel's Logik hineingetragen. Und zwar so, daß in dem ganzen Kapitel auch nicht einmal der Schein eines inneren Zusammenhangs figurirt, soweit er nicht auch aus Hegel entlehnt ist, und daß das Ganze schließlich in ein inhaltloses Spintisiren über Raum und Zeit, Beharrung und Veränderung ausläuft.

Vom Sein kommt Hegel zum Wesen, zur Dialektik. Hier handelt er von den Reflexionsbestimmungen, deren innern Gegensätzen und Widersprüchen, wie z. B. positiv und negativ, kommt dann zur Causalität oder dem Verhältniß von Ursache und Wirkung, und schließt mit der Nothwendigkeit. Nicht anders Herr Dühring. Was Hegel Lehre vom Wesen nennt, übersetzt Herr Dühring in: logische Eigenschaften des Seins. Diese bestehen aber vor allem im „Antagonismus von Kräften", in Gegensätzen. Den Widerspruch leugnet Herr Dühring dagegen radikal; wir werden später auf dieß Thema zurückkommen. Dann geht er über auf die Causalität und von dieser auf die Nothwendigkeit. Wenn Herr Dühring also von sich sagt: „Wir, die wir nicht **aus dem Käfig philosophiren**", so meint er wohl, er philosophire im Käfig, nämlich dem Käfig des Hegel'schen Kategorienschematismus.

V. Naturphilosophie. Zeit und Raum.

Wir kommen jetzt zur Naturphilosophie. Hier hat Herr Dühring wieder alle Ursache mit seinen Vorgängern unzufrieden zu sein. Die Naturphilosophie „sank so tief, daß sie zur wüsten, auf Unwissenschaft beruhenden Afterpoesie wurde" und „der prostituirten Philosophasterei eines Schelling und ähnlicher, im Priesterthum des Absoluten kramender und das Publikum mystificirender Gesellen anheimgefallen" war. Die Ermüdung hat uns aus diesen „Mißgestalten" gerettet, aber sie hat bisher nur der „Haltlosigkeit" Platz gemacht; „und was das größere Publikum betrifft, so ist für dasselbe bekanntlich der Abtritt eines größeren Charlatans oft nur die Gelegenheit für einen kleinern, aber geschäftserfahrenen Nachfolger, die Produktionen jenes unter einem andern Aushängeschild zu wiederholen". Die Naturforscher selbst verspüren wenig „Lust zu einem Ausflug in das Reich der weltumspannenden Ideen" und begehen daher lauter „zerfahrene Voreiligkeiten" auf theoretischem Gebiet. Hier muß dringend Rettung geschaffen werden, und glücklicher Weise ist Herr Dühring zur Stelle.

Um die nun folgenden Enthüllungen über die Entfaltung der Welt in der Zeit und ihre Begränzung im Raum richtig zu würdigen, müssen wir wieder auf einige Stellen in der „Weltschematik" zurückgreifen.

Dem Sein wird, ebenfalls im Einklang mit Hegel (Encykl. § 93), Unendlichkeit — was Hegel die schlechte Unendlichkeit nennt — zugeschrieben und nun diese Unendlichkeit untersucht. „Die deutlichste Gestalt einer widerspruchslos zu denkenden Unendlichkeit ist die unbeschränkte Häufung der Zahlen in der Zahlenreihe ... Wie wir zu jeder Zahl noch eine weitere Einheit hinzufügen können, ohne jemals die Möglichkeit des Weiterzählens zu erschöpfen, so reiht sich auch an jeglichen Zustand des Seins ein fernerer an, und in der unbeschränkten Erzeugung dieser Zustände besteht die Unendlichkeit. Diese genau gedachte Unendlichkeit hat daher auch nur eine einzige Grundform mit einer einzigen Richtung. Wenn es nämlich auch für unser Denken gleichgültig ist, eine entgegengesetzte Richtung der Häufungen der Zustände zu entwerfen, so ist doch die rückwärts fortschreitende Unendlichkeit eben nur ein voreiliges Vorstellungsgebilde. Da sie nämlich in der Wirklichkeit in umgekehrter Richtung durchlaufen sein müßte, so würde sie bei jedem ihrer Zustände eine unendliche Zahlenreihe hinter sich haben. Hiermit wäre aber der unzulässige Widerspruch einer abgezählten unendlichen Zahlenreihe begangen, und so erweist es sich als widersinnig, noch eine zweite Richtung der Unendlichkeit vorauszusetzen."

Die erste Folgerung, die aus dieser Auffassung der Unendlichkeit gezogen wird, ist, daß die Verkettung von Ursachen und Wirkungen in der Welt einmal einen Anfang gehabt haben muß: „eine unendliche Zahl von Ursachen, die sich bereits an einander gereiht haben soll, ist schon darum undenkbar, weil sie die Unzahl als abgezählt voraus setzt". Also eine End=ursache erwiesen.

Die zweite Folgerung ist „das Gesetz der bestimmten An=zahl: „die Häufung des Identischen irgend einer realen Gattung von Selbstständigkeiten ist nur als Bildung einer bestimmten Zahl denkbar". Nicht nur die vorhandene Zahl der Weltkörper muß in jedem Zeitpunkt eine an sich bestimmte sein, sondern auch die Gesammtzahl aller in der Welt existirenden kleinsten selbstständigen Theile der Materie. Letztere Nothwendigkeit ist der wahre Grund, warum keine Zusammen=setzung ohne Atome gedacht werden kann. Alle wirkliche Ge=theiltheit hat stets eine endliche Bestimmtheit und muß sie haben, wenn nicht der Widerspruch der abgezählten Unzahl ein=treten soll. Nicht nur muß aus demselben Grund die bisherige Anzahl der Umläufe der Erde um die Sonne eine bestimmte, wenn auch nicht angebbare, sein, sondern alle periodischen Natur=prozesse müssen irgend einen Anfang gehabt haben, und alle Differenzenbildung, alle Mannichfaltigkeiten der Natur, die ein=ander folgen, müssen in einem sich selbst gleichen Zu=stand wurzeln. Dieser kann ohne Widerspruch von Ewigkeit her existirt haben, aber auch diese Vorstellung wäre ausge=schlossen, wenn die Zeit an sich selbst aus realen Theilen be=stände und nicht vielmehr blos durch die ideelle Setzung der Möglichkeiten von unserm Verstand nach Belieben eingetheilt würde. Mit dem realen und in sich unterschiedenen Zeitinhalt hat es eine andre Bewandtniß; diese wirkliche Erfüllung der Zeit mit unterscheidbar gearteten Thatsachen und die Existenzformen dieses Bereichs gehören eben, ihrer Unterschiedenheit wegen, den Zählbaren an. Denken wir uns einen Zustand, der ohne Veränderungen ist und in seiner Sichselbstgleichheit gar keine Unterschiede der Folge darbietet, so verwandelt sich auch der speziellere Zeitbegriff in die allgemeinere Idee des Seins. Was die Häufung einer leeren Dauer bedeuten solle, ist gar nicht erfindlich. — Soweit Herr Dühring, und er ist nicht wenig erbaut von der Bedeutung dieser Entdeckungen. Er hofft zunächst, daß man sie „mindestens nicht als eine geringfügige Wahrheit ansehn" wird; später aber heißt es: „Man erinnere sich der **höchst einfachen Wendungen, mit denen wir den Unendlichkeitsbegriffen und deren Kritik zu einer bisher ungekannten Tragweite verholfen haben** . . . die durch die gegenwärtige Verschärfung und Vertiefung so **einfach** gestalteten Elemente der universellen Raum- und Zeitauffassung."

Wir haben verholfen! Gegenwärtige Vertiefung und Verschärfung! Wer sind wir, und wann spielt unsre Gegenwart? Wer vertieft und verschärft?

„Thesis. Die Welt hat einen Anfang in der Zeit, und ist dem Raum nach auch in Gränzen eingeschlossen. — Beweis: Denn man nehme an, die Welt habe der Zeit nach keinen Anfang, so ist bis zu jedem gegebenen Zeitpunkt eine Ewigkeit abgelaufen, und mithin eine unendliche Reihe auf einander folgender Zustände der Dinge in der Welt verflossen. Nun besteht aber eben darin die Unendlichkeit einer Reihe, daß sie durch successive Synthesis niemals vollendet sein kann. Also ist eine unendliche verflossene Weltreihe unmöglich, mithin ein Anfang der Welt eine nothwendige Bedingung ihres Daseins, welches zuerst zu beweisen war. — In Ansehung des Zweiten nehme man wiederum das Gegentheil an, so wird die Welt ein unendliches gegebenes Ganzes von zugleich existirenden Dingen sein. Nun können wir die Größe eines Quantums, welches nicht innerhalb gewisser Gränzen jeder Anschauung gegeben wird, auf keine Art als nur durch die Synthese der Theile, und die Totalität eines solchen Quantums nur durch die vollendete Synthese oder durch wiederholte Hinzusetzung der Einheit zu sich selbst gedenken. Demnach, um sich die Welt, die alle Räume erfüllt, als ein Ganzes zu denken, müßte die successive Synthese der Theile einer unendlichen Welt als vollendet angesehn, d. i. eine unendliche Zeit müßte, in der Durchzählung aller koexistirenden Dinge, als abgelaufen angesehen werden, welches unmöglich ist. Demnach kann ein unendliches Aggregat wirklicher Dinge nicht als ein gegebenes Ganzes, mithin auch nicht als zugleich gegeben angesehn werden. Eine Welt ist folglich der Ausdehnung im Raum nach nicht unendlich, sondern in ihre Gränzen eingeschlossen, welches das Zweite (zu beweisen) war."

Diese Sätze sind buchstäblich kopirt aus einem wohlbekannten Buch, welches im Jahr 1781 zuerst erschien, und betitelt ist: Kritik der reinen Vernunft, von Immanuel Kant, wo männiglich sie nachlesen kann im ersten Theil, zweite Abtheilung, zweites Buch, zweites Hauptstück, zweiter Abschnitt: Erste Antinomie der reinen Vernunft. Herrn Dühring gehört hiernach lediglich der Ruhm, den Namen: Gesetz der bestimmten Anzahl, auf einem von Kant ausgesprochenen Gedanken geklebt und die Entdeckung gemacht zu haben, daß einmal eine Zeit war, wo es noch keine Zeit gab, wohl aber eine Welt. Für alles Uebrige, also für Alles was in Herrn Dühring's Auseinandersetzung noch einigen Sinn hat, sind „Wir" — Immanuel Kant, und die „Gegenwart" ist nur 95 Jahre alt. Allerdings „höchst einfach"! Merkwürdige „bisher ungekannte Tragweite"!

Nun stellt aber Kant obige Sätze keineswegs als durch seinen Beweis erledigt auf. Im Gegentheil; auf der gegenüberstehenden Seite behauptet und beweist er das Entgegengesetzte: daß die Welt nach der Zeit keinen Anfang und nach dem Raum kein Ende habe; und darin setzt er gerade die Antinomie, den unlösbaren Widerspruch, daß das Eine ebenso beweisbar ist, wie das Andere. Leute von geringerem Kaliber wären vielleicht dadurch etwas bedenklich geworden, daß „ein Kant" hier eine unlösbare Schwierigkeit fand. Nicht so unser kühner Verfertiger „von Grund aus eigenthümlicher Ergebnisse und Anschauungen": was ihm von Kant's Antinomie dienen kann, schreibt er unverdrossen ab und wirft den Rest bei Seite.

Die Sache selbst löst sich sehr einfach. Ewigkeit in der Zeit, Unendlichkeit im Raum, besteht schon von vorn herein und dem einfachen Wortsinne nach darin, nach keiner Seite hin ein Ende zu haben, weder nach vorn oder nach hinten, nach oben oder nach unten, nach rechts oder nach links. Diese Unendlichkeit ist eine ganz andere als die einer unendlichen Reihe, denn diese fängt von vornherein immer mit Eins, mit einem ersten Gliede an. Die Unanwendbarkeit dieser Reihenvorstellung auf unsern Gegenstand zeigt sich sofort, wenn wir sie auf den Raum anwenden. Die unendliche Reihe, in's Räumliche übersetzt, ist die von einem bestimmten Punkt in bestimmter Richtung in's Unendliche gezogene Linie. Ist damit die Unendlichkeit des Raums auch nur entfernt ausgedrückt? Im Gegentheil, es gehören allein sechs von diesem einen Punkt in dreifach entgegengesetzten Richtungen aus gezogne Linien dazu, um die Dimensionen des Raums zu begreifen; und dieser Dimensionen hätten wir hiernach sechs. Kant sah dies so gut ein, daß er seine Zahlenreihe auch nur indirekt, auf einem Umweg, auf die Räumlichkeit der Welt übertrug. Herr Dühring dagegen zwingt uns zur Annahme von sechs Dimensionen im Raum, und hat gleich nachher nicht Worte der Entrüstung genug über den mathematischen Mysticismus von Gauß, der sich nicht mit den gewöhnlichen drei Raumdimensionen begnügen wollte.

Auf die Zeit angewandt, hat die nach beiden Seiten endlose Linie oder Reihe von Einheiten einen gewissen bildlichen Sinn. Stellen wir uns aber die Zeit als eine von Eins an gezählte, oder von einem bestimmten Punkt ausgehende Linie vor, so sagen wir damit von vornherein, daß die Zeit einen Anfang hat: wir setzen voraus, was wir gerade beweisen sollen. Wir geben der Unendlichkeit der Zeit einen einseitigen, halben Charakter; aber eine einseitige, eine halbirte Unendlichkeit ist auch ein Widerspruch in sich — das gerade Gegentheil von einer „widerspruchlos gedachten Unendlichkeit." Ueber diesen Widerspruch kommen wir nur hinaus, wenn wir annehmen, daß die Eins, mit der wir anfangen die Reihe zu zählen, der Punkt, von dem aus wir die Linie weiter messen, eine beliebige Eins in der Reihe, ein beliebiger Punkt in der Linie sind, von denen es für die Linie oder Reihe gleichgültig ist, wohin wir sie verlegen.

Aber der Widerspruch der „abgezählten unendlichen Zahlenreihe"? Wir werden im Stande sein ihn näher zu untersuchen, sobald Herr Dühring uns das Kunststück vorgemacht haben wird, sie abzuzählen. Wenn er es fertig gebracht hat, von — ∞ (minus Unendlich) bis Null zu zählen, dann mag er wiederkommen. Es ist ja klar, daß, wo auch immer er anfängt zu zählen, er eine unendliche Reihe hinter sich läßt und mit ihr die Aufgabe, die er lösen soll. Er kehre nur seine eigne unendliche Reihe 1+2+3+4 . . . . um und versuche, vom unendlichen Ende wieder nach Eins zu zählen; es ist augenscheinlich der Versuch eines Menschen der gar nicht sieht, worum es sich handelt. Noch mehr. Wenn Herr Dühring behauptet, die unendliche Reihe der verflossenen Zeit sei abgezählt, so behauptet er damit, daß die Zeit einen Anfang hat; denn sonst könnte er ja gar nicht anfangen „abzuzählen". Er schrieb also wieder als Voraussetzung unter, was er beweisen soll. Die Vorstellung der abgezählten unendlichen Reihe, mit andern Worten, das weltumspannende Dühring'sche Gesetz der bestimmten Anzahl, ist also eine contradictio in adjecto, enthält einen Widerspruch in sich selbst, und zwar einen a b s u r d e n Widerspruch.

Es ist klar: die Unendlichkeit, die ein Ende hat, aber keinen Anfang, ist nicht mehr und nicht weniger unendlich, als die, die einen Anfang hat, aber kein Ende. Die geringste dialektische Einsicht hätte Herrn Dühring sagen müssen, daß Anfang und Ende nothwendig zusammengehören, wie Nordpol und Südpol, und daß, wenn man das Ende wegläßt, der Anfang eben das Ende wird — das eine Ende, das die Reihe hat; und umgekehrt. Die ganze Täuschung wäre unmöglich ohne die mathematische Gewohnheit mit unendlichen Reihen zu operiren. Weil man in der Mathematik vom Bestimmten, Endlichen ausgehn muß, um zum Unbestimmten, Endlosen zu kommen, so müssen alle mathematischen Reihen, positive oder negative, mit Eins anfangen, sonst kann man nicht damit rechnen. Das ideelle Bedürfniß des Mathematikers ist aber weit davon entfernt, ein Zwangsgesetz für die reale Welt zu sein.

Uebrigens wird Herr Dühring es nie fertig bringen, sich die wirkliche Unendlichkeit widerspruchslos zu denken. Die Unendlichkeit ist ein Widerspruch, und voll von Wiedersprüchen. Es ist schon ein Widerspruch, daß eine Unendlichkeit aus lauter Endlichkeiten zusammengesetzt sein soll, und doch ist dies der Fall. Die Begrenztheit der materiellen Welt führt nicht weniger zu Widersprüchen als ihre Unbegrenztheit und jeder Versuch, diese Widersprüche zu beseitigen, führt, wie wir gesehen haben, zu neuen und schlimmeren Widersprüchen. Eben weil die Unendlichkeit ein Widerspruch ist, ist sie unendlicher, in Zeit und Raum ohne Ende sich abwickelnder Prozeß. Die Aufhebung des Widerspruchs wäre das Ende der Unendlichkeit. Das hatte Hegel schon ganz richtig eingesehn, und behandelt daher auch die über diesem Widerspruch spintisirenden Herren mit verdienter Verachtung.

Gehen wir weiter. Also, die Zeit hat einen Anfang gehabt. Was war vor diesem Anfang? Die in einem sich selbst gleichen, unveränderlichen Zustand befindliche Welt. Und da in diesem Zustand keine Veränderungen auf einander folgen, so verwandelt sich auch der speziellere Zeitbegriff in die allgemeinere Idee des Seins. Erstens geht es uns hier gar nichts an, welche Begriffe sich im Kopf des Herrn Dühring verwandeln. Es handelt sich nicht um den Zeitbegriff, sondern um die wirkliche Zeit, die Herr Dühring so wohlfeilen Kaufs keineswegs los wird. Zweitens mag sich der Zeitbegriff noch so sehr in die allgemeinere Idee des Seins verwandeln, so kommen wir damit keinen Schritt weiter. Denn die Grundformen alles Seins sind Raum und Zeit, und ein Sein außer der Zeit ist ein ebenso großer Unsinn, wie ein Sein außerhalb des Raums. Das Hegel'sche „zeitlos vergangne Sein" und das neuschelling'sche „unvordenkliche Sein" sind rationelle Vorstellungen verglichen mit diesem Sein außer der Zeit. Darum geht Herr Dühring auch sehr behutsam zu Werke: eigentlich ist es wohl eine Zeit, aber eine solche, die man im Grunde keine Zeit nennen kann: die Zeit besteht ja nicht an sich selbst aus realen Theilen und wird blos von unserm Verstand nach Belieben eingetheilt — nur eine wirkliche Erfüllung der Zeit mit unterscheidbaren Thatsachen gehört dem Zählbaren an — was die Häufung einer leeren Dauer bedeuten soll, ist gar nicht erfindlich. Was diese Häufung bedeuten soll ist hier ganz gleichgültig; es fragt sich, ob die Welt, in dem hier vorausgesetzten Zustand, dauert, eine Zeitdauer durchmacht? Daß nichts dabei herauskommt eine solche inhaltlose Dauer zu messen, ebensowenig wie dabei, in den leeren Raum zwecklos und ziellos hinauszumessen, das wissen wir längst, und Hegel nennt ja auch, gerade wegen der Langweiligkeit dieses Verfahrens, diese Unendlichkeit die schlechte. Nach Herrn Dühring existirt die Zeit nur durch die Veränderung, nicht die Veränderung in und durch die Zeit. Eben weil die Zeit von der Veränderung verschieden, unabhängig ist, kann man sie durch die Veränderung messen, denn zum Messen gehört immer ein von dem zu messenden Verschiedenes. Und die Zeit, in der keine erkennbaren Veränderungen vorgehn, ist weit entfernt davon, k e i n e Zeit zu sein; sie ist vielmehr die r e i n e, von keinen fremden Beimischungen afficirte, also die wahre Zeit, die Zeit als s o l c h e. In der That, wenn wir den Zeitbegriff in seiner ganzen Reinheit, abgetrennt von allen fremden und ungehörigen Beimischungen erfassen wollen, so sind wir genöthigt, alle die verschiednen Ereignisse, die neben und nach einander in der Zeit vor sich gehn, als nicht hieher gehörig bei Seite zu setzen und uns somit eine Zeit vorzustellen, in der Nichts passirt. Wir haben damit also nicht den Zeitbegriff in der allgemeinen Idee des Seins untergehn lassen, sondern wir sind damit erst beim reinen Zeitbegriff angekommen.

Alle diese Widersprüche und Unmöglichkeiten sind aber noch pures Kinderspiel gegen die Verwirrung, in die Herr Dühring mit seinem sich selbst gleichen Anfangszustand der Welt geräth. War die Welt einmal in einem Zustand, in dem absolut keine Veränderung in ihr vorging, wie konnte sie aus diesem Zustand zur Veränderung übergehn? Das absolut Veränderungslose, noch dazu, wenn es von Ewigkeit in diesem Zustand war, kann durch sich selbst unmöglich aus diesem Zustand herauskommen, in den der Bewegung und Veränderung übergehn. Es muß also von Außen her, von außerhalb der Welt, ein erster Anstoß gekommen sein, der sie in Bewegung setzte. Der „erste Anstoß" ist aber bekanntlich nur ein andrer Ausdruck für Gott. Der Gott und das Jenseits, die Herr Dühring in seiner Weltschematik so schön abgetafelt zu haben vorgab, er bringt sie beide hier, verschärft und vertieft, selbst wieder in die Naturphilosophie.

Ferner. Herr Dühring sagt: „Wo die Größe einem beharrlichen Element des Seins zukommt, wird sie in ihrer Bestimmtheit unverändert bleiben. Dies gilt . . . von der Materie und der mechanischen Kraft". Der erste Satz giebt, beiläufig gesagt, ein kostbares Beispiel von der axiomatisch-tautologischen Grandiloquenz des Herrn Dühring: Wo die Größe sich nicht verändert, da bleibt sie dieselbe. Also die Menge der mechanischen Kraft, die einmal in der Welt ist, bleibt ewig dieselbe.

Wir sehen davon ab, daß, soweit dies richtig, in der Philosophie Descartes dies schon vor beinahe dreihundert Jahren gewußt und gesagt hat, und daß in der Naturwissenschaft die Lehre von der Erhaltung der Kraft seit zwanzig Jahren allgemein grassirt; daß Herr Dühring, indem er sie auf die mechanische Kraft beschränkt, sie keineswegs verbessert. Wo aber war die mechanische Kraft zur Zeit des veränderungslosen Zustands? Auf diese Frage verweigert uns Herr Dühring hartnäckig jede Antwort.

Wo, Herr Dühring, war damals die sich ewig gleichbleibende mechanische Kraft und was trieb sie? Antwort: „Der Ursprungszustand des Universums, oder deutlicher bezeichnet, eines veränderungslosen, keine zeitliche Häufung von Veränderungen einschließenden Seins der Materie, ist eine Frage, die nur derjenige Verstand abweisen kann, der in der Selbstverstümmelung seiner Zeugungskraft den Gipfel der Weisheit sieht." — Also: Entweder ihr nehmt meinen veränderungslosen Urzustand unbesehen hin oder ich, der zeugungsfähige Eugen Dühring, erkläre euch für geistige Eunuchen. Das mag allerdings Manchen abschrecken. Wir, die wir von der Zeugungskraft des Herrn Dühring schon einige Beispiele gesehn haben, können uns erlauben, das elegante Schimpfwort vor der Hand unerwidert zu lassen und nochmals zu fragen: Aber, Herr Dühring, wenn's gefällig ist, wie ist das mit der mechanischen Kraft?

Herr Dühring wird sofort verlegen. In der That, stammelt er, „die absolute Identität jenes anfänglichen Grenzzustandes liefert an sich selbst kein Uebergangsprinzip. Erinnern wir uns jedoch, daß es mit jedem kleinsten neuen Gliede in der uns wohlbekannten Daseinskette im Grunde eine gleiche Bewandtniß hat. Wer also in dem vorliegenden Hauptfall Schwierigkeiten erheben will, mag zusehn, daß er sie sich nicht bei weniger scheinbaren Gelegenheiten erlasse. Ueberdies steht die Einschaltungsmöglichkeit von allmälig graduirten Zwischenzuständen, und mithin die Brücke der Stetigkeit offen, um rückwärts bis zu dem Erlöschen des Wechselspiels zu gelangen. Rein begrifflich hilft freilich diese Stetigkeit nicht über den Hauptgedanken hinweg, aber sie ist uns die Grundform aller Gesetzmäßigkeit und jedes sonst bekannten Uebergangs, so daß wir ein Recht haben, sie auch als Vermittlung zwischen jenem ersten Gleichgewicht und dessen Störung zu gebrauchen. Dächten wir uns nun das aber so zu sagen (!) regungslose Gleichgewicht nach

Maßgabe der Begriffe, die in unsrer heutigen Mechanik ohne sonderliche Anstandnahme (!) zugelassen werden, so ließe sich gar nicht angeben, wie die Materie zu dem Veränderungsspiel gelangt sein könnte." Außer der Mechanik der Massen gebe es aber auch noch eine Verwandlung von Massenbewegung in Bewegung kleinster Theilchen, aber wie diese erfolge, „dafür haben wir bis jetzt kein allgemeines Prinzip zur Verfügung und dürfen wir uns daher nicht wundern, wenn diese Vorgänge ein wenig in's D u n k l e auslaufen."

Das ist Alles, was Herr Dühring zu sagen hat. Und in der That, wir müßten nicht nur in der Selbstverstümmelung der Zeugungskraft, sondern auch im blinden Köhlerglauben den Gipfel der Weisheit sehn, wollten wir uns mit diesen wahrhaft jammervollen faulen Ausflüchten und Redensarten abspeisen lassen. Aus sich selbst, das gesteht Herr Dühring ein, kann die absolute Identität nicht zur Veränderung kommen. Aus sich selbst giebt es kein Mittel, wodurch das absolute Gleichgewicht in Bewegung überzugehn vermag. Was giebt's denn? Drei falsche faule Wendungen.

Erstens: Es sei ebenso schwer, von jedem kleinsten Gliede in der uns wohlbekannten Daseinskette zum nächsten den Uebergang nachzuweisen. — Herr Dühring scheint seine Leser für Säuglinge zu halten. Der Nachweis der einzelnen Uebergänge und Zusammenhänge der kleinsten Glieder in der Daseinskette macht eben den Inhalt der Naturwissenschaft aus, und wenn es dabei irgendwo hapert, so denkt Niemand, selbst nicht Herr Dühring, daran, die vorgegangene Bewegung aus Nichts zu erklären, sondern stets nur aus der Uebertragung, Verwandlung oder Fortpflanzung einer vorgängigen Bewegung. Hier aber handelt es sich eingestandener Maßen darum, die Bewegung aus der Bewegungslosigkeit, also a u s N i c h t s entstehn zu lassen.

Zweitens haben wir die „Brücke der Stetigkeit". Diese hilft uns freilich rein begrifflich nicht über die Schwierigkeit hinweg, aber wir haben doch ein Recht, sie als Vermittlung zwischen der Bewegungslosigkeit und der Bewegung zu gebrauchen. Leider besteht die Stetigkeit der Bewegungslosigkeit darin, sich n i c h t zu bewegen; wie also damit Bewegung zu erzeugen ist, bleibt geheimnißvoller als je. Und wenn Herr Dühring seinen Uebergang vom Nichts der Bewegung zur universellen Bewegung noch so sehr in unendlich kleine Theilchen zerlegt und ihm eine noch so lange Zeitdauer zuschreibt, so sind wir noch keinen Zehntausendstel Millimeter weiter vom Fleck. Von Nichts können wir nun einmal ohne Schöpfungsakt nicht zu Etwas kommen, und wäre das Etwas so klein wie ein mathematisches Differential. Die Brücke der Stetigkeit ist also nicht einmal eine Eselsbrücke, sie ist nur für Herrn Dühring passirbar.

Drittens. So lange die heutige Mechanik gilt, und diese ist nach Herrn Dühring einer der wesentlichsten Hebel zur Bildung des Denkens, läßt sich gar nicht angeben, wie man von der Bewegungslosigkeit zur Bewegung kommt. Aber die mechanische Wärmetheorie zeigt uns, daß Massenbewegung unter Umständen in Molekularbewegung umschlägt, (obwohl auch hier Bewegung aus andrer Bewegung hervorgeht, nie aber aus Bewegungslosigkeit) und dies, deutet Herr Dühring schüchtern an, könnte möglicherweise eine Brücke bieten zwischen dem streng Statischen (Gleichgewichtlichen) und Dynamischen (sich Bewegenden). Aber diese Vorgänge laufen „ein wenig in's Dunkle aus". Und im Dunklen ist es, wo Herr Dühring uns sitzen läßt.

Dahin sind wir gekommen mit aller Vertiefung und Verschärfung, daß wir uns stets tiefer in stets verschärften Blödsinn vertieft haben und endlich anlanden, wo wir nothwendig anlanden müssen — „im Dunkeln". Das aber genirt Herrn Dühring wenig. Gleich auf der nächsten Seite hat er die Stirn zu behaupten, er habe „den Begriff der sich selbst gleichen Beharrung unmittelbar aus dem Verhalten der Materie und der mechanischen Kräfte mit einem realen Inhalt ausstatten können". Und dieser Mann bezeichnet andere Leute als „Charlatans"!

Zum Glück bleibt uns bei all' dieser hiflosen Verirrung und Verwirrung „im Dunklen" noch ein Trost, und der ist allerdings herzerhebend: „Die Mathematik der Bewohner andrer Weltkörper kann auf keinen andern Axiomen beruhen, als die unsrige"!

VI. Naturphilosophie. Kosmogenie, Physik, Chemie.

Im weiteren Verlauf kommen wir nun auf die Theorien von der Art und Weise, wie die jetzige Welt zu Stande gekommen ist. Ein universeller Zerstreuungszustand der Materie sei schon die Ausgangsvorstellung der ionischen Philosophen gewesen, seit Kant aber besonders habe die Annahme eines Urnebels eine neue Rolle gespielt, wobei Gravitation und Wärmeausstrahlung die allmälige Bildung der einzelnen festen Weltkörper vermittelten. Die mechanische Wärmetheorie unserer Zeit gestatte die Rückschlüsse auf die früheren Zustände des Universums weit bestimmter zu gestalten. Bei alledem kann „der gasförmige Zerstreuungszustand nur dann ein Ausgangspunkt für ernsthafte Ableitungen sein, wenn man das in ihm gegebne mechanische System zuvor bestimmter zu kennzeichnen vermag. Andernfalls bleibt nicht nur die Idee in der That äußerst nebelhaft, sondern der ursprüngliche Nebel wird auch wirklich im Fortschritt der Ableitungen immer dichter und undurchdringlicher; ... vorläufig bleibt noch Alles im Vagen und Formlosen einer nicht näher bestimmbaren Diffusionsidee", und so haben wir „mit diesem Gasuniversum nur eine höchst luftige Konzeption".

Die Kantische Theorie von der Entstehung aller jetzigen Weltkörper aus rotirenden Nebelmassen war der größte Fortschritt, den die Astronomie seit Kopernikus gemacht hatte. Zum ersten Male wurde an der Vorstellung gerüttelt, als habe die Natur keine Geschichte in der Zeit. Bis dahin galten die Weltkörper als von Anfang an in stets gleichen Bahnen und Zuständen verharrend; und wenn auch auf den einzelnen Weltkörpern die organischen Einzelwesen abstarben, so galten doch die Gattungen und Arten für unveränderlich. Die Natur war zwar augenscheinlich in steter Bewegung begriffen, aber diese Bewegung erschien als die unaufhörliche Wiederholung derselben Vorgänge. In diese, ganz der metaphysischen Denkweise entsprechende Vorstellung legte Kant die erste Bresche, und zwar in so wissenschaftlicher Weise, daß die meisten von ihm gebrauchten Beweisgründe auch heute noch Geltung haben. Allerdings ist die Kant'sche Theorie bis jetzt noch, streng genommen, eine Hypothese. Aber mehr ist auch das Kopernikanische Weltsystem bis auf den heutigen Tag nicht, und nach der spektroskopischen, allen Widerspruch zu Boden schlagenden Nachweisung solcher glühenden Gasmassen am Sternenhimmel hat die wissenschaftliche Opposition gegen Kant's Theorie geschwiegen. Auch Herr Dühring kann seine Weltkonstruktion nicht ohne ein solches Nebelstadium fertig bringen, rächt sich aber dafür, indem er verlangt, man soll ihm das in diesem Nebelzustand gegebne mechanische System zeigen, und indem er, weil man dies nicht kann, den Nebelzustand mit allerhand geringschätzigen Beiwörtern belegt. Die heutige Wissenschaft kann dies System leider nicht zur Zufriedenheit des Herrn Dühring kennzeichnen. Ebensowenig vermag sie auf viele andre Fragen zu antworten. Auf die Frage: warum haben die Kröten keine Schwänze? kann sie bis jetzt nur antworten: weil sie sie verloren haben. Wenn man nun aber sich ereifern wollte und sagen, das sei ja alles im Vagen und Formlosen einer nicht näher bestimmbaren Verlustidee und eine höchst luftige Konzeption, so kämen wir mit dergleichen Anwendungen der Moral auf die Naturwissenschaft keinen Schritt weiter. Dergleichen Mißliebigkeiten und Aeußerungen der Verdrießlichkeit kann man immer und überall anbringen, und ebendeßwegen sind sie nie und nirgends angebracht. Wer hindert denn Herrn Dühring, selbst das mechanische System des Urnebels auszufinden?

Zum Glück erfahren wir jetzt, daß die Kant'sche Nebelmasse „weit davon entfernt ist, sich mit einem völlig identischen Zustande des Weltmediums oder, anders ausgedrückt, mit dem sich selbst gleichen Zustand der Materie zu decken." Ein wahres Glück für Kant, der zufrieden sein konnte, von den bestehenden Weltkörpern zum Nebelball zurückgehn zu können, und der sich noch nichts träumen ließ von dem sich selbst gleichen Zustand der Materie! Beiläufig bemerkt, wenn in der heutigen Naturwissenschaft der Kant'sche Nebelball als Urnebel bezeichnet wird, so ist dies selbstredend nur beziehungsweise zu verstehn. Urnebel ist er, einerseits, als Ursprung der bestehenden Weltkörper und andrerseits als die früheste Form der Materie, auf die wir bis jetzt zurückgehn können. Was durchaus nicht ausschließt, sondern vielmehr bedingt, daß die Materie vor dem Urnebel eine unendliche Reihe andrer Formen durchgemacht habe.

Herr Dühring merkt seinen Vortheil hier. Wo wir, mit der Wissenschaft, beim einstweiligen Urnebel einstweilen stehn bleiben, hilft ihm seine Wissenschaftswissenschaft viel weiter zurück zu jenem „Zustand des Weltmediums, der sich weder als rein statisch im heutigen Sinne der Vorstellung, noch als dynamisch" — der sich also überhaupt nicht — „begreifen läßt. Die Einheit von Materie und mechanischer Kraft, die wir als Weltmedium bezeichnen, ist eine sozusagen logisch-reale Formel, um den sich selbst gleichen Zustand der Materie als die Voraussetzung aller zählbaren Entwicklungsstadien anzuzeigen."

Wir sind offenbar den sich selbst gleichen Urzustand der Materie noch lange nicht los. Hier wird er bezeichnet als Einheit von Materie und mechanischer Kraft, und dies als eine logisch-reale Formel u. s. w. Sobald also die Einheit von Materie und mechanischer Kraft aufhört, fängt die Bewegung an.

Die logisch-reale Formel ist nichts als ein lahmer Versuch, die Hegel'schen Kategorien des Ansich und Fürsich für die Wirklichkeitsphilosophie nutzbar zu machen. Im Ansich besteht bei Hegel die ursprüngliche Identität der in einem Ding, einem Vorgang, einem Begriff verborgenen unentwickelten Gegensätze; im Fürsich tritt die Unterscheidung und Trennung dieser verborgenen Elemente ein und ihr Widerstreit beginnt. Wir sollen uns also den regungslosen Urzustand vorstellen als Einheit von Materie und mechanischer Kraft, und den Uebergang zur Bewegung als Trennung und Entgegensetzung Beider. Was wir damit gewonnen haben, ist nicht der Nachweis der Realität jenes phantastischen Urzustands, sondern nur dies, daß man ihn unter die Hegel'sche Kategorie das Ansich fassen kann, und sein ebenso phantastisches Aufhören unter die des Fürsich. Hegel hilf!

Die Materie, sagt Herr Dühring, ist der Träger alles Wirklichen; wonach es keine mechanische Kraft außer der Materie geben kann. Die mechanische Kraft ist ferner ein Zustand der Materie. Im Urzustand nun, wo nichts passirte, war die Materie und ihr Zustand, die mechanische Kraft, Eins. Nachher, als etwas vorzugehn anfing, muß sich also wohl der Zustand von der Materie unterschieden haben. Also mit solchen mystischen Phrasen und mit der Versicherung, daß der sich selbst gleiche Zustand weder statisch noch dynamisch, weder im Gleichgewicht noch in der Bewegung war, sollen wir uns abspeisen lassen. Wir wissen noch immer nicht, wo die mechanische Kraft in jenem Zustand war, und wie wir ohne Anstoß von Außen, d. h. ohne Gott, von der absoluten Bewegungslosigkeit zur Bewegung kommen sollen.

Vor Herrn Dühring sprachen die Materialisten von Materie und Bewegung. Er reduzirt die Bewegung auf die mechanische Kraft als ihre angebliche Grundform, und macht es sich damit unmöglich, den wirklichen Zusammenhang zwischen Materie und Bewegung zu verstehn, der übrigens auch allen frühern Materialisten unklar war. Und doch ist die Sache einfach genug. Die Bewegung ist die Daseinsweise der Materie. Nie und nirgends hat es Materie ohne Bewegung gegeben, oder kann es sie geben. Bewegung im Weltraum, mechanische Bewegung kleinerer Massen auf den einzelnen Weltkörpern, Molekularschwingung als Wärme oder als elektrische oder magnetische Strömung, chemische Zersetzung und Verbindung, organisches Leben — in einer oder der andern dieser Bewegungsformen oder in mehreren zugleich, befindet sich jedes einzelne Stoffatom der Welt in jedem gegebnen Augenblick. Alle Ruhe, alles Gleichgewicht ist nur relativ, hat nur Sinn in Beziehung auf diese oder jene bestimmte Bewegungsform. Ein Körper kann z. B. auf der Erde im mechanischen Gleichgewicht, mechanisch in Ruhe sich befinden; dies hindert durchaus nicht, daß er an der Bewegung der Erde wie an der des ganzen Sonnensystems theilnimmt, ebensowenig wie es seine kleinsten physikalischen Theilchen verhindert, die durch seine Temperatur bedingten Schwingungen zu vollziehen, oder seine Stoffatome, einen chemischen Prozeß durchzumachen. Materie ohne Bewegung ist ebenso undenkbar wie Bewegung ohne Materie. Die Bewegung ist daher ebenso unerschaffbar und unzerstörbar wie die Materie selbst; was die ältere Philosophie (Descartes) so ausdrückt, daß die Quantität der in der Welt vorhandenen Bewegung stets dieselbe sei. Bewegung kann also nicht erzeugt, sie kann nur übertragen werden. Wenn Bewegung von einem Körper auf einen anderen übertragen wird, so kann man sie, soweit sie sich überträgt, aktiv ist, ansehn als die Ursache der Bewegung, soweit sie übertragen wird, passiv ist. Diese aktive Bewegung nennen wir Kraft, die passive Kraftäußerung. Es ist hiernach sonnenklar, daß die Kraft ebenso groß ist wie ihre Aeußerung, weil es in Beiden ja dieselbe Bewegung ist, die sich vollzieht.

Ein bewegungsloser Zustand der Materie erweist sich hiernach als eine der hohlsten und abgeschmacktesten Vorstellungen, als eine reine „Fieberphantasie". Um dahin zu kommen, muß man das relativ mechanische Gleichgewicht, worin sich ein Körper dieser Erde befinden kann, sich als absolute Ruhe vorstellen und dann es auf das gesammte Weltall übertragen. Das wird allerdings erleichtert, wenn man die universelle Bewegung auf die bloße mechanische Kraft reduzirt. Und dann bietet die Beschränkung der Bewegung auf bloße mechanische Kraft noch den Vortheil, daß man sich eine Kraft als ruhend, als gebunden, also augenblicklich unwirksam vorstellen kann. Wenn nämlich die Uebertragung einer Bewegung, was sehr oft vorkommt, ein einigermaßen verwickelter Vorgang ist, zu dem verschiedene Mittelglieder gehören, so kann man die wirkliche Uebertragung auf einen beliebigen Augenblick verschieben, indem man das letzte Glied in der Kette ausläßt. So z. B. wenn man eine Flinte ladet und sich den Augenblick vorbehält, wann durch Abziehen des Drückers die Entladung, die Uebertragung der durch Verbrennung des Pulvers freigesetzten Bewegung sich vollziehen soll. Man kann sich also vorstellen, während des bewegungslosen, sich selbst gleichen Zustandes sei die Materie mit Kraft geladen gewesen, und dies scheint Herr Dühring, wenn überhaupt etwas, unter Einheit von Materie und mechanischer Kraft zu verstehn. Diese Vorstellung ist widersinnig, weil sie auf das Weltall einen Zustand als absolut überträgt, der seiner Natur nach relativ ist, und dem also immer nur ein Theil der Materie gleichzeitig unterworfen sein kann. Sehen wir jedoch selbst hiervon ab, so bleibt immer noch die Schwierigkeit, erstens, wie die Welt dazu kam, geladen zu werden, da sich heutzutage die Flinten nicht von selbst laden, und zweitens, wessen Finger dann den Drücker abezogen hat? Wir mögen uns drehn und wenden, wie wir wollen, unter Herrn Dühring's Leitung kommen wir immer wieder auf — Gottes Finger.

Von der Astronomie geht unser Wirklichkeitsphilosoph auf die Mechanik und Physik über und beklagt sich, daß die mechanische Wärmetheorie in einem Menschenalter seit ihrer Entdeckung wesentlich weiter gefördert worden sei, als wozu Robert Mayer sie selbst nach und nach gebracht. Außerdem sei die ganze Sache noch sehr dunkel; wir müssen „immer wieder erinnern, daß mit den Bewegungszuständen der Materie auch statische Verhältnisse gegeben sind, und daß diese letzteren an der mechanischen Arbeit kein Maß haben ..... wenn wir früher die Natur als eine große Arbeiterin bezeichnet haben und diesen Ausdruck jetzt streng nehmen, so müssen wir noch hinzufügen, daß die sich selbst gleichen Zustände und ruhenden Verhältnisse keine mechanische Arbeit repräsentiren. Wir vermissen also wiederum die Brücke vom Statischen zum Dynamischen, und wenn die sogenannte latente Wärme bis jetzt für die Theorie ein Anstoß geblieben ist, so müssen wir auch hier einen Mangel anerkennen, der sich am wenigsten in den kosmischen Anwendungen verleugnen sollte".

Dies ganze orakelhafte Gerede ist wieder nichts als der Ausfluß des bösen Gewissens, das sehr wohl fühlt, daß es sich mit seiner Erzeugung der Bewegung aus der absoluten Bewegungslosigkeit unrettbar festgeritten hat und sich doch schämt, an den einzigen Retter zu appelliren, nämlich an den Schöpfer Himmels und der Erden. Wenn sogar in der Mechanik, die der Wärme eingeschlossen, die Brücke vom Statischen zum Dynamischen, vom Gleichgewicht zur Bewegung, nicht gefunden werden kann, wie sollte dann Herr Dühring verpflichtet sein, die Brücke von seinem bewegungslosen Zustand zur Bewegung zu finden? Und damit wäre er dann glücklich aus der Noth.

In der gewöhnlichen Mechanik ist die Brücke vom Statischen zum Dynamischen — der Anstoß von Außen. Wenn ein Stein vom Gewicht eines Centners zehn Meter hoch gehoben und frei aufgehängt wird, so daß er in einem sich selbst gleichen Zustand und ruhenden Verhältniß dort hängen bleibt, so muß man an ein Publikum von Säuglingen appelliren, um behaupten zu können, daß die jetzige Lage dieses Körpers keine mechanische Arbeit repräsentire, oder ihr Abstand von seiner früheren Lage an der mechanischen Arbeit kein Maß habe. Jeder Vorübergehende wird Herrn Dühring ohne Mühe begreiflich machen, daß der Stein nicht von selbst da oben an den Strick gekommen ist, und das erste beste Handbuch der Mechanik kann ihm sagen, daß, wenn er den Stein wieder fallen läßt, dieser im Fallen ebensoviel mechanisches Werk leistet als nöthig war, ihn die zehn Meter hoch zu heben. Selbst die einfachste Thatsache, daß der Stein da oben hängt, repräsentirt mechanisches Werk, denn wenn er lange genug hängen bleibt, reißt der Strick, sobald er in Folge chemischer Zersetzung nicht mehr stark genug ist, den Stein zu tragen. Auf solche einfache Grundgestalten, um mit Herrn Dühring zu reden, lassen sich aber alle mechanischen Vorgänge reduziren, und der Ingenieur soll noch geboren werden, der die Brücke vom Statischen zum Dynamischen nicht finden kann, so lange er über hinreichenden Anstoß verfüge.

Allerdings ist es eine harte Nuß und bittere Pille für unsern Metaphysiker, daß die Bewegung ihr Maß finden soll in ihrem Gegentheil, in der Ruhe. Das ist ja ein schreiender Widerspruch, und jeder Widerspruch ist, nach Herrn Dühring, ein Widersinn. Nichtsdestoweniger ist es eine Thatsache, daß der hängende Stein eine bestimmte, durch sein Gewicht und seine Entfernung vom Erdboden genau meßbare, in verschiedner Art — z. B. durch direkten Fall, durch Herabgleiten auf der schiefen Ebene, durch Umdrehung einer Welle — beliebig verwendbare Menge von mechanischer Bewegung vertritt, und eine geladene Flinte ebenfalls. Für die dialektische Auffassung bietet die Ausdrückbarkeit von Bewegung in ihrem Gegentheil, in Ruhe, durchaus keine Schwierigkeit. Für sie ist der ganze Gegensatz, wie wir gesehn haben, nur relativ; absolute Ruhe, unbedingtes Gleichgewicht giebt es nicht. Die einzelne Bewegung strebt dem Gleichgewicht zu, die Gesammtbewegung hebt das Gleichgewicht wieder auf. So sind Ruhe und Gleichgewicht, wo sie vorkommen, das Resultat einer beschränkten Bewegung und es ist selbstredend, daß diese Bewegung an ihrem Resultat meßbar, in ihm ausdrückbar, und aus ihm in einer oder der andern Form wieder herstellbar ist. Mit einer so einfachen Darstellung der Sache darf aber Herr Dühring sich nicht zufrieden geben. Als guter Metaphysiker reißt er zwischen Bewegung und Gleichgewicht zuerst eine in der Wirklichkeit nicht existirende, gähnende Kluft auf und wundert sich dann, wenn er keine Brücke über diese selbstfabrizirte Kluft finden kann. Er könnte ebenso gut seine metaphysische Rozinante besteigen und dem Kant'schen „Ding an sich" nachjagen; denn das und nichts Anderes ist es, was schließlich hinter dieser unerfindlichen Brücke steckt.

Aber wie steht's mit der mechanischen Wärmetheorie und der gebundenen oder latenten Wärme, die für diese Theorie „ein Anstoß geblieben" ist?

Wenn man ein Pfund Eis von der Temperatur des Gefrierpunkts und bei Normalluftdruck durch Wärme in ein Pfund

Wasser von derselben Temperatur verwandelt, so verschwindet eine Wärmemenge, die hinreichend wäre, dasselbe Pfund Wasser von 0° bis auf $79^4/_{10}$ Grad des hunderttheiligen Thermometers, oder um $79^4/_{10}$ Pfund Wasser um einen Grad zu erwärmen. Wenn man dies Pfund Wasser auf den Siedepunkt, also 100° erhitzt und nun in Dampf von 100° verwandelt, so verschwindet, bis das letzte Wasser in Dampf verwandelt ist, eine fast siebenfach größere Wassermenge, hinreichend, um die Temperatur von $537^2/_{10}$ Pfund Wasser um einen Grad zu erhöhen. Diese verschwundene Wärme nennt man gebunden. Verwandelt sich durch Abkühlung der Dampf wieder in Wasser und das Wasser wieder in Eis, so wird dieselbe Menge Wärme, die vorher gebunden wurde, wieder frei, d. h. als Wärme fühlbar und meßbar. Dies Freiwerden von Wärme beim Verdichten des Dampfs und beim Gefrieren des Wassers ist die Ursache, daß Dampf, wenn er auf 100° abgekühlt, sich erst allmählig in Wasser, und daß eine Wassermasse von der Temperatur des Gefrierpunkts nur sehr langsam sich in Eis verwandelt. Dies sind die Thatsachen. Die Frage ist nun: was wird aus der Wärme, während sie gebunden ist?

Die mechanische Wärmetheorie, nach der die Wärme in einer nach Temperatur und Aggregatzustand größeren oder geringeren Schwingung der kleinsten physikalisch thätigen Theilchen (Moleküle) der Körper besteht, einer Schwingung, die unter Umständen in jede andre Form der Bewegung umschlagen kann, erklärt die Sache daraus, daß die verschwundne Wärme Werk verrichtet hat, in Werk umgesetzt worden ist. Beim Schmelzen des Eises ist der enge, feste Zusammenhang der einzelnen Moleküle unter sich aufgehoben und in lose Aneinanderlegung verwandelt; beim Verdampfen des Wassers auf dem Siedepunkt ist ein Zustand eingetreten, worin die einzelnen Moleküle gar keinen merklichen Einfluß auf einander ausüben und unter der Einwirkung der Wärme sogar in allen Richtungen auseinander fliegen. Es ist nun klar, daß die einzelnen Moleküle eines Körpers im gasförmigen Zustande mit einer weit größeren Energie begabt sind als im flüssigen, und im flüssigen wieder mehr als im festen Zustande. Die gebundene Wärme ist also nicht verschwunden, sie ist einfach verwandelt worden und hat die Form der molekularen Spannkraft angenommen. Sobald die Bedingung aufhört, unter der die einzelnen Moleküle diese absolute oder relative Freiheit gegen einander behaupten können, sobald nämlich die Temperatur unter das Minimum von 100°, beziehungsweise 0° herabgeht, wird diese Spannkraft losgelassen, die Moleküle drängen sich wieder aneinander mit derselben Kraft, mit der sie vorher auseinander gerissen; und diese Kraft verschwindet, aber nur, um als Wärme wieder zu erscheinen und zwar als genau dieselbe Quantität Wärme, die vorher gebunden war. Diese Erklärung ist natürlich eine Hypothese wie die ganze mechanische Wärmetheorie, insofern Niemand bis jetzt ein Molekül, geschweige ein schwingendes, je gesehen hat. Sie ist eben deswegen sicher voller Mängel wie die ganze noch sehr junge Theorie, aber sie kann wenigstens den Hergang erklären, ohne irgendwie mit der Unzerstörbarkeit und Unerschaffbarkeit der Bewegung in Widerstreit zu kommen, und sie weiß sogar genau von dem Verbleib der Wärme innerhalb ihrer Verwandlung Rechenschaft zu geben. Die latente oder gebundene Wärme ist also keineswegs ein Anstoß für die mechanische Wärmetheorie. Im Gegentheil bringt diese Theorie zum ersten Mal eine rationelle Erklärung des Vorgangs fertig, und ein Anstoß kann höchstens daraus entstehn, daß die Physiker fortfahren, die in eine andre Form von Molekularenergie verwandelte Wärme mit dem veralteten und unpassend gewordenen Ausdruck „gebunden" zu bezeichnen.

Also repräsentiren die sich selbst gleichen Zustände und ruhenden Verhältnisse des festen, tropfbarflüssigen und gasförmigen Aggregatzustandes allerdings mechanisches Werk, insofern das mechanische Werk das Maß der Wärme ist. Sowohl die feste Erdkruste wie das Wasser des Ozean repräsentirt in seinem jetzigen Aggregatzustand eine ganz bestimmte Quantität freiegewordner Wärme, der selbstredend ein ebenso bestimmtes Quantum mechanischer Kraft entspricht. Bei dem Uebergang des Gasballs, aus dem die Erde entstanden, in den tropfbar-flüssigen, und später in den großentheils festen Aggregatzustand, ist ein bestimmtes Quantum Molekularenergie in Wärme umgesetzt und in den Weltraum ausgestrahlt worden. Die Schwierigkeit von der Herr Dühring in geheimnißvoller Weise munkelt, existirt also nicht, und selbst bei den kosmischen Anwendungen mögen wir zwar auf Mängel und Lücken stoßen — die unsern unvollkommenen Erkenntnißmitteln geschuldet — aber nirgendswo auf theoretisch unüberwindliche Hindernisse. Die Brücke vom

Statistischen zum Dynamischen ist auch hier der Anstoß von Außen — Abkühlung oder Erwärmung, veranlaßt durch andre Körper, die auf den im Gleichgewicht befindlichen Gegenstand einwirken. Je weiter wir in dieser Dühring'schen Naturphilosophie vordringen, desto unmöglicher erscheinen alle Versuche, die Bewegung aus der Bewegungslosigkeit zu erklären oder die Brücke zu finden, auf der das rein Statische, Ruhende aus sich selbst zum Dynamischen, zur Bewegung kommen kann.

Hiermit wären wir dann den sich selbst gleichen Urzustand für einige Zeit glücklich los. Herr Dühring geht zur Chemie über, und enthüllt uns bei dieser Gelegenheit drei bis jetzt durch die Wirklichkeitsphilosophie gewonnene Beharrungsgesetze der Natur, wie folgt:

1) der Größenbestand der allgemeinen Materie, 2) der der einfachen (chemischen) Elemente und 3) der der mechanischen Kraft sind unveränderlich.

Also: die Unerschaffbarkeit und Unzerstörbarkeit der Materie sowie ihrer einfachen Bestandtheile, soweit sie deren hat und der Bewegung — diese alten, weltbekannten Thatsachen, höchst ungenügend ausgedrückt — das ist das einzig wirklich Positive, das uns Herr Dühring als Resultat seiner Naturphilosophie der unorganischen Welt zu bieten im Stande ist. Alles Dinge, die wir längst gewußt. Aber was wir nicht gewußt haben, ist: daß es „Beharrungsgesetze" und als solche „schematische Eigenschaften des Systems der Dinge" sind. Es geht uns wieder wie oben bei Kant: Herr Dühring nimmt irgend welche allbekannte Schnurre, klebt eine Dühring'sche Etikette darauf, und nennt das: „von Grund aus eigenthümliche Ergebnisse und Anschauungen ... systemschaffende Gedanken ... wurzelhafte Wissenschaft".

Doch wir brauchen deswegen noch lange nicht zu verzweifeln. Welche Mängel auch die wurzelhafteste Wissenschaft und die beste Gesellschaftseinrichtung haben mögen, Eins kann Herr Dühring mit Bestimmtheit behaupten: „Das im Universum vorhandene Gold muß jederzeit dieselbe Menge gewesen sein und kann sich ebensowenig wie die allgemeine Materie vermehrt oder vermindert haben." Was wir uns aber für dies „vorhandene Gold" kaufen können, das sagt Herr Dühring leider nicht.

VII. Naturphilosophie. Organische Welt.

„Von der Mechanik in Druck und Stoß bis zur Verknüpfung der Empfindungen und Gedanken reicht eine einheitliche und einzige Stufenleiter von Einschaltungen." Mit dieser Versicherung erspart es sich Herr Dühring, über die Entstehung des Lebens etwas Weiteres zu sagen, obwohl man von einem Denker, der die Entwicklung der Welt bis auf den sich selbst gleichen Zustand zurück verfolgt hat, und der auf den andern Weltkörpern so heimisch ist, wohl erwarten dürfte, daß er auch hier genau Bescheid wisse. Im Uebrigen ist jene Versicherung nur halb richtig, so lange sie nicht durch die schon erwähnte Hegel'sche Knotenlinie von Maßverhältnissen ergänzt wird. Bei aller Allmähligkeit bleibt der Uebergang von einer Bewegungsform zur andern immer ein Sprung, eine entscheidende Wendung. So der Uebergang von der Mechanik der Weltkörper zu der der kleineren Massen auf einem einzelnen Weltkörper; ebenso der von der Mechanik der Massen zu der Mechanik der Moleküle — die Bewegungen umfassend, die wir in der eigentlich sogenannten Physik untersuchen: Wärme, Licht, Elektricität, Magnetismus; ebenso vollzieht sich der Uebergang von der Physik der Moleküle zu der Physik der Atome — der Chemie — wieder durch einen entschiednen Sprung, und noch mehr ist dies der Fall beim Uebergang von gewöhnlicher chemischer Aktion zum Chemismus des Eiweißes, den wir Leben nennen. Innerhalb der Sphäre des Lebens werden dann die Sprünge immer seltner und unmerklicher. — Es ist also wieder Hegel, der Herrn Dühring berichtigen muß.

Den begrifflichen Uebergang zur organischen Welt liefert Herrn Dühring der Zweckbegriff. Dies ist wieder entlehnt aus Hegel, der in der Logik — Lehre vom Begriff — vermittelst der Teleologie oder Lehre vom Zweck, vom Chemismus zum Leben übergeht. Wohin wir blicken, stoßen wir bei Herrn Dühring auf eine Hegel'sche „Crudität", die er ganz ungenirt für seine eigene wurzelhafte Wissenschaft ausgibt. Es würde zu weit führen, hier zu untersuchen, in wie weit die Anwendung der Vorstellungen von Zweck und Mittel auf die organische Welt berechtigt und angebracht ist. Jedenfalls führt auch die Anwendung des Hegel'schen „inneren Zwecks", d. h. eines Zwecks, der nicht durch einen absichtlich handelnden

Dritten, etwa die Weisheit der Vorsehung, in die Natur importirt ist, sondern der in der Nothwendigkeit der Sache selbst liegt, bei Leuten, die nicht vollständig philosophisch geschult sind, fortwährend zur gedankenlosen Unterschiebung bewußter und absichtlicher Handlung. Derselbe Herr Dühring, der bei der geringsten „spiritistischen" Regung andrer Leute in ungemessene sittliche Entrüstung geräth, versichert „mit Bestimmtheit, daß die Triebempfindungen in der Hauptsache um der Befriedigung willen geschaffen worden sind, die mit ihrem Spiel verbunden ist." Er erzählt uns, die arme Natur „muß immer wieder von Neuem die gegenständliche Welt in Ordnung halten", und daneben hat sie noch mehr als eine Angelegenheit zu erledigen, „die von Seiten der Natur mehr Subtilität erforderlich macht, als man gewöhnlich zugesteht." Aber die Natur weiß nicht nur, warum sie dies und jenes schafft, sie hat nicht nur Hausmagdsdienste zu verrichten, sie hat nicht nur Subtilität, was doch schon eine ganz hübsche Vervollkommnung im subjektiven bewußten Denken ist, sie hat auch einen Willen; denn die Zugabe zu den Trieben, daß sie nebenbei reale Naturbedingungen: Ernährung, Fortpflanzung u. s. w. erfüllen, diese Zugabe „dürfen wir nicht als direkt, sondern nur als indirekt gewollt ansehen." Wir sind hiermit bei einer bewußt denkenden und handelnden Natur angekommen, stehen also schon auf der „Brücke" zwar nicht vom Statischen zum Dynamischen, aber doch vom Pantheismus zum Deismus. Oder beliebt es Herrn Dühring etwa, auch einmal ein wenig „naturphilosophische Halbpoesie" zu treiben?

Unmöglich. Alles was uns unser Wirklichkeitsphilosoph über die organische Natur zu sagen weiß, beschränkt sich auf den Kampf gegen diese naturphilosophische Halbpoesie, gegen „die Charlatanerie mit ihren leichtfertigen Oberflächlichkeiten und sozusagen wissenschaftlichen Mystifikationen", gegen die „dichtenden Züge" des Darwinismus.

Vor allen Dingen wird Darwin vorgeworfen, daß er die Malthus'sche Bevölkerungstheorie aus der Oekonomie in die Naturwissenschaft übertrage, daß er in den Vorstellungen des Thierzüchters befangen sei, daß er mit dem Kampf ums Dasein unwissenschaftliche Halbpoesie treibe, und daß der ganze Darwinismus, nach Abzug des von Lamarck Entlehnten, ein Stück gegen die Humanität gekehrte Brutalität sei.

Darwin hatte von seinen wissenschaftlichen Reisen die Ansicht nach Hause gebracht, daß die Arten der Pflanzen und Thiere nicht beständige, sondern sich verändernde sind. Um diesen Gedanken zu Hause weiter zu verfolgen, bot sich ihm kein besseres Feld als das der Thier- und Pflanzenzüchtung. Grade hiefür ist England das klassische Land; die Leistungen andrer Länder, z. B. Deutschlands, können nicht entfernt einen Maßstab abgeben für das in dieser Beziehung in England Erreichte. Dabei gehören die meisten Erfolge den letzten hundert Jahren an, so daß die Konstatirung der Thatsachen wenig Schwierigkeiten macht. Darwin fand nun, daß diese Züchtung künstlich, an Thieren und Pflanzen derselben Art, Unterschiede hervorgerufen hatte, größer als diejenigen, die bei allgemein als verschieden anerkannten Arten vorkommen. Einerseits war also die Veränderlichkeit der Arten bis auf einen gewissen Grad nachgewiesen, andrerseits die Möglichkeit gemeinschaftlicher Vorfahren für Organismen, die verschiedene Artcharaktere besaßen. Darwin untersuchte nun, ob nicht etwa in der Natur sich Ursachen finden, die — ohne die bewußte Absicht des Züchters — dennoch auf die Dauer an den lebenden Organismen ähnliche Veränderungen hervorrufen mußten, wie die künstliche Züchtung. Diese Ursachen fand er in dem Mißverhältniß zwischen der ungeheuren Zahl der von der Natur geschaffenen Keime, und der geringen von wirklichen zur Reife gelangenden Organismen. Da nun aber jeder Keim zur Entwicklung strebt, so entsteht nothwendig ein Kampf ums Dasein, der nicht blos als direkte, körperliche Bekämpfung oder Verzehrung, sondern auch als Kampf um Raum und Licht, selbst bei Pflanzen, noch sich zeigt. Und es ist augenscheinlich, daß in diesem Kampfe diejenigen Individuen am meisten Aussicht haben, zur Reife zu gelangen und sich fortzupflanzen, die irgend eine, noch so unbedeutende, aber im Kampf ums Dasein vortheilhafte individuelle Eigenthümlichkeit besitzen. Diese individuellen Eigenthümlichkeiten haben demnach die Tendenz, sich zu vererben, und wenn sie bei mehreren Individuen derselben Art vorkommen, sich durch gehäufte Vererbung in der einmal angenommenen Richtung zu steigern; während die diese Eigenthümlichkeit nicht besitzenden Individuen im Kampf ums Dasein leichter erliegen und allmälig verschwinden. Auf diese Weise verändert sich eine Art durch natürliche Züchtung, durch das Ueberleben der Geeignetsten.

Gegen diese Darwin'sche Theorie sagt nun Herr Dühring, der Ursprung der Vorstellung vom Kampf ums Dasein sei, wie es Darwin selbst eingestanden habe, in einer Verallgemeinerung der Ansichten des nationalökonomischen Bevölkerungstheoretikers Malthus zu suchen und demgemäß auch mit allen denjenigen Schäden behaftet, die den priesterlich Malthusianischen Anschauungen über das Bevölkerungsgedränge eigen sind. — Nun fällt es Darwin gar nicht ein zu sagen, der Ursprung der Vorstellung vom Kampf ums Dasein sei bei Malthus zu suchen. Er sagt nur: seine Theorie vom Kampf ums Dasein sei die Theorie von Malthus, angewandt auf die ganze thierische und pflanzliche Welt. Wie groß auch der Bock sein mag, den Darwin geschossen, indem er in seiner Naivetät die Malthus'sche Lehre so unbesehn acceptirte, so sieht doch Jeder auf den ersten Blick, daß man keine Malthus-Brille braucht, um den Kampf ums Dasein in der Natur wahrzunehmen — den Widerspruch zwischen der zahllosen Menge von Keimen, die die Natur verschwenderisch erzeugt, und der geringen Anzahl von ihnen, die überhaupt zur Reife kommen können; einen Widerspruch, der sich in der That größtentheils in einem — stellenweise äußerst grausamen — Kampf ums Dasein löst. Und wie das Gesetz des Arbeitslohns seine Geltung behalten hat, auch nachdem die malthusianischen Argumente längst verschollen sind, auf die Ricardo es stützte — so kann der Kampf ums Dasein in der Natur ebenfalls stattfinden, auch ohne irgend eine malthusianische Interpretation. Uebrigens haben die Organismen der Natur ebenfalls ihre Bevölkerungsgesetze, die so gut wie gar nicht untersucht sind, deren Feststellung aber für die Theorie von der Entwickelung der Arten von entscheidender Wichtigkeit sein wird. Und wer hat auch in dieser Richtung den entscheidenden Anstoß gegeben? Niemand anders als Darwin.

Herr Dühring hütet sich wohl, auf diese positive Seite der Frage einzugehn. Statt dessen muß der Kampf ums Dasein immer wieder vorhalten. Von einem Kampf ums Dasein unter bewußtlosen Pflanzen und gemüthlichen Pflanzenfressern könne von vornherein keine Rede sein: „in genau bestimmtem Sinne ist nun der Kampf ums Dasein innerhalb der Brutalität in soweit vertreten, als die Ernährung durch Raub und Verzehrung erfolgt." Und nachdem er den Begriff: Kampf ums Dasein, auf diese engen Grenzen reduzirt, kann er über die

Brutalität dieses von ihm selbst auf die Brutalität beschränkten Begriffs seiner vollen Entrüstung freien Lauf lassen. Diese sittliche Entrüstung trifft aber nur Herrn Dühring, selbst der ja der alleinige Verfasser des Kampfs ums Dasein in dieser Beschränkung und daher auch allein dafür verantwortlich ist. Es ist also nicht Darwin, der „im Gebiet der Bestien die Gesetze und das Verständniß aller Naturaktion sucht" — Darwin hatte ja grade die ganze organische Natur mit in den Kampf eingeschlossen — sondern ein von Herrn Dühring selbst zurechtgemachter Phantasiepopanz. Der Name: Kampf ums Dasein, kann übrigens dem hochmoralischen Zorn des Herrn Dühring gern preisgegeben werden. Daß die Sache auch unter Pflanzen existirt, kann ihm jede Wiese, jedes Kornfeld, jeder Wald beweisen, und nicht um den Namen handelt es sich, ob man das „Kampf ums Dasein" nennen soll oder „Mangel der Existenzbedingungen und mechanische Wirkungen", sondern darum, wie diese Thatsache auf die Erhaltung oder Veränderung der Arten einwirkt. Darüber verharrt Herr Dühring in einem hartnäckig sich selbst gleichen Stillschweigen. Es wird also wohl vorläufig bei der Naturzüchtung sein Bewenden haben.

Aber der Darwinismus „produzirt seine Verwandlungen und Differenzen aus Nichts". Allerdings sieht Darwin, wo er von der Naturzüchtung handelt, ab von den Ursachen, die die Veränderungen in den einzelnen Individuen hervorgerufen haben, und handelt zunächst von der Art und Weise, in der solche individuelle Abweichungen nach und nach zu Kennzeichen einer Rasse, Spielart oder Art werden. Für Darwin handelte es sich zunächst weniger darum, diese Ursachen zu finden — die bis jetzt theilweise ganz unbekannt, theilweise nur ganz allgemein angebbar sind — als vielmehr eine rationelle Form, in der sich ihre Wirkungen festsetzen, dauernde Bedeutung erhalten. Daß Darwin dabei seiner Entdeckung einen übermäßigen Wirkungskreis zuschrieb, sie zum ausschließlichen Hebel der Artveränderung machte und die Ursachen der wiederholten individuellen Veränderungen über der Form ihrer Verallgemeinerung vernachlässigte, ist ein Fehler, den er mit den meisten Leuten gemein hat, die einen wirklichen Fortschritt machen. Zudem, wenn Darwin seine individuellen Verwandlungen aus Nichts produzirt, und dabei „die Weisheit des Züchters" ausschließlich anwendet, so muß hiernach der

Züchter seine nicht bloß vorgestellten, sondern wirklichen Verwandlungen der Thier- und Pflanzenformen ebenfalls **aus Nichts** produziren. Wer aber den Anstoß gegeben hat, zu untersuchen, woraus denn eigentlich diese Verwandlungen und Differenzen entstehen, ist wieder Niemand anders als Darwin.

Neuerdings ist, namentlich durch Häckel, die Vorstellung von der Naturzüchtung erweitert und die Artveränderung gefaßt als Resultat der Wechselwirkung von Anpassung und Vererbung, wobei dann die Anpassung als die ändernde, die Vererbung als die erhaltende Seite des Prozesses dargestellt wird. Auch dies ist Herrn Dühring wieder nicht recht. „Eigentliche Anpassung an Lebensbedingungen, wie sie durch die Natur geboten oder entzogen werden, setzt Antriebe und Thätigkeiten voraus, die sich nach Vorstellungen bestimmen. Andernfalls ist die Anpassung nur ein Schein und die alsdann wirkende Kausalität erhebt sich nicht über die niederen Stufen des Physikalischen, Chemischen und pflanzlich Physiologischen." Es ist wieder der Name, der Herrn Dühring zum Aergerniß dient. Wie er aber auch den Vorgang bezeichnen möge: die Frage ist hier die, ob durch solche Vorgänge Veränderungen in den Arten der Organismen hervorgerufen werden oder nicht? Und Herr Dühring gibt wieder keine Antwort.

„Wenn eine Pflanze in ihrem Wachsthum den Weg nimmt, auf welchem sie das meiste Licht erhält, so ist diese Wirkung des Reizes nichts als eine Kombination physikalischer Kräfte und chemischer Agentien, und wenn man hier nicht metaphorisch, sondern eigentlich von einer Anpassung reden will, so muß dies in die Begriffe eine **spiritistische** Verworrenheit bringen." So streng gegen Andere ist derselbe Mann, der ganz genau weiß, um **wessen Willen** die Natur dies oder jenes thut, der von der **Subtilität** der Natur spricht, ja von ihren **Willen**! Spiritistische Verworrenheit in der That — aber wo, bei Häckel oder bei Herrn Dühring?

Und nicht nur spiritistische, sondern auch logische Verworrenheit. Wir sahen, daß Herr Dühring mit aller Gewalt darauf besteht, den Zweckbegriff in der Natur geltend zu machen: „Die Beziehung von Mittel und Zweck setzt keineswegs eine bewußte Absicht voraus." Was ist nun aber die Anpassung ohne bewußte Absicht, ohne Vermittelung von Vorstellungen, gegen die er so eifert, anders als eine solche unbewußte Zweckthätigkeit?

Wenn also Laubfrösche und laubfressende Insekten grüne, Wüstenthiere sandgelbe, Polarlandthiere vorwiegend schneeweiße Farbe haben, so haben sie sich diese sicher nicht absichtlich oder nach irgendwelchen Vorstellungen angeeignet; im Gegentheil lassen sich die Farben nur aus physikalischen Kräften und chemischen Agentien erklären. Und doch ist es unläugbar, daß diese Thiere, durch jene Farben, dem Mittel, in dem sie leben, zweckmäßig angepaßt sind, und zwar so, daß sie ihren Feinden dadurch weit weniger sichtbar geworden. Ebenso sind die Organe, womit gewisse Pflanzen die sich darauf niedersetzenden Insekten fangen und verzehren, dieser Thätigkeit angepaßt, und sogar zweckmäßig angepaßt. Wenn nun Herr Dühring darauf besteht, daß die Anpassung durch Vorstellungen bewirkt sein muß, so sagt er nur mit anderen Worten, daß die Zweckthätigkeit ebenfalls durch Vorstellungen vermittelt, bewußt, absichtlich sein muß. Womit wir wieder, wie gewöhnlich in der Wirklichkeitsphilosophie, beim zweckthätigen Schöpfer, bei Gott angekommen sind. „Sonst nannte man eine solche Auskunft Deismus und hielt nicht viel davon (sagt Herr Dühring); jetzt aber scheint man sich auch in dieser Beziehung rückwärts entwickelt zu haben."

Von der Anpassung kommen wir auf die Vererbung. Auch hier ist der Darwinismus, nach Herrn Dühring, vollständig auf dem Holzwege. Die ganze organische Welt, behaupte Darwin, soll von einem Urwesen abstammen, sozusagen die Brut eines einzigen Wesens sein. Die selbständige Nebenordnung gleichartiger Naturproduktionen ohne Abstammungsvermittlung sei für Darwin gar nicht vorhanden und er müsse daher mit seinen rückwärts gekehrten Anschauungen sofort am Ende sein, wo ihm der Faden der Zeugung oder sonstigen Fortpflanzung reißt.

Die Behauptung, Darwin leite alle jetzigen Organismen von Einem Urwesen her, ist, um uns höflich auszudrücken, eine „eigene freie Schöpfung und Imagination" des Herrn Dühring. Darwin sagt ausdrücklich auf der vorletzten Seite der Origin of Species, 6. Auflage, er sehe „alle Wesen nicht als besondere Schöpfungen, sondern als die Nachkommen, in gerader Linie, einiger weniger Wesen" an. Und Häckel geht noch bedeutend weiter und nimmt „einen ganz selbständigen Stamm für das Pflanzenreich, einen zweiten für das Thierreich" an

und zwischen beiden „eine Anzahl von selbständigen Protisten=
stämmen, deren jeder ganz unabhängig von jenen aus einer
eigenen archigonen Monerenform sich entwickelt hat." (Schöpfungs=
geschichte S. 397.) Dieses Urwesen ist von Herrn Dühring
nur erfunden worden, um es durch Parallele mit dem Urjuden
Adam möglichst in Verruf zu bringen; wobei ihm — nämlich
Herrn Dühring — das Unglück passirt, daß ihm unbekannt
geblieben, wieso dieser Urjude durch Smith's assyrische Ent=
deckungen sich als Ursemit entpuppt; daß die ganze Schöpfungs=
und Sündfluthgeschichte der Bibel sich erweist als ein Stück
aus dem altheidnischen, den Juden mit Babyloniern, Chal=
däern und Assyrern gemeinsamen religiösen Sagenkreise.

Es ist allerdings ein harter, aber nicht abzuweisender Vor=
wurf gegen Darwin, daß er sofort am Ende ist, wo ihm der
Faden der Abstammung reißt. Leider verdient ihn unsere
gesammte Naturwissenschaft. Wo ihr der Faden der Abstam=
mung reißt, ist sie „am Ende". Sie hat es bisher noch nicht
fertig gebracht, organische Wesen ohne Abstammung zu erzeu=
gen; ja noch nicht einmal einfaches Protoplasma oder
andere Eiweißkörper aus den chemischen Elementen herzustellen.
Sie kann also über den Ursprung des Lebens bis jetzt nur
soviel mit Bestimmtheit sagen, daß er sich auf chemischem Wege
vollzogen haben muß. Vielleicht aber ist die Wirklichkeitsphilo=
sophie in der Lage, hier abhelfen zu können, da sie über selb=
ständig nebengeordnete Naturproduktionen verfügt, die nicht
durch Abstammung unter einander vermittelt sind. Wie können
diese entstanden sein? Durch Urzeugung? Aber bis jetzt haben
selbst die verwegensten Vertreter der Urzeugung nichts als
Bakterien, Pilzkeime und andere sehr ursprüngliche Organismen
auf diesem Wege zu erzeugen beansprucht — keine Insekten,
Fische, Vögel oder Säugethiere. Wenn nun diese gleichartigen
Naturproduktionen — wohlverstanden organische, von denen
ist hier allein die Rede — nicht durch Abstammung zusammen=
hängen, so müssen sie oder jeder ihrer Vorfahren da, „wo der
Faden der Abstammung reißt", durch einen aparten Schöpf=
ungsakt in die Welt gesetzt sein. Also schon wieder beim
Schöpfer und dem, was man Deismus nennt.

Ferner erklärt Herr Dühring es für eine große Oberfläch=
lichkeit von Darwin, „den bloßen Akt geschlechtlicher Kompo=
sition von Eigenschaften zum Fundamentalprinzip der Entstehung

dieser Eigenschaften zu machen." Dies ist wieder eine freie Schöpfung und Imagination unseres wurzelhaften Philosophen. Im Gegentheil erklärt Darwin bestimmt: der Ausdruck Naturzüchtung schließe nur ein die Erhaltung von Veränderungen, nicht aber ihre Erzeugung (S. 63). Diese neue Unterschiebung von Sachen, die Darwin nie gesagt, dient aber dazu, uns zu folgendem Dühring'schen Tiefsinn zu verhelfen: „Hätte man im innern Schematismus der Zeugung irgend ein Prinzip der selbständigen Veränderung aufgesucht, so würde dieser Gedanke ganz rationell gewesen sein; denn es ist ein natürlicher Gedanke, das Prinzip der allgemeinen Genesis mit dem der geschlechtlichen Fortpflanzung zu einer Einheit zusammenfassen und die sogenannte Urzeugung aus einem höheren Gesichtspunkt nicht als absoluten Gegensatz der Reproduktion, sondern eben als eine Produktion anzusehn". Und der Mann, der solchen Gallimathias verfassen konnte, genirt sich nicht, Hegel seinen „Jargon" vorzuwerfen!

Doch genug der verdrießlichen, widerspruchsvollen Quängelei und Nörgelei, mit der Herr Dühring seinem Aerger über den kolossalen Aufschwung Luft macht, den die Naturwissenschaft dem Anstoß der Darwin'schen Theorie verdankt. Weder Darwin noch seine Anhänger unter den Naturforschern denken daran, die großen Verdienste Lamarck's irgendwie zu verkleinern; sind sie es doch gerade, die ihn zuerst wieder auf den Schild gehoben haben. Aber wir dürfen nicht übersehen, daß zu Lamarck's Zeit die Wissenschaft bei Weitem noch nicht über hinreichendes Material verfügte, um die Frage nach dem Ursprung der Arten anders als antizipirend, sozusagen prophetisch beantworten zu können. Außer dem enormen Material aus dem Gebiet der sammelnden wie der anatomischen Botanik und Zoologie, das seitdem angehäuft, sind aber seit Lamarck zwei ganz neue Wissenschaften entstanden, die hier von entscheidender Wichtigkeit sind: die Untersuchung der Entwicklung der pflanzlichen und thierischen Keime (Embryologie) und die der, in den verschiedenen Schichten der Erdoberfläche aufbewahrten, organischen Ueberreste (Paläontologie). Es findet sich nämlich eine eigenthümliche Uebereinstimmung zwischen der stufenweisen Entwicklung der organischen Keime zu reifen Organismen und der Reihenfolge der nach einander in der Geschichte der Erde auftretenden Pflanzen und Thiere. Und gerade diese

Uebereinstimmung ist es, die der Entwicklungstheorie die sicherste Grundlage gegeben hat. Die Entwicklungstheorie selbst ist aber noch sehr jung, und es ist daher unzweifelhaft, daß die weitere Forschung die heutigen, auch die streng darwinistischen Vorstellungen von dem Hergang der Artenentwicklung sehr bedeutend modifiziren wird.

Was hat uns nun die Wirklichkeitsphilosophie über die Entwicklung des organischen Lebens Positives zu sagen?

„Die . . . Abänderlichkeit der Arten ist eine annehmbare Voraussetzung. Daneben gilt aber auch „die selbständige Nebenordnung gleichartiger Naturproduktionen, ohne Abstammungsvermittlung". Hiernach sollte man meinen, die ungleichartigen Naturproduktionen, d. h. die sich ändernden Arten stammten von einander ab, die gleichartigen aber nicht. Dies stimmt aber auch nicht ganz; denn auch bei sich ändernden Arten dürfte „die Vermittlung durch Abstammung im Gegentheil erst ein ganz sekundärer Akt der Natur sein." Also doch Abstammung, aber „zweiter Klasse". Seien wir froh, daß die Abstammung, nachdem Herr Dühring ihr so viel Uebles und Dunkles nachgesagt, dennoch endlich durch die Hinterthür wieder zugelassen wird. Ebenso geht es der Naturzüchtung, denn nach all der sittlichen Entrüstung über den Kampf ums Dasein, vermittelst dessen die Naturzüchtung sich ja vollzieht, heißt es plötzlich: „Der tiefere Grund der Beschaffenheit der Gebilde ist mithin in den Lebensbedingungen und kosmischen Verhältnissen zu suchen, während die von Darwin betonte Naturzüchtung erst in zweiter Linie in Frage kommen kann." Also doch Naturzüchtung, wenn auch zweiter Klasse; also mit der Naturzüchtung auch Kampf ums Dasein und damit auch priesterlich-malthusianisches Bevölkerungsgedränge! Das ist Alles, im Uebrigen verweist uns Herr Dühring auf Lamarck.

Schließlich warnt er uns vor dem Mißbrauch der Worte Metamorphose und Entwicklung. Metamorphose sei ein unklarer Begriff und der Begriff der Entwicklung nur soweit zulässig, als sich Entwicklungsgesetze wirklich nachweisen lassen. Statt beider sollen wir sagen „Komposition", und dann sei Alles gut. Es ist wieder die alte Geschichte: die Sachen bleiben, wie sie waren, und Herr Dühring ist ganz zufrieden, sobald wir nur die Namen ändern. Wenn wir von der Entwicklung des Hühnchens im Ei sprechen, so machen wir Konfusion, weil wir die Entwicklungsgesetze nur mangelhaft nachweisen können. Sprechen wir aber von seiner Komposition, so wird Alles klar. Wir werden also nicht mehr sagen: dies Kind entwickelt sich prächtig, sondern: es komponirt sich ausgezeichnet, und wir dürfen Hrn. Dühring Glück wünschen, daß er dem Schöpfer des Nibelungenringes nicht nur in edler Selbstschätzung würdig zur Seite steht sondern auch in seiner Eigenschaft als Komponist der Zukunft.

VIII. Naturphilosophie. Organische Welt, Schluß.

„Man erwäge, ... was zu unserm naturphilosophischen Abschnitt an positiver Erkenntniß gehöre, um ihn mit allen seinen wissenschaftlichen Voraussetzungen auszustatten. Ihm liegen zunächst alle wesentlichen Errungenschaften der Mathematik und alsdann die Hauptfeststellungen des exakten Wissens in Mechanik, Physik, Chemie, sowie überhaupt die naturwissenschaftlichen Ergebnisse in Physiologie, Zoologie und in ähnlichen Forschungsgebieten zu Grunde."

So zuversichtlich und entschieden spricht sich Herr Dühring aus über die mathematische und naturwissenschaftliche Gelehrsamkeit des Herrn Dühring. Man sieht es dem mageren Abschnitt selbst nicht an, und noch weniger seinen noch dürftigeren Resultaten, welche Wurzelhaftigkeit positiver Erkenntniß dahinter steckt. Jedenfalls braucht man, um die Dühring'schen Orakel über Physik und Chemie zu Stande zu bringen, von der Physik nichts zu wissen als die Gleichung, die das mechanische Aequivalent der Wärme ausdrückt, und von der Chemie nur dies, daß alle Körper sich eintheilen in Elemente und Zusammensetzungen von Elementen. Wer zudem, wie Herr Dühring S. 131, von „gravitirenden Atomen" sprechen kann, beweist nur damit, daß er über den Unterschied von Atom und Molekül gänzlich „im Dunkeln" ist. Atome existiren bekanntlich nicht für die Gravitation oder andere mechanische oder physikalische Bewegungsformen, sondern nur für die chemische Aktion. Und wenn man gar das Kapitel über die organische Natur liest, so kann man bei dem leeren, sich widersprechenden, am entscheidenden Punkt orakelhaft sinnlosen Hin- und Hergerede, und bei der absoluten Nichtigkeit des

Schlußergebnisses schon von vornherein sich der Ansicht nicht erwehren, daß Herr Dühring hier von Dingen spricht, von denen er merkwürdig wenig weiß. Diese Ansicht wird zur Gewißheit, wenn man zu seinem Vorschlag kommt, in der Lehre von dem organischen Wesen (Biologie) fernerhin Komposition zu sagen statt Entwicklung. Wer so etwas vorschlagen kann, beweist, daß er von der Bildung organischer Körper nicht die geringste Ahnung hat.

Alle organischen Körper, mit Ausnahme der allerniedrigsten, bestehen aus Zellen, kleinen, nur durch starke Vergrößerung sichtbaren Eiweißklümpchen mit einem Zellenkern im Innern. In der Regel entwickelt die Zelle auch eine äußere Haut und der Inhalt ist dann mehr oder weniger flüssig. Die niedrigsten Zellenkörper bestehen aus Einer Zelle; die ungeheure Mehrzahl der organischen Wesen ist vielzellig, ein zusammengehöriger Komplex vieler Zellen, die, bei niedrigeren Organismen noch gleichartig, bei den höheren mehr und mehr verschiedene Formen, Gruppirungen und Thätigkeiten erhalten. Im menschlichen Körper z. B. sind Knochen, Muskel, Nerven, Sehnen, Bänder, Knorpel, Haut, kurz alle Gewebe aus Zellen entweder zusammengesetzt, oder doch entstanden. Aber allen organischen Zellengebilden, von der Amöbe, die ein einfaches, die meiste Zeit hautloses Eiweißklümpchen mit einem Zellenkern im Innern ist, bis zum Menschen, und von der kleinsten einzelligen Desmidiacee bis zur höchst entwickelten Pflanze, ist die Art gemeinsam, wie die Zellen sich vermehren: durch Spaltung. Der Zellenkern schnürt sich zuerst in der Mitte ein, die Einschnürung, die die beiden Kolben des Kerns trennt, wird immer stärker, zuletzt trennen sie sich und bilden zwei Zellenkerne. Derselbe Vorgang findet an der Zelle selbst statt, jeder der beiden Kerne wird der Mittelpunkt einer Ansammlung von Zellstoff, die mit der anderen durch eine immer enger werdende Einschnürung zusammenhängt, bis zuletzt beide sich trennen und als selbständige Zellen fortleben. Durch solche wiederholte Zellenspaltung wird aus dem Keimsbläschen des thierischen Eies, nach eingetretener Befruchtung, nach und nach das ganze fertige Thier entwickelt, und ebenso beim erwachsenen Thier der Ersatz der verbrauchten Gewebe vollzogen. Einen solchen Vorgang eine Komposition, und seine Bezeichnung als Entwicklung „eine pure Imagination" zu nennen, dazu gehört doch sicher Jemand, der — so schwer das auch heutzutage anzunehmen ist — von diesem Vorgang gar nichts weiß; hier wird ja eben nur, und zwar im buchstäblichsten Sinn entwickelt, komponirt aber ganz und gar nicht!

Ueber das, was Herr Dühring im Allgemeinen unter Leben versteht, werden wir weiter unten noch etwas zu sagen haben. Im Besonderen stellt er sich unter Leben Folgendes vor: „Auch die unorganische Welt ist ein System sich selbst vollziehender Regungen; aber erst da, wo die eigentliche Gliederung und die Vermittlung der Cirkulation der Stoffe durch besondere Kanäle von einem inneren Punkt und nach einem an ein kleineres Gebilde übertragbaren Keimschema beginnt, darf man im engeren und strengeren Sinne von eigentlichen Leben zu reden unternehmen."

Dieser Satz ist im engeren und strengeren Sinn ein System sich selbst vollziehender Regungen (was das auch immer für Dinger sein mögen) von Unsinn, selbst abgesehen von der hülflos verworrenen Grammatik. Wenn das Leben erst anfängt, wo die eigentliche Gliederung beginnt, dann müssen wir das ganze Häckel'sche Protistenreich und vielleicht noch viel mehr für todt erklären, je nachdem der Begriff von Gliederung gefaßt wird. Wenn das Leben erst da beginnt, wo diese Gliederung durch ein kleineres Keimschema übertragbar ist, so sind mindestens alle Organismen bis zu den einzelligen hinauf, und diese eingeschlossen, nicht lebendig. Ist die Vermittlung der Cirkulation der Stoffe durch besondere Kanäle das Kennzeichen des Lebens, so müssen wir außer den obigen noch die ganze Oberklasse der Cölenterata, allenfalls mit Ausnahme der Medusen, also sämmtliche Polypen und andere Pflanzenthiere aus der Reihe der lebenden Wesen ausstreichen. Gilt aber gar die Cirkulation der Stoffe durch besondere Kanäle von einem innern Punkt für das wesentliche Kennzeichen des Lebens, so müssen wir alle diejenigen Thiere für todt erklären, die kein Herz, oder auch die mehrere Herzen haben. Dazu gehören außer den Vorerwähnten noch sämmtliche Würmer, Seesterne und Räderthiere (Annuloida und Annulosa, Huxley's Eintheilung), ein Theil der Krustenthiere (Krebse) und endlich sogar ein Wirbelthier, das Lanzetthierchen (Amphioxus). Dazu sämmtliche Pflanzen.

Indem also Herr Dühring unternimmt, das eigentliche Leben im engeren und strengeren Sinne zu kennzeichnen, gibt er vier einander total widersprechende Kennzeichen des Lebens an, von denen das eine nicht nur das ganze Pflanzenreich, sondern auch ungefähr das halbe Thierreich zu ewigem Tode verdammt. Wahrhaftig, Niemand kann sagen, er habe uns angeführt, als er uns „von Grund aus eigenthümliche Ergebnisse und Anschauungen" versprach!

An einer andern Stelle heißt es: „Auch in der Natur liegt allen Organisationen von der niedrigsten bis zur höchsten ein einfacher Typus zu Grunde" und dieser Typus ist „schon in der untergeordnetsten Regung der unvollkommensten Pflanze in seinem allgemeinen Wesen voll und ganz anzutreffen". Diese Behauptung ist wieder „voll und ganz" Unsinn. Der allereinfachste Typus, der in der ganzen organischen Natur anzutreffen, ist die Zelle; und sie liegt den höchsten Organisationen allerdings zu Grunde. Dagegen finden sich unter den niedrigsten Organismen eine Menge, die noch tief unter der Zelle stehen — die Protamöbe, ein einfaches Eiweißklümpchen, ohne irgend welche Differenzirung, eine ganze Reihe anderer Monere und sämmtliche Schlauchalgen (Siphoneen). Diese sind sämmtlich mit den höheren Organismen nur dadurch verknüpft, daß ihr wesentlicher Bestandtheil Eiweiß ist und sie demnach Eiweißfunktionen vollziehen, d. h. leben und sterben.

Weiter erzählt uns Herr Dühring: „Physiologisch ist die Empfindung an das Vorhandensein irgend eines, wenn auch noch so einfachen Nervenapparates geknüpft. Es ist daher das Charakteristische aller thierischen Gebilde, der Empfindung, d. h. einer subjektiv bewußten Auffassung ihrer Zustände fähig zu sein. Die scharfe Grenze zwischen Pflanze und Thier liegt da, wo der Sprung zur Empfindung vollzogen wird. Diese Grenze läßt sich so wenig durch die bekannten Uebergangsgebilde verwischen, daß sie vielmehr gerade durch diese äußerlich unentschiedenen oder unentscheidbaren Gestaltungen erst recht zum logischen Bedürfniß gemacht wird." Und ferner: „Dagegen sind die Pflanzen gänzlich und für immer ohne die leiseste Spur von Empfindung und auch ohne jede Anlage dazu."

Erstens sagt Hegel, Naturphilosophie § 351, Zusatz, daß „die Empfindung die differentia specifica, das absolut Auszeichnende des Thieres ist". Also wieder eine „Crudität" Hegel's, die durch einfache Annexation von Seiten Herrn Dühring's in den Adelstand einer endgültigen Wahrheit letzter Instanz erhoben wird.

Zweitens hören wir hier zum ersten Male von Uebergangsgebilden, äußerlich unentschiedenen oder unentscheidbaren Gestaltungen (schönes Kauderwelsch!) zwischen Pflanze und Thier. Daß diese Zwischenformen existiren; daß es Organismen gibt, von denen wir platterdings nicht sagen können, ob sie Pflanzen oder Thiere sind; daß wir also überhaupt die Grenze zwischen Pflanze und Thier nicht scharf feststellen können — das macht es für Herrn Dühring gerade zum logischen Bedürfniß, ein Unterscheidungsmerkmal aufzustellen, von dem er im selben Athem zugibt, daß es nicht stichhaltig ist! Aber wir brauchen gar nicht auf das zweifelhafte Gebiet zwischen Pflanzen und Thieren zurückzugehen; sind die sensitiven Pflanzen, die bei der leisesten Berührung ihre Blätter falten oder ihre Blumen schließen, sind die insektenfressenden Pflanzen ohne die leiseste Spur von Empfindung und auch ohne jede Anlage dazu? Das kann selbst Herr Dühring nicht ohne „unwissenschaftliche Halbpoesie" behaupten.

Drittens ist es wieder eine freie Schöpfung und Imagination des Herrn Dühring, wenn er behauptet, die Empfindung sei psychologisch an das Vorhandensein irgend eines, wenn auch noch so einfachen Nervenapparates geknüpft. Nicht nur alle Urthiere, auch noch die Pflanzenthiere, wenigstens ihrer großen Mehrzahl nach, weisen keine Spur eines Nervenapparates auf. Erst von den Würmern an wird ein solcher regelmäßig vorgefunden, und Herr Dühring ist der erste, der die Behauptung aufstellt, jene Thiere hätten keine Empfindung, weil keine Nerven. Die Empfindung ist nicht nothwendig an Nerven geknüpft, wohl aber an gewisse, bisher nicht näher festgestellte Eiweißkörper.

Uebrigens werden die biologischen Kenntnisse des Herr Dühring hinreichend charakterisirt durch die Frage, die er sich nicht scheut, Darwin gegenüber aufzuwerfen: „Soll sich das Thier aus der Pflanze entwickelt haben?" So kann nur Jemand fragen, der weder von Thieren noch von Pflanzen das Geringste weiß.

Vom Leben im Allgemeinen weiß uns Herr Dühring nur zu sagen: „Der Stoffwechsel, der sich vermittelst einer plastisch bildenden Schematisirung (was in aller Welt ist das für ein Ding?) vollzieht, bleibt stets ein auszeichnender Charakter des eigentlichen Lebensprozesses."

Das ist alles, was wir vom Leben erfahren, wobei wir noch gelegentlich der „plastisch bildenden Schematisirung" knietief im sinnlosen Kauderwälsch des reinsten Dühringjargons stecken bleiben. Wenn wir also wissen wollen, was Leben ist, so werden wir uns wohl selbst näher danach umsehen müssen.

Daß der organische Stoffwechsel die allgemeinste und bezeichnendste Erscheinung des Lebens, ist seit 30 Jahren von physiologischen Chemikern und chemischen Physiologen unzählige Mal gesagt und hier von Hrn. Dühring einfach in seine eigene elegante und klare Sprache übersetzt. Aber das Leben als organischen Stoffwechsel definiren, heißt das Leben definiren als — Leben; denn organischer Stoffwechsel oder Stoffwechsel mit plastisch bildender Schematisirung ist eben ein Ausdruck, der selbst wieder der Erklärung durch das Leben bedarf, der Erklärung durch den Unterschied von Organischem und Unorganischem, d. h. Lebendem und Nichtlebendem. Mit dieser Erklärung kommen wir also nicht vom Fleck.

Stoffwechsel als solcher findet statt auch ohne Leben. Es gibt eine ganze Reihe von Prozessen in der Chemie, die bei genügender Zufuhr von Rohstoffen ihre eigenen Bedingungen stets wieder erzeugen und zwar so, daß dabei ein bestimmter Körper Träger des Prozesses ist. So bei der Fabrikation von Schwefelsäure durch Verbrennung von Schwefel. Es erzeugt sich dabei Schwefeldioxid, SO_2, und indem man Wasserdampf und Salpetersäure zuführt, nimmt das Schwefeldioxid Wasserstoff und Sauerstoff auf und verwandelt sich in Schwefelsäure, H_2SO_4. Die Salpetersäure gibt dabei Sauerstoff ab und wird zu Stickoxid reduzirt; dies Stickoxid nimmt sogleich wieder aus der Luft neuen Sauerstoff auf und verwandelt sich in höhere Oxide des Stickstoffs, aber nur um diesen Sauerstoff sofort wieder an das Schwefeldioxid abzugeben und von Neuem demselben Prozeß durchzumachen, so daß theoretisch eine unendlich kleine Menge von Salpetersäure hinreichen sollte, um eine unbeschränkte Menge von Schwefeldioxid, Sauerstoff und Wasser in Schwefelsäure zu verwandeln. — Stoffwechsel findet ferner statt bei dem Durchtritt von Flüssigkeiten durch todte organische und selbst durch unorganische Membranen, sowie bei Traube's künstlichen Zellen. Es zeigt sich hier wiederum, daß wir mit dem Stoffwechsel nicht vom Fleck kommen; denn der eigenthümliche Stoffwechsel, der das Leben erklären soll, bedarf selbst wieder der Erklärung durch das Leben. Wir müssen es also anders versuchen.

Leben ist die Daseinsweise der Eiweißkörper, und diese Daseinsweise besteht wesentlich in der beständigen Selbst-Erneuerung der chemischen Bestandtheile dieser Körper.

Eiweißkörper ist hier verstanden im Sinn der modernen Chemie, die unter diesem Namen alle dem gewöhnlichen Eiweiß analog zusammengesetzten Körper, sonst auch Proteinsubstanzen genannt, zusammenfaßt. Der Name ist ungeschickt, weil das gewöhnliche Eiweiß von allen ihm verwandten Substanzen die lebloseste, passivste Rolle spielt, indem es neben dem Eidotter lediglich Nahrungssubstanz für den sich entwickelnden Keim ist. So lange indeß über die chemische Zusammensetzung der Eiweißkörper noch so wenig bekannt, ist dieser Name immer noch besser, weil allgemeiner, als alle andern.

Ueberall, wo wir Leben vorfinden, finden wir es an einen Eiweißkörper gebunden, und überall, wo wir einen, nicht in der Auflösung begriffenen Eiweißkörper vorfinden, da finden wir ausnahmslos auch Lebenserscheinungen. Unzweifelhaft ist die Gegenwart auch anderer chemischer Verbindungen in einem lebenden Körper nothwendig, um besondere Differenzirungen dieser Lebenserscheinungen hervorzurufen; zum nackten Leben sind sie nicht erforderlich, es sei denn soweit sie als Nahrung eingehen und in Eiweiß verwandelt werden. Die niedrigsten lebenden Wesen, die wir kennen, sind eben nichts als einfache Eiweißklümpchen, und sie zeigen schon alle wesentlichen Lebenserscheinungen.

Worin aber bestehen diese überall, bei allen lebenden Wesen gleichmäßig vorhandenen Lebenserscheinungen? Vor Allem darin, daß der Eiweißkörper aus seiner Umgebung andere geeignete Stoffe in sich aufnimmt, sie sich assimilirt, während andere, ältere Theile des Körpers sich zersetzen und ausgeschieden werden. Andere, nicht lebende Körper verändern, zersetzen oder kombiniren sich auch im Lauf der natürlichen Dinge; aber dabei hören sie auf das zu sein, was sie waren. Der Fels, der verwittert, ist kein Fels mehr; das Metall, das oxidirt, geht in Rost über. Aber was bei todten Körpern Ursache des Untergangs, das ist beim Eiweiß **Grundbedingung der Existenz**. Von dem Augenblick an, wo diese ununterbrochene Umsetzung der Bestandtheile im Eiweißkörper, dieser andauernde Wechsel von Ernährung und Ausscheidung aufhört, von dem Augenblick an hört der Eiweißkörper selbst auf, zersetzt sich, d. h. **stirbt**. Das Leben, die Daseinsweise des Eiweißkörpers besteht also vor Allem darin, daß er in jedem Augenblick er selbst und zugleich ein anderer ist; und dies nicht in Folge eines Prozesses, dem er von Außen her unterworfen wird, wie dies auch bei todten Körpern der Fall sein kann. Im Gegentheil, das Leben, der durch Ernährung und Ausscheidung erfolgende Stoffwechsel ist ein sich selbst vollziehender Prozeß, der seinem Träger, dem Eiweiß, inhärent, eingeboren ist, ohne den es nicht sein kann. Und daraus folgt, daß wenn es der Chemie jemals gelingen sollte, Eiweiß künstlich herzustellen, dies Eiweiß Lebenserscheinungen zeigen muß, mögen sie auch noch so schwach sein. Es ist freilich fraglich, ob die Chemie auch gleichzeitig das richtige Futter für dies Eiweiß entdecken wird.

Aus dem durch Ernährung und Ausscheidung vermittelten Stoffwechsel als wesentlicher Funktion des Eiweißes und aus der ihm eigenen Plasticität leiten sich dann alle übrigen einfachsten Faktoren des Lebens ab: Reizbarkeit — die schon in der Wechselwirkung zwischen dem Eiweiß und seiner Nahrung eingeschlossen liegt; Kontraktibilität — die sich schon auf sehr niedriger Stufe bei der Verzehrung des Futters zeigt, Wachsthumsmöglichkeit, die auf niedrigster Stufe die Fortpflanzung durch Theilung einschließt; innere Bewegung, ohne die weder Verzehrung noch Assimilation der Nahrung möglich ist.

Unsere Definition des Lebens ist natürlich sehr ungenügend, indem sie, weit entfernt **alle** Lebenserscheinungen einzuschließen, sich vielmehr auf die allerallgemeinsten und einfachsten beschränken muß. Alle Definitionen sind wissenschaftlich von geringem Werth. Um wirklich erschöpfend zu wissen, was das Leben ist, müßten wir alle seine Erscheinungsformen durchgehen, von der niedrigsten bis zur höchsten. Für den Handgebrauch sind jedoch solche Definitionen sehr bequem und stellenweise nicht gut zu entbehren; sie können auch nicht schaden, so lange man nur ihre unvermeidlichen Mängel nicht vergißt.

Doch zurück zu Herrn Dühring. Wenn es ihm im Bereich der irdischen Biologie einigermaßen schlecht ergeht, so weiß er sich zu trösten, er flüchtet in seinen Sternenhimmel.

„Es ist nicht erst die besondere Einrichtung eines empfindenden Organs, sondern schon die ganze objektive Welt, welche auf die Hervorbringung von Lust und Schmerz angelegt ist. Aus diesem Grunde nehmen wir an, daß der Gegensatz von Lust und Schmerz, und zwar **genau in der uns bekannten Weise**, ein universeller sei und in den verschiedenen Welten des Alls durch wesentlich gleichartige Gefühle vertreten sein müsse.... Diese Uebereinstimmung bedeutet aber **nicht wenig**; denn sie ist der **Schlüssel zu dem Universum der Empfindungen**... Uns ist mithin die subjektive kosmische Welt nicht viel fremder, als die objektive. Die Konstitution beider Reiche ist nach einem übereinstimmenden Typus zu denken, und hiermit haben wir die Anfänge zu einer Bewußtseinslehre, die eine größere als bloß terrestrische Tragweite hat."

Was verschlagen ein paar grobe Schnitzer in der irdischen Naturwissenschaft für den, der den Schlüssel zu dem Universum der Empfindungen in der Tasche trägt? Allons donc!

IX. Moral und Recht. Ewige Wahrheiten.

Wir enthalten uns, Pröbchen zu geben von dem Mischmasch von Plattheit und Orakelhaftigkeit, kurz von dem simplen Kohl, den Herr Dühring seinen Lesern fünfzig volle Seiten zu genießen giebt, als wurzelhafte Wissenschaft von den Elementen des Bewußtseins. Wir citiren nur dies: „Wer nur an der Hand der Sprache zu denken vermag, hat noch nie erfahren, was abgesondertes und eigentliches Denken zu bedeuten habe." Danach sind die Thiere die abgesondertsten und eigentlichsten Denker, weil ihr Denken nie durch die zudringliche Einmischung der Sprache getrübt wird. Allerdings sieht man es den Dühring'schen Gedanken und der sie ausdrückenden Sprache an, wie wenig diese Gedanken für irgend eine Sprache gemacht sind und wie wenig die deutsche Sprache für diese Gedanken.

Endlich erlöst uns der vierte Abschnitt, der uns, außer jenem zerfließenden Redebrei, wenigstens hie und da etwas Greifbares über Moral und Recht bietet. Gleich im Anfang wurden wir diesmal zu einer Reise auf die anderen Weltkörper eingeladen: die Elemente der Moral müssen sich „bei allen außermenschlichen Wesen, in denen sich ein thätiger Verstand mit der bewußten Ordnung von triebförmigen Lebensregungen zu befassen hat, in übereinstimmender Weise ... wiederfinden ... Doch wird unsre Theilnahme für solche Folgerungen gering bleiben ... Außerdem aber bleibt es immer eine den Gesichtskreis **wohlthätig erweiternde** Idee, wenn wir uns vorstellen, daß auf andern Weltkörpern das Einzel= und das Gemeinleben von einem Schema ausgehen muß, welches ... nicht vermag die allgemeine Grundverfassung eines verstandesmäßig handelnden Wesens aufzuheben oder zu umgehen."

Wenn hier ausnahmsweise die Gültigkeit der Dühring'schen Wahrheiten auch für alle andern möglichen Welten an die Spitze, statt ans Ende des betreffenden Kapitels gestellt wird, so hat das seinen zureichenden Grund. Hat man erst die Gültigkeit der Dühring'schen Moral= und Gerechtigkeitsvorstellungen für alle **Welten** festgestellt, so wird man um so leichter ihre Gültigkeit auf alle **Zeiten** wohlthätig erweitern können. Es handelt sich aber hier wieder um nichts Geringeres als um endgültige Wahrheit letzter Instanz. Die moralische Welt hat „so gut wie diejenige des allgemeinen Wissens ihre bleibenden Prinzipien und einfachen Elemente", die moralischen Prinzipien stehn „über der Geschichte und über den heutigen Unterschieden der Völkerbeschaffenheiten ... Die besonderen Wahrheiten, aus denen sich im Lauf der Entwickelung das vollere moralische Bewußtsein und sozusagen das Gewissen zusammensetzt, können, soweit sie bis in ihre letzten Gründe erkannt sind, eine ähnliche Geltung und Tragweite beanspruchen, wie die Einsichten und Anwendungen der Mathematik. **Echte Wahrheiten sind überhaupt nicht wandelbar** ... sodaß es überhaupt eine Thorheit ist, die Richtigkeit der Erkenntniß als von der Zeit und den realen Veränderungen angreifbar vorzustellen." Daher läßt uns die Sicherheit strengen Wissens und die Zulänglichkeit der gemeineren Erkenntniß nicht dazu kommen, im besonnenen Zu=

stande an der absoluten Gültigkeit der Wissensprinzipien zu verzweifeln. „Schon der dauernde Zweifel selbst ist ein krankhafter Schwächezustand und nichts als der Ausdruck wüster Verworrenheit, die bisweilen in dem systematischen Bewußtsein ihrer Nichtigkeit den Schein von etwas Haltung aufzutreiben sucht. In den sittlichen Angelegenheiten klammert sich die Leugnung allgemeiner Prinzipien an die geographischen und geschichtlichen Mannichfaltigkeiten der Sitten und Grundsätze, und gibt man ihm die unausweichliche Nothwendigkeit des sittlich Schlimmen und Bösen zu, so glaubt sie erst recht über die Anerkennung der ernsthaften Geltung und thatsächlichen Wirksamkeit übereinstimmender moralischer Antriebe hinaus zu sein. Diese aushöhlende Skepsis, die sich nicht etwa gegen einzlne falsche Lehren, sondern gegen die menschliche Fähigkeit zur bewußten Moralität selbst kehrt, mündet schließlich in ein wirkliches Nichts, ja eigentlich in etwas, was schlimmer ist als der bloße Nihilismus ... Sie schmeichelt sich, in ihrem wirren Chaos von aufgelösten sittlichen Vorstellungen leichten Kaufes herrschen und dem grundsatzlosen Belieben alle Thore öffnen zu können. Sie täuscht sich aber gewaltig: denn die bloße Hinweisung auf die unvermeidlichen Schicksale des Verstandes in Irrthum und Wahrheit genügt, um schon durch diese einzige Analogie erkennbar zu machen, wie die naturgesetzliche Fehlbarkeit die Vollbringung des Zutreffenden nicht auszuschließen braucht."

Wir haben bis jetzt alle diese pompösen Aussprüche des Herrn Dühring über endgültige Wahrheiten letzter Instanz, Souverainetät des Denkens, absolute Sicherheit des Erkennens u. s. w. ruhig hingenommen, weil die Sache doch erst an dem Punkte zum Austrag gebracht werden konnte, wo wir jetzt angelangt sind. Bisher genügte die Untersuchung, in wie weit die einzelnen Behauptungen der Wirklichkeitsphilosophie „souveraine Geltung" und „unbedingten Anspruch auf Wahrheit" hatten; hier kommen wir vor die Frage, ob und welche Produkte des menschlichen Erkennens überhaupt souveraine Geltung und unbedingten Anspruch auf Wahrheit haben können. Wenn ich sage: des menschlichen Erkennens, so sage ich dies nicht etwa in beleidigender Absicht gegen die Bewohner anderer Weltkörper, die ich nicht die Ehre habe zu kennen, sondern nur weil auch die Thiere erkennen, aber keineswegs souverain. Der Hund erkennt in seinem Herrn seinen Gott, wobei dieser Herr der größte Lump sein kann.

Ist das menschliche Denken souverain? Ehe wir Ja oder Nein antworten, müssen wir erst untersuchen, was das menschliche Denken ist. Ist es das Denken eines einzelnen Menschen? Nein. Aber es existirt nur als das Einzeldenken von vielen Miliarden vergangener, gegenwärtiger und zukünftiger Menschen. Wenn ich nun sage, daß dies in meiner Vorstellung zusammengefaßte Denken aller dieser Menschen, die zukünftigen eingeschlossen, souverain, im Stande ist die bestehende Welt zu erkennen, sofern die Menschheit nur lange genug dauert und soweit nicht in den Erkenntnißorganen und den Erkenntnißgegenständen diesem Erkennen Schranken gesetzt sind, so sage ich etwas ziemlich Banales und zudem ziemlich Unfruchtbares. Denn das werthvollste Resultat dürfte dies sein, uns gegen unsre heutige Erkenntniß äußerst mißtrauisch zu machen, da wir ja aller Wahrscheinlichkeit nach so ziemlich am Anfang der Menschheitsgeschichte stehn, und die Generationen, die uns berichtigen werden, wohl viel zahlreicher sein dürften als diejenigen, deren Erkenntniß wir — oft genug mit beträchtlicher Geringschätzung — zu berichtigen im Falle sind.

Herr Dühring selbst erklärt es für eine Nothwendigkeit, daß das Bewußtsein, also auch das Denken und Erkennen, nur in einer Reihe von Einzelwesen zur Erscheinung kommen könne. Dem Denken jedes dieser Einzelnen können wir nur insofern Souverainetät zuschreiben, als wir keine Macht kennen, die im Stande wäre, ihm im gesunden und wachenden Zustand irgend einen Gedanken mit Gewalt aufzunöthigen. Was aber die souveraine Geltung der Erkenntnisse jedes Einzeldenkens angeht, so wissen wir Alle, daß davon gar keine Rede sein kann, und daß nach aller bisherigen Erfahrung sie ohne Ausnahme stets viel mehr Verbesserungsfähiges als Nichtverbesserungsfähiges oder Richtiges enthalten.

Mit andern Worten: die Souverainetät des Denkens verwirklicht sich in einer Reihe höchst unsouverain denkender Menschen; die Erkenntniß, welche unbedingten Anspruch auf Wahrheit hat, in einer Reihe von relativen Irrthümern; weder die eine noch die andre kann anders als durch eine unendliche Lebensdauer der Menschheit vollständig verwirklicht werden.

Wir haben hier wieder denselben Widerspruch, wie schon oben, zwischen dem nothwendig als absolut vorgestellten Charakter des menschlichen Denkens, und seiner Realität in lauter beschränkt denkenden Einzelmenschen, ein Widerspruch, der sich nur im unendlichen Progreß, in der für uns wenigstens praktisch endlosen Aufeinanderfolge der Menschengeschlechter lösen kann. In diesem Sinn ist das menschliche Denken ebensosehr souverain wie nicht souverain und seine Erkenntnißfähigkeit ebensosehr unbeschränkt wie beschränkt. Souverain und unbeschränkt der Anlage, dem Beruf, der Möglichkeit, dem geschichtlichen Endziel nach; nicht souverain und beschränkt der Einzel-Ausführung und der jedesmaligen Wirklichkeit nach.

Ebenso verhält es sich mit den ewigen Wahrheiten. Käme die Menschheit je dahin, daß sie nur noch mit ewigen Wahrheiten, mit Denkresultaten operirte, die souveraine Geltung und unbedingten Anspruch auf Wahrheit haben, so wäre sie auf dem Punkt angekommen, wo die Unendlichkeit der intellektuellen Welt nach Wirklichkeit wie Möglichkeit erschöpft und damit das vielberühmte Wunder der abgezählten Unzahl vollzogen wäre.

Nun giebt es aber doch Wahrheiten, die so feststehn, daß jeder Zweifel daran uns als gleichbedeutend mit Verrücktheit erscheint? Daß zwei mal zwei vier ist, daß die drei Winkel eines Dreiecks gleich zwei Rechten sind, daß Paris in Frankreich liegt, daß ein Mensch ohne Nahrung Hungers stirbt u. s. w.? Also giebt es doch ewige Wahrheiten, endgültige Wahrheiten letzter Instanz?

Allerdings. Wir können das ganze Gebiet des Erkennens nach altbekannter Art in drei große Abschnitte theilen. Der erste umfaßt alle Wissenschaften, die sich mit der unbelebten Natur beschäftigen und mehr oder minder einer mathematischen Behandlung fähig sind: Mathematik, Astronomie, Mechanik, Physik, Chemie. Wenn es Jemandem Vergnügen macht, gewaltige Worte auf sehr einfache Dinge anzuwenden, so kann man sagen, daß gewisse Ergebnisse dieser Wissenschaften ewige Wahrheiten, endgültige Wahrheiten letzter Instanz sind; weßhalb man diese Wissenschaften auch die exakten genannt hat. Aber noch lange nicht alle Ergebnisse. Mit der Einführung der veränderlichen Größen und der Ausdehnung ihrer

Veränderlichkeit bis ins unendlich Kleine und unendlich Große hat die sonst so sittenstrenge Mathematik den Sündenfall begangen; sie hat den Apfel der Erkenntniß gegessen, der ihr die Laufbahn der riesenhaftesten Erfolge eröffnete, aber auch die der Irrthümer. Der jungfräuliche Zustand der absoluten Gültigkeit, der unumstößlichen Bewiesenheit alles Mathematischen war auf ewig dahin; das Reich der Kontroversen brach an, und wir sind dahin gekommen, daß die meisten Leute differenziren und integriren, nicht weil sie verstehn was sie thun, sondern aus reinem Glauben, weil es bisher immer richtig herausgekommen ist. Mit der Astronomie und Mechanik steht es noch schlimmer, und in Physik und Chemie befindet man sich inmitten der Hypothesen wie inmitten eines Bienenschwarms. Es ist dies auch gar nicht anders möglich. In der Physik haben wir es mit der Bewegung von Molekülen, in der Chemie mit der Bildung von Molekülen aus Atomen zu thun, und wenn nicht die Interferenz der Lichtwellen eine Fabel ist, so haben wir absolut keine Aussicht, jemals diese interessanten Dinger mit unsern Augen zu sehn. Die endgültigen Wahrheiten letzter Instanz werden da mit der Zeit merkwürdig selten.

Noch schlimmer sind wir dran in der Geologie, die ihrer Natur nach sich hauptsächlich mit Vorgängen beschäftigt, bei denen nicht nur nicht wir, sondern überhaupt kein Mensch dabei gewesen ist. Die Ausbeute an endgültigen Wahrheiten letzter Instanz ist daher hier mit sehr vieler Mühe verknüpft und dabei äußerst sparsam.

Die zweite Klasse von Wissenschaften ist die, welche die Erforschung der lebenden Organismen in sich begreift. Auf diesem Gebiet entwickelt sich eine solche Mannichfaltigkeit der Wechselbeziehungen und Ursächlichkeiten, daß nicht nur jede gelöste Frage eine Unzahl neuer Fragen aufwirft, sondern auch jede einzelne Frage meist nur stückweise, durch eine Reihe von oft Jahrhunderte in Anspruch nehmenden Forschungen gelöst werden kann; wobei dann das Bedürfniß systematischer Auffassung der Zusammenhänge stets von Neuem dazu nöthigt, die endgültigen Wahrheiten letzter Instanz mit einer überwuchernden Aufpflanzung von Hypothesen zu umgeben. Welche lange Reihe von Mittelstufen von Galen bis Malpighi war nöthig, um eine so einfache Sache wie die Circulation des

Bluts bei Säugethieren richtig festzustellen, wie wenig wissen wir von der Entstehung der Blutkörperchen, und wie viel Mittelglieder fehlen uns heute noch, um z. B. die Erscheinungen einer Krankheit mit ihren Ursachen in rationellen Zusammenhang zu bringen! Dabei kommen oft genug Entdeckungen vor wie die der Zelle, die uns zwingen, alle bisher festgestellten endgültigen Wahrheiten letzter Instanz auf dem Gebiet der Biologie einer totalen Revision zu unterwerfen, und ganze Haufen davon ein für alle Mal zu beseitigen. Wer also hier wirklich echte, unwandelbare Wahrheiten aufstellen will, der wird sich mit Plattheiten begnügen müssen wie: Alle Menschen müssen sterben, alle weiblichen Säugethiere haben Milchdrüsen u. s. w.; er wird nicht einmal sagen können, daß die höheren Thiere mit dem Magen und Darmkanal verdauen und nicht mit dem Kopf, denn die im Kopf centralisirte Nerventhätigkeit ist zur Verdauung unumgänglich.

Noch schlimmer aber steht es mit den ewigen Wahrheiten in der dritten Gruppe von Wissenschaften, der historischen, die die Lebensbedingungen der Menschen, die gesellschaftlichen Verhältnisse, die Rechts= und Staatsformen mit ihrem idealen Ueberbau von Philosophie, Religion, Kunst u. s. w. in ihrer geschichtlichen Folge und ihrem gegenwärtigen Ergebniß untersucht. In der organischen Natur haben wir es doch wenigstens mit einer Reihenfolge von Hergängen zu thun, die sich, soweit unsre unmittelbare Beobachtung in Frage kommt, innerhalb sehr weiter Grenzen ziemlich regelmäßig wiederholen. Die Arten der Organismen sind seit Aristoteles im Ganzen und Großen dieselben geblieben. In der Geschichte der Gesellschaft dagegen sind die Wiederholungen der Zustände die Ausnahme, nicht die Regel, sobald wir über die Urzustände der Menschen, das sogenannte Steinalter, hinausgehn; und wo solche Wiederholungen vorkommen, da ereignen sie sich nie genau unter denselben Umständen. So das Vorkommen des ursprünglichen Gemeineigenthums am Boden bei allen Kulturvölkern und die Form seiner Auflösung. Wir sind daher auf dem Gebiet der Menschengeschichte mit unsrer Wissenschaft noch weit mehr im Rückstand als auf dem der Biologie; und mehr noch: wenn einmal ausnahmsweise der innere Zusammenhang der gesellschaftlichen und politischen Daseinsformen eines

Zeitabschnitts erkannt wird, so geschieht es regelmäßig dann, wenn diese Formen sich schon halb überlebt haben, dem Verfall entgegen gehn. Die Erkenntniß ist hier also wesentlich relativ, indem sie sich beschränkt auf die Einsicht in den Zusammenhang und auf die Folgen gewisser, nur zu einer gegebnen Zeit und für gegebne Völker bestehenden, und ihrer Natur nach vergänglichen Gesellschafts- und Staatsformen. Wer hier also auf endgültige Wahrheiten letzter Instanz, auf echte, überhaupt nicht wandelbare Wahrheiten Jagd macht, der wird wenig heimtragen, es seien denn Plattheiten und Gemeinplätze der ärgsten Art, z. B. daß die Menschen im Allgemeinen ohne Arbeit nicht leben können, daß sie sich bisher meist eingetheilt haben in Herrschende und Beherrschte, daß Napoleon am 5. Mai 1821 gestorben ist u. s. w.

Nun ist es aber merkwürdig, daß gerade auf diesem Gebiet die angeblichen ewigen Wahrheiten, die endgültigen Wahrheiten letzter Instanz u. s. w. uns am häufigsten begegnen. Daß zwei mal zwei vier ist, daß die Vögel Schnäbel haben, oder derartiges wird nur der für ewige Wahrheiten erklären, der mit der Absicht umgeht, aus dem Dasein ewiger Wahrheiten überhaupt zu folgern, daß es auch auf dem Gebiete der Menschengeschichte ewige Wahrheiten gebe, eine ewige Moral, eine ewige Gerechtigkeit ꝛc., die eine ähnliche Geltung und Tragweite beanspruchen wie die Einsichten und Anwendungen der Mathematik. Und dann können wir mit Bestimmtheit darauf rechnen, daß derselbe Menschenfreund uns bei erster Gelegenheit erklären wird, alle früheren Fabrikanten ewiger Wahrheiten seien mehr oder weniger Esel und Charlatans, seien alle im Irrthum befangen gewesen, hätten gefehlt; das Vorhandensein **ihres** Irrthums und **ihrer** Fehlbarkeit aber sei naturgesetzlich und beweise das Dasein der Wahrheit und des Zutreffenden **bei ihm**, und er, der jetzt erstandene Prophet, trage die endgültige Wahrheit letzter Instanz, die ewige Moral, die ewige Gerechtigkeit, fix und **fertig im Sack**. Das Alles ist schon so hundertmal und tausendmal dagewesen, daß man sich nur wundern muß, wenn es noch Menschen giebt, leichtgläubig genug, um dies nicht von Andern, nein von sich selbst zu glauben. Und dennoch erleben wir hier wenigstens noch einen solchen Propheten, der denn auch ganz in gewohnter Weise in hochmoralischen Harnisch geräth, wenn andre Leute es ableugnen, daß irgend ein Einzelner die endgültige Wahrheit letzter Instanz zu liefern im Stande sei. Solche Leugnung, ja schon der bloße Zweifel ist ein Schwächezustand, wüste Verworrenheit, Nichtigkeit, aushöhlende Skepsis, schlimmer als der bloße Nihilismus, wirres Chaos und was dergleichen Liebenswürdigkeiten mehr sind. Wie bei allen Propheten, wird nicht kritisch-wissenschaftlich untersucht und beurtheilt, sondern ohne Weiteres moralisch verdonnert.

Wir hätten oben noch die Wissenschaften erwähnen können, die die Gesetze des menschlichen Denkens untersuchen, also Logik und Dialektik. Hier aber sieht es mit den ewigen Wahrheiten nicht besser aus. Die eigentliche Dialektik erklärt Herr Dühring für reinen Widersinn, und die vielen Bücher, die über Logik geschrieben worden sind und noch geschrieben werden, beweisen zur Genüge, daß auch da die endgültigen Wahrheiten letzter Instanz viel dünner gesäet sind als Mancher glaubt.

Uebrigens brauchen wir uns keineswegs darüber zu erschrecken, daß die Erkenntnißstufe, auf der wir heute stehen, ebensowenig endgültig ist, als alle vorhergegangenen. Sie umfaßt schon ein ungeheures Material von Einsichten und erfordert eine sehr große Spezialisirung der Studien für Jeden, der in irgend einem Fach heimisch werden will. Wer aber den Maßstab echter, unwandelbarer, endgültiger Wahrheit letzter Instanz an Erkenntnisse legt, die der Natur der Sache nach entweder für lange Reihen von Generationen relativ bleiben und stückweise vervollständigt werden müssen, oder gar an solche, die, wie in Kosmogonie, Geologie, Menschheitsgeschichte schon wegen der Mangelhaftigkeit des geschichtlichen Materials stets lückenhaft und unvollständig bleiben werden — der beweist damit nur seine eigne Unwissenheit und Verkehrtheit, selbst wenn nicht, wie hier, der Anspruch auf persönliche Unfehlbarkeit den eigentlichen Hintergrund bildet. Wahrheit und Irrthum, wie alle sich in polaren Gegensätzen bewegenden Denkbestimmungen, haben absolute Gültigkeit eben nur für ein äußerst beschränktes Gebiet; wie wir das eben gesehn haben, und wie auch Herr Dühring wissen würde, bei einiger Bekanntschaft mit den ersten Elementen der Dialektik, die grade von der Unzulänglichkeit aller polaren

Gegensätze handeln. Sobald wir den Gegensatz von Wahrheit und Irrthum außerhalb jenes oben bezeichneten engen Gebiets anwenden, wird er relativ und damit für genaue wissenschaftliche Ausdrucksweise unbrauchbar; versuchen wir aber, ihn außerhalb jenes Gebiets als absolut gültig anzuwenden, so kommen wir erst recht in die Brüche: die beiden Pole des Gegensatzes schlagen in ihr Gegentheil um, Wahrheit wird Irrthum und Irrthum Wahrheit. Nehmen wir als Beispiel das bekannte Boyle'sche Gesetz, wonach bei gleichbleibender Temperatur das Volumen der Gase sich umgekehrt verhält wie der Druck, dem sie ausgesetzt sind. Regnault fand, daß dies Gesetz für gewisse Fälle nicht zutraf. Wäre er nun ein Wirklichkeitsphilosoph gewesen, so war er verpflichtet zu sagen: das Boyle'sche Gesetz ist wandelbar, also keine echte Wahrheit, also überhaupt keine Wahrheit, also Irrthum. Damit hätte er aber einen weit größeren Irrthum begangen, als der im Boyle'schen Gesetz enthaltene war; in einem Sandhaufen von Irrthum wäre sein Körnchen Wahrheit verschwunden; er hätte also sein ursprünglich richtiges Resultat zu einem Irrthum verarbeitet, gegen den das Boyle'sche Gesetz mit sammt dem Bischen Irrthum, das an ihm klebte, als Wahrheit erschien. Regnault, als wissenschaftlicher Mann, ließ sich aber auf dergleichen Kindereien nicht ein, sondern untersuchte weiter und fand, daß das Boyle'sche Gesetz überhaupt nur andauernd richtig ist, und besonders seine Gültigkeit verliert bei Gasen, die durch Druck tropfbarflüssig gemacht werden können, und zwar sobald der Druck sich dem Punkt nähert, wo die Tropfbarkeit eintritt. Das Boyle'sche Gesetz erwies sich also als richtig nur innerhalb bestimmter Grenzen. Ist es aber absolut, endgültig wahr innerhalb dieser Grenzen? Kein Physiker wird das behaupten. Er wird sagen, daß es Gültigkeit hat innerhalb gewisser Druck- und Temperaturgrenzen und für gewisse Gase; und er wird innerhalb dieser noch enger gesteckten Grenzen die Möglichkeit nicht ausschließen einer noch engeren Begrenzung oder veränderter Fassung durch künftige Untersuchungen.*) So steht es also um die endgültigen Wahrheiten letzter Instanz z. B. in der Physik. Wirklich wissen-

---

*) Seit ich Obiges niederschrieb, scheint es sich bereits bestätigt zu haben. Nach den neuesten, von Mendelejeff und Bogusky mit genaueren

schaftliche Arbeiten vermeiden daher regelmäßig solche dogmatisch=
moralische Ausdrücke wie Irrthum und Wahrheit, während
diese uns überall entgegentreten in Schriften wie die Wirk=
lichkeitsphilosophie, wo leeres Hin= und Herreden uns als
souveränstes Resultat des souveränen Denkens sich auf=
drängen will.

Aber, könnte ein naiver Leser fragen, wo hat denn Herr
Dühring ausdrücklich gesagt, daß der Inhalt seiner Wirklich=
keitsphilosophie endgültige Wahrheit sei, und zwar letzter
Instanz? Wo? Nun, zum Beispiel in dem Dithyrambus
auf sein System (S. 13), den wir im II. Artikel theilweise
ausgezogen. Oder wenn er in dem oben citirten Satz sagt:
Die moralischen Wahrheiten, soweit sie bis in ihre letzten
Gründe erkannt sind, beanspruchen eine ähnliche Geltung wie
die Einsichten der Mathematik. Und behauptet nicht Herr
Dühring, von seinem wirklich kritischen Standpunkt aus und
vermittelst seiner bis an die Wurzeln reichenden Untersuchung
bis zu diesen letzten Gründen, den Grundschematen vorge=
drungen zu sein, also den moralischen Wahrheiten Endgültigkeit
letzter Instanz verliehen zu haben? Oder aber, wenn Herr
Dühring diesen Anspruch weder für sich noch für seine Zeit
stellt, wenn er nur sagen will, daß irgend einmal in nebel=
grauer Zukunft endgültige Wahrheiten letzter Instanz festgestellt
werden können, wenn er also ungefähr, nur confuser, dasselbe
sagen will wie die „aushöhlende Skepsis" und „wüste Ver=
worrenheit" — ja dann, wozu der Lärm, was steht dem
Herrn zu Diensten?

Wenn wir schon mit Wahrheit und Irrthum nicht weit
vom Fleck kamen, so noch viel weniger mit Gut und Böse.
Dieser Gegensatz bewegt sich ausschließlich auf moralischem,

Apparaten angestellten Untersuchungen zeigten alle echten Gase ein ver=
änderliches Verhältniß zwischen Druck und Volumen; der Ausdehnungs=
koefficient war bei Wasserstoff bei allen bisher angewandten Druckstärken
positiv (das Volumen nahm langsamer ab, als der Druck zunahm); bei
der atmosphärischen Luft und den anderen untersuchten Gasen fand sich
für jedes ein Nullpunkt des Drucks, so daß bei geringerem Druck jener
Koefficient positiv, bei größeren negativ war. Das bisher noch immer
praktisch brauchbare Boylesche Gesetz wird also einer Ergänzung durch
eine ganze Reihe von Spezialgesetzen bedürfen. (Wir wissen jetzt — 1885 —
auch, daß es überhaupt keine „echten" Gase gibt. Sie sind alle auf den
tropfbar flüssigen Zustand reduzirt worden.)

also auf einem der Menschengeschichte angehörigen Gebiet, und hier sind die endgültigen Wahrheiten letzter Instanz grade am dünnsten gesäet. Von Volk zu Volk, von Zeitalter zu Zeitalter haben die Vorstellungen von Gut und Böse so sehr gewechselt, daß sie einander oft geradezu widersprachen. — Aber, wird Jemand einwerfen, Gut ist doch nicht Böse, und Böse nicht Gut; wenn Gut und Böse zusammengeworfen werden, so hört alle Moralität auf, und Jeder kann thun und lassen was er will. — Dies ist auch, aller Orakelhaftigkeit entkleidet, die Meinung des Herrn Dühring. Aber so einfach erledigt sich die Sache doch nicht. Wenn das so einfach ginge, würde ja über Gut und Böse gar kein Streit sein, würde Jeder wissen, was Gut und was Böse ist. Wie stehts aber heute? Welche Moral wird uns heute gepredigt? Da ist zuerst die christlich-feudale, aus früheren gläubigen Zeiten überkommene, die sich wesentlich wieder in eine katholische und protestantische theilt, wobei wieder Unterabtheilungen von der jesuitisch-katholischen und orthodox-protestantischen bis zur lax-aufgeklärten Moral nicht fehlen. Daneben figurirt die modern-bürgerliche und neben dieser wieder die proletarische Zukunftsmoral, so daß Vergangenheit, Gegenwart und Zukunft allein in den fortgeschrittensten Ländern Europas drei große Gruppen gleichzeitig und neben einander geltender Moraltheorien liefern. Welche ist nun die wahre? Keine einzige, im Sinn absoluter Endgültigkeit; aber sicher wird diejenige Moral die meisten, Dauer versprechenden, Elemente besitzen, die in der Gegenwart die Umwälzung der Gegenwart, die Zukunft, vertritt, also die proletarische.

Wenn wir nun aber sehn, daß die drei Klassen der modernen Gesellschaft, die Feudalaristokratie, die Bourgeoisie und das Proletariat jede ihre besondere Moral haben, so können wir daraus nur den Schluß ziehen, daß die Menschen, bewußt oder unbewußt, ihre sittlichen Anschauungen in letzter Instanz aus den praktischen Verhältnissen schöpfen, in denen ihre Klassenlage begründet ist — aus den ökonomischen Verhältnissen, in denen sie produziren und austauschen.

Aber in den obigen drei Moraltheorien ist doch Manches allen Dreien gemeinsam — wäre dies nicht wenigstens ein Stück der ein für allemal feststehenden Moral? — Jene Moraltheorien vertreten drei verschiedene Stufen derselben geschichtlichen Entwicklung, haben also einen gemeinsamen geschichtlichen Hintergrund, und schon deshalb nothwendig viel Gemeinsames. Noch mehr. Für gleiche oder annähernd gleiche ökonomische Entwicklungsstufen müssen die Moraltheorien nothwendig mehr oder weniger übereinstimmen. Von dem Augenblick an, wo das Privateigenthum an beweglichen Sachen sich entwickelt hatte, mußte allen Gesellschaften, wo dies Privateigenthum galt, das Moralgebot gemeinsam sein: Du sollst nicht stehlen. Wird dies Gebot dadurch zum ewigen Moralgebot? Keineswegs. In einer Gesellschaft, wo die Motive zum Stehlen beseitigt sind, wo also auf die Dauer nur noch höchstens von Geisteskranken gestohlen werden kann, wie würde da der Moralprediger ausgelacht werden, der feierlich die ewige Wahrheit proklamiren wollte: Du sollst nicht stehlen!

Wir weisen demnach eine jede Zumuthung zurück, uns irgend welche Moral=Dogmatik als ewiges, endgültiges, fernerhin unwandelbares Sittengesetz aufzudrängen, unter dem Vorwand, auch die moralische Welt habe ihre bleibenden Prinzipien, die über der Geschichte und den Völkerverschiedenheiten stehn. Wir behaupten dagegen, alle bisherige Moraltheorie sei das Erzeugniß, in letzter Instanz, der jedesmaligen ökonomischen Gesellschaftslage. Und wie die Gesellschaft sich bisher in Klassengegensätzen bewegte, so war die Moral stets eine Klassenmoral; entweder rechtfertigte sie die Herrschaft und die Interessen der herrschenden Klasse, oder aber sie vertrat, sobald die unterdrückte Klasse mächtig genug wurde, die Empörung gegen diese Herrschaft und die Zukunftsinteressen der Unterdrückten. Daß dabei im Ganzen und Großen für die Moral sowohl, wie für alle andern Zweige der menschlichen Erkenntniß ein Fortschritt zu Stande gekommen ist, daran wird nicht gezweifelt. Aber über die Klassenmoral sind wir noch nicht hinaus. Eine über den Klassengegensätzen und über der Erinnerung an sie stehende, wirklich menschliche Moral wird erst möglich auf einer Gesellschaftsstufe, die den Klassengegensatz nicht nur überwunden, sondern auch für die Praxis des Lebens vergessen hat. Und nun ermesse man die Selbstüberhebung des Herrn Dühring, der mitten aus der alten Klassengesellschaft heraus den Anspruch macht, am Vorabend einer sozialen Revolution der künftigen, klassenlosen Gesellschaft eine **ewige**, von der Zeit und den realen Veränderungen unabhängige

Moral aufzuzwingen! Vorausgesetzt selbst — was uns bis jetzt noch unbekannt — daß er die Struktur dieser künftigen Gesellschaft wenigstens in ihren Grundzügen verstehe.

Schließlich noch eine „von Grund aus eigenthümliche" aber darum nicht weniger „bis an die Wurzeln reichende" Enthüllung: In Beziehung auf den Ursprung des Bösen „steht uns die Thatsache, daß der Typus der Katze mit der zugehörigen Falschheit in einer Thierbildung vorhanden ist, mit dem Umstande auf gleicher Stufe, daß sich eine ähnliche Charaktergestaltung auch im Menschen vorfindet ... Das Böse ist daher nichts Geheimnißvolles, wenn man nicht etwa Lust hat, auch in dem Dasein der Katze oder überhaupt des Raubthiers etwas Mystisches zu wittern." Das Böse ist — die Katze. Der Teufel hat also keine Hörner und Pferdefuß, sondern Krallen und grüne Augen. Und Göthe beging einen unverzeihlichen Fehler, wenn er den Mephistopheles als schwarzen Hund, statt als ditto Katze einführt. Das Böse ist die Katze! Das ist Moral, nicht nur für alle Welten, sondern auch — für die Katze!

X. Moral und Recht. Gleichheit.

Wir haben die Methode des Herrn Dühring schon mehrfach kennen gelernt. Sie besteht darin, jede Gruppe von Erkenntnißgegenständen in ihre angeblichen einfachsten Elemente zu zerlegen, auf diese Elemente ebenso einfache, angeblich selbstverständliche Axiome anzuwenden, und mit den so gewonnenen Resultaten weiter zu operiren. Auch eine Frage aus dem Bereich des gesellschaftlichen Lebens „ist an einzelnen einfachen Grundgestalten axiomatisch so zu entscheiden, als wenn es sich um einfache ... Grundgestalten der Mathematik handelte." Und so soll die Anwendung der mathematischen Methode auf Geschichte, Moral und Recht uns auch hier mathematische Gewißheit verschaffen für die Wahrheit der erlangten Resultate, sie kennzeichnen als echte unwandelbare Wahrheiten.

Es ist dies nur eine andere Wendung der alten beliebten, ideologischen, sonst auch aprioristisch genannten Methode, die Eigenschaften eines Gegenstandes nicht aus dem Gegenstand selbst zu erkennen, sondern sie aus dem Begriff des Gegenstandes beweisend abzuleiten. Erst macht man sich aus dem Gegenstand den Begriff des Gegenstandes; dann dreht man den Spieß um, und mißt den Gegenstand an seinem Abbild, dem Begriff. Nicht der Begriff soll sich nun nach dem Gegenstand, der Gegenstand soll sich nach dem Begriff richten. Bei Herrn Dühring thun die einfachsten Elemente, die letzten Abstraktionen, zu denen er gelangen kann, Dienst für den Begriff, was an der Sache nichts ändert; diese einfachsten Elemente sind im besten Fall rein begrifflicher Natur. Die Wirklichkeitsphilosophie erweist sich also auch hier als pure Ideologie, Ableitung der Wirklichkeit nicht aus sich selbst, sondern aus der Vorstellung.

Wenn nun ein solcher Ideolog die Moral und das Recht statt aus den wirklichen gesellschaftlichen Verhältnissen der ihn umgebenden Menschen, aus dem Begriff oder den sogenannten einfachsten Elementen „der Gesellschaft" herauskonstruirt, welches Material liegt dann vor für diesen Aufbau? Offenbar zweierlei: erstens der dürftige Rest von wirklichem Inhalt, der noch in jenen zu Grunde gelegten Abstraktionen möglicher Weise vorhanden ist, und zweitens der Inhalt, den unser Ideolog aus seinem eigenen Bewußtsein wieder hineinträgt. Und was findet er vor in seinem Bewußtsein? Größtentheils moralische und rechtliche Anschauungen, die ein mehr oder weniger entsprechender Ausdruck — positiv oder negativ, bestätigend oder bekämpfend — der gesellschaftlichen und politischen Verhältnisse sind, unter denen er lebt; ferner vielleicht Vorstellungen, die der einschlägigen Literatur entlehnt sind; endlich möglicher Weise noch persönliche Schrullen. Unser Ideolog mag sich drehen und wenden, wie er will, die historische Realität, die er zur Thür hinausgeworfen, kommt zum Fenster wieder herein, und während er glaubt eine Sitten- und Rechtslehre für alle Welten und Zeiten zu entwerfen, verfertigt er in der That ein verzerrtes, weil von seinem wirklichen Boden losgerissenes, wie im Hohlspiegel auf den Kopf gestelltes Konterfei der konservativen oder revolutionären Strömungen seiner Zeit.

Herr Dühring zerlegt also die Gesellschaft in ihre einfachsten Elemente, und findet dabei, daß die einfachste Gesellschaft mindestens aus zwei Menschen besteht. Mit diesen zwei Menschen wird nun axiomatisch operirt. Und da bietet sich **ungezwungen** das moralische Grundaxiom dar: „Zwei menschliche Willen sind als solche einander **völlig gleich**, und der eine kann dem andern zunächst positiv gar nichts zumuthen." Hiermit ist „die Grundform der moralischen Gerechtigkeit gekennzeichnet"; und ebenfalls die der juristischen, denn „zur Entwicklung der prinzipiellen Rechtsbegriffe bedürfen wir nur das gänzlich einfache und elementare Verhältniß von **zwei Menschen**."

Daß zwei Menschen oder zwei menschliche Willen als solche einander **völlig gleich** sind, ist nicht nur kein Axiom, sondern sogar eine starke Uebertreibung. Zwei Menschen können zunächst, selbst als solche, ungleich sein nach dem Geschlecht, und diese einfache Thatsache führt uns sofort darauf, daß die einfachsten Elemente der Gesellschaft — wenn wir für einen Augenblick auf die Kinderei eingehen — nicht zwei Männer sind, sondern ein Männlein und ein Weiblein, die eine Familie stiften, die einfachste und erste Form der Vergesellschaftung behufs der Produktion. Aber dies kann Herrn Dühring keineswegs conveniren. Denn einerseits müssen die beiden Gesellschaftsstifter möglichst gleich gemacht werden, und zweitens brächte es selbst Herr Dühring nicht fertig, aus der Urfamilie die moralische und rechtliche Gleichstellung von Mann und Weib herauszukonstruiren. Also von zwei Dingen eins: Entweder ist das Dühring'sche Gesellschaftsmolekül, aus dessen Vervielfachung sich die ganze Gesellschaft aufbauen soll, von vornherein auf den Untergang angelegt, da die beiden Männer unter sich nie ein Kind zu Stande bringen, oder aber wir müssen sie uns als zwei Familienhäupter vorstellen. Und in diesem Fall ist das ganze einfache Grundschema in sein Gegentheil verkehrt: statt der Gleichheit der Menschen beweist es höchstens die Gleichheit der Familienhäupter, und da die Weiber nicht gefragt werden, außerdem noch die Unterordnung der Weiber.

Wir haben hier dem Leser die unangenehme Mittheilung zu machen, daß er von nun an auf geraume Zeit diese beiden famosen Männer nicht wieder los werden wird. Sie spielen auf dem Gebiet der gesellschaftlichen Verhältnisse eine ähnliche Rolle, wie bisher die Bewohner anderer Weltkörper, mit denen wir jetzt hoffentlich fertig sind. Giebt es eine Frage der Oekonomie, der Politik u. s. w. zu lösen, flugs marschiren die beiden Männer auf und machen die Sache im Nu „axio=

matisch" ab. Ausgezeichnete, schöpferische, systemschaffende Entdeckung unseres Wirklichkeitsphilosophen! Aber leider, wenn wir der Wahrheit die Ehre geben wollen, hat er die beiden Männer nicht entdeckt. Sie sind dem ganzen 18. Jahrhundert gemein. Sie kommen schon vor in Rousseau's Abhandlung über die Ungleichheit 1754, wo sie beiläufig das Gegentheil von den Dühring'schen Behauptungen axiomatisch beweisen. Sie spielen eine Hauptrolle bei den politischen Oekonomen von Adam Smith bis Ricardo; aber hier sind sie wenigstens darin ungleich, daß sie Jeder ein verschiedenes Geschäft betreiben — meist der Jäger und der Fischer — und ihre Produkte gegenseitig austauschen. Auch dienen sie im ganzen 18. Jahrhundert hauptsächlich als bloßes erläuterndes Beispiel, und Herrn Dühring's Originalität besteht nur darin, daß er diese Beispielsmethode zur Grundmethode aller Gesellschaftswissenschaft und zum Maßstab aller geschichtlichen Bildungen erhebt. Leichter kann man sich die „strengwissenschaftliche Auffassung von Dingen und Menschen" allerdings nicht machen.

Um das Grundaxiom fertig zu bringen, daß zwei Menschen und ihre Willen einander völlig gleich sind und Keiner dem Andern etwas zu befehlen hat, dazu können wir noch keineswegs jede beliebigen zwei Männer gebrauchen. Es müssen zwei Menschen sein, die so sehr von aller Wirklichkeit, von allen auf der Erde vorkommenden nationalen, ökonomischen politischen, religiösen Verhältnissen, von allen geschlechtlichen und persönlichen Eigenthümlichkeiten befreit sind, daß von dem Einen wie von dem Andern Nichts übrig bleibt als der bloße Begriff: Mensch, und dann sind sie allerdings „völlig gleich". Sie sind also zwei vollständige Gespenster, beschworen von demselben Herrn Dühring, der überall „spiritistische" Regungen wittert und denunzirt. Diese beiden Gespenster müssen natürlich alles thun, was ihr Beschwörer von ihnen verlangt, und eben deßhalb sind ihre sämmtlichen Kunstproduktionen von der höchsten Gleichgültigkeit für die übrige Welt.

Doch verfolgen wir Herrn Dühring's Axiomatik etwas weiter. Die beiden Willen können der eine dem andern gar nichts positiv zumuthen. Thut der Eine dies dennoch und setzt seine Zumuthung mit Gewalt durch, so entsteht ein ungerechter Zustand, und an diesem Grundschema erklärt Herr

Dühring die Ungerechtigkeit, die Vergewaltigung, die Knechtschaft, kurz die ganze bisherige verwerfliche Geschichte. Nun hat schon Rousseau, in der oben angeführten Schrift, grade vermittelst der beiden Männer das Gegentheil ebenso axiomatisch nachgewiesen, nämlich daß von Zweien A den B nicht durch Gewalt knechten kann, sondern nur dadurch, daß er den B in eine Lage versetzt, worin dieser den A nicht entbehren kann; was für Herrn Dühring allerdings eine schon viel zu materialistische Auffassung ist. Fassen wir also dieselbe Sache etwas anders. Zwei Schiffbrüchige sind auf einer Insel allein und bilden eine Gesellschaft. Ihre Willen sind formell völlig gleich und dies ist von Beiden anerkannt. Aber materiell besteht eine große Ungleichheit. A ist entschlossen und energisch, B unentschieden, träg und schlapp; A ist aufgeweckt, B ist dumm. Wie lange dauert's, so nöthigt A seinen Willen dem B erst durch Ueberredung, nachher gewohnheitsmäßig, aber immer unter der Form der Freiwilligkeit, regelmäßig auf? Ob die Form der Freiwilligkeit gewahrt oder mit Füßen getreten wird, Knechtschaft bleibt Knechtschaft. Freiwilliger Eintritt in die Knechtschaft geht durchs ganze Mittelalter, in Deutschland bis nach dem 30 jährigen Krieg. Als in Preußen nach den Niederlagen von 1806 und 7 die Hörigkeit abgeschafft wurde und mit ihr die Verpflichtung der gnädigen Herrn, für ihre Unterthanen in Noth, Krankheit und Alter zu sorgen, da petitionirten die Bauern an den König, man möge sie doch in der Knechtschaft lassen — wer solle sonst im Elend für sie sorgen? Es ist also das Schema der zwei Männer auf die Ungleichheit und Knechtschaft ebenso sehr „angelegt" wie auf die Gleichheit und den gegenseitigen Beistand; und da wir sie, bei Strafe des Aussterbens, als Familienhäupter annehmen müssen, so ist auch schon die erbliche Knechtschaft darin vorgesehn.

Lassen wir indeß alles das für einen Augenblick auf sich beruhen. Nehmen wir an, Herrn Dühring's Axiomatik habe uns überzeugt, und wir schwärmten für die völlige Gleichberechtigung der beiden Willen, für die „allgemein menschliche Souverainetät", für die „Souverainetät des Individuums" — wahre Prachtkolosse von Worten, gegen die Stirner's „Einziger" mit seinem Eigenthum ein Stümper bleibt, obwohl auch er sein bescheidnes Theil daran beanspruchen dürfte.

Also wir sind jetzt Alle völlig gleich und unabhängig. Alle? Nein, doch nicht Alle. Es gibt auch „zulässige Abhängigkeiten", aber diese erklären sich „aus Gründen, die nicht in der Bethätigung der beiden Willen als solcher, sondern in einem dritten Gebiet, also z. B. Kindern gegenüber, in der Unzulänglichkeit ihrer Selbstbestimmung zu suchen sind."

In der That! Die Gründe der Abhängigkeit sind nicht in der Bethätigung der beiden Willen als solcher zu suchen! Natürlich nicht, denn die Bethätigung des einen Willens wird ja grade verhindert! Sondern in einem dritten Gebiet! Und was ist dies dritte Gebiet? Die konkrete Bestimmtheit des einen unterdrückten Willens als eines unzulänglichen! Soweit hat sich unser Wirklichkeitsphilosoph von der Wirklichkeit entfernt, daß ihm, gegenüber der abstrakten und inhaltslosen Redensart: Wille, der wirkliche Inhalt, die charakteristische Bestimmtheit dieses Willens schon als ein „drittes Gebiet" gilt! Wie dem aber auch sei, wir müssen konstatiren, daß die Gleichberechtigung ihre Ausnahme hat. Sie gilt nicht für einen Willen, der mit der Unzulänglichkeit der Selbstbestimmung behaftet ist. Rückzug Nr. 1.

Weiter. „Wo die Bestie und der Mensch in einer Person gemischt sind, da kann man im Namen einer zweiten, völlig menschlichen Person fragen, ob deren Handlungsweise dieselbe sein dürfe, als wenn sich sozusagen nur menschliche Personen gegenüberstehn ... es ist daher unsre Voraussetzung von zwei moralisch ungleichen Personen, deren eine an dem eigentlichen Bestiencharakter in irgend einem Sinne Theil hat, die typische Grundgestalt für alle Verhältnisse, welche diesem Unterschiede gemäß in und zwischen den Menschengruppen ... vorkommen können." Und nun möge der Leser selbst die sich an diese verlegenen Ausflüchte anschließende Jammerdiatribe nachsehn, in der Herr Dühring sich dreht und windet, wie ein Jesuitenpfaff, um kasuistisch festzustellen, wie weit der menschliche Mensch gegen den bestialischen Menschen einschreiten, wie weit er Mißtrauen, Kriegslist, scharfe, ja terroristische, ingleichen Täuschungsmittel gegen ihn anwenden dürfe, ohne selbst der unwandelbaren Moral etwas zu vergeben.

Also auch wenn zwei Personen „moralisch ungleich" sind, hört die Gleichheit auf. Dann war es aber gar nicht der Mühe werth, die beiden sich völlig gleichen Männer heraufzubeschwören, denn es gibt gar keine zwei Personen, die moralisch völlig gleich sind. — Die Ungleichheit soll aber darin bestehn, daß die eine eine menschliche Person ist und die andre ein Stück Bestie in sich trägt. Nun liegt es aber schon in der Abstammung des Menschen aus dem Thierreich, daß der Mensch die Bestie nie völlig los wird, sodaß es sich also immer nur um ein Mehr oder Minder, um einen Unterschied des Grades der Bestialität resp. Menschlichkeit handeln kann. Eine Eintheilung der Menschen in zwei scharf geschiedene Gruppen, in menschliche und Bestienmenschen, in Gute und Böse, Schafe und Böcke, kennt außer der Wirklichkeitsphilosophie nur noch das Christenthum, das ganz konsequent auch seinen Weltrichter hat, der die Scheidung vollzieht. Wer soll aber Weltrichter sein in der Wirklichkeitsphilosophie? Es wird wohl hergehn müssen wie in der christlichen Praxis, wo die frommen Schäflein das Amt des Weltrichters gegen ihre weltlichen Bocks-Nächsten selbst, und mit bekanntem Erfolg, übernehmen. Die Sekte der Wirklichkeitsphilosophen, wenn sie je zu Stande kommt, wird in dieser Beziehung den Stillen im Lande sicher nichts nachgeben. Das kann uns indeß gleichgültig sein; was uns interessirt, ist das Eingeständniß, daß, in Folge der moralischen Ungleichheit zwischen den Menschen, es mit der Gleichheit wieder Nichts ist. Rückzug Nr. 2.

Abermals weiter. „Handelte der Eine nach Wahrheit und Wissenschaft, der Andre aber nach irgend einem Aberglauben oder Vorurtheil, so ... müssen in der Regel gegenseitige Störungen eintreten ... Bei einem gewissen Grad von Unfähigkeit, Roheit, oder böser Charaktertendenz wird in allen Fällen ein Zusammenstoß erfolgen müssen ... Es sind nicht blos Kinder und Wahnsinnige, denen gegenüber die Gewalt das letzte Mittel ist. Die Artung ganzer Naturgruppen und Kulturklassen von Menschen kann die Unterwerfung ihres durch seine Verkehrtheit feindlichen Wollens im Sinne der Zurückführung desselben auf die gemeinschaftlichen Bindemittel zur unausweichlichen Nothwendigkeit machen. Der fremde Wille wird auch hier noch als gleichberechtigt erachtet; aber durch die Verkehrtheit seiner verletzenden und feindlichen Bethätigung hat er eine Ausgleichung herausgefordert, und wenn er Gewalt erleidet, so erntet er nur die Rückwirkung seiner eignen Ungerechtigkeit."

Also nicht nur moralische, sondern auch geistige Ungleichheit reicht hin, um die „völlige Gleichheit" der beiden Willen zu beseitigen, und eine Moral herzustellen, nach der alle Schandthaten civilisirter Raubstaaten gegen zurückgebliebene Völker, bis herab zu den Scheußlichkeiten der Russen in Turkestan, sich rechtfertigen lassen. Als General Kaufmann im Sommer 1873 den Tartarenstamm der Jomuden überfallen, ihre Zelte verbrennen, ihre Weiber und Kinder „auf gut kaukasisch", wie der Befehl lautete, niedermetzeln ließ, behauptete er auch, die Unterwerfung des durch seine Verkehrtheit feindlichen Wollens der Jomuden, im Sinne der Zurückführung desselben auf die gemeinschaftlichen Bindemittel, sei zur unausweislichen Nothwendigkeit geworden, und die von ihm angewandten Mittel seien die zweckmäßigsten; wer aber den Zweck wolle, müsse auch die Mittel wollen. Nur war er nicht so grausam, die Jomuden noch obendrein zu verhöhnen und zu sagen, dadurch, daß er sie zur Ausgleichung massakrire, achte er ihren Willen grade als gleichberechtigt. Und wieder sind es in diesem Konflikt die Auserwählten, die angeblich nach Wahrheit und Wissenschaft Handelnden, also in letzter Instanz die Wirklichkeitsphilosophen, die zu entscheiden haben, was Aberglauben, Vorurtheil, Roheit, böse Charaktertendenz, und wann Gewalt und Unterwerfung zur Ausgleichung nöthig sind. Die Gleichheit ist also jetzt — die Ausgleichung durch die Gewalt, und der zweite Wille wird vom ersten als gleichberechtigt anerkannt durch Unterwerfung. Rückzug Nr. 3, der hier schon in schimpfliche Flucht ausartet.

Beiläufig ist die Phrase, der fremde Wille werde grade in der Ausgleichung durch Gewalt als gleichberechtigt erachtet, nur eine Verdrehung der Hegel'schen Theorie, wonach die Strafe das Recht des Verbrechers ist; „daß die Strafe als sein eignes Recht enthaltend angesehn wird, darin wird der Verbrecher als Vernünftiges geehrt." (Rechtsphil. § 100, Anmerk.)

Hiermit können wir abbrechen. Es wird überflüssig sein, Hrn. Dühring in die stückweise Zerstörung seiner so axiomatisch aufgestellten Gleichheit, allgemein menschlichen Souverainetät u. s. w. noch weiter zu folgen; zu beobachten, wie er zwar die Gesellschaft mit zwei Männern fertig bringt, aber um den Staat herzustellen, noch einen Dritten braucht, weil — um die Sache kurz zu fassen — ohne diesen Dritten keine Majoritätsbeschlüsse gefaßt werden können, und ohne solche, also auch ohne Herrschaft der Majorität über die Minorität, kein Staat bestehn kann; und wie er dann allmählig in das ruhigere Fahrwasser der Konstruktion seines sozialitären Zukunftsstaates einlenkt, wo wir ihn eines schönen Morgens aufzusuchen die Ehre haben werden. Wir haben hinlänglich gesehn, daß die völlige Gleichheit der beiden Willen nur solange besteht, als diese beiden Willen nichts wollen; daß, sobald sie aufhören, menschliche Willen als solche zu sein, und sich in wirkliche, induviduelle Willen, in die Willen von zwei wirklichen Menschen verwandeln, die Gleichheit aufhört; daß Kindheit, Wahnsinn, sogenannte Bestienhaftigkeit, angeblicher Aberglaube, behauptetes Vorurtheil, vermuthete Unfähigkeit auf der einen, und eingebildete Menschlichkeit, Einsicht in die Wahrheit und Wissenschaft auf der andern Seite, daß also jede Differenz in der Qualität der beiden Willen und in derjenigen der sie begleitenden Intelligenz eine Ungleichheit rechtfertigt, die sich bis zur Unterwerfung steigern kann; was verlangen wir noch mehr, nachdem Herr Dühring sein eignes Gleichheitsgebäude so wurzelhaft von Grund aus zertrümmert hat?

Wenn wir aber auch mit Herrn Dühring's flacher und stümperhafter Behandlung der Gleichheitsvorstellung fertig sind, so sind wir darum noch nicht fertig mit dieser Vorstellung selbst, wie sie namentlich durch Rousseau eine theoretische, in und seit der großen Revolution eine praktisch-politische, und auch heute noch in der sozialistischen Bewegung fast aller Länder eine bedeutende agitatorische Rolle spielt. Die Feststellung ihres wissenschaftlichen Gehalts wird auch ihren Werth für die proletarische Agitation bestimmen.

Die Vorstellung, daß alle Menschen als Menschen etwas Gemeinsames haben, und so weit dies Gemeinsame reicht, auch gleich sind, ist selbstverständlich uralt. Aber hiervon ganz verschieden ist die moderne Gleichheitsforderung; diese besteht vielmehr darin, aus jener gemeinschaftlichen Eigenschaft des Menschseins, jener Gleichheit der Menschen als Menschen, den Anspruch auf gleiche politische resp. soziale Geltung aller Menschen, oder doch wenigstens aller Bürger eines Staats, oder aller Mitglieder einer Gesellschaft abzuleiten. Bis aus jener ursprünglichen Vorstellung relativer Gleichheit die Folgerung auf Gleichberechtigung in Staat und Gesellschaft gezogen werden, bis sogar diese Folgerung als etwas Natürliches, Selbstverständliches erscheinen konnte, darüber mußten Jahrtausende vergehen und sind Jahrtausende vergangen. In den ältesten, naturwüchsigen Gemeinwesen konnte von Gleichberechtigung höchstens unter den Gemeindegliedern die Rede sein; Weiber, Sklaven, Fremde waren von selbst davon ausgeschlossen. Bei den Griechen und Römern galten die Ungleichheiten der Menschen viel mehr als irgend welche Gleichheit. Daß Griechen und Barbaren, Freie und Sklaven, Staatsbürger und Schutzverwandte, römische Bürger und römische Unterthanen (um einen umfassenden Ausdruck zu gebrauchen) einen Anspruch auf gleiche politische Geltung haben sollten, wäre den Alten nothwendig verrückt vorgekommen. Unter dem römischen Kaiserthum lösten sich alle diese Unterschiede allmählig auf, mit Ausnahme desjenigen von Freien und Sklaven; es entstand damit, für die Freien wenigstens, jene Gleichheit der Privatleute, auf deren Grundlage das römische Recht sich entwickelte, die vollkommenste Ausbildung des auf Privateigenthum beruhenden Rechts, die wir kennen. Aber so lange der Gegensatz von Freien und Sklaven bestand, konnte von rechtlichen Folgerungen aus der allgemein menschlichen Gleichheit keine Rede sein; wir sahen dies noch neuerdings in den Sklavenstaaten der nordamerikanischen Union.

Das Christenthum kannte nur eine Gleichheit aller Menschen, die der gleichen Erbsündhaftigkeit, die ganz seinem Charakter als Religion der Sklaven und Unterdrückten versprach. Daneben kannte es höchstens die Gleichheit der Auserwählten, die aber nur ganz im Anfang betont wurde. Die Spuren der Gütergemeinschaft, die sich ebenfalls in den Anfängen der neuen Religion vorfinden, lassen sich viel mehr auf den Zusammenhalt der Verfolgten zurückführen als auf wirkliche Gleichheitsvorstellungen. Sehr bald machte die Festsetzung des Gegensatzes von Priester und Laie auch diesem Ansatz von christlicher Gleichheit ein Ende. — Die Ueberfluthung Westeuropa's durch die Germanen beseitigte für Jahrhunderte alle Gleichheitsvorstellungen durch den allmähligen

Ausbau einer sozialen und politischen Rangordnung von so verwickelter Art, wie sie bisher noch nicht bestanden hatte; aber gleichzeitig zog sie West= und Mitteleuropa in die geschichtliche Bewegung, schuf zum ersten Mal ein kompaktes Kulturgebiet und auf diesem Gebiet zum ersten Mal ein System sich gegenseitig beeinflussender und gegenseitig in Schach haltender, vorwiegend nationaler Staaten. Damit bereitete sie den Boden vor, auf dem allein in späterer Zeit von menschlicher Gleichgeltung, von Menschenrechten die Rede sein konnte.

Das feudale Mittelalter entwickelte außerdem in seinem Schooß die Klasse, die berufen war, in ihrer weiteren Ausbildung die Trägerin der modernen Gleichheitsforderung zu werden: das Bürgerthum. Anfangs selbst feudaler Stand, hatte das Bürgerthum die vorwiegend handwerksmäßige Industrie und den Produktenaustausch innerhalb der feudalen Gesellschaft auf eine verhältnißmäßig hohe Stufe entwickelt, als mit dem Ende des fünfzehnten Jahrhunderts die großen Entdeckungen zur See ihm eine neue, umfassendere Laufbahn eröffneten. Der außereuropäische Handel, bisher nur zwischen Italien und der Levante betrieben, wurde jetzt bis Amerika und Indien ausgedehnt, und überflügelte bald an Bedeutung sowohl den Austausch der einzelnen europäischen Länder unter sich, wie den inneren Verkehr eines jeden einzelnen Landes. Das amerikanische Gold und Silber überfluthete Europa und drang wie ein zersetzendes Element in alle Lücken, Risse und Poren der feudalen Gesellschaft. Der handwerksmäßige Betrieb genügte nicht mehr für den wachsenden Bedarf; in den leitenden Industrieen der fortgeschrittensten Länder wurde er ersetzt durch die Manufaktur.

Diesen gewaltigen Umschwung der ökonomischen Lebensbedingungen der Gesellschaft folgte indeß keineswegs sofort eine entsprechende Aenderung ihrer politischen Gliederung. Die staatliche Ordnung blieb feudal, während die Gesellschaft mehr und mehr bürgerlich wurde. Der Handel auf großer Stufenleiter, also namentlich der internationale, und noch mehr der Welthandel, fordert freie, in ihren Bewegungen ungehemmte Waarenbesitzer, die als solche gleichberechtigt sind, die auf Grundlage eines, wenigstens an jedem einzelnen Ort, für sie alle gleichen Rechts austauschen. Der Uebergang vom

Handwerk zur Manufaktur hat zur Voraussetzung die Existenz einer Anzahl freier Arbeiter — frei einerseits von Zunftfesseln und andererseits von den Mitteln, um ihre Arbeitskraft selbst zu verwerthen — die mit dem Fabrikanten wegen Vermiethung ihrer Arbeitskraft kontrahiren können, also ihm als Kontrahenten gleichberechtigt gegenüberstehn. Und endlich fand die Gleichheit und gleiche Gültigkeit aller menschlichen Arbeiten, weil und insofern sie menschliche Arbeit überhaupt sind, ihren unbewußten aber stärksten Ausdruck im Werthgesetz der modernen bürgerlichen Oekonomie, wonach der Werth einer Waare gemessen wird durch die in ihr enthaltene gesellschaftlich nothwendige Arbeit*). — Wo aber die ökonomischen Verhältnisse Freiheit und Gleichberechtigung forderten, setzte ihnen die politische Ordnung Zunftfesseln und Sonderprivilegien auf jedem Schritt entgegen. Lokalvorrechte, Differentialzölle, Ausnahmsgesetze aller Art trafen im Handel nicht nur den Fremden oder Kolonialbewohner, sondern oft genug auch ganze Kategorien der eignen Staatsangehörigen; zünftige Privilegien lagerten sich überall und immer von Neuem der Entwicklung der Manufaktur quer über den Weg. Nirgendwo war die Bahn frei und die Chancen für die bürgerlichen Wettläufer gleich — und doch war dies die erste und immer dringlichere Forderung.

Die Forderung der Befreiung von feudalen Fesseln und der Herstellung der Rechtsgleichheit durch Beseitigung der feudalen Ungleichheiten, sobald sie erst durch den ökonomischen Fortschritt der Gesellschaft auf die Tagesordnung gesetzt war, mußte bald größere Dimensionen annehmen. Stellte man sie im Interesse der Industrie und des Handels, so mußte man dieselbe Gleichberechtigung fordern für die große Menge der Bauern, die in allen Stufen der Knechtschaft, von der vollen Leibeigenschaft an, den größten Theil ihrer Arbeitszeit unentgeltlich dem gnädigen Feudalherrn darbringen und außerdem noch zahllose Abgaben an ihn und den Staat entrichten mußten. Man konnte andererseits nicht umhin zu verlangen, daß ebenfalls die feudalen Bevorzugungen, die Steuerfreiheit

---

*) Diese Ableitung der modernen Gleichheitsvorstellungen aus den ökonomischen Bedingungen der bürgerlichen Gesellschaft ist zuerst dargelegt von Marx im „Kapital".

des Adels, die politischen Vorrechte der einzelnen Stände aufgehoben würden. Und da man nicht mehr in einem Weltreich lebte, wie das römische gewesen, sondern in einem System unabhängiger, mit einander auf gleichem Fuß verkehrender Staaten von annähernd gleicher Höhe der bürgerlichen Entwicklung, so verstand es sich von selbst, daß die Forderung einen allgemeinen, über den einzelnen Staat hinausgreifenden Charakter annahm, daß Freiheit und Gleichheit proklamirt wurden als Menschenrechte. Wobei es für den spezifisch bürgerlichen Charakter dieser Menschenrechte bezeichnend ist, daß die amerikanische Verfassung, die erste, welche die Menschenrechte anerkennt, in demselben Athem die in Amerika bestehende Sklaverei der Farbigen bestätigt: die Klassenvorrechte werden geächtet, die Racenvorrechte geheiligt.

Bekanntlich wird indeß die Bourgeoisie, von dem Augenblick an wo sie sich aus dem feudalen Bürgerthum entpuppt, wo der mittelalterliche Stand in eine moderne Klasse übergeht, stets und unvermeidlich begleitet von ihrem Schatten, dem Proletariat. Und ebenso werden die bürgerlichen Gleichheitsforderungen begleitet von proletarischen Gleichheitsforderungen. Von dem Augenblick an, wo die bürgerliche Forderung der Abschaffung der Klassenvorrechte gestellt wird, tritt neben sie die proletarische Forderung der Abschaffung der Klassen selbst — zuerst in religiöser Form, in Anlehnung an das Urchristenthum, später gestützt auf die bürgerlichen Gleichheitstheorien selbst. Die Proletarier nehmen die Bourgeoisie beim Wort: die Gleichheit soll nicht bloß scheinbar, nicht bloß auf dem Gebiet des Staats, sie soll auch wirklich, auch auf dem gesellschaftlichen, ökonomischen Gebiet durchgeführt werden. Und namentlich seit die französische Bourgeoisie, von der großen Revolution an, die bürgerliche Gleichheit in den Vordergrund gestellt hat, hat ihr das französische Proletariat Schlag auf Schlag geantwortet mit der Forderung sozialer, ökonomischer Gleichheit, ist die Gleichheit der Schlachtruf speziell des französischen Proletariats geworden.

Die Gleichheitsforderung im Munde des Proletariats hat somit eine doppelte Bedeutung. Entweder ist sie — und dies ist namentlich in den ersten Anfängen, z. B. im Bauernkrieg, der Fall — die naturwüchsige Reaktion gegen die schreienden sozialen Ungleichheiten, gegen den Kontrast von Reichen und

Armen, von Herren und Knechten, von Prassern und Verhungernden; als solche ist sie einfach Ausdruck des revolutionären Instinkts, und findet darin, und auch nur darin, ihre Rechtfertigung. Oder aber, sie ist entstanden aus der Reaktion gegen die bürgerliche Gleichheitsforderung, zieht mehr oder weniger richtige, weitergehende Forderungen aus dieser, dient als Agitationsmittel, um die Arbeiter mit den eignen Behauptungen der Kapitalisten gegen die Kapitalisten aufzuregen, und in diesem Fall steht und fällt sie mit der bürgerlichen Gleichheit selbst. In beiden Fällen ist der wirkliche Inhalt der proletarischen Gleichheitsforderung die Forderung der Abschaffung der Klassen. Jede Gleichheitsforderung die darüber hinausgeht, verläuft nothwendig ins Absurde. Wir haben Beispiele davon gegeben und werden ihrer noch genug finden, wenn wir zu den Zukunftsphantasien des Herrn Dühring kommen.

Somit ist die Vorstellung der Gleichheit, sowohl in ihrer bürgerlichen wie in ihrer proletarischen Form, selbst ein geschichtliches Produkt, zu deren Hervorbringung bestimmte geschichtliche Verhältnisse nothwendig waren, die selbst wieder eine lange Vorgeschichte voraussetzen. Sie ist also Alles, nur keine ewige Wahrheit. Und wenn sie sich heute für das große Publikum — im einen oder im andern Sinn — von selbst versteht, wenn sie, wie Marx sagt, „bereits die Festigkeit eines Volksvorurtheils besitzt", so ist das nicht Wirkung ihrer axiomatischen Wahrheit, sondern Wirkung der allgemeinen Verbreitung und der andauernden Zeitgemäßheit der Ideen des achtzehnten Jahrhunderts. Wenn also Herr Dühring seine berühmten beiden Männer so ohne Weiteres auf dem Boden der Gleichheit kann wirthschaften lassen, so kommt dies daher, daß dem Volksvorurtheil dies ganz natürlich vorkommt. Und in der That, Herr Dühring nennt seine Philosophie die natürliche, weil sie von lauter Dingen ausgeht, die ihm ganz natürlich vorkommen. Warum aber sie ihm natürlich vorkommen — danach fragt er freilich nicht.

XI. Moral und Recht. Freiheit und Nothwendigkeit.

„Für das politische und juristische Gebiet liegen den in diesem Kursus ausgesprochenen Grundsätzen die **eindringendsten Fachstudien** zu Grunde. Man wird daher ... davon ausgehen müssen, daß es sich hier ... um die konsequente Darstellung der Ergebnisse des juristischen und staatswissenschaftlichen Gebiets gehandelt hat. Mein ursprüngliches Fachstadium war gerade die Jurisprudenz, und ich habe derselben nicht nur die gewöhnlichen drei Jahre der theoretischen Universitätsvorbereitung, sondern auch während neuer drei Jahre gerichtlicher Praxis noch ein fortgesetztes, besonders auf die Vertiefung ihres wissenschaftlichen Gehalts gerichtetes Studium gewidmet ... Auch würde sicherlich die Kritik der Privatrechtsverhältnisse und der entsprechenden juristischen Unzulänglichkeiten nicht mit gleicher Zuversicht haben auftreten können, wenn sie sich nicht bewußt gewesen wäre, überall die Schwächen des Faches ebensogut wie dessen stärkere Seiten zu kennen."

Ein Mann, der so von sich selbst zu sprechen berechtigt ist, muß von vornherein Vertrauen einflößen, besonders gegenüber dem „einstigen, eingestandenermaßen vernachlässigten Rechtsstudium des Herrn Marx". Wundern muß es uns deshalb, daß die mit solcher Zuversicht auftretende Kritik der Privatrechtsverhältnisse sich darauf beschränkt, uns zu erzählen, daß es „mit der Wissenschaftlichkeit der Jurisprudenz ... nicht weit her" ist, daß das positive bürgerliche Recht das Unrecht ist, indem es das Gewalteigenthum sanktionirt, und daß der „Naturgrund" des Kriminalrechts die Rache ist — eine Behauptung, an der nur die mystische Verkleidung in den „Naturgrund" allenfalls neu ist. Die staatswissenschaftlichen Ergebnisse beschränken sich auf die Verhandlungen der bewußten drei Männer, von denen der Eine die Andern bisher vergewaltigt, und wobei Herr Dühring alles Ernstes untersucht, ob es der Zweite oder der Dritte ist, der die Gewalt und die Knechtschaft zuerst eingeführt hat.

Verfolgen wir indeß die eindringendsten Fachstudien und die durch dreijährige gerichtliche Praxis vertiefte Wissenschaftlichkeit unseres zuversichtlichen Juristen etwas weiter.

Von Lassalle erzählt uns Herr Dühring, er sei „wegen der

Veranlassung des Versuchs zum Diebstahl einer Kassette" in Anklagezustand versetzt worden, „ohne daß jedoch eine gerichtliche Verurtheilung zu verzeichnen gewesen wäre, indem die **damals noch mögliche sogenannte Freisprechung von der Instanz platzgriff ... diese halbe Freisprechung**."

Der Prozeß Lassalle's, von dem hier die Rede ist, wurde verhandelt im Sommer 1848 vor den Assisen zu Köln, wo, wie fast in der ganzen Rheinprovinz, das französische Strafrecht in Kraft war. Nur für politische Vergehen und Verbrechen war das preußische Landrecht ausnahmsweise eingeführt gewesen, aber schon im April 1848 wurde diese Ausnahmsbestimmung durch Camphausen wieder beseitigt. Das französische Recht kennt durchaus nicht die liederliche preußische Landrechtskategorie einer „Veranlassung" zu einem Verbrechen, geschweige der Veranlassung des Versuchs eines Verbrechens. Es kennt nur Anreizung zum Verbrechen, und diese, um strafbar zu sein, muß geschehn „durch Geschenke, Versprechungen, Drohungen, Mißbrauch des Ansehns oder der Gewalt, listige Anstiftungen oder sträfliche Kunstgriffe (Code pénal, art. 60). Das in das preußische Landrecht vertiefte öffentliche Ministerium übersah, ganz wie Herr Dühring, den wesentlichen Unterschied zwischen der scharf bestimmten französischen Vorschrift und der verschwommenen landrechtlichen Unbestimmtheit, machte Lassalle einen Tendenzprozeß und fiel glänzend durch. Denn die Behauptung, als kenne der französische Strafprozeß die preußische landrechtliche Freisprechung von der Instanz, diese **halbe Freisprechung**, kann nur Jemand wagen, der auf dem Gebiet des französischen modernen Rechts ein vollständiger Ignorant ist; dies Recht kennt im Strafprozeß nur Verurtheilung oder Freisprechung, kein Mittelding.

Somit sind wir im Falle sagen zu müssen, daß Herr Dühring sicherlich nicht mit gleicher Zuversicht diese „Geschichtszeichnung großen Styls" an Lassalle hätte verüben können, wenn er den Code Napoléon jemals in der Hand gehabt hätte. Wir müssen also konstatiren, daß Herrn Dühring das **einzige** modern-bürgerliche, auf den gesellschaftlichen Errungenschaften der großen französischen Revolution ruhende und sie ins Juristische übersetzende Gesetzbuch, das moderne französische Recht, **gänzlich unbekannt** ist.

Anderswo, bei der Kritik der nach französischem Muster

auf dem ganzen Kontinent eingeführten, nach Stimmenmehrheit entscheidenden Geschwornengerichte, werden wir belehrt: „Ja, man wird sich sogar mit dem, übrigens nicht einmal geschichtlich beispiellosen Gedanken vertraut machen können, daß eine Verurtheilung mit **Widerspruch der Stimmen** in einem vollkommenen Gemeinwesen zu den unmöglichen Justitutionen gehören sollte ... Jedoch muß diese **ernste und tief geistige** Auffassungsart, wie schon oben angedeutet, für die überlieferten Gebilde darum als unpassend erscheinen, weil sie für dieselben **zu gut** ist."

Es ist Herrn Dühring abermals unbekannt, daß die Einstimmigkeit der Geschwornen nicht nur bei strafrechtlichen Verurtheilungen, sondern auch bei Urtheilen in bürgerlichen Prozessen, unumgänglich nothwendig ist nach dem englischen gemeinen Recht, d. h. dem ungeschriebnen Gewohnheitsrecht, das seit unvordenklicher Zeit in Kraft steht, also mindestens seit dem vierzehnten Jahrhundert. Die ernste und tiefgeistige Auffassungsart, die nach Herrn Dühring für die heutige Welt zu gut ist, hat in England also gesetzliche Geltung gehabt schon im dunkelsten Mittelalter, und ist von England nach Irland, nach den Vereinigten Staaten Amerikas und nach allen englischen Kolonieen übergeführt worden, ohne daß die eindringendsten Fachstudien dem Herrn Dühring auch nur ein Sterbenswörtchen davon verrathen hätten! Das Gebiet der Geschwornen-Einstimmigkeit ist also nicht nur unendlich groß gegenüber dem winzigen Geltungsbereich des preußischen Landrechts, es ist auch ausgedehnter als alle die Gebiete zusammen genommen, auf denen die Geschwornen-Mehrheit entscheidet. Nicht nur, daß Herrn Dühring das einzige moderne, das französische Recht total unbekannt ist, er ist auch ebenso unwissend in Beziehung auf das einzige germanische Recht, das sich unabhängig von römischer Autorität bis auf die heutige Zeit fortentwickelt und auf alle Welttheile ausgebreitet hat — das englische Recht. Und warum nicht? Denn die englische Art der juristischen Denkweise „würde doch Angesichts der auf deutschem Boden bewerkstelligten Schulung in den reinen Begriffen der klassischen römischen Juristen nicht standhalten," sagt Herr Dühring, und ferner sagt er: „was ist die englisch-redende Welt mit ihrer kinderhaften Gemengselsprache unserer urwüchsigen Sprachgestaltung gegenüber?" — Worauf wir nur mit Spinoza antworten können: Ignorantia non est argumentum, die Unwissenheit ist kein Beweisgrund.

Wir können hiernach zu keinem andern Schlußergebniß kommen, als daß Herrn Dühring's eindringendste Fachstudien darin bestanden, daß er drei Jahre theoretisch in das Corpus Juris, und weitere drei Jahre praktisch in das edle preußische Landrecht sich vertieft hat. Es ist das sicherlich auch schon ganz verdienstlich, und genügend für einen recht achtungswerthen altpreußischen Kreisrichter oder Advokaten. Wenn man aber eine Rechtsphilosophie für alle Welten und Zeiten zu verfassen unternimmt, so sollte man doch auch einigermaßen Bescheid wissen in den Rechtsverhältnissen von Nationen wie die Franzosen, Engländer und Amerikaner, Nationen, die eine ganz andre Rolle in der Geschichte gespielt haben als der Winkel von Deutschland, wo das preußische Landrecht florirt. Doch sehen wir weiter zu.

„Die bunte Mischung von Orts-, Provinzial- und Landesrechten, die sich in sehr willkürlicher Weise bald als Gewohnheitsrecht, bald als geschriebenes Gesetz, oft unter Einkleidung der wichtigsten Angelegenheiten in reine Statutarform, in den verschiedensten Richtungen kreuzen — diese Musterkarte von Unordnung und Widerspruch, auf welcher die Einzelheiten das Allgemeine, und dann gelegentlich wiederum die Allgemeinheiten das Besondere hinfällig machen, ist wahrlich nicht geeignet, ein klares Rechtsbewußtsein bei irgend Jemand ... möglich zu machen." — Wo aber herrscht dieser verworrene Zustand? Wieder im Geltungsbereich des preußischen Landrechts, wo neben, über oder unter diesem Landrecht Provinzialrechte, Ortsstatuten, hie und da auch gemeines Recht und anderer Quark die verschiedensten relativen Abstufungen von Gültigkeit haben und bei allen praktischen Juristen jenen Nothschrei hervorrufen, den Herr Dühring hier so sympathisch wiederholt. Er braucht gar nicht sein geliebtes Preußen zu verlassen, er darf nur an den Rhein kommen um sich zu überzeugen, daß dort von alledem seit 70 Jahren keine Rede mehr ist — von andern civilisirten Ländern gar nicht zu reden, wo dergleichen veraltete Zustände längst beseitigt sind.

Ferner: „In einer weniger schroffen Art tritt die Verschleierung der natürlichen individuellen Verantwortlichkeit durch die geheimen und hiermit anonymen Kollekturtheile und

Kollektivhandlungen von Kollegien oder sonstigen Behörden=
einrichtungen hervor, die den persönlichen Antheil eines jeden
Mitgliedes maskiren." Und an einer andern Stelle: „In
unserm heutigen Zustande wird es als eine ü b e r r a s ch e n d e
und äußerst strenge Forderung gelten, wenn man von der
Verhüllung und Deckung der Einzelverantwortlichkeit durch
Kollegien nichts wissen will." — Vielleicht wird es für Herrn
Dühring als eine überraschende Mittheilung gelten, wenn wir
ihm sagen, daß im Gebiet des englischen Rechts jedes Mit=
glied des Richterkollegiums sein Urtheil in öffentlicher Sitzung
einzeln abzugeben und zu begründen hat; daß die Verwaltungs=
kollegien, so weit sie nicht gewählt sind, und öffentlich ver=
handeln und abstimmen, eine vorzugsweise p r e u ß i s ch e Ein=
richtung und in den meisten übrigen Ländern unbekannt sind,
und daß daher seine Forderung für überraschend und äußerst
streng eben nur gelten kann — in P r e u ß e n.

Ebenso treffen seine Klagen über die Zwangseinmischungen
der Religionspraktiken bei Geburt, Ehe, Tod und Bestattung
von allen größeren civilisirten Ländern nur Preußen, und
seit Einführung der Civilstandsregister auch dies nicht mehr.
Was Herr Dühring nur vermittelst eines „sozialitären" Zu=
kunftszustandes fertig bringt, hat sogar Bismarck inzwischen
durch ein einfaches Gesetz erledigt. — Nicht anders wird in
der „Klage der mangelhaften Ausstattung der Juristen für
ihren Beruf," eine Klage, die sich auch auf die „Verwaltungs=
beamten" ausdehnen läßt, eine spezifisch preußische Jeremiade
angestimmt; und selbst der bis ins Lächerliche übertriebene
Judenhaß, den Herr Dühring bei jeder Gelegenheit zur Schau
trägt, ist eine, wo nicht spezifisch preußische, so doch spezifisch
ostelbische Eigenschaft. Derselbe Wirklichkeitsphilosoph, der
auf alle Vorurtheile und Superstitionen souverän herabsieht,
steckt selbst so tief in persönlichen Marotten, daß er das
aus der Bigotterie des Mittelalters überkommene Volks=
vorurtheil gegen die Juden ein auf „Naturgründen" beruhendes
„Natururtheil" nennt und sich bis zu der pyramidalen Be=
hauptung versteigt: „der Sozialismus ist die einzige Macht,
welche Bevölkerungszuständen mit stärkerer jüdischer Unter=
mischung (Zustände mit jüdischer Untermischung! welches
Naturdeutsch!) die Spitze bieten kann."

Genug. Die Großprahlerei mit der juristischen Gelahrtheit

hat zum Hintergrund — im besten Falle — die allerordinärsten Fachkenntnisse eines ganz gewöhnlichen altpreußischen Juristen. Das juristische und staatswissenschaftliche Gebiet, dessen Ergebnisse uns Herr Dühring konsequent darstellt, „deckt sich" mit dem Geltungsbereich des preußischen Landrechts. Außer dem jedem Juristen, jetzt selbst in England so ziemlich geläufigen römischen Recht, beschränken sich seine juristischen Kenntnisse einzig und allein auf das preußische Landrecht, jenes Gesetzbuch des aufgeklärten patriarchalischen Despotismus, das in einem Deutsch geschrieben ist, als wäre Herr Dühring dort in die Schule gegangen, und das mit seinen Moralglossen, seiner juristischen Unbestimmtheit und Haltlosigkeit, seinen Stockprügeln als Tortur- und Strafmittel noch ganz der vorrevolutionären Zeit angehört. Was darüber ist, das ist für Herrn Dühring vom Uebel — sowohl das modern bürgerliche französische Recht wie das englische Recht mit seiner ganz eigenartigen Entwicklung und seiner auf dem ganzen Kontinent unbekannten Sicherung der persönlichen Freiheit. Die Philosophie, welche „keinen bloß scheinbaren Horizont gelten läßt, sondern in mächtig umwälzender Bewegung alle Erden und Himmel der äußeren und inneren Natur aufrollt" — sie hat zu ihrem wirklichen Horizont — die Grenzen der sechs altpreußischen Ostprovinzen und allenfalls noch der paar sonstigen Landfetzen, wo das edle Landrecht gilt; und jenseits dieses Horizonts rollt sie weder Erden noch Himmel, weder äußere noch innere Natur auf, sondern nur das Gemälde der krassesten Unwissenheit über das was in der übrigen Welt vorgeht.

Man kann nicht gut von Moral und Recht handeln, ohne auf die Frage vom sogenannten freien Willen, von der Zurechnungsfähigkeit des Menschen, von dem Verhältniß von Nothwendigkeit und Freiheit zu kommen. Auch die Wirklichkeitsphilosophie hat nicht nur eine, sondern sogar zwei Lösungen für diese Frage.

„An die Stelle aller falschen Freiheitstheorien hat man die erfahrungsmäßige Beschaffenheit des Verhältnisses zu setzen, in welcher sich rationelle Einsicht auf der einen, und triebförmige Bestimmungen auf der andern Seite gleichsam zu einer Mittelkraft vereinigen. Die Grundthatsachen dieser Art von Dynamik sind aus der Beobachtung zu entnehmen, und für die Vorausbemessung des noch nicht erfolgten Geschehns auch, so gut es gehen will, im Allgemeinen nach Art und Größe zu veranschlagen. Hierdurch werden die albernen Einbildungen über die innere Freiheit, an denen Jahrtausende genagt und gezehrt haben, nicht nur gründlich weggeräumt, sondern auch durch etwas Positives ersetzt, was sich für die praktische Einrichtung des Lebens brauchen läßt." — Danach besteht die Freiheit darin, daß die rationelle Einsicht den Menschen nach rechts, die irrationellen Triebe ihn nach links zerren, und bei diesem Parallelogramm der Kräfte die wirkliche Bewegung in der Richtung der Diagonale erfolgt. Die Freiheit wäre also der Durchschnitt zwischen Einsicht und Trieb, Verstand und Unverstand, und ihr Grad wäre bei jedem Einzelnen erfahrungsmäßig festzustellen durch eine „persönliche Gleichung", um einen astronomischen Ausdruck zu gebrauchen. Aber wenige Seiten später heißt es: „Wir gründen die moralische Verantwortlichkeit auf die Freiheit, die uns jedoch weiter nichts bedeutet als die Empfänglichkeit für bewußte Beweggründe nach Maßgabe des natürlichen und erworbenen Verstandes. Alle solche Beweggründe wirken trotz der Wahrnehmung des möglichen Gegensatzes in den Handlungen mit unausweichlicher Naturgesetzmäßigkeit; aber gerade auf diese unumgängliche Nöthigung zählen wir, indem wir die moralischen Hebel ansetzen."

Diese zweite Bestimmung der Freiheit, die der ersten ganz ungenirt ins Gesicht schlägt, ist wieder nichts als eine äußerste Verflachung der Hegel'schen Auffassung. Hegel war der Erste, der das Verhältniß von Freiheit und Nothwendigkeit richtig darstellte. Für ihn ist die Freiheit die Einsicht in die Nothwendigkeit. „Blind ist die Nothwendigkeit nur insofern dieselbe nicht begriffen wird." Nicht in der geträumten Unabhängigkeit von den Naturgesetzen liegt die Freiheit, sondern in der Erkenntniß dieser Gesetze und in der damit gegebenen Möglichkeit, sie planmäßig zu bestimmten Zwecken wirken zu lassen. Es gilt dies mit Beziehung sowohl auf die Gesetze der äußern Natur, wie auf diejenigen, welche das körperliche und geistige Dasein des Menschen selbst regeln — zwei Klassen von Gesetzen, die wir höchstens in der Vorstellung, nicht aber in der Wirklichkeit von einander trennen können. Freiheit des Willens heißt daher nichts andres als die Fähigkeit, mit Sachkenntniß entscheiden zu können. Je freier also das Urtheil eines Menschen in Beziehung auf einen bestimmten

Fragepunkt ist, mit desto größerer Nothwendigkeit wird der Inhalt dieses Urtheils bestimmt sein; während die auf Unkenntniß beruhende Unsicherheit, die zwischen vielen verschiedenen und widersprechenden Entscheidungsmöglichkeiten scheinbar willkürlich wählt, eben dadurch ihre Unfreiheit beweist, ihr Beherrschtsein von dem Gegenstande, den sie gerade beherrschen sollte. Freiheit besteht also in der, auf Erkenntniß der Naturnothwendigkeiten gegründeten Herrschaft über uns selbst und über die äußere Natur; sie ist damit nothwendig ein Produkt der geschichtlichen Entwicklung. Die ersten, sich vom Thierreich sondernden Menschen waren in allem Wesentlichen so unfrei wie die Thiere selbst; aber jeder Fortschritt in der Kultur war ein Schritt zur Freiheit. An der Schwelle der Menschheitsgeschichte steht die Entdeckung der Verwandlung von mechanischer Bewegung in Wärme: die Erzeugung des Reibfeuers; am Abschluß der bisherigen Entwicklung steht die Entdeckung der Verwandlung von Wärme in mechanische Bewegung: die Dampfmaschine. — Und trotz der riesigen befreienden Umwälzung, die die Dampfmaschine in der gesellschaftlichen Welt vollzieht — sie ist noch nicht halb vollendet — ist es doch unzweifelhaft, daß das Reibfeuer sie an weltbefreiender Wirkung noch übertrifft. Denn das Reibfeuer gab dem Menschen zum ersten Mal die Herrschaft über eine Naturkraft und trennte ihn damit endgültig vom Thierreich. Die Dampfmaschine wird nie einen so gewaltigen Sprung in der Menschheitsentwicklung zu Stande bringen, so sehr sie uns auch als Repräsentantin aller jener, an sie sich anlehnenden gewaltigen Produktivkräfte gilt, mit deren Hülfe allein ein Gesellschaftszustand ermöglicht wird, worin es keine Klassenunterschiede, keine Sorgen um die individuellen Existenzmittel mehr gibt, und worin von wirklicher menschlicher Freiheit, von einer Existenz in Harmonie mit den erkannten Naturgesetzen, zum ersten Mal die Rede sein kann. Wie jung aber noch die ganze Menschengeschichte, und wie lächerlich es wäre, unseren jetzigen Anschauungen irgendwelche absolute Gültigkeit zuschreiben zu wollen, geht aus der einfachen Thatsache hervor, daß die ganze bisherige Geschichte sich bezeichnen läßt als Geschichte des Zeitraums von der praktischen Entdeckung der Verwandlung von mechanischer Bewegung in Wärme bis zu derjenigen der Verwandlung von Wärme in mechanische Bewegung.

Bei Herrn Dühring wird die Geschichte freilich anders behandelt. Im Allgemeinen ist sie als Geschichte der Irrthümer, der Unwissenheit und Rohheit, der Vergewaltigung und Knechtung ein die Wirklichkeitsphilosophie anwidernder Gegenstand; im Besondern jedoch theilt sie sich in zwei große Abschnitte, nämlich 1) von dem sich selbst gleichen Zustand der Materie bis auf die französische Revolution, und 2) von der französischen Revolution bis auf Herrn Dühring; und dabei bleibt das neunzehnte Jahrhundert „noch wesentlich reaktionär, ja es ist es (!) in geistiger Beziehung noch mehr als das achtzehnte", wobei es jedoch den Sozialismus in seinem Schooß trägt, und damit „den Keim einer gewaltigeren Umschaffung als sie von den Vorläufern und den Heroen der französischen Revolution erdacht (!) wurde." Die wirklichkeitsphilosophische Verachtung gegen die bisherige Geschichte rechtfertigt sich wie folgt: „Die wenigen Jahrtausende, für welche eine historische Rückerinnerung durch ursprüngliche Aufzeichnungen vermittelt wird, haben mit ihrer bisherigen Menschheitsverfassung nicht viel zu bedeuten, wenn man an die Reihe der kommenden Jahrtausende denkt. . . . Das Menschengeschlecht ist als Ganzes noch sehr jung, und wenn einst die wissenschaftliche Rückerinnerung mit zehntausenden statt mit tausenden von Jahren zu rechnen hat, wird die geistig unreife Kindheit unserer Institutionen eine selbstverständliche Voraussetzung über unsere alsdann als Uralterthum gewürdigte Zeit unbestrittene Geltung haben."

Ohne uns bei der in der That „urwüchsigen Sprachgestaltung" des letzten Satzes länger aufzuhalten, bemerken wir nur zweierlei: Erstens, daß dies „Uralterthum" unter allen Umständen ein Geschichtsabschnitt von höchstem Interesse für alle künftigen Generationen bleiben wird, weil es die Grundlage aller späteren höheren Entwicklung bildet, weil es die Herausbildung des Menschen aus dem Thierreich zum Ausgangspunkt und zum Inhalt die Ueberwindung von solchen Schwierigkeiten hat, wie sie sich den zukünftigen assoziirten Menschen nie wieder entgegenstellen werden. Und zweitens, daß der Abschluß dieses Uralterthums, dem gegenüber die künftigen, nicht mehr durch diese Schwierigkeiten und Hindernisse aufgehaltenen Geschichtsperioden ganz andre wissenschaftliche, technische und gesellschaftliche Erfolge versprechen, ein jedenfalls sehr sonderbar gewählter

Moment ist, um diesen kommenden Jahrtausenden Vorschriften zu machen durch endgültige Wahrheiten letzter Instanz, unwandelbare Wahrheiten und wurzelhafte Konzeptionen, entdeckt auf Grundlage der geistig unreifen Kindheit unseres so sehr „rückständigen" und „rückläufigen" Jahrhunderts. Man muß eben der philosophische Richard Wagner sein — doch ohne Wagner's Talent — um zu übersehn, daß alle die Herabwürdigungen, die man auf die bisherige Geschichtsentwicklung wirft, ebenfalls an ihrem angeblich letzten Resultat haften bleiben — an der sogenannten Wirklichkeitsphilosophie.

Eines der bezeichnendsten Stücke der neuen wurzelhaften Wissenschaft ist der Abschnitt über Individualisirung und Werthsteigerung des Lebens. Hier sprudert und strömt in unaufhaltsamem Quelldrang durch volle drei Kapitel der orakelhafte Gemeinplatz. Wir müssen uns leider auf ein paar kurze Proben beschränken.

„Das tiefere Wesen aller Empfindung und mithin aller subjektiven Lebensformen beruht auf der **Differenz von Zuständen** ... Für das **volle** (!) Leben läßt sich aber auch ohne **Weiteres** (!) darthun, daß es nicht die beharrliche Lage, sondern der Uebergang von einer Lebenssituation in die andere ist, wodurch das Lebensgefühl gesteigert und die entscheidenden Reize entwickelt werden ... Der annähernd sich selbst gleiche, **sozusagen in Trägheitsbeharrung und gleichsam in derselben Gleichgewichtslage verbleibende Zustand hat, wie er auch beschaffen sein möge, für die Erprobung des Daseins nicht viel zu bedeuten ... Die Gewöhnung und sozusagen Einlebung macht ihn vollends zu etwas Indifferentem und Gleichgültigem, was sich nicht nicht sonderlich vom Todtsein unterscheidet. Höchstens tritt noch als eine Art negativer Lebensregung die Pein der Langeweile hinzu ... In einem sich stauenden Leben erlischt für Einzelne und Völker alle Leidenschaft und alles Interesse am Dasein. **Unser Gesetz der Differenz aber ist es, aus welchem alle diese Erscheinungen erklärlich werden.**"

Es geht über allen Glauben, mit welcher Geschwindigkeit Herr Dühring seine von Grund aus eigenthümlichen Ergebnisse zu Stande bringt. Eben erst ist der Gemeinplatz ins Wirklichkeits-Philosophische übersetzt, daß fortdauernde Reizung desselben Nerven, oder Fortdauer desselben Reizes jeden Nerv und jedes Nervensystem ermüdet, daß also im normalen Zustand Unterbrechung und Abwechselung der Nervenreize stattfinden muß — was seit Jahren in jedem Handbuch der Physiologie zu lesen und was jeder Philister aus eigener Erfahrung weiß — kaum ist diese uralte Plattheit in die mysteriöse Form übersetzt worden, daß das tiefere Wesen aller Empfindung auf der Differenz von Zuständen beruht, so verwandelt sie sich auch schon in „Unser Gesetz der Differenz". Und dies Gesetz der Differenz macht „vollkommen erklärlich" eine ganze Reihe von Erscheinungen, welche wieder nichts sind als Illustrationen und Beispiele von der Annehmlichkeit der Abwechselung, welche selbst für den allergewöhnlichsten Philisterverstand durchaus keiner Erklärung bedürfen, und welche durch den Hinweis auf dies angebliche Gesetz der Differenz nicht um die Breite eines Atoms an Klarheit gewinnen.

Aber damit ist die Wurzelhaftigkeit „unseres Gesetzes der Differenz" noch lange nicht erschöpft: Die Abfolge der Lebensalter und das Eintreten der mit ihnen verbundenen Veränderungen der Lebensverhältnisse liefern ein recht naheliegendes Beispiel zur Veranschaulichung unsres Differenzprinzips. Kind, Knabe, Jüngling und Mann erfahren die Stärke ihrer jeweiligen Lebensgefühle weniger durch die bereits fixirten Zustände, in denen sie sich befinden, als durch die Epochen des Uebergangs von dem einen zum andern." Damit nicht genug: „Unser Gesetz der Differenz kann noch eine entlegnere Anwendung erhalten, indem man die Thatsache in Anschlag bringt, daß die Wiederholung des bereits Erprobten oder Geleisteten keinen Reiz hat." Und nun kann sich der Leser den orakelhaften Kohl selbst hinzudenken, zu dem Sätze von der Tiefe und Wurzelhaftigkeit der obigen den Anknüpfungspunkt bieten; und wohl mag Herr Dühring am Schluß seines Buches triumphirend ausrufen: „Für die Schätzung und Steigerung des Lebenswerths wurde das Gesetz der Differenz zugleich theoretisch und praktisch maßgebend!" Für die Schätzung des geistigen Werths seines Publikums durch Herrn Dühring ebenfalls: er muß glauben, es bestehe aus lauter Eseln oder Philistern.

Weiterhin erhalten wir folgende äußerst praktische Lebensregeln: „Die Mittel, das Gesammtinteresse am Leben rege zu erhalten" (schöne Aufgabe für Philister und solche, die es werden wollen!) „bestehen darin, die einzelnen, sozusagen elementaren Interessen, aus denen sich das Ganze zusammensetzt, sich nach den natürlichen Zeitmaßen entwickeln oder einander ablösen zu lassen. Auch gleichzeitig für denselben Zustand wird die Stufenfolge in der Ersetzbarkeit der niedern und leichter befriedigten Reize durch die höheren und anhaltender wirksamen Erregungen dahin zu benutzen sein, daß die Entstehung von gänzlich interesselosen Lücken vermieden werde. Uebrigens wird es aber darauf ankommen, zu verhüten, daß die naturgemäß oder sonst im normalen Lauf des gesellschaftlichen Daseins entstehenden Spannungen in willkürlicher Weise gehäuft, forcirt oder, was die gegentheilige Verkehrtheit ist, schon bei der leisesten Regung befriedigt und so an der Entwicklung eines genußfähigen Bedürfens verhindert werden. Die Einhaltung des natürlichen Rhythmus ist hier wie anderwärts die Vorbedingung der ebenmäßigen und anmuthenden Bewegung. Auch darf man sich nicht die unlösbare Aufgabe stellen, die Reize irgend einer Situation über die ihnen von der Natur oder den Verhältnissen zugemessne Frist ausdehnen zu wollen" u. s. w. Der Biedermann, der sich diese feierlichen Philister-Orakel einer über die fadesten Plattheiten spintisirenden Pedanterie zur Regel der „Lebenserprobung" dienen läßt, wird allerdings nicht über „gänzlich interesselose Lücken" zu klagen haben. Er wird alle seine Zeit nöthig haben zur regelrechten Vorbereitung und Anordnung der Genüsse, so daß ihm zum Genießen selbst kein freier Augenblick bleibt.

Erproben sollen wir das Leben, das volle Leben. Nur zweierlei verbietet uns Herr Dühring: erstens „die Unsauberkeiten der Einlassung mit dem Tabak", und zweitens Getränke und Nahrungsmittel, welche „widerwärtig erregende oder überhaupt für die feinere Empfindung verwerfliche Eigenschaften haben". Da nun Herr Dühring in dem Kursus der Oekonomie die Schnapsbrennerei so dithyrambisch feiert, so kann er unter diesen Getränken unmöglich den Branntwein verstehn; wir sind also zu dem Schluß gezwungen, daß sein Verbot sich blos auf Wein und Bier erstreckt. Er verbiete nun auch noch das Fleisch, und dann hat er die Wirklichkeitsphilosophie auf dieselbe Höhe gebracht, auf der weiland Gustav Struve sich mit so viel Erfolg bewegte — auf die Höhe der puren Kinderei.

Uebrigens könnte Herr Dühring doch in Beziehung auf die geistigen Getränke etwas liberaler sein. Ein Mann, der eingestandener Maßen die Brücke vom Statischen zum Dynamischen noch immer nicht finden kann, hat doch sicher alle Ursache, gelind zu urtheilen, wenn irgend ein armer Teufel einmal zu tief ins Glas guckt und in Folge dessen die Brücke vom Dynamischen zum Statischen ebenfalls vergebens sucht.

XII. Dialektik. Quantität und Qualität.

„Der erste und wichtigste Satz über die logischen Grundeigenschaften des Seins bezieht sich auf den Ausschluß des Widerspruchs. Das Widersprechende ist eine Kategorie, die nur der Gedankenkombination, aber keiner Wirklichkeit angehören kann. In den Dingen sind keine Widersprüche, oder, mit andern Worten, der real gesetzte Widerspruch ist selbst der Gipfelpunkt des Widersinns. . . . . Der Antagonismus von Kräften, die sich in entgegengesetzter Richtung an einander messen, ist sogar die Grundform aller Aktionen im Dasein der Welt und ihrer Wesen. Dieser Widerstreit der Kräfterichtungen der Elemente und der Individuen fällt aber nicht im Entferntesten mit dem Gedanken von Widerspruchsabsurditäten zusammen. . . . Hier können wir zufrieden sein, die Nebel, die aus vermeintlichen Mysterien der Logik aufzusteigen pflegen, durch ein klares Bild von der wirklichen Absurdität des realen Widerspruches aufgelöst, und die Nutzlosigkeit des Weihrauchs dargethan zu haben, welche man für die der antagonistischen Weltschematik untergeschobene und recht plump geschnitzte Holzpuppe von Widerspruchsdialektik hier und da verschwendet hat." — Dies ist so ziemlich Alles, was in dem Kursus der Philosophie über Dialektik gesagt wird. In der kritischen Geschichte dagegen wird die Widerspruchsdialektik, und mit ihr namentlich Hegel, ganz anders mitgenommen. „Das Widersprechende ist nämlich nach der Hegel'schen Logik oder vielmehr Logoslehre nicht etwa in dem seiner Natur nach nicht anders als subjektiv und bewußt vorzustellenden Denken, sondern in den Dingen und Vorgängen selbst objektiv vorhanden und sozusagen leibhaft anzutreffen, so daß der Widersinn nicht eine unmögliche Kombination des Gedankens bleibt, sondern eine thatsächliche Macht wird. Die Wirklichkeit des Absurden ist der erste Glaubens=

artikel der Hegel'schen Einheit von Logik und Unlogik .. Je widersprechender, desto wahrer, oder mit anderen Worten je absurder, desto glaublicher, diese nicht einmal neu erfundene, sondern der Offenbarungstheologie und der Mystik entlehnte Maxime ist der nackte Ausdruck des sogenannten dialektischen Prinzips."

Der Gedankeninhalt der beiden angeführten Stellen faßt sich in dem Satz zusammen, daß Widerspruch = Widersinn ist, und daher in der wirklichen Welt nicht vorkommen kann. Dieser Satz mag für Leute von sonst ziemlich gesundem Menschenverstand dieselbe selbstverständliche Geltung haben wie der, daß gerade nicht krumm und krumm nicht gerade sein kann. Aber die Differentialrechnung setzt, ungeachtet aller Proteste des gesunden Menschenverstandes, Gerade und Krumm unter gewissen Umständen dennoch gleich und erreicht damit Erfolge, die der auf den Widersinn der Identität von Gerade und Krumm sich steifende gesunde Menschenverstand nie fertig bringt. Und nach der bedeutenden Rolle, die die sogenannte Widerspruchsdialektik in der Philosophie von den ältesten Griechen an bis jetzt gespielt hat, wäre selbst ein stärkerer Gegner als Herr Dühring verpflichtet gewesen, ihr mit andern Argumenten entgegen zu treten, als mit Einer Behauptung und vielen Schimpfwörtern.

So lange wir die Dinge als ruhende und leblose, jedes für sich, neben und nacheinander, betrachten, stoßen wir allerdings auf keine Widersprüche an ihnen. Wir finden da gewisse Eigenschaften, die theils gemeinsam, theils verschieden, ja einander widersprechend, aber in diesem Fall auf verschiedene Dinge vertheilt sind und also keinen Widerspruch in sich enthalten. Soweit dies Gebiet der Betrachtung ausreicht, soweit kommen wir auch mit der gewöhnlichen, metaphysischen Denkweise aus. Aber ganz anders, sobald wir die Dinge in ihrer Bewegung, ihrer Veränderung, ihrem Leben, in ihrer wechselseitigen Einwirkung auf einander betrachten. Da gerathen wir sofort in Widersprüche. Die Bewegung selbst ist ein Widerspruch; sogar schon die einfache mechanische Ortsbewegung kann sich nur dadurch vollziehen, daß ein Körper in einem und demselbem Zeitmoment an einem Ort und zugleich an einem andern Ort, an einem und demselben Ort und nicht an ihm ist. Und die fortwährende Setzung und gleichzeitige Lösung dieses Widerspruchs ist eben die Bewegung.

Hier haben wir also einen Widerspruch, der „in den Dingen und Vorgängen selbst objektiv vorhanden und sozusagen leibhaft anzutreffen ist". Und was sagt Herr Dühring dazu? Er behauptet, es gebe überhaupt bis jetzt „in der rationellen Mechanik keine Brücke zwischen dem streng Statischen und und dem Dynamischen". Der Leser merkt jetzt endlich, was hinter dieser Lieblingsphrase des Herrn Dühring steckt: weiter nichts als dies: der metaphysisch denkende Verstand kann absolut nicht vom Gedanken der Ruhe zu dem der Bewegung kommen, weil ihm hier obiger Widerspruch den Weg versperrt. Für ihn ist die Bewegung, weil ein Widerspruch, rein unbegreiflich. Und indem er die Unbegreiflichkeit der Bewegung behauptet, giebt er selbst die Existenz dieses Widerspruchs wider Willen zu, giebt also zu, daß es einen in den Dingen und Vorgängen selbst objektiv vorhandenen Widerspruch giebt, der zudem eine thatsächliche Macht ist.

Wenn schon die einfache mechanische Ortsbewegung einen Widerspruch in sich enthält, so noch mehr die höheren Bewegungsformen der Materie und ganz besonders das organische Leben und seine Entwicklung. Wir sahen oben, daß das Leben gerade vor Allem darin besteht, daß ein Wesen in jedem Augenblick dasselbe und doch ein Anderes ist. Das Leben ist also ebenfalls ein in den Dingen und Vorgängen selbst vorhandener, sich stets setzender und lösender Widerspruch; und sobald der Widerspruch aufhört, hört auch das Leben auf, der Tod tritt ein. Ebenso sahen wir, wie auch auf dem Gebiete des Denkens wir den Widersprüchen nicht entgehen können, und wie z. B. der Widerspruch zwischen dem innerlich unbegrenzten menschlichen Erkenntnißvermögen und seinem wirklichen Dasein in lauter äußerlich beschränkten und beschränkt erkennenden Menschen sich löst in der, für uns wenigstens praktisch endlosen Aufeinanderfolge der Geschlechter, im unendlichen Progreß.

Wir erwähnten schon, daß die höhere Mathematik den Widerspruch, daß Gerad und Krumm unter Umständen dasselbe sein sollen, zu einer ihrer Hauptgrundlagen hat. Sie bringt den andern Widerspruch fertig, daß Linien, die sich vor unseren Augen schneiden, dennoch schon fünf bis sechs Centimeter von ihrem Schneidepunkt als parallel, als solche gelten sollen, die sich selbst bei unendlicher Verlängerung nicht schneiden können. Und dennoch bringt sie mit diesen und mit noch weit stärkeren Widersprüchen nicht nur richtige, sondern auch für die niedere Mathematik ganz unerreichbare Resultate zu Stande.

Aber auch schon in diesen letztern wimmelt es von Widersprüchen. Es ist z. B. ein Widerspruch, daß eine Wurzel von A eine Potenz von A sein soll und doch ist $A^{\frac{1}{2}} = \sqrt{A}$. Es ist ein Widerspruch, daß eine negative Größe das Quadrat von etwas sein soll, denn jede negative Größe, mit sich selbst multiplizirt, gibt ein positives Quadrat. Die Quadratwurzel aus Minus Eins ist daher nicht nur ein Widerspruch, sondern sogar ein absurder Widerspruch, ein wirklicher Widersinn. Und dennoch ist $\sqrt{-1}$ ein in vielen Fällen nothwendiges Resultat richtiger mathematischer Operationen; ja, noch mehr, wo wäre die Mathematik, niedere wie höhere, wenn ihr verboten würde, mit $\sqrt{-1}$ zu operiren.

Die Mathematik selbst betritt mit der Behandlung der veränderlichen Größen das dialektische Gebiet und bezeichnender Weise ist es ein dialektischer Philosoph, Descartes, der diesen Fortschritt in sie eingeführt hat. Wie die Mathematik der veränderlichen sich zu der der unveränderlichen Größen verhält, so verhält sich überhaupt dialektisches Denken zu metaphysischem. Was durchaus nicht verhindert, daß die große Menge der Mathematiker die Dialektik nur auf mathematischem Gebiet anerkennt, und daß es genug unter ihnen gibt, die mit den auf dialektischem Weg gewonnenen Methoden ganz in der alten, beschränkten, metaphysischen Weise weiter operiren.

Auf Herrn Dühring's Antagonismus von Kräften und seine antagonistische Weltschematik näher einzugehen, wäre nur dann möglich, wenn er uns etwas mehr über dies Thema gegeben hätte, als — die bloße Phrase. Nachdem er dies fertig gebracht, wird uns dieser Antagonismus weder in der Weltschematik noch in der Naturphilosophie ein einziges Mal wirkend vorgeführt, das beste Eingeständniß, daß Herr Dühring mit dieser „Grundform aller Aktionen im Dasein der Welt und ihrer Wesen" absolut nichts Positives anzufangen weiß. Wenn man in der That Hegel's „Lehre vom Wesen" bis auf die Plattheit von in entgegengesetzter Richtung, aber nicht in Widersprüchen, sich bewegenden Kräften heruntergebracht hat, so thut man allerdings am besten, jeder Anwendung dieses Gemeinplatzes aus dem Wege zu gehn.

Den weitern Anhaltspunkt für Herrn Dühring, um seinem antidialektischen Zorn Luft zu machen, bietet ihm Marx' „Kapital." „Mangel an natürlicher und verständlicher Logik, durch welchen sich die dialektisch-krausen Verschlingungen und Vorstellungsarabesken auszeichnen ... schon auf den bereits vorhandenen Theil muß man das Prinzip anwenden, daß in einer gewissen Hinsicht und auch überhaupt (!) nach einem bekannten philosophischen Vorurtheil Alles in Jedem und Jedes in Allem zu suchen, und daß dieser Misch- und Mißvorstellung zufolge schließlich Alles Eins sei". Diese seine Einsicht in das bekannte philosophische Vorurtheil befähigt denn auch Herrn Dühring, mit Sicherheit vorauszusagen, was das „Ende" des Marx'schen ökonomischen Philosophirens, also was der Inhalt der folgenden Bände des „Kapitals" sein wird, genau sieben Zeilen nachdem er erklärt hat, es sei „jedoch wirklich nicht abzusehn, was, menschlich und deutsch geredet, eigentlich in den zwei (letzten) Bänden noch folgen soll."

Es ist indeß nicht das erstemal, daß die Schriften des Herrn Dühring sich uns erweisen als gehörig zu den „Dingen", in denen „das Widersprechende objektiv vorhanden und sozusagen leibhaft anzutreffen" ist. Was ihn durchaus nicht hindert, siegreich fortzufahren: „Doch die gesunde Logik wird über ihre Karrikatur voraussichtlich triumphiren .. Das Vornehmthun und der dialektische Geheimnißkram werden Niemanden, der noch ein wenig gesundes Urtheil übrig hat, anreizen, sich mit den Unförmlichkeiten der Gedanken und des Styls ... einzulassen. Mit dem Absterben der letzten Reste der dialektischen Thorheiten wird dieses Mittel der Düpirung ... seinen trügerischen Einfluß verlieren und Niemand wird mehr glauben, sich abquälen zu müssen, um dort hinter eine tiefe Weisheit zu kommen, wo der gesäuberte Kern der krausen Dinge im besten Fall die Züge gewöhnlicher Theorien, wo nicht gar von Gemeinplätzen zeigt ... Es ist ganz unmöglich, die (Marx'schen) Verschlingungen nach Maßgabe der Logoslehre wiederzugeben, ohne die gesunde Logik zu prostituiren." Marx' Methode bestehe darin, „dialektische Wunder für seine Gläubigen herzurichten", und so weiter.

Wir haben es hier noch durchaus nicht mit der Richtigkeit oder Unrichtigkeit der ökonomischen Resultate der Marx'schen Untersuchung zu thun, sondern nur mit der von Marx angewandten dialektischen Methode. Soviel aber ist sicher: die meisten Leser des „Kapital" werden erst jetzt durch Herrn Dühring erfahren haben, was sie eigentlich gelesen. Und unter ihnen auch Herr Dühring selbst, der im Jahre 1867 (Ergänzungsblätter III, Heft 3) noch im Stande war, eine für einen Denker seines Kalibers verhältnißmäßig rationelle Inhaltsangabe des Buchs zu machen, ohne genöthigt zu sein, die Marx'schen Entwicklungen erst, wie es jetzt für unumgänglich erklärt wird, ins Dühring'sche zu übersetzen. Wenn er schon damals den Schnitzer beging, die Marx'sche Dialektik mit der Hegelschen zu identifiziren, so hatte er doch nicht ganz die Fähigkeit verloren, zwischen der Methode und den durch sie erlangten Resultaten zu unterscheiden, und zu begreifen, daß man die letzteren nicht im Besondern widerlegt, wenn man die erstere im Allgemeinen herunterreißt.

Die überraschendste Mittheilung des Herrn Dühring ist jedenfalls die, daß für den Marx'schen Standpunkt „schließlich Alles Eins ist", daß für Marx also auch z. B. Kapitalisten und Lohnarbeiter, feudale, kapitalistische und sozialistische Produktionsweise, „Alles Eins ist," ja am Ende wohl gar auch Marx und Herr Dühring „Alles Eins". Um die Möglichkeit solcher simplen Narrheit zu erklären, bleibt nur die Annahme, daß das bloße Wort Dialektik Herrn Dühring in einen Zustand von Unzurechnungsfähigkeit versetzt, in dem ihm, einer gewissen Miß- und Mischvorstellung zufolge, schließlich Alles Eins ist, was er sagt und thut.

Wir haben haben hier eine Probe von Dem, was Herr Dühring „meine Geschichtszeichnung großen Styls" nennt, oder auch „das summarische Verfahren, welches mit der Gattung und dem Typus abrechnet, und sich gar nicht dazu herbeiläßt, das, was ein Hume den Gelehrtenpöbel nannte, in mikrologischen Einzelnheiten mit einer Blosstellung zu behren, dieses Verfahren im höheren und edleren Style ist allein mit den Interessen der vollen Wahrheit und mit den Pflichten gegen das zunftfreie Publikum verträglich." Die Geschichtszeichnung großen Styls und das summarische Abrechnen mit der Gattung und dem Typus ist in der That sehr bequem für Herrn Dühring, indem er dabei alle bestimmten Thatsachen als mikrologisch vernachlässigen, gleich Null setzen kann, und statt zu beweisen, nur allgemeine Redensarten machen, zu behaupten und einfach zu verdonnern hat. Dabei hat sie noch den Vortheil, daß sie dem Gegner keine thatsächlichen Anhaltspunkte darbietet, daß ihm also fast keine andre Möglichkeit der Antwort bleibt, als ebenfalls im großen Styl und summarisch darauf los zu behaupten, sich in allgemeinen Redensarten zu ergehn, und den Herrn Dühring schließlich wieder zu verdonnern, kurz, wie man sagt, Retourkutsche zu spielen, was nicht nach Jedermanns Geschmack ist. Wir müssen es daher Herrn Dühring Dank wissen, daß er den höhern und edlern Styl ausnahmsweise verläßt, um uns wenigstens zwei Beispiele von der verwerflichen Marx'schen Logoslehre zu geben.

„Wie komisch nimmt sich nicht z. B. die Berufung auf die Hegel'sche konfuse Nebelvorstellung aus, daß die Quantität in die Qualität umschlage, und daß daher ein Vorschuß, wenn er eine gewisse Gränze erreiche, bloß durch diese quantitative Steigerung zu Kapital werde."

Das nimmt sich allerdings in dieser von Herrn Dühring „gesäuberten" Darstellung kurios genug aus. Sehen wir also zu, wie es sich im Original, bei Marx, ausnimmt. Auf Seite 313 (2. Auflage des „Kapital") zieht Marx aus der vorhergegangenen Untersuchung über konstantes und variables Kapital und Mehrwerth den Schluß, daß „nicht jede beliebige Geld- oder Werthsumme in Kapital verwandelbar, zu dieser Verwandlung vielmehr ein bestimmtes Minimum von Geld oder Tauschwerth in der Hand des einzelnen Geld- oder Waarenbesitzers vorausgesetzt ist." Er nimmt nun als Beispiel an, daß in irgend einem Arbeitszweige der Arbeiter täglich acht Stunden für sich selbst, d. h. zur Erzeugung des Werths seines Arbeitslohns und die folgenden 4 Stunden für den Kapitalisten, zur Erzeugung von, zunächst in dessen Tasche fließendem, Mehrwerth arbeite. Dann muß Jemand schon über eine Werthsumme verfügen, die ihm erlaubt, zwei Arbeiter mit Rohstoff, Arbeitsmitteln und Arbeitslohn auszustatten, um an Mehrwerth täglich soviel einzustecken, daß er davon so gut leben kann, wie einer seiner Arbeiter. Und da die kapitalistische Produktion nicht den bloßen Lebensunterhalt, sondern die Vermehrung des Reichthums zum Zweck hat, so wäre unser Mann mit seinen beiden Arbeitern immer noch kein Kapitalist. Damit er nun doppelt so gut lebe wie ein gewöhnlicher Arbeiter und die Hälfte des produzirten Mehrwerths in Kapital zurückverwandle, müßte er acht Arbeiter beschäftigen können, also schon das Vierfache der oben angenommenen Werthsumme besitzen. Und erst nach diesen, und inmitten noch weiterer Ausführungen zur Beleuchtung und Begründung der Thatsache, daß nicht jede beliebige kleine Werthsumme hinreicht, um sich in Kapital zu verwandeln, sondern daß dafür jede Entwicklungsperiode und jeder Industriezweig ihre bestimmten Minimalgränzen haben, bemerkt Marx: „Hier, wie in der Naturwissenschaft, bewährt sich sich die Richtigkeit des von Hegel in seiner Logik entdeckten Gesetzes, daß blos quantitative Veränderungen auf einem gewissen Punkt in qualitative Unterschiede umschlagen."

Und nun bewundre man den höheren und edleren Styl, kraft dessen Herr Dühring Marx das Gegentheil von dem unterschiebt, was er in Wirklichkeit gesagt hat. Marx sagt: Die Thatsache, daß eine Werthsumme erst dann in Kapital sich verwandeln kann, sobald sie eine je nach Umständen verschiedene, in jedem einzelnen Fall aber bestimmte Minimalgröße erreicht hat — diese Thatsache ist ein **Beweis für die Richtigkeit** des Hegel'schen Gesetzes. Herr Dühring läßt ihn sagen: Weil nach dem Hegel'schen Gesetz Quantität in Qualität umschlägt, „**daher**" wird „ein Vorschuß, wenn er eine bestimmte Gränze erreicht, ... zu Kapital." Also das gerade Gegentheil.

Die Sitte, in den „Interessen der vollen Wahrheit" und den „Pflichten gegen das zunftfreie Publikum" falsch zu zitiren, haben wir schon in Herrn Dühring's Verhandlung in Sachen Darwin's kennen gelernt. Sie erweist sich mehr und mehr als innere Nothwendigkeit der Wirklichkeitsphilosophie, und ist allerdings ein sehr „summarisches Verfahren". Davon gar nicht zu sprechen, daß Herr Dühring Marx des Ferneren unterschiebt, er spreche von jedem beliebigen „Vorschuß", während es sich hier nur um den Einen Vorschuß handelt, der in Rohstoffen, Arbeitsmitteln und Arbeitslohn gemacht wird; und daß Herr Dühring es damit fertig bringt, Marx reinen Unsinn sagen zu lassen. Und dann hat er die Stirn, den von ihm selbst verfertigten Unsinn **komisch** zu finden. Wie er sich einen Phantasie-Darwin zurechtmachte, um an ihm seine Kraft zu erproben, so hier einen Phantasie-Marx. „Geschichtszeichnung großen Styls" in der That!

Wir haben schon oben gesehn, bei der Weltschematik, daß mit dieser Hegel'schen Knotenlinie von Maßverhältnissen, wo an gewissen Punkten quantitativer Veränderung plötzlich ein qualitativer Umschwung eintritt, Herrn Dühring das kleine Malheur passirt war, sie in einer schwachen Stunde selbst anerkannt und angewandt zu haben. Wir gaben dort eins der bekanntesten Beispiele — das der Veränderung der Aggregatzustände des Wassers, das unter Normalluftdruck bei 0 Grad C. aus dem flüssigen in den festen, und bei 100 Grad C. aus dem flüssigen in den luftförmigen Zustand übergeht, wo also an diesen beiden Wendepunkten die bloße quantitative Veränderung der Temperatur einen qualitativ veränderten Zustand des Wassers herbeiführt.

Wir hätten aus der Natur wie aus der Menschengesellschaft noch Hunderte solcher Thatsachen zum Beweis dieses Gesetzes anführen können. So z. B. handelt in Marx' „Kapital" der ganze vierte Abschnitt: Produktion des relativen Mehrwerths, auf dem Gebiet der Kooperation, Theilung der Arbeit und Manufaktur, Maschinerie und großen Industrie, von zahllosen Fällen, wo quantitative Veränderung die Qualität, und ebenso qualitative Veränderung die Quantität der Dinge ändert, um die es sich handelt, wo also, um den, Herrn Dühring so verhaßten Ausdruck zu gebrauchen, Quantität in Qualität umschlägt und umgekehrt. So z. B. die Thatsache, daß die Kooperation Vieler, die Verschmelzung vieler Kräfte in eine Gesammtkraft, um mit Marx zu reden, eine „neue Kraftpotenz" erzeugt, die wesentlich verschieden ist von der Summe ihrer Einzelkräfte.

Zum Ueberfluß hatte Marx noch an der von Herrn Dühring, im Interesse der vollen Wahrheit, in ihr Gegentheil verkehrten Stelle die Anmerkung gemacht: „Die in der modernen Chemie angewandte, von Laurent und Gerhardt zuerst wissenschaftlich entwickelte Molekulartheorie beruht auf keinem andern Gesetz." Aber was ging das Herrn Dühring an? Wußte er doch: „Die eminent modernen Bildungselemente der naturwissenschaftlichen Denkweise fehlen gerade da, wo, wie bei Herrn Marx und seinem Rivalen Lassalle, die Halbwissenschaften und ein wenig Philosophasterei das dürftige Rüstzeug zur gelehrten Aufstutzung ausmachten" — während bei Herrn Dühring „die Hauptfeststellungen des exakten Wissens in Mechanik, Physik und Chemie"

u. s. w. zu Grunde liegen — wie, das haben wir gesehn. Damit aber auch dritte Leute in den Stand gesetzt werden, zu entscheiden, wollen wir das in der Marx'schen Note angeführte Exempel etwas näher betrachten.

Es handelt sich hier nämlich um die homologen Reihen von Kohlenstoffverbindungen, deren man schon sehr viele kennt und deren jede ihre eigne algebraische Zusammensetzungsformel hat. Wenn wir z. B., wie in der Chemie geschieht, ein Atom Kohlenstoff durch C, ein Atom Wasserstoff durch H, ein Atom Sauerstoff durch O, die Zahl der in jeder Verbindung enthaltenen Kohlenstoffatome durch n ausdrücken, so können wir die Molekularformeln für einige dieser Reihen also darstellen:

$C_n H_{2n+2}$ — Reihe der normalen Paraffine.
$C_n H_{2n+2} O$, Reihe der primären Alkohole.
$C_n H_{2n} O_2$, Reihe der einbasischen fetten Säuren.

Nehmen wir als Beispiel die letzte dieser Reihen, und setzen wir nach einander $n=1$, $n=2$, $n=3$ u. s. w., so erhalten wir folgende Resultate (mit Auslassung der Isomeren):

$C\ H_2 O_2$ — Ameisensäure — Siedepunkt 100^0. Schmelzpunkt 1^0.
$C_2 H_4 O_2$ — Essigsäure — „ 118^0. „ 17.
$C_3 H_6 O_2$ — Propionsäure — „ 140^0. „ —.
$C_4 H_8 O_2$ — Buttersäure — „ 162^0. „ —.
$C_5 H_{10} O_2$ — Baleriansäure — „ 175^0. „ —

und so weiter $C_{30} H_{60} O_2$ Melissinsäure, die erst bei 80^0 schmilzt, und die gar keinen Siedepunkt hat, weil sie sich überhaupt nicht ohne Zersetzung verflüchtigt.

Hier sehn wir also eine ganze Reihe von qualitativ verschiednen Körpern, gebildet durch einfachen quantitativen Zusatz der Elemente, und zwar immer in demselben Verhältniß. Am reinsten tritt dies da hervor, wo alle Elemente der Verbindung in gleichem Verhältniß ihre Quantität ändern, so bei den normalen Paraffinen $C_n H_{2n+2}$: das unterste ist das Methan, $C H_4$, ein Gas; das höchste bekannte, das Hekdekan, $C_{16} H_{34}$, ein fester, farblose Krystalle bildender Körper, der bei 21^0 schmilzt, und erst bei 278^0 siedet. In beiden Reihen kommt jedes neue Glied durch den Hinzutritt von $C H_2$, von einem Atom Kohlenstoff und zwei Atomen Wasserstoff zur Molekularformel des vorigen Gliedes zu Stande, und diese quantitative Veränderung der Molekularformel bringt jedesmal einen qualitativ verschiedenen Körper hervor.

Jene Reihen sind aber nur ein besonders handgreifliches

Beispiel; fast überall in der Chemie, schon bei den verschiedenen Oxiden des Stickstoffs, in den verschiedenen Sauerstoffsäuren des Phosphors oder Schwefels kann man sehn, wie „Quantität in Qualität umschlägt" und diese angebliche Hegel'sche konfuse Nebelvorstellung in den Dingen und Vorgängen sozusagen leibhaft anzutreffen ist, wobei indeß Niemand konfus und benebelt bleibt außer Herrn Dühring. Und wenn Marx der Erste ist, der hierauf aufmerksam machte, und wenn Herr Dühring diesen Hinweis liest, ohne ihn auch nur zu verstehn (denn sonst hätte er diesen unerhörten Frevel gewiß nicht so hingehn lassen), so reicht dies hin, um auch ohne Rückblick auf die ruhmvolle Dühring'sche Naturphilosophie klarzustellen, wem „die eminent modernen Bildungselemente der naturwissenschaftlichen Denkweise" fehlen, Marx oder Herrn Dühring, und wem die Bekanntschaft mit den „Hauptfeststellungen ... der Chemie".

Zum Schluß wollen wir noch einen Zeugen für das Umschlagen von Quantität in Qualität anrufen, nämlich Napoleon. Dieser beschreibt das Gefecht der schlechtreitenden, aber disziplinirten französischen Kavalerie mit den Mamelufen, der für das Einzelgefecht unbedingt besten, aber undisziplinirten Reiterei ihrer Zeit, wie folgt: „Zwei Mamelufen waren drei Franzosen unbedingt überlegen; 100 Mamelufen standen 100 Franzosen gleich; 300 Franzosen waren 300 Mamelufen gewöhnlich überlegen, 1000 Franzosen warfen jedesmal 1500 Mamelufen." — Gerade wie bei Marx eine bestimmte, wenn auch veränderliche, Minimalgröße der Tauschwerthsumme nöthig war, um ihren Uebergang in Kapital zu ermöglichen, gerade so ist bei Napoleon eine bestimmte Minimalgröße der Reiterabtheilung nöthig, um der in der geschlossenen Ordnung und planmäßigen Verwendbarkeit liegenden Kraft der Disziplin zu erlauben, sichtbar zu werden und sich zu steigern bis zur Ueberlegenheit selbst über größere Massen besser berittener, gewandter reitender und fechtender, und mindestens ebenso tapfrer irregulärer Kavalerie. Aber was beweist das gegen Herrn Dühring? Ist Napoleon nicht elendiglich im Kampf mit Europa erlegen? Hat er nicht Niederlage auf Niederlage erlitten? Und weshalb? Einzig in Folge seiner Einführung der konfusen Hegel'schen Nebelvorstellung in die Taktik der Kavalerie!

XIII. Dialektik. Negation der Negation.

„Diese historische Skizze (der Genesis der sog. ursprünglichen Kapitalakkumulation in England) ist noch das verhältnißmäßig beste in dem Marx'schen Buch und würde noch besser sein, wenn sie sich außer auf der gelehrten nicht auch noch auf der dialektischen Krücke fortgeholfen hätte. Die Hegel'sche Negation der Negation muß hier nämlich in Ermangelung besserer und klarerer Mittel den Hebammendienst leisten, durch welche die Zukunft aus dem Schooß der Vergangenheit entbunden wird. Die Aufhebung des individuellen Eigenthums, die sich in der angedeuteten Weise seit dem 16. Jahrhundert vollzogen hat, ist die erste Verneinung. Ihr wird eine zweite folgen, die sich als Verneinung der Verneinung und mithin als Wiederherstellung des „individuellen Eigenthums", aber in einer höheren, auf Gemeinbesitz des Bodens und der Arbeitsmittel gegründeten Form, charakterisirt. Wenn dieses neue „individuelle Eigenthum" bei Herrn Marx auch zugleich „gesellschaftliches Eigenthum" genannt worden ist, so zeigt sich ja hierin die Hegel'sche höhere Einheit, in welcher der Widerspruch aufgehoben, nämlich der Wortspielerei gemäß sowohl überwunden als aufbewahrt sein soll . . . . Die Enteignung der Enteigner ist hiernach das gleichsam automatische Ergebniß der geschichtlichen Wirklichkeit in ihren materiell äußerlichen Verhältnissen . . . . Auf den Credit Hegel'scher Flausen, wie die Negation der Negation eine ist, möchte sich schwerlich ein besonnener Mann von der Nothwendigkeit der Boden- und Kapitalkommunität überzeugen lassen . . . . Die nebelhafte Zwittergestalt der Marx'schen Vorstellungen wird übrigens den nicht befremden, der da weiß, was mit der Hegel-Dialektik als wissenschaftlicher Grundlage gereimt werden kann oder vielmehr an Ungereimtheiten herauskommen muß. Für den Nichtkenner dieser Künste ist ausdrücklich zu bemerken, daß die erste Negation bei Hegel der Katechismusbegriff des Sündenfalls, und die zweite derjenige einer zur Erlösung hinführenden höheren Einheit ist. Auf diese Analogieschnurre hin, die dem Gebiet der Religion entlehnt ist, möchte nun wohl die Logik der Thatsachen nicht zu gründen sein . . . . Herr Marx bleibt getrost in der Nebelwelt seines zugleich individuellen und gesellschaftlichen Eigenthums und überläßt es seinen Adepten, sich das tiefsinnige dialektische Räthsel selber zu lösen." Soweit Herr Dühring.

Also Marx kann die Nothwendigkeit der sozialen Revolution, der Herstellung einer auf Gemeineigenthum der Erde und der durch Arbeit erzeugten Produktionsmittel nicht anders beweisen als dadurch, daß er sich auf die Hegelsche Negation der Negation beruft; und indem er seine sozialistische Theorie auf diese der Religion entlehnte Analogieschnurre gründet, kommt er zu dem Resultat, daß in der künftigen Gesellschaft ein zugleich individuelles und gesellschaftliches Eigenthum als Hegel'sche höhere Einheit des aufgehobenen Widerspruchs herrschen wird.

Lassen wir zunächst die Negation der Negation auf sich beruhen, und besehen wir uns das „zugleich individuelle und gesellschaftliche Eigenthum". Dies wird von Herrn Dühring als eine „Nebelwelt" bezeichnet, und er hat darin merkwürdiger Weise wirklich Recht. Es ist aber leider nicht Marx, der sich in dieser Nebelwelt befindet, sondern wiederum Herr Dühring selbst. Wie er nämlich schon oben vermittelst seiner Gewandtheit in der Hegel'schen Methode des „Delirirens" ohne Mühe feststellen konnte, was die noch unvollendeten Bände des „Kapital" enthalten müssen, so kann er auch hier ohne große Mühe Marx nach Hegel berichtigen, indem er ihm die höhere Einheit eines Eigenthums unterschiebt, von der Marx kein Wort gesagt hat.

Bei Marx heißt es: „Es ist Negation der Negation. Diese stellt das individuelle Eigenthum wieder her, aber auf Grundlage der Errungenschaft der kapitalistischen Aera, der Kooperation freier Arbeiter, und ihrem Gemeineigenthum an der Erde und den durch die Arbeit selbst producirten Produktionsmitteln. Die Verwandlung des auf eigner Arbeit beruhenden, zersplitterten Privateigenthums der Individuen in kapitalistisches ist natürlich ein Prozeß, ungleich mehr langwierig, hart und schwierig als die Verwandlung des faktisch bereits auf gesellschaftlichem Produktionsbetrieb beruhenden kapitalistischen Privateigenthums in gesellschaftliches Eigenthum." Das ist Alles. Der durch die Enteignung der Enteigner hergestellte Zustand wird also bezeichnet als die Wiederherstellung des individuellen Eigenthums aber auf Grundlage des gesellschaftlichen Eigenthums an der Erde und den durch die Arbeit selbst producirten Produktionsmitteln. Für Jeden, der Deutsch versteht, heißt dies, daß das gesellschaftliche Eigenthum sich auf die Erde und die andern Produktionsmittel erstreckt und das individuelle Eigenthum auf die übrigen Produkte, also auf die Verbrauchsgegenstände. Und damit die Sache auch für Kinder von sechs Jahren faßlich werde, unterstellt Marx auf Seite 56 einen „Verein freier Menschen, die mit gemeinschaflichen Produktionsmitteln arbeiten und ihre individuellen Arbeitskräfte selbstbewußt als eine gesellschaftliche Arbeitskraft verausgaben," also einen sozialistisch organisirten Verein, und sagt: „Das Gesammtprodukt des Vereins ist ein gesellschaftliches Produkt. Ein Theil dieses Produkts dient wieder als Produktionsmittel. Er bleibt gesellschaftlich. Aber ein anderer Theil wird als Lebensmittel von den Vereinsmitgliedern verzehrt. Er muß daher unter sie vertheilt werden." Und das ist doch wohl klar genug, selbst für den verhegelten Kopf des Hrn. Dühring.

Das zugleich individuelle und gesellschaftliche Eigenthum, diese konfuse Zwittergestalt, diese bei der Hegeldialektik herauskommen müssende Ungereimtheit, diese Nebelwelt, dies tiefsinnige dialektische Räthsel, das Marx seinen Adepten zu lösen überläßt, — es ist abermals eine freie Schöpfung und Imagination des Herrn Dühring. Marx, als angeblicher Hegelianer ist verpflichtet, als Resultat der Negation der Negation eine richtige höhere Einheit zu liefern, und da er dies nicht nach dem Geschmack des Herrn Dühring thut, so muß dieser wiederum in höhern und edlern Styl verfallen, und Marx im Interesse der vollen Wahrheit Dinge unterschieben, die Herrn Dühring's eigenstes Fabrikat sind. Ein Mann, der so total unfähig ist, auch nur ausnahmsweise richtig zu citiren, mag wohl in sittliche Entrüstung gerathen gegenüber der „Chinesengelehrsamkeit" anderer Leute, die ausnahmlos richtig citiren, aber eben dadurch „den Mangel einer Einsicht in das Ideenganze der jedesmal angeführten Schriftsteller schlecht verdecken." Herr Dühring hat Recht. Es lebe die Geschichtszeichnung großen Styls!

Bisher sind wir von der Voraussetzung ausgegangen, Herrn Dühring's hartnäckiges Falschcitiren sei wenigstens in gutem Glauben geschehen und beruhe entweder auf einer ihm eigenen totalen Unfähigkeit des Verständnisses, oder aber auf einer, der Geschichtszeichnung großen Stils eigenthümlichen und sonst wohl als liederlich bezeichneten Gewohnheit, aus dem Gedächt=

niß anzuführen. Es scheint aber, daß wir hier an dem Punkt angekommen sind, wo auch bei Herrn Dühring die Quantität in die Qualität umschlägt. Denn wenn wir erwägen, daß erstens die Stelle bei Marx an sich vollkommen klar und zudem noch durch eine andere platterdings kein Mißverständniß zulassende Stelle desselben Buchs ergänzt wird; daß zweitens weder in der oben angeführten Kritik des „Kapital" in den Ergänzungs= blättern, noch auch in derjenigen in der ersten Auflage der „Kritischen Geschichte" Herr Dühring dies Ungeheuer von „zu= gleich) individuellem und gesellschaftlichem Eigenthum" entdeckt hatte, sondern erst in der zweiten Auflage, also bei dritter Lesung; daß in dieser sozialistisch umgearbeiteten, zweiten Auf= lage Herr Dühring es nöthig hatte, Marx über die zukünftige Organisation der Gesellschaft möglichst großen Blödsinn sagen zu lassen, um dagegen, — wie er auch thut — „die Wirth= schaftscommune, die ich in meinem „Cursus" ökonomisch und juristisch skizzirt habe" um so triumphirender vorführen zu können — wenn wir das Alles erwägen, so wird uns der Schluß aufgedrängt, daß Herr Dühring uns hier fast zur Annahme zwingt, er habe hier den Marx'schen Gedanken mit Vorbedacht „wohlthätig erweitert" — wohlthätig für Herrn Dühring.

Welche Rolle spielt nun bei Marx die Negation der Nega= tion? Auf Seite 791 u. ff. stellt er die Schlußergebnisse der auf den vorhergehenden fünfzig Seiten durchgeführten ökono= mischen und geschichtlichen Untersuchung über die sogenannte ursprüngliche Akkumulation des Kapitals zusammen. Vor der kapitalistischen Aera fand, wenigstens in England, Kleinbetrieb statt, auf Grundlage des Privateigenthums des Arbeiters an seinen Produktionsmitteln. Die sog. ursprüngliche Akkumulation des Kapitals bestand hier in der Expropriation dieser unmittel= baren Produzenten, d. h. in der Auflösung des auf eigener Arbeit beruhenden Privateigenthums. Dies wurde möglich, weil der obige Kleinbetrieb nur verträglich ist mit engen, natur= wüchsigen Schranken der Produktion und der Gesellschaft und auf einen gewissen Höhegrad daher die materiellen Mittel seiner eigenen Vernichtung zur Welt bringt. Diese Vernichtung, die Verwandlung der individuellen und zersplitterten Produktions= mittel in gesellschaftlich konzentrirte, bildet die Vorgeschichte des Kapitals. Sobald die Arbeiter in Proletarier, ihre Arbeits=

bedingungen in Kapital verwandelt sind, sobald die kapitalistische Produktionsweise auf eigenen Füßen steht, gewinnt die weitere Vergesellschaftung der Arbeit und weitere Verwandlung der Erde und andern Produktionsmittel, daher die weitere Expropriation der Privateigenthümer, eine neue Form. „Was jetzt zu expropriiren, ist nicht länger der selbstwirthschaftende Arbeiter, sondern der viele Arbeiter exploitirende Kapitalist. Diese Expropriation vollzieht sich durch das Spiel der immanenten Gesetze der kapitalistischen Produktion selbst, durch die Konzentration der Kapitalien. Je ein Kapitalist schlägt Viele todt. Hand in Hand mit dieser Konzentration oder der Expropriation vieler Kapitalisten durch Wenige entwickelt sich die kooperative Form des Arbeitsprozesses auf stets wachsender Stufenleiter, die bewußte technologische Anwendung der Wissenschaft, die planmäßig gemeinsame Ausbeutung der Erde, die Verwandlung der Arbeitsmittel in nur gemeinsam verwendbare Arbeitsmittel und die Oekonomisirung aller Produktionsmittel durch ihren Gebrauch als gemeinsame Produktionsmittel kombinirter gesellschaftlicher Arbeit. Mit der beständig abnehmenden Zahl der Kapitalmagnaten, welche alle Vortheile dieses Umwandlungsprozesses usurpiren und monopolisiren, wächst die Masse des Elends, des Drucks, der Knechtung, der Degradation, der Ausbeutung, aber auch der Empörung und der stets anschwellenden und durch den Mechanismus des kapitalistischen Produktionsprozesses selbst geschulten, vereinten und organisirten Arbeiterklasse. Das Kapital wird zur Fessel der Produktionsweise, die mit und unter ihm aufgeblüht ist. Die Konzentration der Produktionsmittel und die Vergesellschaftung der Arbeit erreichen einen Punkt, wo sie unverträglich werden mit ihrer kapitalistischen Hülle. Sie wird gesprengt. Die Stunde des kapitalistischen Privateigenthums schlägt. Die Expropriateurs werden erpropriirt."

Und nun frage ich den Leser: Wo sind die dialektisch krausen Verschlingungen und Vorstellungsarabesken, wo die Misch- und Mißvorstellung, der zufolge schließlich Alles Eins ist, wo die dialektischen Wunder für die Gläubigen, wo der dialektische Geheimnißkram und die Verschlingungen nach Maßgabe der Hegel'schen Logoslehre, ohne die Marx, nach Herrn Dühring, seine Entwicklung nicht zu Stande bringen kann? Marx weist einfach historisch nach, und faßt hier kurz zusammen, daß gerade, wie einst der Kleinbetrieb durch seine eigene Entwicklung die Bedingungen seiner Vernichtung d. h. der Enteignung der kleinen Eigenthümer mit Nothwendigkeit erzeugte, so jetzt die kapitalistische Produktionsweise ebenfalls die materiellen Bedingungen selbst erzeugt hat, an denen sie zu Grunde gehn muß. Der Prozeß ist ein geschichtlicher, und wenn er zugleich ein dialektischer ist, so ist das nicht die Schuld von Marx, so fatal es Herrn Dühring sein mag.

Erst jetzt, nachdem Marx mit seinem historisch-ökonomischen Beweis fertig ist, fährt er fort: „Die kapitalistische Produktions- und Aneignungsweise, daher das kapitalistische Privateigenthum, ist die erste Negation des individuellen, auf eigene Arbeit gegründeten Privateigenthums. Die Negation der kapitalistischen Produktion wird durch sie selbst, mit der Nothwendigkeit eines Naturprozesses, produzirt. Es ist Negation der Negation" u. s. w. (wie vorher citirt.)

Indem Marx also den Vorgang als Negation der Negation bezeichnet, denkt er nicht daran, ihn dadurch beweisen zu wollen als einen geschichtlich nothwendigen. Im Gegentheil: Nachdem er geschichtlich bewiesen hat, daß der Vorgang sich in der That theils ereignet hat, theils noch sich ereignen muß, bezeichnet er ihn zudem als einen Vorgang, der sich nach einem bestimmten dialektischen Gesetz vollzieht. Das ist alles. Es ist also wieder eine reine Unterschiebung des Herrn Dühring, wenn er behauptet, die Negation der Negation müsse hier die Hebammen-Dienste leisten, durch welche die Zukunft aus dem Schoß der Vergangenheit entbunden wird, oder daß Marx verlange, man solle auf den Kredit der Negation der Negation hin sich von der Nothwendigkeit der Boden- und Kapitalkommunität (welche selbst ein Dühring'scher leibhafter Widerspruch ist) überzeugen lassen.

Es ist schon ein totaler Mangel an Einsicht in die Natur der Dialektik, wenn Herr Dühring sie für ein Instrument des bloßen Beweisens hält, wie man etwa die formelle Logik oder die elementare Mathematik beschränkter Weise so auffassen kann. Selbst die formelle Logik ist vor Allem Methode zur Auffindung neuer Resultate, zum Fortschreiten vom Bekannten zum Unbekannten, und dasselbe, nur in weit eminenterem Sinne, ist die Dialektik, die zudem, weil sie den engen Horizont der formellen Logik durchbricht, den Keim einer umfassenderen Weltanschauung enthält. In der Mathematik liegt dasselbe Verhältniß vor. Die elementare Mathematik, die Mathematik der konstanten Größen bewegt sich innerhalb der Schranken der formellen Logik, wenigstens im Ganzen und Großen; die Mathematik der variablen Größen, deren bedeutendster Theil die Infinitesimalrechnung bildet, ist wesentlich nicht Anderes als die Anwendung der Dialektik auf mathematische Verhältnisse. Das bloße Beweisen tritt hier entschieden in den Hintergrund gegenüber der mannigfachen Anwendung der Methode auf neue Untersuchungsgebiete. Aber fast alle Beweise der höheren Mathematik, von den ersten der Differentialrechnung an, sind vom Standpunkt der Elementarmathematik aus, streng genommen, falsch. Dies kann nicht anders sein, wenn man, wie hier geschieht, die auf dialektischem Gebiet gewonnenen Resultate vermittelst der formellen Logik beweisen will. Für einen krassen Metaphysiker, wie Herr Dühring, vermittelst der bloßen Dialektik etwas beweisen zu wollen, wäre dieselbe verlorne Mühe, die Leibniz und seine Schüler hatten, den damaligen Mathematikern die Sätze der Infinitesimalrechnung zu beweisen. Das Differential verursachte ihnen dieselben Kämpfe wie dem Herrn Dühring die Negation der Negation, in der es übrigens, wie wir sehen werden, auch eine Rolle spielt. Die Herren gaben zuletzt, soweit sie inzwischen nicht starben, knurrend nach, nicht weil sie überzeugt waren, sondern weil es immer richtig herauskam. Herr Dühring ist, wie er selbst sagt, erst in den Vierzigen, und wenn er das hohe Alter erreicht, das wir ihm wünschen, so kann er auch noch dasselbe erleben. —

Aber was ist denn diese schreckliche Negation der Negation, die Herrn Dühring das Leben so sauer macht, die bei ihm dieselbe Rolle des unverzeihlichen Verbrechens spielt, wie im Christenthum die Sünde wider den heiligen Geist? — Eine sehr einfache, überall und täglich sich vollziehende Prozedur, die jedes Kind verstehen kann, sobald man den Geheimnißkram abstreift, unter dem die alte idealistische Philosophie sie verhüllte, und unter dem sie ferner zu verhüllen das Interesse hülfloser Metaphysiker vom Schlage des Herrn Dühring ist. Nehmen wir ein Gerstenkorn. Billionen solcher Gerstenkörner werden vermahlen, verkocht und verbraut, und dann verzehrt. Aber findet solch ein Gerstenkorn die für es normalen Bedingungen vor, fällt es auf günstigen Boden, so geht unter dem Einfluß der Wärme und der Feuchtigkeit eine eigene Veränderung mit ihm vor; es keimt; das Korn vergeht als solches, wird negirt, an seine Stelle tritt die aus ihm entstandene Pflanze, die Negation des Korns. Aber was ist der normale Lebenslauf dieser Pflanze? Sie wächst, blüht, wird befruchtet und produzirt schließlich wieder Gerstenkörner, und sobald diese gereift, stirbt der Halm ab, wird seinerseits negirt. Als Resultat dieser Negation der Negation haben wir wieder das anfängliche Gerstenkorn, aber nicht einfach, sondern in zehn-, zwanzig-, dreißigfacher Anzahl. Getreidearten verändern sich äußerst langsam, und so bleibt sich die Gerste von heute ziemlich gleich mit der von vor hundert Jahren. Nehmen wir aber eine bildsame Zierpflanze, z. B. eine Dahlia oder Orchidee; behandeln wir den Samen und die aus ihm entstehende Pflanze nach der Kunst des Gärtners, so erhalten wir als Ergebniß dieser Negation der Negation nicht nur mehr Samen, sondern auch qualitativ verbesserten Samen, der schönere Blumen erzeugt, und jede Wiederholung dieses Prozesses, jede neue Negation der Negation steigert diese Vervollkommnung. — Aehnlich wie beim Gerstenkorn vollzieht sich dieser Prozeß bei den meisten Insekten, z. B. Schmetterlingen. Sie entstehen aus dem Ei durch Negation des Ei's, machen ihre Verwandlungen durch bis zur Geschlechtsreife, begatten sich und werden wieder negirt, indem sie sterben, sobald der Gattungsprozeß vollendet, und das Weibchen seine zahlreichen Eier gelegt hat. Daß bei andern Pflanzen und Thieren der Vorgang nicht in dieser Einfachheit sich erledigt, daß sie nicht nur einmal, sondern mehrmal Samen, Eier oder Junge produziren ehe sie absterben, geht uns hier noch nichts an; wir haben hier nur nachzuweisen, daß die Negation der Negation in den beiden Reichen der organischen Welt **wirklich vorkommt**. Ferner ist die ganze Geologie eine Reihe von negirten Negationen, eine Reihe von aufeinander folgenden Zertrümmerungen alter und Ablagerungen neuer Gesteinsformationen. Zuerst wird die ursprüngliche, aus der Abkühlung der flüssigen Masse entstandene Erdkruste durch oceanische, meteorologische und atmosphärisch-chemische Einwirkung zerkleinert und diese zerkleinerten Massen auf dem Meeresboden geschichtet. Lokale Hebungen des Meeresbodens über den Meeresspiegel setzen Theile dieser ersten Schichtung von Neuem den Einwirkungen des Regens, der wechselnden Wärme der Jahreszeiten, des Sauerstoffs und der Kohlensäure der

Atmosphäre aus; denselben Einwirkungen unterliegen die aus dem Erdinnern hervor und die Schichten durchbrechenden geschmolzenen und nachher abgekühlten Steinmassen. Millionen von Jahrhunderten hindurch werden so immer neue Schichten gebildet, immer wieder größtentheils zerstört, und immer wieder als Bildungsstoff für neue Schichten verwendet. Aber das Ergebniß ist ein sehr positives: die Herstellung eines aus den verschiedensten chemischen Elementen gemischten Bodens in einem Zustand mechanischer Zerkleinerung, der die massenhafteste und verschiedenartigste Vegetation zuläßt.

Ebenso in der Mathematik. Nehmen wir eine beliebige algebraische Größe, also a. Negiren wir sie, so haben wir — a. (Minus a.) Negiren wir diese Negation, indem wir — a mit — a multipliziren, so haben wir $+ a^2$, d. h. die ursprüngliche positive Größe, aber auf einer höheren Stufe, nämlich auf der zweiten Potenz. Auch hier macht es nichts aus, daß wir dasselbe a^2 dadurch erlangen können, daß wir das positive a mit sich selbst multipliziren und dadurch auch a^2 erhalten. Denn die negirte Negation sitzt so fest in dem a^2, daß es unter allen Umständen zwei Quadratwurzeln hat, nämlich a und —a. Und diese Unmöglichkeit, die negirte Negation, die im Quadrat enthaltene negative Wurzel loszuwerden, bekommt eine sehr handgreifliche Bedeutung schon bei den quadratischen Gleichungen. — Nach schlagender tritt die Negation der Negation hervor bei der höheren Analyse, bei jenen „Summationen unbeschränkt kleiner Größen", die Herr Dühring selbst für die höchsten Operationen der Mathematik erklärt, und die man in gewöhnlicher Sprache Differential- und Integralrechnung nennt. Wie vollziehn sich diese Rechnungsarten? Ich habe z. B. in einer bestimmten Aufgabe zwei veränderliche Größen x und y, von denen sich die eine nicht verändern kann, ohne daß die andere sich in einem durch die Sachlage bestimmten Verhältniß mit verändert. Ich differenzire x und y, d. h. ich nehme x und y so unendlich klein an, daß sie gegen jede noch so kleine wirkliche Größe verschwinden, daß von x und y nichts bleibt als ihr gegenseitiges Verhältniß, aber ohne alle sozusagen materielle Grundlage, ein quantitatives Verhältniß ohne alle Quantität. $\frac{dy}{dx}$, das Verhältniß der beiden Differentiale von x und y ist also $= \frac{0}{0}$, aber $\frac{0}{0}$ gesetzt als der Ausdruck von $\frac{y}{x}$. Daß dies

Verhältniß zwischen zwei verschwundenen Größen, der fixirte Moment ihres Verschwindens, ein Widerspruch ist, erwähne ich nur nebenbei; es kann uns aber ebensowenig stören, wie es die Mathematik überhaupt seit fast 200 Jahren gestört hat. Was anders also habe ich gethan, als daß ich x und y negirt habe, aber negirt nicht so, daß ich mich nicht mehr um sie kümmere, wie die Metaphysik negirt, sondern in der der Sachlage entsprechenden Weise? Statt x und y habe ich also ihre Negation, dx und dy in den mir vorliegenden Formeln oder Gleichungen. Ich rechne nun mit diesen Formeln weiter, behandle dx und dy als wirkliche, wenn auch gewissen Ausnahmsgesetzen unterworfene Größen, und an einem gewissen Punkt — negire ich die Negation, d. h. ich integrire die Differentialformel, bekomme statt dx und dy wieder die wirklichen Größen x und y und bin dann nicht etwa wieder so weit wie am Anfang, sondern ich habe damit die Aufgabe gelöst, an der die gewöhnliche Geometrie und Algebra sich vielleicht umsonst die Zähne ausgebissen hätten.

Nicht anders in der Geschichte. Alle Kulturvölker fangen an mit dem Gemeineigenthum am Boden. Bei allen Völkern, die über eine gewisse ursprüngliche Stufe hinausgehn, wird dies Gemeineigenthum im Lauf der Entwicklung des Ackerbaus eine Fessel für die Produktion. Es wird aufgehoben, negirt, nach kürzeren oder längeren Zwischenstufen in Privateigenthum verwandelt. Aber auf höherer, durch das Privateigenthum am Boden selbst herbeigeführter Entwicklungsstufe des Ackerbaus wird umgekehrt das Privateigenthum eine Fessel für die Produktion — wie dies heute der Fall ist sowohl mit dem kleinen wie mit dem großen Grundbesitz. Die Forderung es ebenfalls zu negiren, es wieder in Gemeingut zu verwandeln, tritt mit Nothwendigkeit hervor. Aber diese Forderung bedeutet nicht die Wiederherstellung des altursprünglichen Gemeineigenthums, sondern die Herstellung einer weit höheren, entwickelteren Form von Gemeinbesitz, die, weit entfernt der Produktion eine Schranke zu werden, sie vielmehr erst entfesseln und ihr die volle Ausnutzung der modernen chemischen Entdeckungen und mechanischen Erfindungen gestatten wird.

Oder aber: Die antike Philophie war ursprünglicher, naturwüchsiger Materialismus. Als solcher war sie unfähig, mit dem Verhältniß des Denkens zur Materie ins Reine zu kommen. Die Nothwendigkeit aber, hierüber klar zu werden, führte zur

Lehre von einer vom Körper trennbaren Seele, dann zu der Behauptung der Unsterblichkeit dieser Seele, endlich zum Monotheismus. Der alte Materialismus wurde also negirt durch den Idealismus. Aber in der weiteren Entwicklung der Philosophie wurde auch der Idealismus unhaltbar und negirt durch den modernen Materialismus. Dieser, die Negation der Negation, ist nicht die bloße Wiedereinsetzung des alten, sondern fügt zu den bleibenden Grundlagen desselben noch den ganzen Gedankeninhalt einer zweitausendjährigen Entwicklung der Philosophie und Naturwissenschaft, sowie dieser zweitausendjährigen Geschichte selbst. Es ist überhaupt keine Philosophie mehr, sondern eine einfache Weltanschauung, die sich nicht in einer aparten Wissenschaftswissenschaft, sondern in den wirklichen Wissenschaften zu bewähren und zu bethätigen hat. Die Philosophie ist hier also „aufgehoben", d. h. „sowohl überwunden als aufbewahrt"; überwunden, ihrer Form, aufbewahrt, ihrem wirklichen Inhalt nach. Wo Herr Dühring nur „Wortspielerei" sieht, findet sich also, bei genauerem Zusehn, ein wirklicher Inhalt.

Endlich: sogar die Rousseau'sche Gleichheitslehre, von der die Dühring'sche nur ein matter, verfälschter Abklatsch ist, kommt nicht zu Stande, ohne daß die Hegel'sche Negation der Negation — und noch dazu mehr als zwanzig Jahre vor Hegel's Geburt — Hebammendienste leisten muß. Und weit entfernt, sich dessen zu schämen, trägt sie in ihrer ersten Darstellung den Stempel ihrer dialektischen Abstammung fast prunkend zur Schau. Im Zustand der Natur und der Wildheit waren die Menschen gleich; und da Rousseau schon die Sprache als eine Fälschung des Naturzustandes ansieht, so hat er vollkommen Recht, die Gleichheit der Thiere Einer Art, soweit diese reicht, auch auf diese, neuerdings von Häckel als Alali, Sprachlose, hypothetisch klassifizirten Thiermenschen anzuwenden. Aber diese gleichen Thiermenschen hatten vor den übrigen Thieren eine Eigenschaft voraus: die Perfektibilität, die Fähigkeit sich weiter zu entwickeln; und diese wurde die Ursache der Ungleichheit. Rousseau sieht also in der Entstehung der Ungleichheit einen Fortschritt. Aber dieser Fortschritt war antagonistisch, er war zugleich ein Rückschritt. „Alle weiteren Fortschritte (über den Urzustand hinaus) waren ebenso viel Schritte scheinbar zur Vervollkommnung des Einzelmenschen, in der That aber zum Verfall der Gattung. Die Metallbearbeitung und der Ackerbau waren die beiden Künste, deren Erfindung diese große Revolution hervorrief", (die Umwandlung des Urwaldes in kultivirtes Land, oder auch die Einführnng des Elendes und der Knechtschaft vermittelst des Eigenthums). "Für den Dichter haben Gold und Silber, für den Philosophen haben Eisen und Korn die Menschen civilisirt und das Menschengeschlecht ruinirt." Jeder neue Fortschritt der Civilisation ist zugleich ein neuer Fortschritt der Ungleichheit. Alle Einrichtungen, die sich die mit der Civilisation entstandne Gesellschaft giebt, schlagen in das Gegentheil ihres ursprünglichen Zwecks um. "Es ist unbestreitbar, und Grundgesetz des ganzen Staatsrechts, daß die Völker sich Fürsten gegeben haben, um ihre Freiheit zu schützen, nicht aber sie zu vernichten." Und dennoch werden diese Fürsten mit Nothwendigkeit die Unterdrücker der Völker und steigern diese Unterdrückung bis auf den Punkt, wo die Ungleichheit, auf die äußerste Spitze getrieben, wieder in ihr Gegentheil umschlägt, Ursache der Gleichheit wird: vor dem Despoten sind Alle gleich, nämlich gleich Null. "Hier ist der äußerste Grad der Ungleichheit, der Endpunkt, der den Kreis schließt und den Punkt berührt, von dem wir ausgegangen sind: hier werden alle Privatleute gleich, weil sie eben Nichts sind, und die Unterthanen kein andres Gesetz mehr haben als den Willen des Herrn." Aber der Despot ist nur Herr, so lange er die Gewalt hat, und deswegen kann er, sobald man „ihn vertreibt, sich nicht gegen die Gewalt beklagen . . . Die Gewalt erhielt ihn, die Gewalt wirft ihn um, Alles geht seinen richtigen naturgemäßen Gang." Und so schlägt die Ungleichheit wieder um in Gleichheit, aber nicht in die alte naturwüchsige Gleichheit der sprachlosen Urmenschen, sondern in die höhere des Gesellschaftsvertrags. Die Unterdrücker werden unterdrückt. Es ist Negation der Negation.

Wir haben hier also schon bei Rousseau nicht nur einen Gedankengang, der dem in Marx' Kapital verfolgten auf ein Haar gleicht, sondern auch im Einzelnen eine ganze Reihe derselben dialektischen Wendungen, deren Marx sich bedient: Prozesse, die ihrer Natur nach antagonistisch sind, einen Widerspruch in sich enthalten, Umschlagen eines Extrems in sein Gegentheil, endlich als Kern des Ganzen die Negation der Negation. Wenn Rousseau also 1754 den Hegeljargon noch nicht sprechen konnte, so ist er doch, 23 Jahre vor Hegel's Geburt, tief von der Hegelseuche, Widerspruchsdialektik, Logoslehre, Theologik u. s. w. angefressen. Und wenn Herr Dühring in seiner Verseichtigung der Rousseau'schen Gleichheitstheorie mit seinen siegreichen zwei Männern operirt, so ist er auch schon auf der schiefen Ebene, auf der er rettungslos der Negation der Negation in die Arme rutscht. Der Zustand, in dem die Gleichheit der beiden Männer florirt, und der auch wohl als ein Idealzustand dargestellt wird, ist auf S. 271 der Philos. als „Urzustand" bezeichnet. Dieser Urzustand wird aber nach S. 279 nothwendiger Weise durch das „Raubsystem" aufgehoben. — erste Negation. Aber wir sind jetzt, Dank der Wirklichkeitsphilosophie, dahin gekommen, daß wir das Raubsystem abschaffen und an seiner Stelle die von Herrn Dühring erfundene auf Gleichheit beruhende Wirthschaftscommune einführen — Negation der Negation, Gleichheit auf höherer Stufe. Ergötzliches, den Gesichtskreis wohlthätig erweiterndes Schauspiel, wie Herr Dühring das Kapitalverbrechen der Negation der Negation Allerhöchst selbst begeht!

Was ist also die Negation der Negation? Ein äußerst allgemeines und eben deswegen äußerst weitwirkendes und wichtiges Entwicklungsgesetz der Natur, der Geschichte und des Denkens; ein Gesetz, das, wie wir gesehn, in der Thier- und Pflanzenwelt, in der Geologie, in der Mathematik, in der Geschichte, in der Philosophie zur Geltung kommt und dem selbst Herr Dühring trotz allen Sperrens und Zerrens, ohne es zu wissen, in seiner Weise nachkommen muß. Es versteht sich von selbst, daß ich über den besondren Entwicklungsprozeß, den z. B. das Gerstenkorn von der Keimung bis zum Absterben der fruchttragenden Pflanze durchmacht, gar nichts sage, wenn ich sage, es ist Negation der Negation. Denn da die Integralrechnung ebenfalls Negation der Negation ist, würde ich mit der entgegengesetzten Behauptung nur den Unsinn behaupten, der Lebensprozeß eines Gerstenhalms sei Integralrechnung oder meinetwegen auch Sozialismus. Das ist es aber, was die Metaphysiker der Dialektik fortwährend in die Schuhe schieben. Wenn ich von all diesen Prozessen sage, sie sind Negation der Negation, so fasse ich sie allesammt unter dies eine Bewegungsgesetz zusammen, und lasse ebendeßwegen die Besonderheiten jedes einzelnen Spezialprozesses unbeachtet. Die Dialektik ist aber weiter nichts als die Wissenschaft von den allgemeinen Bewegungs- und Entwicklungsgesetzen der Natur, der Menschengesellschaft und des Denkens.

Nun kann man aber einwenden: Die hier vollzogene Negation ist gar keine richtige Negation: ich negire ein Gerstenkorn auch, wenn ich's vermahle, ein Insekt, wenn ich's zertrete, die positive Größe a, wenn ich sie ausstreiche u. s. w. Oder ich negire den Satz: die Rose ist eine Rose, wenn ich sage: die Rose ist keine Rose; und was kommt dabei heraus, wenn ich diese Negation wieder negire und sage: die Rose ist aber doch eine Rose? — Diese Einwendungen sind in der That die Hauptargumente der Metaphysiker gegen die Dialektik, und ganz dieser Borniertheit des Denkens würdig. Negiren in der Dialektik heißt nicht einfach Nein sagen, oder ein Ding für nicht bestehend erklären, oder oder es in beliebiger Weise zerstören. Schon Spinoza sagte: Omnis determinatio est negatio, jede Begränzung oder Bestimmung ist zugleich eine Negation. Und ferner ist die Art der Negation hier bestimmt erstens durch die allgemeine und zweitens die besondere Natur des Prozesses. Ich soll nicht nur negiren, sondern auch die Negation wieder aufheben. Ich muß also die erste Negation so einrichten, daß die zweite möglich bleibt oder wird. Wie? Je nach der besondern Natur jedes einzelnen Falls. Vermahle ich ein Gerstenkorn, zertrete ich ein Insekt, so habe ich zwar den ersten Akt vollzogen, aber den zweiten unmöglich gemacht. Jede Art von Dingen hat also ihre eigenthümliche Art, so negirt zu werden, daß eine Entwicklung dabei herauskommt, und ebenso jede Art von Vorstellungen und Begriffen. In der Infinitesimalrechnung wird anders negirt als in der Herstellung positiver Potenzen aus negativen Wurzeln. Das will gelernt sein, wie alles Andere. Mit der bloßen Kenntniß, daß Gerstenhalm und Infinitesimalrechnung unter die Negation der Negation fallen, kann ich weder erfolgreich Gerste bauen, noch differenziren und integriren, ebensowenig wie ich mit den bloßen Gesetzen der Tonbestimmung durch die Dimensionen der Saiten ohne Weiteres Violine spielen kann. — Es ist aber klar, daß bei einer Negationsnegirung, die in der kindischen Beschäftigung besteht, a abwechselnd zu setzen, und wieder auszustreichen, oder von einer Rose abwechselnd zu behaupten, sie sei eine Rose und sie sei keine Rose, Nichts herauskommt, als die Albernheit dessen, der solche lange weilige Prozeduren vornimmt. Und doch möchten die Metaphysiker uns weiß machen, wenn wir einmal die Negation der Negation vollziehn wollten, dann sei das die richtige Art.

Es ist also wiederum Niemand anders als Herr Dühring, der uns mystificirt, wenn er [behauptet, die Negation der Negation sei eine von Hegel erfundene, dem Gebiet der Religion entlehnte, auf die Geschichte vom Sündenfall und der Erlösung gebaute Analogie-Schnurre. Die Menschen haben dialektisch gedacht lange ehe sie wußten, was Dialektik war, ebenso wie sie schon Prosa sprachen lange bevor der Ausdruck Prosa bestand. Das Gesetz der Negation der Negation, das sich in der Natur und Geschichte, und bis es einmal erkannt ist, auch in unseren Köpfen unbewußt vollzieht, ist von Hegel nur zuerst scharf formulirt worden. Und wenn Herr Dühring die Sache im Stillen selbst betreiben will und nur den Namen nicht vertragen kann, so möge er einen bessern Namen finden. Will er aber die Sache aus dem Denken vertreiben, so vertreibe er sie gütigst zuerst aus der Natur und der Geschichte, und erfinde eine Mathematik, worin $- a \times - a$ nicht $+ a^2$ ist und worin das Differenziren und Integriren bei Strafe verboten ist.

XIV. Schluß.

Wir sind zu Ende mit der Philosophie; was sonst noch von Zukunftsphantasien im „Cursus" vorhanden, wird uns gelegentlich der Dühring'schen Umwälzung des Sozialismus beschäftigen. Was hat uns Herr Dühring versprochen? Alles. Und was hat er gehalten? Gar nichts. „Die Elemente einer wirklichen und demgemäß auf die Wirklichkeit der Natur und des Lebens gerichteten Philosophie", die „strengwissenschaftliche Weltanschauung", die „systemschaffenden Gedanken", und alle die andern, in hochtönenden Redewendungen von Herrn Dühring ausposaunten Leistungen des Herrn Dühring erwiesen sich, wo immer wir sie anfaßten, als reiner Schwindel. Die Weltschematik, die „ohne der Tiefe des Gedankens etwas zu vergeben, die Grundgestalten des Seins sicher festgestellt hat," stellte sich heraus als ein unendlich verseichtigter Abklatsch der Hegel'schen Logik und theilt mit ihr den Aberglauben, daß diese „Grundgestalten" oder logischen Kategorien irgendwo ein geheimnißvolles Dasein führen vor und und außer der Welt, auf die sie „anzuwenden" sind. Die Naturphilosophie bot uns eine Kosmogonie, deren Ausgangspunkt ein „sich selbst gleicher Zustand der Materie" ist, ein Zustand, vorstellbar nur vermittelst der rettungslosesten Verwirrung über den Zusammenhang von Materie und Bewegung, und vorstellbar außerdem nur unter Annahme eines außerweltlichen persönlichen Gottes, der allein diesem Zustand zur Bewegung verhelfen kann. Bei Behandlung der organischen Natur mußte die Wirklichkeitsphilosophie, nachdem sie Darwins Kampf um's Dasein und Naturzüchtung als „ein Stück gegen die Humanität gerichtete Brutalität" verworfen, sie Beide durch die Hinterthür wieder zulassen als in der Natur wirksame Faktoren, wenn auch zweiter Ordnung. Sie fand zudem Gelegenheit, auf dem Gebiet der Biologie eine Unwissenheit zu dokumentiren, wie man sie, seit den populär-wissenschaftlichen Vorträgen nicht mehr zu entgehen ist, selbst bei Töchtern gebildeter Stände mit der Laterne suchen müßte. Auf dem Gebiet der Moral und des Rechts war sie mit der Verflachung Rousseau's nicht glücklicher als vorher mit der Verseichtigung Hegels und bewies auch in Beziehung auf Rechtswissenschaft, trotz aller Versicherung des Gegentheils, eine Unkenntniß, wie sie selbst bei den allergewöhnlichsten, altpreußischen Juristen nur selten anzutreffen sein dürfte. Die Philosophie, „die keinen blos scheinbaren Horizont gelten läßt", begnügt sich juristisch mit einem wirklichen Horizont, der sich deckt mit dem Geltungsbereich des preußischen Landrechts. Auf die „Erden und Himmel der äußeren und inneren Natur", die diese Philosophie in ihrer mächtig umwälzenden Bewegung vor uns aufzurollen versprach, warten wir noch immer, nicht weniger auf die „endgültigen Wahrheiten letzter Instanz" und auf „das absolut Fundamentale". Der Philosoph, dessen Denkweise jede Anwandlung zu einer „subjektivistisch-beschränkten Weltvorstellung ausschließt", erweist sich nicht nur als subjektivistisch beschränkt durch seine wie nachgewiesen äußerst mangelhaften Kentnisse, durch seine bornirt metaphysische Denkweise und seine fratzenhafte Selbstüberhebung, sondern sogar durch kindische persönliche Schrullen. Er kann die Wirklichkeitsphilosophie nicht fertig bringen, ohne seinen Widerwillen gegen Tabak, Katzen und Juden als allgemein gültiges Gesetz der ganzen übrigen Menschheit, die Juden eingeschlossen, aufzudrängen. Sein „wirklich kritischer Standpunkt" gegenüber andern Leuten besteht darin, ihnen beharrlich Dinge unterzuschieben, die sie nie gesagt, und die Herrn Dührings eigenstes Fabrikat sind. Seine breiten Bettelsuppen über Spießbürgerthemata wie der Werth des Lebens und die beste Art des Lebensgenusses, sind von einer Philisterhaftigkeit, die seinen Zorn gegen Göthe's Faust erklärlich macht. Es war allerdings unverzeihlich von Göthe, den unmoralischen Faust zum Helden zu machen, und nicht den ernsten Wirklichkeitsphilosophen Wagner. — Kurz, die Wirklichkeitsphilosophie, Alles in Allen genommen, erweist sich, mit Hegel zu reden, als „der sechsteste Abkläricht des deutschen Aufkläricht", ein Abkläricht, dessen Dünnheit und durchsichtige Gemeinplätzlichkeit verdickt und gerübt wird nur durch die eingerührten orakelhaften Redebrocken. Und wenn wir mit dem Buch zu Ende sind, so sind wir genau so gescheidt wie vorher und zu dem Geständniß gezwungen, daß die „neue Denkweise", die „von Grund aus eigenthümlichen Ergebnisse und Anschauungen" und die „systemschaffenden Gedanken" uns zwar verschiedenen neuen Unsinn vorgeführt haben, aber auch nicht eine Zeile, aus der wir hätten etwas lernen können. Und dieser Mensch, der seine Künste und seine Waaren unter Pauken- und Trompetenschall anpreist trotz dem ordinärsten Marktschreier, und hinter dessen großen Worten Nichts, aber auch rein gar nichts ist — dieser Mensch unterfängt sich, Leute wie Fichte, Schelling und Hegel, deren Kleinster noch ein Riese ist ihm gegenüber, als Charlatans zu bezeichnen. Charlatan in der That — aber wer?

Zweiter Abschnitt.
Politische Oekonomie.

I. Gegenstand und Methode.

Die politische Oekonomie, im weitesten Sinne, ist die Wissenschaft von den Gesetzen, welche die Produktion und den Austausch des materiellen Lebensunterhalts in der menschlichen Gesellschaft beherrschen. Produktion und Austausch sind zwei verschiedene Funktionen. Produktion kann stattfinden ohne Austausch, Austausch — eben weil von vorn herein nur Austausch von Produkten — nicht ohne Produktion. Jede dieser beiden gesellschaftlichen Funktionen steht unter dem Einfluß von großentheils besonderen äußeren Einwirkungen und hat daher auch großentheils ihre eignen, besondern Gesetze. Aber andrerseits bedingen sie einander in jedem Moment und wirken in solchem Maß auf einander ein, daß man sie als die Abscisse und die Ordinate der ökonomischen Kurve bezeichnen könnte.

Die Bedingungen, unter denen die Menschen produziren und austauschen, wechseln von Land zu Land, und in jedem Lande wieder von Generation zu Generation. Die politische Oekonomie kann also nicht dieselbe sein für alle Länder und für alle geschichtlichen Epochen. Vom Bogen und Pfeil, vom Steinmesser und nur ausnahmsweise vorkommenden Tauschverkehr des Wilden, bis zur tausendpferdigen Dampfmaschine, zum mechanischen Webstuhl, den Eisenbahnen und der Bank von England ist ein ungeheurer Abstand. Die Feuerländer bringen es nicht zur Massenproduktion und zum Welthandel, ebensowenig wie zur Wechselreiterei oder einem Börsenkrach. Wer die politische Oekonomie Feuerlands unter dieselben Gesetze bringen wollte mit der des heutigen Englands, würde damit augenscheinlich nichts zu Tage fördern als den allerbanalsten Gemeinplatz. Die politische Oekonomie ist somit wesentlich eine historische Wissenschaft. Sie behandelt einen geschichtlichen, das heißt einen stets wechselnden Stoff; sie untersucht zunächst die besondern Gesetze jeder einzelnen Entwicklungsstufe der Produktion und des Austausches, und wird erst am Schluß dieser Untersuchung die wenigen, für Produktion und Austausch überhaupt geltenden, ganz allgemeinen Gesetze aufstellen können. Wobei es sich jedoch von selbst versteht, daß die für bestimmte Produktionsweisen und Austauschformen gültigen Gesetze auch Gültigkeit haben für alle Geschichtsperioden, denen jene Produktionsweisen und Austauschformen gemeinsam sind. So z. B. tritt mit der Einführung des Metallgeldes eine Reihe von Gesetzen in Wirksamkeit, die für alle Länder und Geschichtsabschnitte gültig bleibt, in denen Metallgeld den Austausch vermittelt.

Mit der Art und Weise der Produktion und des Austausches einer bestimmten geschichtlichen Gesellschaft, und mit den geschichtlichen Vorbedingungen dieser Gesellschaft, ist auch gleichzeitig gegeben die Art und Weise der Vertheilung der Produkte. In der Stamm- oder Dorfgemeinde mit gemeinsamem Grundeigenthum, mit der, oder mit deren sehr erkennbaren Ueberresten alle Kulturvölker in die Geschichte eintreten, versteht sich eine ziemlich gleichmäßige Vertheilung der Produkte ganz von selbst; wo größere Ungleichheit der Vertheilung unter den Mitgliedern eintritt, da ist sie auch schon ein Anzeichen der beginnenden Auflösung der Gemeinde. — Der große wie der kleine Ackerbau lassen je nach den geschichtlichen Vorbedingungen, aus denen sie sich entwickelt haben, sehr verschiedene Vertheilungsformen zu. Aber es liegt auf der Hand, daß der große stets eine ganz andere Vertheilung bedingt als der kleine; daß der große einen Klassengegensatz — Sklavenhalter und Sklaven, Grundherren und Frohnbauern, Kapitalisten und Lohnarbeiter — voraussetzt oder erzeugt, während beim kleinen ein Klassenunterschied der bei der Ackerbauproduktion thätigen Individuen keineswegs bedingt ist und im Gegentheil durch sein bloßes Dasein den beginnenden Verfall der Parzellenwirthschaft anzeigt. — Die Einführung und Verbreitung des Metallgeldes in einem Lande, wo bisher ausschließlich oder vorwiegend Naturalwirthschaft galt, ist stets mit einer langsameren oder schnelleren Umwälzung der bisherigen Vertheilung verbunden, und zwar so, daß die Ungleichheit der Vertheilung unter den Einzelnen, also der Gegensatz von Reich und Arm, mehr und mehr gesteigert wird. — Der lokale, zünftige Handwerksbetrieb des Mittelalters machte große Kapitaisten und lebenslängliche Lohnarbeiter ebenso unmöglich, wie die moderne große Industrie, die heutige Kreditausbildung, und di der Entwicklung Beider entsprechende Austauschform, die freie Konkurrenz, sie mit Nothwendigkeit erzeugen.

Mit den Unterschieden in der Vertheilung aber treten die **Klassenunterschiede** auf. Die Gesellschaft theilt sich in bevorzugte und benachtheiligte, ausbeutende und ausgebeutete, herrschende und beherrschte Klassen, und der Staat, zu dem sich die naturwüchsigen Gruppen gleichstämmiger Gemeinden zunächst nur behufs der Wahrnehmung gemeinsamer Interessen (Berieselung im Orient z. B.) und wegen des Schutzes nach Außen fortentwickelt hatten, erhält von nun an ebenso sehr den Zweck, die Lebens- und Herrschaftsbedingungen der herrschenden gegen die beherrschte Klasse mit Gewalt aufrecht zu erhalten.

Die Vertheilung ist indeß nicht ein bloßes Erzeugniß der Produktion und des Austausches; sie wirkt ebenso sehr zurück auf Beide. Jede neue Produktionsweise oder Austauschform wird im Anfang gehemmt nicht nur durch die alten Formen und die ihnen entsprechenden politischen Einrichtungen, sondern auch durch die alte Vertheilungsweise. Sie muß sich die ihr entsprechende Vertheilung erst in langem Kampf erringen. Aber je beweglicher, je mehr der Ausbildung und Entwicklung fähig eine gegebene Produktions- und Austauschweise ist, desto rascher erreicht auch die Vertheilung eine Stufe, in der sie ihrer Mutter über den Kopf wächst, in der sie mit der bisherigen Art der Produktion und des Austausches in Widerstreit geräth. Die alten natürwüchsigen Gemeinwesen, von denen schon die Rede war, können Jahrtausende bestehen, wie bei Indern und Slaven noch heute, ehe der Verkehr mit der Außenwelt in ihrem Innern die Vermögensunterschiede erzeugt, in Folge deren ihre Auflösung eintritt. Die moderne kapitalistische Produktion dagegen, die kaum dreihundert Jahre alt und erst seit Einführung der großen Industrie, also seit hundert Jahren, herrschend geworden ist, **hat in dieser kurzen Zeit Gegensätze der Vertheilung fertig gebracht — Konzentration der Kapitalien in wenigen Händen einerseits, Konzentration der besitzlosen Massen in den großen**

Städten andrerseits — an denen sie nothwendig zu Grunde geht.

Der Zusammenhang der jedesmaligen Vertheilung mit den jedesmaligen materiellen Existenzbedingungen einer Gesellschaft liegt so sehr in der Natur der Sache, daß er sich im Volksinstinkt regelmäßig wiederspiegelt. So lange eine Produktionsweise sich im aufsteigenden Ast ihrer Entwicklung befindet, so lange jubeln ihr sogar diejenigen entgegen, die bei der ihr entsprechenden Vertheilungsweise den Kürzeren ziehen. So die englischen Arbeiter beim Aufkommen der großen Industrie. Selbst so lange diese Produktionsweise die gesellschaftlich-normale bleibt, herrscht im Ganzen Zufriedenheit mit der Vertheilung, und erhebt sich Einspruch — so dann aus dem Schoß der herrschenden Klasse selbst (Saint-Simon, Fourier, Owen) und findet bei der ausgebeuteten Masse erst recht keinen Anklang. Erst wenn die fragliche Produktionsweise ein gut Stück ihres absteigenden Asts hinter sich, wenn sie sich halb überlebt hat, wenn die Bedingungen ihres Daseins großentheils verschwunden sind und ihr Nachfolger bereits an die Thür klopft — erst dann erscheint die immer ungleicher werdende Vertheilung als ungerecht, erst dann wird von den überlebten Thatsachen an die sogenannte ewige Gerechtigkeit appellirt. Dieser Appell an die Moral und das Recht hilft uns wissenschaftlich keinen Finger breit weiter; die ökonomische Wissenschaft kann in der sittlichen Entrüstung, und wäre sie noch so gerechtfertigt, keinen Beweisgrund sehen, sondern nur ein Symptom. Ihre Aufgabe ist vielmehr, die neu hervortretenden gesellschaftlichen Mißstände als nothwendige Folgen der bestehenden Produktionsweise, aber auch gleichzeitig als Anzeichen ihrer hereinbrechenden Auflösung nachzuweisen und innerhalb der sich auflösenden ökonomischen Bewegungsform die Elemente der zukünftigen, jene Mißstände beseitigenden, neuen Organisation der Produktion und des Austausches aufzudecken. Der Zorn, der den Poeten macht, ist bei der Schilderung dieser Mißstände ganz am Platz, oder auch beim Angriff gegen die, diese Mißstände läugnenden oder beschönigenden Harmoniker im Dienst der herrschenden Klasse; wie wenig er aber für den jedesmaligen Fall beweist, geht schon daraus hervor, daß man in jeder Epoche der ganzen bisherigen Geschichte Stoff genug für ihn findet.

Die politische Oekonomie, als die Wissenschaft von den Bedingungen und Formen, unter denen die verschiedenen menschlichen Gesellschaften produzirt und ausgetauscht, und unter denen sich demgemäß jedesmal die Produkte vertheilt haben — die politische Oekonomie in dieser Ausdehnung soll jedoch erst geschaffen werden. Was wir von ökonomischer Wissenschaft bis jetzt besitzen, beschränkt sich fast ausschließlich auf die Genesis und Entwicklung der kapitalistischen Produktionsweise: es beginnt mit der Kritik der Reste der feudalen Produktions- und Austauschformen, weist die Nothwendigkeit ihrer Ersetzung durch kapitalistische Formen nach, entwickelt dann die Gesetze der kapitalistischen Produktionsweise und ihrer entsprechenden Austauschformen nach der positiven Seite hin, d. h. nach der Seite, wonach sie die allgemeinen Gesellschaftszwecke fördern, und schließt ab mit der sozialistischen Kritik der kapitalistischen Produktionsweise, d. h. mit der Darstellung ihrer Gesetze nach der negativen Seite hin, mit dem Nachweis, daß diese Produktionsweise durch ihre eigne Entwicklung dem Punkt zutreibt, wo sie sich selbst unmöglich macht. Diese Kritik weist nach, daß die kapitalistischen Produktions- und Austauschformen mehr und mehr eine unerträgliche Fessel werden für die Produktion selbst; daß der durch jene Formen mit Nothwendigkeit bedingte Vertheilungsmodus eine Klassenlage von täglich sich steigender Unerträglichkeit erzeugt hat, den sich täglich verschärfenden Gegensatz von immer wenigeren, aber immer reicheren Kapitalisten und von immer zahlreicheren und im Ganzen und Großen immer schlechter gestellten besitzlosen Lohnarbeitern; und endlich, daß die innerhalb der kapitalistischen Produktionsweise erzeugten, massenhaften Produktivkräfte, die von jener nicht mehr zu bändigen sind, nur der Besitzergreifung harren durch eine zum planmäßigen Zusammenwirken organisirte Gesellschaft, um allen Gesellschaftsgliedern die Mittel zur Existenz und zu freier Entwicklung ihrer Fähigkeiten zu sichern, und zwar in stets wachsendem Maß.

Um diese Kritik der bürgerlichen Oekonomie vollständig durchzuführen, genügte nicht die Bekanntschaft mit der kapitalistischen Form der Produktion, des Austausches und der Vertheilung. Die ihr vorhergegangenen oder die noch neben ihr, in weniger entwickelten Ländern bestehenden Formen mußten ebenfalls, wenigstens in den Hauptzügen, untersucht und zur

Vergleichung gezogen werden. Eine solche Untersuchung und Vergleichung ist bis jetzt im Ganzen und Großen nur von Marx angestellt worden, und seinen Forschungen verdanken wir daher auch fast ausschließlich das, was über die vorbürgerliche theoretische Oekonomie bisher festgestellt ist.

Obwohl gegen Ende des 17. Jahrhunderts in genialen Köpfen entstanden, ist die politische Oekonomie im engern Sinn, in ihrer positiven Formulirung durch die Physiokraten und Adam Smith, doch wesentlich ein Kind des 18. Jahrhunderts und reiht sich den Errungenschaften der gleichzeitigen großen französischen Aufklärer an mit allen Vorzügen und Mängeln jener Zeit. Was wir von den Aufklärern gesagt, gilt auch von den damaligen Oekonomen. Die neue Wissenschaft war ihnen nicht der Ausdruck der Verhältnisse und Bedürfnisse ihrer Epoche, sondern der Ausdruck der ewigen Vernunft; die von ihr entdeckten Gesetze der Produktion und des Austausches waren nicht Gesetze einer geschichtlich bestimmten Form jener Thätigkeiten, sondern ewige Naturgesetze; man leitete sie ab aus der Natur des Menschen. Aber dieser Mensch, bei Lichte besehen, war der damalige, im Uebergang zum Bourgeois begriffne, Mittelbürger, und seine Natur bestand darin, unter den damaligen, geschichtlich bestimmten Verhältnissen zu fabriziren und Handel zu treiben. —

Nachdem wir unsern „kritischen Grundleger" Herrn Dühring und seine Methode aus der Philosophie hinlänglich kennen gelernt haben, werden wir auch ohne Schwierigkeit vorhersagen können, wie er die politische Oekonomie auffassen wird. In der Philosophie war da, wo er nicht einfach faselte (wie in der Naturphilosophie) seine Anschauungsweise eine Verzerrung derjenigen des 18. Jahrhunderts. Es handelte sich nicht um geschichtliche Entwicklungsgesetze, sondern um Naturgesetze, ewige Wahrheiten. Gesellschaftliche Verhältnisse wie Moral und Recht wurden nicht nach den jedesmaligen geschichtlich vorliegenden Bedingungen, sondern durch die famosen beiden Männer entschieden, von denen der Eine entweder den Andern unterdrückt, oder auch nicht, welches Letztere bisher leider nie vorkam. Wir werden uns also kaum täuschen, wenn wir den Schluß ziehen, daß Herr Dühring die Oekonomie ebenfalls auf endgültige Wahrheiten letzter Instanz, ewige Naturgesetze, tautologische Axiome von ödester Inhaltlosigkeit zurückführen, daneben aber den ganzen positiven Inhalt der Oekonomie, soweit dieser ihm bekannt, durchs Hinterpförtchen wieder hereinschmuggeln; und daß er die Vertheilung, als ein gesellschaftliches Ereigniß, nicht aus Produktion und Austausch entwickeln, sondern seinen ruhmvollen beiden Männern zur endgültigen Erledigung überweisen wird. Und da uns dies alles bereits altbekannte Kunstgriffe sind, so können wir uns hier um so kürzer fassen.

In der That erklärt uns Herr Dühring bereits auf S. 2, daß seine Oekonomie Bezug nimmt auf das in seiner Philosophie „Festgestellte" und sich „in einigen wesentlichen Punkten an übergeordnete und in einem höheren Untersuchungsgebiet bereits ausgemachte Wahrheiten anlehnt." — Ueberall dieselbe Zudringlichkeit der Selbstanpreisung. Ueberall der Triumph des Herrn Dühring über das von Herrn Dühring Festgestellte und Ausgemachte. Ausgemacht in der That, das haben wir des Breiteren gesehen — aber wie man ein schwalchendes Licht ausmacht.

Gleich darauf haben wir „die allgemeinsten Naturgesetze aller Wirthschaft" — also hatten wir richtig gerathen. Aber diese Naturgesetze lassen nur dann ein richtiges Verständniß der abgelebten Geschichte zu, wenn man sie „in derjenigen näheren Bestimmung untersucht, die ihre Ergebnisse durch die politischen Unterwerfungs- und Gruppirungsformen erfahren haben. Einrichtungen wie die Sklaverei und die Lohnhörigkeit, zu denen sich als Zwillingsgeburt das Gewalteigenthum gesellte, sind als sozialökonomische Verfassungsformen echt politischer Natur zu betrachten, und bilden in der bisherigen Welt den Rahmen, innerhalb dessen sich die Wirkungen wirthschaftlicher Naturgesetze allein zeigen konnten."

Dieser Satz ist die Fanfare, die uns als Wagnersches Leitmotiv den Anmarsch der beiden famosen Männer verkündet. Aber er ist noch mehr, er ist das Grundthema des ganzen Dühringschen Buches. Beim Recht wußte Herr Dühring uns nichts zu bieten, als eine schlechte Uebersetzung der Rousseau'schen Gleichheitstheorie ins Sozialistische, wie man sie in jedem pariser Arbeiter-Estaminet seit Jahren weit besser hören kann. Hier gibt er eine nicht bessere, sozialistische Uebersetzung der Klagen der Oekonomen über die Verfälschung der ökonomischen ewigen Naturgesetze und ihrer Wirkungen durch die Einmischung des Staats der Gewalt. Und hiermit steht er verdienter

Maßen unter den Sozialisten ganz allein. Jeder sozialistische Arbeiter, einerlei welcher Nationalität, weiß ganz gut, daß die Gewalt die Ausbeutung nur schützt, aber nicht verursacht; daß das Verhältniß von Kapital und Lohnarbeit der Grund seiner Ausbeutung ist, und daß dieses auf rein ökonomischem und keineswegs auf gewaltsamem Wege entstanden ist.

Des Weiteren erfahren wir nun, daß man bei allen ökonomischen Fragen „zwei Hergänge, den der Produktion und den der Vertheilung wird unterscheiden können." Außerdem habe der bekannte oberflächliche J. B. Say noch einen dritten Hergang, den des Verbrauchs, der Konsumtion, hinzugefügt, aber nichts Gescheutes darüber zu sagen gewußt, ebensowenig wie seine Nachfolger. Der Austausch oder die Cirkulation aber sei nur eine Unterabtheilung der Produktion, zu der Alles gehöre, was geschehen muß, damit die Erzeugnisse an den letzten und eigentlichen Konsumenten gelangen. — Wenn Herr Dühring die beiden wesentlich verschiedenen, wenn auch sich gegenseitig bedingenden Prozesse der Produktion und der Cirkulation zusammenwirft, und ganz ungenirt behauptet, aus der Unterlassung dieser Verwirrung könne nur „Verwirrung entstehen," so beweist er damit bloß, daß er die kolossale Entwicklung, die gerade die Circulation in den letzten fünfzig Jahren durchgemacht hat, nicht kennt oder nicht versteht; wie denn auch sein Buch weiterhin bestätigt. Damit nicht genug. Nachdem er so Produktion und Austausch in Eins als Produktion schlechthin zusammengefaßt, stellt er die Vertheilung neben die Produktion als einen zweiten, ganz äußerlichen Hergang hin, der mit dem ersten gar nichts zu schaffen hat. Nun haben wir gesehen, daß die Vertheilung in ihren entscheidenden Zügen jedesmal das nothwendige Ergebniß der Produktions- und Austauschverhältnisse einer bestimmten Gesellschaft, sowie der geschichtlichen Vorbedingungen dieser Gesellschaft ist, und zwar dergestalt, daß wenn wir diese kennen, wir mit Bestimmtheit auf die in dieser Gesellschaft herrschende Vertheilungsweise schließen können. Wir sehen aber ebenfalls, daß Herr Dühring, wenn er den in seiner Moral-, Rechts- und Geschichtsauffassung „festgestellten" Grundsätzen nicht untreu werden will, diese elementare ökonomische Thatsache verleugnen muß, und daß er dies namentlich muß, wenn es gilt, seine beiden unentbehrlichen Männer in die Oekonomie hineinzuschmuggeln. Und nachdem die Vertheilung glücklich alles Zusammenhangs mit der Produktion und dem Austausch entledigt, kann dies große Ereigniß vor sich gehn.

Erinnern wir uns indeß zuerst, wie die Sache bei Moral und Recht sich entwickelte. Hier fing Herr Dühring ursprünglich mit nur Einem Mann an; er sagte: „Ein Mensch, insofern er als einzig, oder, was dasselbe leistet, als außer jedem Zusammenhang mit andern gedacht wird, kann keine Pflichten haben. Für ihn gibt es kein Sollen, sondern nur ein Wollen." Was aber ist dieser pflichtenlose, als einzig gedachte Mensch anders, als der fatale „Urjude Adam" im Paradiese, wo er ohne Sünde ist, weil er eben keine begehen kann? — Aber auch diesem wirklichkeitsphilosophischem Adam steht ein Sündenfall bevor. Neben diesen Adam tritt plötzlich — zwar keine Eva mit wallendem Lockenhaar, aber doch ein zweiter Adam. Und sofort erhält Adam Pflichten und — bricht sie. Statt seinen Bruder als Gleichberechtigten an seinen Busen zu schließen, unterwirft er ihn seiner Herrschaft, knechtet er ihn — und an den Folgen dieser ersten Sünde, an der Erbsünde der Knechtung, leidet die ganze Weltgeschichte bis auf den heutigen Tag, weßhalb sie auch nach Herrn Dühring keine drei Pfennige werth ist.

Wenn also Herr Dühring, beiläufig gesagt, die „Negation der Negation" hinreichend der Verachtung preiszugeben glaubte, indem er sie als einen Abklatsch der alten Geschichte vom Sündenfall und der Erlösung bezeichnete, was sollen wir dann sagen von seiner neuesten Ausgabe derselben Geschichte? (denn auch der Erlösung werden wir mit der Zeit, um einen Reptilienausdruck zu gebrauchen, „näher treten"). Jedenfalls doch wohl, daß wir die alte semitische Stammsage vorziehen, bei der es sich dem Männlein und dem Weiblein doch der Mühe verlohnte, aus dem Stand der Unschuld zu treten, und daß Herrn Dühring der Ruhm ohne Konkurrenz verbleiben wird, seinen Sündenfall konstruirt zu haben mit zwei Männern.

Hören wir also nun die Uebersetzung des Sündenfalls ins Oekonomische: „Für den Gedanken der Produktion kann allenfalls die Vorstellung von einem Robinson, welcher mit seinen Kräften der Natur isolirt gegenübersteht und mit Niemanden etwas zu theilen hat, ein geeignetes Denkschema abgeben ... Von einer gleichen Zweckmäßigkeit ist für die Veranschaulichung des Wesentlichsten in dem Vertheilungsgedanken das Denkschema von zwei Personen, deren wirthschaftliche Kräfte sich kombiniren und die sich offenbar bezüglich ihrer Antheile gegenseitig in irgend einer Form auseinandersetzen müssen. Mehr als dieses einfachen Dualismus bedarf es in der That nicht, um in aller Strenge einige der wichtigsten Vertheilungsbeziehungen darzulegen und deren Gesetze embryonisch in ihrer logischen Nothwendigkeit zu studiren... Das Zusammenwirken auf gleichem Fuß ist hier ebenso denkbar, als die Kombination der Kräfte durch völlige Unterdrückung des einen Theils, der alsdann als Sklave oder bloßes Werkzeug zum wirthschaftlichen Dienst gepreßt und eben auch nur als Werkzeug unterhalten wird... Zwischen dem Zustande der Gleichheit und dem der Nullität auf der einen und der Omnipotenz und einzig aktiven Betheiligung auf der andern Seite befindet sich eine Reihe von Stufen, für deren Besetzung die Erscheinungen der Weltgeschichte in bunter Mannichfaltigkeit gesorgt haben. Ein universeller Blick für die verschiedenen Rechts- und Unrechtsinstitutionen der Geschichte ist hier die wesentliche Voraussetzung"... und zum Schluß verwandelt sich die ganze Vertheilung in ein ökonomisches Vertheilungsrecht."

Jetzt endlich hat Herr Dühring wieder festen Boden unter den Füßen. Arm in Arm mit seinen beiden Männern kann er sein Jahrhundert in die Schranken fordern. Aber hinter diesem Dreigestirn steht noch ein Ungenannter.

„Das Kapital hat die Mehrarbeit nicht erfunden. Ueberall wo ein Theil der Gesellschaft das Monopol der Produktionsmittel besitzt, muß der Arbeiter, frei oder unfrei, der zu seiner Selbsterhaltung nöthigen Arbeitszeit überschüssige Arbeitszeit zusetzen, um die Lebensmittel für den Eigner der Produktionsmittel zu produziren, sei dieser Eigenthümer nun athenienischer Kaloskagathos, etruskischer Theokrat, civis romanus (römischer Bürger), normännischer Baron, amerikanischer Sklavenhalter, walachischer Bojar, moderner Landlord oder Kapitalist." (Marx, Kapital, I, 2. Ausg. S. 227.)

Nachdem Herr Dühring auf diese Weise erfahren, was die, allen bisherigen Produktionsformen — soweit sie sich in Klassengegensätzen bewegen — gemeinsame Grundform der Ausbeutung ist, galt es nur noch, seine beiden Männer darauf anzuwenden, und die wurzelhafte Grundlage der Wirklichkeitsökonomie war fertig. Er zauderte keinen Moment mit der Ausführung dieses „systemschaffenden Gedankens". Arbeit ohne Gegenleistung, über die zur Selbsterhaltung des Arbeiters nöthige Arbeitszeit hinaus, das ist der Punkt. Der Adam, der hier Robinson heißt, läßt also seinen zweiten Adam, den Freitag, drauflos schanzen. Aber warum schanzt Freitag mehr als er für seinen Unterhalt nöthig hat? Auch diese Frage findet bei Marx theilweise ihre Beantwortung. Das ist aber für die beiden Männer viel zu weitläufig. Die Sache wird kurzer Hand abgemacht: Robinson „unterdrückt" den Freitag, preßt ihn „als Sklave oder Werkzeug zum wirthschaftlichen Dienst" und unterhält ihn „auch nur als Werkzeug". Mit dieser „neuesten schöpferischen Wendung" schlägt Herr Dühring wie mit Einer Klappe zwei Fliegen. Erstens erspart er sich die Mühe, die verschiedenen bisherigen Vertheilungsformen, ihre Unterschiede und ihre Ursachen zu erklären: sie taugen einfach allesammt nichts, sie beruhen auf der Unterdrückung der Gewalt. Darüber werden wir demnächst zu sprechen haben. Und zweitens versetzt er damit die ganze Theorie der Vertheilung vom ökonomischen Gebiet auf das der Moral und des Rechts, d. h. vom Gebiet feststehender materieller Thatsachen auf das mehr oder weniger schwankender Meinungen und Gefühle. Er braucht also nicht mehr zu untersuchen oder zu beweisen, sondern nur noch flott drauflos zu deklamiren, und kann die Forderung stellen, die Vertheilung der Erzeugnisse der Arbeit solle sich richten, nicht nach ihren wirklichen Ursachen, sondern nach dem, was ihm, Herrn Dühring, sittlich und gerecht erscheint. Was aber Herrn Dühring gerecht erscheint, ist keineswegs unwandelbar, also weit entfernt, eine echte Wahrheit zu sein. Denn diese sind ja, nach Herrn Dühring selbst, „überhaupt nicht wandelbar." Im Jahr 1868 behauptete Herr Dühring (die Schicksale meiner sozialen Denkschrift ıc.), es liege „in der Tendenz aller höheren Civilisation, **das Eigenthum immer schärfer auszuprägen, und hierin, nicht in einer Konfusion der Rechte und Herrschaftssphären, liegt das Wesen und die Zukunft der modernen Entwicklung.**" Und ferner könne er platterdings nicht absehen, „**wie eine Verwandlung der Lohnarbeit in eine andere Art des Erwerbs mit den Gesetzen der menschlichen Natur und der naturnothwendigen Gliederung des gesellschaftlichen Körpers jemals** vereinbar werden solle". Also 1868: Privateigenthum und Lohnarbeit naturnothwendig und daher gerecht; 1876: Beides Ausfluß der Gewalt und des „Raubs", also ungerecht. Und wir können unmöglich wissen, was einem so gewaltig dahinstürmenden Genius in einigen Jahren möglicher Weise als sittlich und gerecht erscheinen dürfte, und thun daher jedenfalls besser, bei unsrer Betrachtung der Vertheilung der Reichthümer uns an die wirklichen, objektiven, ökonomischen Gesetze zu halten, und nicht an die augenblickliche, wandelbare, subjektive Vorstellung des Herrn Dühring von Recht und Unrecht.

Wenn wir für die heranbrechende Umwälzung der heutigen Vertheilungsweise der Arbeitserzeugnisse sammt ihren schreienden Gegensätzen von Elend und Ueppigkeit, Hungersnoth und Schwelgerei, keine bessere Sicherheit hätten als das Bewußtsein, daß diese Vertheilungsweise ungerecht ist, und daß das Recht doch endlich einmal siegen muß, so wären wir übel dran und könnten lange warten. Die mittelalterlichen Mystiker, die vom nahenden tausendjährigen Reich träumten, hatten schon das Bewußtsein von der Ungerechtigkeit der Klassengegensätze. An der Schwelle der neueren Geschichte, vor dreihundertfünfzig Jahren, ruft Thomas Münzer es laut in die Welt hinaus. In der englischen, in der französischen bürgerlichen Revolution ertönt derselbe Ruf und — verhallt. Und wenn jetzt derselbe Ruf nach Abschaffung der Klassengegensätze und Klassenunterschiede, der bis 1830 die arbeitenden und leidenden Massen kalt ließ, wenn er jetzt ein millionenfaches Echo findet, wenn er ein Land nach dem andern ergreift, und zwar in derselben Reihenfolge und mit derselben Intensität, wie sich in den einzelnen Ländern die große Industrie entwickelt, wenn er in einem Menschenalter eine Macht erobert hat, die allen gegen ihn vereinten Mächten trotzen und des Siegs in naher Zukunft gewiß sein kann — woher kommt das? Daher, daß die moderne große Industrie einerseits ein Proletariat, eine Klasse geschaffen hat, die zum ersten Mal in der Geschichte die Forderung stellen kann der Abschaffung, nicht dieser oder jener besonderen Klassenorganisation, oder dieses und jenes besondern Klassenvorrechts, sondern der Klassen überhaupt; und die in die Lage versetzt ist, daß sie diese Forderung durchführen muß bei Strafe des Versinkens in chinesisches Kulithum. Und daß dieselbe große Industrie andrerseits in der Bourgoisie eine Klasse geschaffen hat, die das Monopol aller Produktionswerkzeuge und Lebensmittel besitzt, aber in jeder Schwindelperiode und in jedem darauffolgenden Krach beweist, daß sie unfähig geworden, die ihrer Gewalt entwachsenen Produktivkräfte noch fernerhin zu beherrschen; eine Klasse, unter deren Leitung die Gesellschaft dem Ruin entgegenrennt wie eine Lokomotive, deren eingeklemmte Abzugsklappe der Maschinist zu schwach ist zu öffnen. Mit andern Worten, es kommt daher, daß sowohl die von der modernen kapitalistischen Produktionsweise erzeugten Produktivkräfte wie auch das von ihr geschaffene System der Güterverteilung in brennenden Widerspruch gerathen sind mit jener Produktionsweise selbst und zwar in solchem Grad, daß eine Umwälzung der Produktions= und Vertheilungsweise stattfinden muß, die alle Klassenunterschiede beseitigt, falls nicht die ganze moderne Gesellschaft untergehn soll. In dieser handgreiflichen, materiellen Thatsache, die sich den Köpfen der ausgebeuteten Proletarier mit unwiderstehlicher Nothwendigkeit in mehr oder weniger klarer Gestalt aufdrängt — in ihr, nicht aber in den Vorstellungen dieses oder jenes Stubenhockers von Recht und Unrecht, begründet sich die Siegesgewißheit des modernen Sozialismus.

II. Gewaltstheorie.

„Das Verhältniß der allgemeinen Politik zu den Gestaltungen des wirthschaftlichen Rechtes ist in meinem System so entschieden und zugleich so eigenthümlich bestimmt, daß eine besondere Hinweisung hierauf zur Erleichterung des Studiums nicht überflüssig sein dürfte. Die Gestaltung der politischen Beziehungen ist das geschichtlich Fundamentale, und die wirthschaftlichen Abhängigkeiten sind nur eine Wirkung oder ein Spezialfall und daher stets Thatsachen zweiter Ordnung. Einige der neueren sozialistischen Systeme machen den in die Augen fallenden Schein eines völlig umgekehrten Verhältnisses zum leitenden Prinzip, indem sie aus den wirthschaftlichen Zuständen die politischen Unterordnungen gleichsam herauswachsen lassen. Nun sind diese Wirkungen der zweiten Ordnung als solche allerdings vorhanden, und in der Gegenwart am meisten fühlbar; aber das Primitive muß in der unmittelbaren politischen Gewalt und nicht erst in einer indirekten ökonomischen Macht gesucht werden." Ebenso an einer andern Stelle, wo Herr Dühring „von dem Satz ausgeht, daß die politischen Zustände die entscheidende Ursache der Wirthschaftslage sind, und daß die umgekehrte Beziehung nur eine Rückwirkung zweiter Ordnung darstellt ... so lange man die politische Gruppirung nicht um ihrer selbst willen zum Ausgangspunkt macht, sondern sie ausschließlich als Mittel für Futterzwecke behandelt, wird man, so radikal sozialistisch und revolutionär man auch erscheinen möge, dennoch ein verstecktes Stück Reaktion in sich bergen."

Das ist die Theorie des Herrn Dühring. Sie wird hier und an vielen andern Stellen einfach aufgestellt, so zu sagen dekretirt. Von auch nur dem geringsten Versuch des Beweises, oder der Widerlegung der entgegenstehenden Ansicht, ist nirgendwo in den drei dicken Büchern die Rede. Und wenn die Beweisgründe so wohlfeil wären wie die Brombeeren, Herr Dühring gäbe uns keine Beweisgründe. Die Sache ist ja schon bewiesen durch den berühmten Sündenfall, wo Robinson den Freitag geknechtet hat. Das war eine Gewaltthat, also eine politische That. Und da diese Knechtung den Ausgangspunkt und die Grundthatsache der ganzen bisherigen Geschichte bildet und ihr die Erbsünde der Ungerechtigkeit einimpft, so zwar, daß sie in den späteren Perioden nur gemildert und „in die mehr indirekten ökonomischen Abhängigkeitsformen verwandelt" worden ist; da ebenfalls auf dieser Urknechtung das ganze bisher geltend gebliebene „Gewalteigenthum" beruht, so ist klar, daß alle ökonomischen Erscheinungen aus politischen Ursachen zu erklären sind, nämlich aus der Gewalt. Und wem das nicht genügt, der ist ein versteckter Reaktionär.

Bemerken wir zuerst, daß man nicht weniger in sich selbst verliebt sein muß als Herr Dühring, um diese Ansicht für so „eigenthümlich" zu halten, wie sie keineswegs ist. Die Vorstellung als wären die politischen Haupt- und Staatsaktionen das Entscheidende in der Geschichte, ist so alt wie die Geschichtschreibung selbst, und ist die Hauptsache davon, daß uns so wenig aufbewahrt worden ist über die sich im Hintergrund dieser lärmenden Auftritte still vollziehende und wirklich vorantreibende Entwicklung der Völker. Diese Vorstellung hat die ganze vergangene Geschichtsauffassung beherrscht und einen Stoß erhalten erst durch die französischen bürgerlichen Geschichtsschreiber der Restaurationszeit; „eigenthümlich" ist dabei nur, daß Herr Dühring von alle dem wieder nichts weiß.

Ferner: nehmen wir für einen Augenblick an, Herr Dühring habe darin Recht, daß alle bisherige Geschichte sich auf die Knechtung des Menschen durch den Menschen zurückführen lasse, so sind wir damit noch lange nicht der Sache auf den Grund gekommen. Sondern es fragt sich zunächst: wie kam der Robinson dazu, den Freitag zu knechten? Des bloßen Vergnügens halber? Durchaus nicht. Wir sehen im Gegentheil, daß Freitag „als Sklave oder bloßes Werkzeug zum wirthschaftlichen Dienst gepreßt und eben auch nur als Werkzeug unterhalten wird." Robinson hat Freitag nur geknechtet, damit Freitag zum Nutzen Robinsons arbeite. Und wie kann Robinson aus Freitags Arbeit Nutzen für sich ziehen? Nur dadurch, daß Freitag mehr Lebensmittel durch seine Arbeit erzeugt, als Robinson ihm geben muß, damit er arbeitsfähig bleibe. Robinson hat also, gegen Herrn Dührings ausdrückliche Vorschrift, die durch die Knechtung Freitags hergestellte „politische Gruppirung nicht um ihrer selbst willen zum Ausgangspunkt gemacht, sondern sie ausschließlich als Mittel für Futterzwecke behandelt," und möge nun selber zusehen, wie er mit seinem Herrn und Meister Dühring fertig wird.

Das kindliche Exempel also, das Herr Dühring eigens erfunden hat, um die Gewalt als das „geschichtlich Fundamentale" nachzuweisen, es beweist, daß die Gewalt nur das Mittel, der ökonomische Vortheil dagegen der Zweck ist. Um so viel „fundamentaler" der Zweck ist als das seinetwegen angewandte Mittel, um ebensoviel fundamentaler ist in der Geschichte die ökonomische Seite des Verhältnisses gegenüber der politischen. Das Beispiel beweist also gerade das Gegentheil von dem was es beweisen soll. Und wie bei Robinson und Freitag, so in allen bisherigen Fällen von Herrschaft und Knechtschaft. Die Unterjochung war stets, um Herrn Dührings elegante Ausdrucksweise zu gebrauchen, „Mittel für Futterzwecke" (diese Futterzwecke im weitesten Sinn genommen) nie und nirgends aber eine „um ihrer selbst willen" eingeführte politische Gruppirung. Man muß Herr Dühring sein um sich einbilden zu können, die Steuern seien im Staate nur „Wirkungen zweiter Ordnung", oder die heutige politische Gruppirung von herrschender Bourgeoisie und beherrschtem Proletariat sei „um ihrer selbst willen" da, und nicht um der „Futterzwecke" der herrschenden Bourgois willen, nämlich der Profitmacherei und Kapitalaufhäufung.

Kehren wir indeß wieder zurück zu unsern beiden Männern. Robinson, „mit dem Degen in der Hand", macht Freitag zu seinem Sklaven. Aber um dies fertig zu bringen, braucht Robinson noch etwas anderes als den Degen. Nicht einem Jeden ist mit einem Sklaven gedient. Um einen solchen brauchen zu können, muß man über zweierlei verfügen: erstens über die Werkzeuge und Gegenstände für die Arbeit des Sklaven, und zweitens über die Mittel für seinen nothdürftigen Unterhalt. Ehe also Sklaverei möglich wird, muß schon eine gewisse Stufe in der Produktion erreicht und ein gewisser Grad von Ungleichheit in der Vertheilung eingetreten sein. Und damit die Sklavenarbeit die herrschende Produktionsweise einer ganzen Gesellschaft werde, braucht es eine noch weit höhere Steigerung der Produktion, des Handels und der Reichthumsansammlung. In den alten naturwüchsigen Gemeinwesen mit Gesammteigenthum am Boden kommt Sklaverei entweder gar nicht vor oder spielt nur eine sehr untergeordnete Rolle. Ebenso in der ursprünglichen Bauernstadt Rom; als dagegen Rom „Weltstadt" wurde, und der italische Grundbesitz mehr und mehr in die Hände einer wenig zahlreichen Klasse enorm reicher Eigenthümer kam, da wurde die Bauernbevölkerung verdrängt durch eine Bevölkerung von Sklaven. Wenn zur Zeit der Perserkriege die Zahl der Sklaven in Korinth auf 460,000, in Aegina auf 470,000 stieg und auf jeden Kopf der freien Bevölkerung zehn Sklaven kamen, so gehörte dazu noch etwas mehr als „Gewalt", nämlich eine hochentwickelte Kunst- und Handwerksindustrie und ein ausgebreiteter Handel. Die Sklaverei in den amerikanischen Vereinigten Staaten beruhte weit weniger auf der Gewalt, als auf der englischen Baumwollindustrie; in den Gegenden, wo keine Baumwolle wuchs, oder die nicht, wie die Gränzstaaten, Sklavenzüchtung für die Baumwollstaaten trieben, starb sie von selbst aus, ohne Anwendung von Gewalt, einfach weil sie sich nicht bezahlte.

Wenn also Herr Dühring das heutige Eigenthum ein Gewalteigenthum nennt und es bezeichnet als „diejenige Herrschaftsform, welche nicht etwa blos eine Ausschließung des

Nebenmenschen von dem Gebrauch der Naturmittel zur Existenz, sondern auch, was noch weit mehr bedeutet, die Unterjochung des Menschen zum Knechtsdienst zu Grunde liegen hat" — so stellt er das ganze Verhältniß auf den Kopf. Die Unterjochung des Menschen zum Knechtsdienst, in allen ihren Formen, setzt beim Unterjocher die Verfügung voraus über die Arbeitsmittel, vermittelst deren allein er den Geknechteten verwenden, und bei der Sklaverei außerdem noch die Verfügung über die Lebensmittel, womit allein er den Sklaven am Leben erhalten kann. In allen Fällen also schon einen gewissen, den Durchschnitt überschreitenden Vermögensbesitz. Wie ist dieser entstanden? Jedenfalls ist es klar, daß er zwar geraubt sein, also auf Gewalt beruhen kann, aber daß dies keineswegs nöthig ist. Er kann erarbeitet, erstohlen, erhandelt, erschwindelt sein. Er muß sogar erarbeitet sein, ehe er überhaupt geraubt werden kann.

Das Privateigenthum tritt überhaupt in der Geschichte keineswegs auf als Ereigniß des Raubs und der Gewalt. Im Gegentheil. Es besteht schon, wenn auch unter Beschränkung auf gewisse Gegenstände, in der uralten naturwüchsigen Gemeinde aller Kulturvölker. Es entwickelt sich bereits innerhalb dieser Gemeinden, zunächst im Austausch mit Fremden, zur Form der Waare. Je mehr die Erzeugnisse der Gemeinde Waarenform annehmen, d. h. je weniger von ihnen zum eignen Gebrauch des Produzenten, und je mehr sie zum Zweck des Austausches produzirt werden, je mehr der Austausch auch im Innern der Gemeinde die ursprüngliche naturwüchsige Arbeitstheilung verdrängt, desto ungleicher wird der Vermögensstand der einzelnen Gemeindeglieder, desto tiefer wird die alte Gemeinschaft des Bodenbesitzes untergraben, desto rascher treibt das Gemeinwesen seiner Auflösung in ein Dorf von Parzellenbauern entgegen. Der orientalische Despotismus und die wechselnde Herrschaft erobernder Nomadenvölker konnten diesen alten Gemeinwesen Jahrtausende hindurch nichts anhaben; die allmählige Zerstörung ihrer naturwüchsigen Handindustrie durch die Konkurrenz der Erzeugnisse der großen Industrie bringt sie mehr und mehr in Auflösung. Von Gewalt ist da ebensowenig die Rede, wie bei der noch jetzt stattfindenden Aufteilung des gemeinsamen Ackerbesitzes der „Gehöferschaften" an der Mosel und im Hochwald; die Bauern finden es eben in ihrem Interesse, daß das Privateigenthum am Acker an Stelle des Gemeineigenthums trete. Selbst die Bildung einer naturwüchsigen Aristokratie, wie sie bei Celten, Germanen und im indischen Fünfstromland auf Grund des gemeinsamen Bodeneigenthums erfolgt, beruht zunächst keineswegs auf Gewalt, sondern auf Freiwilligkeit und Gewohnheit. Ueberall wo das Privateigenthum sich herausbildet, geschieht dies in Folge veränderter Produktions- und Austauschverhältnisse, im Interesse der Steigerung der Produktion und der Förderung des Verkehrs — also aus ökonomischen Ursachen. Die Gewalt spielt dabei gar keine Rolle. Es ist doch klar, daß die Einrichtung des Privateigenthums schon bestehen muß, ehe der Räuber sich fremdes Gut aneignen kann; daß also die Gewalt zwar den Besitzstand verändern, aber nicht das Privateigenthum als solches erzeugen kann.

Aber auch um die „Unterjochung des Menschen zum Knechtsdienst" in ihrer modernsten Form, in der Lohnarbeit zu erklären, können wir weder die Gewalt, noch das Gewalteigenthum brauchen. Wir haben schon erwähnt, welche Rolle bei der Auflösung der alten Gemeinwesen, also bei der direkten oder indirekten Verallgemeinerung des Privateigenthums die Verwandlung der Arbeitsprodukte in Waaren, ihre Erzeugung nicht für den eigenen Verzehr, sondern für den Austausch spielt. Nun aber hat Marx im „Kapital" sonnenklar nachgewiesen — und Herr Dühring hütet sich auch nur mit einer Silbe darauf einzugehen — daß auf einem gewissen Entwicklungsgrad die Waarenproduktion sich in kapitalistische Produktion verwandelt, und daß auf dieser Stufe „das auf Waarenproduktion und Waarenzirkulation beruhende Gesetz der Aneignung oder Gesetz des Privateigenthums durch seine eigene, innere, unvermeidliche Dialektik in sein Gegentheil umschlägt: der Austausch von Aequivalenten, der als die ursprüngliche Operation erschien, hat sich so gedreht, daß nur zum Schein ausgetauscht wird, indem erstens der gegen Arbeitskraft ausgetauschte Kapitaltheil selbst nur ein Theil des ohne Aequivalent angeeigneten fremden Arbeitsprodukts ist, und zweitens von seinem Produzenten, dem Arbeiter, nicht nur ersetzt, sondern mit neuem Surplus (Ueberschuß) ersetzt werden muß . . . Ursprünglich erschien uns das Eigenthum gegründet auf eigene Arbeit . . . Eigenthum erscheint jetzt (am Schluß der Marx'schen Entwicklung), auf Seite des

Kapitalisten, als das Recht fremde unbezahlte Arbeit; auf Seite des Arbeiters, als Unmöglichkeit sein eignes Produkt anzueignen. Die Scheidung zwischen Eigenthum und Arbeit wird zur nothwendigen Konsequenz eines Gesetzes, das scheinbar von ihrer Identität ausging." Mit andern Worten: selbst wenn wir die Möglichkeit alles Raubs, aller Gewaltthat und aller Prellerei ausschließen, wenn wir annehmen, daß alles Privateigenthum ursprünglich auf eigener Arbeit des Besitzers beruhe, und daß im ganzen ferneren Verlauf nur gleiche Werthe gegen gleiche Werthe ausgetauscht werden, so kommen wir dennoch bei der Fortentwicklung der Produktion und des Austausches mit Nothwendigkeit auf die gegenwärtige kapitalistische Produktionsweise, auf die Monopolisirung der Produktions- und Lebensmittel in den Händen der einen, wenig zahlreichen Klasse, auf die Herabdrückung der andern, die ungeheure Mehrzahl bildenden Klasse zu besitzlosen Proletariern, auf den periodischen Wechsel von Schwindelproduktion und Handelskrise und auf die ganze gegenwärtige Anarchie in der Produktion. Der ganze Hergang ist aus rein ökonomischen Ursachen erklärt, ohne daß auch nur ein einziges Mal der Raub, die Gewalt, der Staat oder irgend welche politische Einmischung nöthig gewesen wäre. Das „Gewalteigenthum" erweist sich auch hier bloß als eine renommistische Phrase, die den Mangel an Verständniß des wirklichen Verlaufs der Dinge verdecken soll.

Dieser Verlauf, historisch ausgedrückt, ist die Entwicklungsgeschichte der Bourgeoisie. Wenn „die politischen Zustände die entscheidende Ursache der Wirthschaftslage sind," so muß die moderne Bourgeoisie nicht im Kampf mit dem Feudalismus sich entwickelt haben, sondern sein freiwillig erzeugtes Schooßkind sein. Jedermann weiß, daß das Gegentheil stattgefunden hat. Ursprünglich dem herrschenden Feudaladel zinspflichtiger, aus Hörigen und Leibeignen aller Art sich rekrutirender, unterdrückter Stand, hat das Bürgerthum in fortwährendem Kampf mit dem Adel, einen Machtposten nach dem andern erobert, und schließlich in den entwickeltsten Ländern an seiner Stelle die Herrschaft in Besitz genommen; in Frankreich, indem es es den Adel direkt stürzte, in England, indem es ihn mehr und mehr verbürgerlichte und ihn sich als seine eigene ornamentale Spitze einverleibte. Und wie brachte es dies fertig? Lediglich durch Veränderung der „Wirthschaftslage", der eine

Veränderung der politischen Zustände früher oder später, freiwillig oder erkämpft, nachfolgte. Der Kampf der Bourgoisie gegen den Feudaladel ist der Kampf der Stadt gegen das Land, der Industrie gegen den Grundbesitz, der Geldwirthschaft gegen die Naturalwirthschaft, und die entscheidenden Waffen der Bürger in diesem Kampf waren ihre, durch die Entwicklung der erst handwerksmäßigen, später zur Manufaktur vorschreitenden Industrie und durch die Ausbreitung des Handels sich fortwährend steigernden ökonomischen Machtmittel. Während dieses ganzen Kampfs stand die politische Gewalt auf Seite des Adels, mit Ausnahme einer Periode, wo die königliche Macht das Bürgerthum gegen den Adel benutzte, um den einen Stand durch den andern im Schach zu halten; aber von dem Augenblick, wo das noch immer politisch ohnmächtige Bürgerthum, vermöge seiner wachsenden ökonomischen Macht, gefährlich zu werden anfing, verbündete sich das Königthum wieder mit dem Adel, und rief dadurch zuerst in England, dann in Frankreich, die Revolution des Bürgerthums hervor. Die „politischen Zustände" in Frankreich waren unverändert geblieben, während die „Wirthschaftslage" ihnen entwachsen war. Dem politischen Stand nach war der Adel Alles, der Bürger Nichts; der sozialen Lage nach war der Bürger jetzt die wichtigste Klasse im Staat, während dem Adel alle seine sozialen Funktionen abhanden gekommen waren und er nur noch in seinen Revenüen die Bezahlung dieser verschwundenen Funktionen einstrich. Damit nicht genug: das Bürgerthum war in seiner ganzen Produktion eingezwängt geblieben in die feudalen politischen Formen des Mittelalters, denen diese Produktion — nicht nur die Manufaktur, sondern selbst das Handwerk — längst entwachsen war: in alle die, zu bloßen Chikanen und Fesseln der Produktion gewordenen, tausendfachen Zunftprivilegien und lokalen und provinzialen Zollschranken. Die Revolution des Bürgerthums machte dem ein Ende. Nicht aber indem sie, nach Herrn Dühring's Grundsatz, die Wirthschaftslage den politischen Zuständen anpaßte — das hatte ja grade Adel und Königthum Jahrelang umsonst versucht — sondern indem sie umgekehrt den alten modrigen politischen Plunder bei Seite warf und politische Zustände schuf, in denen die neue „Wirthschaftslage" bestehen und sich entwickeln konnte. Und sie hat sich in dieser ihr angemessenen politischen und rechtlichen Atmo=

sphäre glänzend entwickelt, so glänzend, daß die Bourgeoisie schon nicht mehr weit von der Stellung ist, die der Adel 1789 einnahm: sie wird mehr und mehr, nicht nur sozial überflüssig, sondern soziales Hinderniß; sie scheidet mehr und mehr aus der Produktionsthätigkeit aus und wird mehr und mehr, wie seiner Zeit der Adel, eine bloß Revenüen einstreichende Klasse; und sie hat diese Umwälzung in ihrer eignen Stellung und die Erzeugung einer neuen Klasse, des Proletariats, fertig gebracht, ohne irgend welchen Gewaltshokuspokus, auf rein ökonomischem Wege. Noch mehr. Sie hat dies Resultat ihres eignen Thun und Treibens keineswegs gewollt — im Gegentheil, es hat sich mit unwiderstehlicher Gewalt gegen ihren Willen und gegen ihre Absicht durchgesetzt; ihre eignen Produktionskräfte sind ihrer Leitung entwachsen, und treiben, wie mit Naturnothwendigkeit, die ganze bürgerliche Gesellschaft dem Untergange oder der Umwälzung entgegen. Und wenn die Bourgeois jetzt an die Gewalt appelliren, um die zusammenbrechende „Wirthschaftslage" vor dem Einsturz zu bewahren, so beweisen sie damit nur, daß sie in derselben Täuschung befangen sind wie Herr Dühring, als seien „die politischen Zustände die entscheidende Ursache der Wirthschaftslage"; daß sie sich einbilden, ganz wie Herr Dühring, sie könnten mit dem „Primitiven", mit „der unmittelbar politischen Gewalt" jene „Thatsachen zweiter Ordnung", die Wirthschaftslage und ihre unabwendbare Entwicklung umschaffen und also die ökonomischen Wirkungen der Dampfmaschine und der von ihr getriebenen modernen Maschinerie, des Welthandels und der heutigen Bank- und Kreditentwicklung mit Kruppkanonen und Mausergewehren wieder aus der Welt schießen.

III. Gewaltstheorie. (Fortsetzung.)

Betrachten wir indeß diese allmächtige „Gewalt" des Herrn Dühring etwas näher. Robinson knechtet den Freitag „mit dem Degen in der Hand." Woher hat er den Degen? Auch auf den Phantasie-Inseln der Robinsonaden wachsen bis jetzt die Degen nicht auf den Bäumen, und Herr Dühring bleibt jede Antwort auf diese Frage schuldig. Ebensogut wie Robinson sich einen Degen verschaffen konnte, ebensogut dürfen wir annehmen, daß Freitag eines schönen Morgens erscheint mit einem geladenen Revolver in der Hand, und dann kehrt sich das ganze „Gewalt"-Verhältniß um: Freitag kommandirt und Robinson muß schanzen. Wir bitten die Leser um Verzeihung, daß wir so konsequent auf die, eigentlich in die Kinderstube und nicht in die Wissenschaft gehörige Geschichte von Robinson und Freitag zurückkommen, aber was können wir dafür? Wir sind genöthigt, Herrn Dührings axiomatische Methode gewissenhaft anzuwenden, und es ist nicht unsere Schuld, wenn wir uns dabei stets auf dem Gebiete der reinen Kindlichkeit bewegen. Also der Revolver siegt über den Degen, und damit wird es doch wohl auch dem kindlichsten Axiomatiker begreiflich sein, daß die Gewalt kein bloßer Willensakt ist, sondern sehr reale Vorbedingungen zu ihrer Bethätigung erfordert, namentlich Werkzeuge, von denen das vollkommenere das unvollkommenere überwindet; daß ferner diese Werkzeuge produzirt sein müssen, womit zugleich gesagt ist, daß der Produzent vollkommerer Gewaltswerkzeuge, vulgo Waffen, den Produzenten der unvollkommeneren besiegt, und daß, mit Einem Wort, der Sieg der Gewalt beruht auf der Produktion von Waffen und diese wieder auf der Produktion überhaupt, also — auf der „ökonomischen Macht," auf der „Wirthschaftslage", auf den der Gewalt zur Verfügung stehenden materiellen Mitteln.

Die Gewalt, das ist heutzutage die Armee und die Kriegsflotte, und beide kosten, wie wir alle zu unserem Schaden wissen, „heidenmäßig viel Geld". Die Gewalt aber kann kein Geld machen, sondern höchstens schon Gemachtes wegnehmen, und das nützt auch nicht viel, wie wir ebenfalls zu unserem Schaden mit den französischen Milliarden erfahren haben. Das Geld muß also schließlich doch geliefert werden vermittelst der ökonomischen Produktion; die Gewalt wird also wieder durch die Wirthschaftslage bestimmt, die ihr die Mittel zur Ausrüstung und Erhaltung ihrer Werkzeuge verschafft. Aber damit nicht genug. Nichts ist abhängiger von ökonomischen Vorbedingungen als grade Armee und Flotte. Bewaffnung, Zusammensetzung, Organisation, Taktik und Strategie hängen vor allem von der jedesmaligen Produktionsstufe und den Kommunikationen. Nicht die „freien Schöpfungen des Verstandes" genialer Feldherren haben hier umwälzend gewirkt, sondern die Erfindung besserer

Waffen und die Veränderung des Soldatenmaterials; der Einfluß der genialen Feldherren beschränkt sich im besten Fall darauf, die Kampfweise den neuen Waffen und Kämpfern anzupassen.

Im Anfang des vierzehnten Jahrhunderts kam das Schießpulver von den Arabern zu den Westeuropäern, und wälzte, wie jedes Schulkind weiß, die ganze Kriegsführung um. Die Einführung des Schießpulvers und der Feuerwaffen war aber keineswegs eine Gewaltthat, sondern ein industrieller, also wirthschaftlicher Fortschritt. Industrie bleibt Industrie, ob sie auf die Erzeugung oder die Zerstörung von Gegenständen sich richtet. Und die Einführung der Feuerwaffen wirkte umwälzend nicht nur auf die Kriegführung selbst, sondern auch auf die politischen Herrschafts- und Knechtschaftsverhältnisse. Zur Erlangung von Pulver und Feuerwaffen gehörte Industrie und Geld, und beides besaßen die Städtebürger. Die Feuerwaffen waren daher von Anfang an Waffen der Städte und der auf die Städte gestützten, emporkommenden Monarchie gegen den Feudaladel. Die bisher unnahbaren Steinmauern der Adelsburgen erlagen den Kanonen der Bürger, die Kugeln der bürgerlichen Handbüchsen schlugen durch die ritterlichen Panzer. Mit der geharnischten Kavallerie des Adels brach auch die Adelsherrschaft zusammen; mit der Entwicklung des Bürgerthums wurden Fußvolk und Geschütz mehr und mehr die entscheidenden Waffengattungen; durch das Geschütz gezwungen, mußte das Kriegshandwerk sich eine neue, ganz industrielle Unterabtheilung zulegen: das Ingenieurwesen.

Die Ausbildung der Feuerwaffen ging sehr langsam vor sich. Das Geschütz blieb schwerfällig, die Handrohre trotz vieler Einzelerfindungen roh. Es dauerte über dreihundert Jahre, bis ein Gewehr zu Stande kam, das zur Bewaffnung der gesammten Infanterie taugte. Erst Anfangs des 18. Jahrhunderts verdrängte das Steinschloßgewehr mit Bajonnet die Pike endgültig aus der Bewaffnung des Fußvolks. Das damalige Fußvolk bestand aus den stramm exercirenden, aber ganz unzuverlässigen, nur mit dem Stock zusammengehaltenen, aus den verkommensten Elementen der Gesellschaft, oft aus gepreßten feindlichen Kriegsgefangenen, sich zusammensetzenden fürstlichen Werbesoldaten, und die einzige Kampfform, in der diese Soldaten das neue Gewehr zur Verwendung bringen konnten, war die

Lineartaktik, die unter Friedrich II. ihre höchste Vollendung erreichte. Das ganze Fußvolk eines Heeres wurde in einem dreigliedrigen, sehr langen hohlen Viereck aufgestellt und bewegte sich in Schlachtordnung nur als Ganzes; höchstens wurden einem der beiden Flügel gestattet, sich etwas vorzuschieben oder zurückzuhalten. Diese unbehülfliche Masse war in Ordnung zu bewegen nur auf einem ganz ebnen Gelände, und auch da nur im langsamen Tempo (75 Schritt auf die Minute); eine Aenderung der Schlachtordnung während des Gefechts war unmöglich, und Sieg oder Niederlage wurden, sobald die Infanterie einmal im Feuer war, in kurzer Zeit mit Einem Schlag entschieden.

Diesen unbehülflichen Linien traten im amerikanischen Unabhängigkeitskrieg Rebellenhaufen entgegen, die zwar nicht exerciren, aber desto besser aus ihren gezogenen Büchsen schießen konnten, die für ihre eigensten Interessen fochten, also nicht desertirten wie die Werbetruppen, und die den Engländern nicht den Gefallen thaten, ihnen ebenfalls in Linie und auf freier Ebene gegenüber zu treten, sondern in aufgelösten rasch beweglichen Schützenschwärmen und in den deckenden Wäldern. Die Linie war hier machtlos und erlag den unsichtbaren und unerreichbaren Gegnern. Das Tirailliren war wieder erfunden — eine neue Kampfweise in Folge eines veränderten Soldatenmaterials.

Was die amerikanische Revolution begonnen, das vollendete die französische, auch auf militärischem Gebiet. Den geübten Werbeheeren der Koalition hatte sie ebenfalls nur schlecht geübte aber zahlreiche Massen entgegenzustellen, das Aufgebot der ganzen Nation. Mit diesen Massen aber galt es Paris zu schützen, also ein bestimmtes Gebiet zu decken, und das konnte nicht ohne Sieg in offener Massenschlacht geschehen. Das bloße Schützengefecht reichte nicht aus; es mußte eine Form auch für die Massenverwendung gefunden werden, und sie fand sich in der Kolonne. Die Kolonnenstellung erlaubte auch wenig geübten Truppen, sich mit ziemlicher Ordnung zu bewegen und das selbst mit einer größeren Marschgeschwindigkeit (100 Schritt und darüber in der Minute), sie erlaubte die steifen Formen der alten Linienordnung zu durchbrechen, in jedem, also auch in dem der Linie ungünstigsten, Terrain zu fechten, die Truppen in jeder irgendwie angemessenen Art zu gruppiren und, in Ver=

bindung mit dem Gefecht zerstreuter Schützen, die feindlichen Linien aufzuhalten, zu beschäftigen, zu ermatten, bis der Moment gekommen, wo man sie am entscheidenden Punkt der Stellung mit in Reserve gehaltenen Massen durchbrach. Diese neue, auf der Verbindung von Tirailleurs und Kolonnen und auf der Eintheilung der Armee in selbständige, aus allen Waffen zusammengesetzte Divisionen oder Armeekorps beruhende, von Napoleon nach ihrer taktischen wie strategischen Seite vollständig ausgebildete Kampfweise war demnach nothwendig geworden vor Allem durch das veränderte Soldatenmaterial der französischen Revolution. Sie hatte aber auch noch zwei sehr wichtige technische Vorbedingungen: erstens die von Gribeauval konstruirte leichtere Lassetirung der Feldgeschütze, wodurch allein diesen die von ihnen jetzt verlangte raschere Bewegung möglich wurde, und zweitens die in Frankreich 1777 eingeführte, dem Jagdgewehr entlehnte, Schweifung des bisher ganz gerade in der Verlängerung des Laufs sich fortsetzenden Flintenkolbens, die es möglich machte, auf einen einzelnen Mann zu zielen ohne nothwendig vorbeizuschießen. Ohne diesen Fortschritt aber hätte man mit dem alten Gewehr nicht tirailliren können.

Das revolutionäre System der Bewaffnung des ganzen Volks wurde bald auf eine Zwangsaushebung (mit Stellvertretung durch Loskauf für die Begüterten) beschränkt und in dieser Form von den meisten großen Staaten des Festlands angenommen. Nur Preußen versuchte in seinem Landwehrsystem die Wehrkraft des Volks in größerem Maß heranzuziehn. Preußen war zudem der erste Staat, der sein ganzes Fußvolk — nachdem der zwischen 1830 und 1860 ausgebildete, kriegsbrauchbare gezogene Vorderlader eine kurze Rolle gespielt, — mit der neuesten Waffe versah, dem gezogenen Hinterlader. Beiden Einrichtungen verdankte es seine Erfolge von 1866.

Im deutsch-französischen Krieg traten zuerst zwei Heere einander gegenüber, die beide gezogene Hinterlader führten, und zwar beide mit wesentlich denselben taktischen Formationen wie zur Zeit des alten glattläufigen Steinschloßgewehrs. Nur daß die Preußen in der Einführung der Kompagniekolonne den Versuch gemacht hatten, eine der neuen Bewaffnung angemessenere Kampfform zu finden. Als aber am 18. August bei

St. Privat die preußische Garde mit der Kompagniekolonne Ernst zu machen versuchte, verloren die am meisten betheiligten fünf Regimenter in höchstens zwei Stunden über ein Drittel ihrer Stärke (176 Offiziere und 5114 Mann), und von da an war auch die Kompagniekolonne als Kampfform gerichtet, nicht minder als die Bataillonskolonne und die Linie; jeder Versuch wurde aufgegeben, fernerhin irgend welche geschlossene Trupps dem feindlichen Gewehrfeuer auszusetzen, und der Kampf wurde deutscher Seits nur noch in jenen dichten Schützenschwärmen geführt, in die sich die Kolonne bisher schon regelmäßig selbst unter dem einschlagenden Kugelhagel aufgelöst, die man aber von oben herab als ordnungswidrig bekämpft hatte, und ebenso wurde nun im Bereich des feindlichen Gewehrfeuers der Laufschritt die einzige Bewegungsart. Der Soldat war wieder einmal gescheuter gewesen als der Offizier; die einzige Gefechtsform, die bisher im Feuer des Hinterladers sich bewährt, hatte er instinktmäßig gefunden, und setzte sie trotz des Sträubens der Führung erfolgreich durch.

Mit dem deutsch-französischen Krieg ist ein Wendepunkt eingetreten von ganz andrer Bedeutung als alle früheren. Erstens sind die Waffen so vervollkommnet, daß ein neuer Fortschritt von irgend welchem umwälzenden Einfluß nicht mehr möglich ist. Wenn man Kanonen hat, mit denen man ein Bataillon treffen kann soweit das Auge es unterscheidet, und Gewehre, die für einen einzelnen Mann als Zielpunkt dasselbe leisten und bei denen das Laden weniger Zeit raubt als das Zielen, so sind alle weiteren Fortschritte für den Feldkrieg mehr oder weniger gleichgültig. Die Aera der Entwicklung ist nach dieser Seite hin also im Wesentlichen abgeschlossen. Zweitens aber hat dieser Krieg alle kontinentalen Großstaaten gezwungen, das verschärfte preußische Landwehrsystem bei sich einzuführen, und damit eine Militärlast, bei der sie in wenigen Jahren zu Grunde gehn müssen. Die Armee ist Hauptzweck des Staats, ist Selbstzweck geworden; die Völker sind nur noch dazu da, die Soldaten zu liefern und zu ernähren. Der Militarismus beherrscht und verschlingt Europa. Aber dieser Militarismus trägt auch den Keim seines eigenen Untergangs in sich. Die Konkurrenz der einzelnen Staaten unter einander zwingt sie einerseits, jedes Jahr mehr Geld auf Armee, Flotte, Geschütze ꝛc. zu verwenden, also den finanziellen Zusammenbruch mehr und mehr zu beschleunigen; andrerseits mit der allgemeinen Dienstpflicht mehr und mehr Ernst und damit schließlich das ganze Volk mit dem Waffengebrauch vertraut zu machen; es also zu befähigen, in einem gewissen Moment seinen Willen gegenüber der kommandirenden Militärherrlichkeit durchzusetzen. Und dieser Moment tritt ein, sobald die Masse des Volks — ländliche und städtische Arbeiter und Bauern — einen Willen hat. Auf diesem Punkt schlägt das Fürstenheer um in ein Volksheer; — die Maschine versagt den Dienst, der Militarismus geht unter an der Dialektik seiner eignen Entwicklung. Was die bürgerliche Demokratie von 1848 nicht fertig bringen konnte, eben weil sie bürgerlich war und nicht proletarisch, nämlich den arbeitenden Massen einen Willen geben, dessen Inhalt ihrer Klassenlage entspricht — das wird der Sozialismus unfehlbar erwirken. Und das bedeutet die Sprengung des Militarismus und mit ihm aller stehenden Armeen von innen heraus.

Das ist die eine Moral unsrer Geschichte der modernen Infanterie. Die zweite Moral, die uns wieder zu Herrn Dühring zurückführt, ist daß sich die ganze Organisation und Kampfweise der Armeen, und damit Sieg und Niederlage, abhängig erweist von materiellen, d. h. ökonomischen Bedingungen: vom Menschen- und vom Waffenmaterial, also von der Qualität und Quantität der Bevölkerung und von der Technik. Nur ein Jägervolk wie die Amerikaner konnte das Tirailliren wieder erfinden — und sie waren Jäger aus rein ökonomischen Ursachen, eben wie jetzt aus rein ökonomischen Ursachen dieselben Yankees der alten Staaten sich in Bauern, Industrielle, Seefahrer und Kaufleute verwandelt haben, die nicht mehr in den Urwäldern tirailliren, dafür aber um so besser auf dem Felde der Spekulation, wo sie es auch in der Massenverwendung weit gebracht haben. — Nur eine Revolution wie die französische, die den Bürger und namentlich den Bauer ökonomisch emanzipirte, konnte die Massenheere und zugleich die freien Bewegungsformen finden, an denen die alten steifen Linien zerschellten — die militärischen Abbilder des Absolutismus, den sie verfochten. Und wie die Fortschritte der Technik, sobald sie militärisch verwendbar und auch verwendet wurden, sofort Aenderungen, ja Umwälzungen der Kampfweise fast gewaltsam erzwangen, oft noch dazu gegen den Willen der Heeresleitung, das haben wir Fall für Fall gesehen. Wie sehr außerdem die Kriegführung von der Produktivität und den Kommunikationsmitteln des eignen Hinterlandes wie des Kriegsschauplatzes abhängt, darüber kann heutzutage schon ein strebsamer Unteroffizier Herrn Dühring aufklären. Kurz, überall und immer sind es ökonomische Bedingungen und Machtmittel, die der „Gewalt" zum Siege verhelfen, ohne den sie aufhört Gewalt zu sein, und wer nach Dühringschen Grundsätzen das Kriegswesen vom entgegengesetzten Standpunkte aus reformiren wollte, der könnte nichts ärnten als Prügel.*)

Gehen wir nun vom Lande aufs Wasser, so bietet sich uns allein in den letzten zwanzig Jahren eine noch ganz anders durchgreifende Umwälzung. Das Schlachtschiff des Krimkriegs war der hölzerne Zwei- und Dreidecker von 60—100 Kanonen, der vorzugsweise noch durch Segel bewegt wurde und nur zur Aushülfe eine schwache Dampfmaschine hatte. Er führte hauptsächlich 32 Pfünder von etwa 50 Centner Rohrgewicht, daneben nur wenige 68 Pfünder von 95 Centner. Gegen Ende des Kriegs traten eisengepanzerte schwimmende Batterieen auf, schwerfällige, fast unbewegliche, aber dem damaligen Geschütz gegenüber unverletzliche Ungeheuer. Bald wurde die Eisenpanzerung auch auf die Schlachtschiffe übertragen; anfangs noch dünn, vier Zoll Eisenstärke galt schon für einen äußerst schweren Panzer. Aber der artilleristische Fortschritt überholte bald die Panzerung; für jede Panzerstärke, die nach der Reihe angewandt wurde, fand sich ein neues, schwereres Geschütz, das sie mit Leichtigkeit durchschlug. So sind wir jetzt bereits bei zehn-, zwölf-, vierzehn-, vierundzwanzigzölliger Panzerstärke (Italien will ein Schiff mit drei Fuß dickem Panzer bauen lassen) auf der einen Seite angekommen; auf der andern bei gezogenen Geschützen von 25, 35, 80, ja 100 Tons (à 20 Centner) Rohrgewicht, die Geschosse von 300, 400, 1700 bis 2000 Pfund auf früher unerhörte Entfernungen schleudern. Das heutige Schlachtschiff ist ein riesiger gepanzerter Schraubendampfer von 8—9000 Tonnen Gehalt und 6—8000 Pferde-

---

*) Im preußischen Generalstab weiß man dies auch schon ganz gut. „Die Grundlage des Kriegswesens ist in erster Reihe die wirthschaftliche Lebensgestaltung der Völker überhaupt," sagt Herr **Max Jähns**, Hauptmann im Generalstab, in einem wissenschaftlichen **Vortrag** (Köln. Ztg., 20. April 1876, drittes Blatt).

kraft, mit Drehthürmen, und 4, höchstens 6 schweren Geschützen, und mit einem, unter der Wasserlinie in einer Ramme zum Niederrennen feindlicher Schiffe auslaufenden Bug; es ist eine einzige kolossale Maschine, auf der der Dampf nicht nur die schnelle Fortbewegung bewirkt, sondern auch die Steuerung, das Ankerwinden, die Drehung der Thürme, die Richtung und Ladung der Geschütze, das Auspumpen des Wassers, das Einnehmen und Herablassen der Boote — die selbst theilweise wieder Dampfkraft führen — u. s. w. Und so wenig ist der Wettkampf zwischen Panzerung und Geschützwirkung zum Abschluß gekommen, daß ein Schiff heutzutage fast regelmäßig schon nicht mehr den Ansprüchen genügt, schon veraltet ist, ehe es vom Stapel gelassen wird. Das moderne Schlachtschiff ist nicht nur ein Produkt, sondern zugleich ein Probestück der modernen großen Industrie, eine schwimmende Fabrik — vornehmlich allerdings zur Erzeugung von Geldverschwendung. Das Land, wo die große Industrie am meisten entwickelt ist, hat beinahe das Monopol des Bau's dieser Schiffe. Alle türkischen, fast alle russischen, die meisten deutschen Panzerschiffe sind in England gebaut; Panzerplatten von irgend welcher Brauchbarkeit werden fast nur in Sheffield gemacht; von den drei Eisenwerken Europas, die allein im Stande sind, die schwersten Geschütze zu liefern, kommen zwei (Woolwich und Elswick) auf England, das dritte (Krupp) auf Deutschland. Hier zeigt sich aufs Handgreiflichste, wie die „unmittelbare politische Gewalt," die nach Herrn Dühring die „entscheidende politische Ursache der Wirthschaftslage" ist, im Gegentheile vollständig von der Wirthschaftslage unterjocht ist; wie nicht nur die Herstellung, sondern auch die Behandlung des Gewaltswerkzeuges zur See, des Schlachtschiffs, selbst ein Zweig der modernen großen Industrie geworden ist. Und daß dies so geworden, geht Niemanden mehr wider die Haare als grade der Gewalt, dem Staat, dem jetzt ein Schiff so viel kostet wie früher eine ganze kleine Flotte; der es mit ansehn muß, daß diese theuren Schiffe, noch ehe sie ins Wasser kommen, schon veraltet, also entwerthet sind; und der sicher ebensoviel Verdruß darüber empfindet wie Herr Dühring, daß der Mann der „Wirthschaftslage", der Ingenieur, jetzt an Bord viel wichtiger ist als der Mann der „unmittelbaren Gewalt", der Kapitän. Wir dagegen haben durchaus keinen Grund uns zu ärgern, wenn wir sehn wie in diesem Wettkampf zwischen Panzer und

Geschütz das Schlachtschiff bis zu der Spitze der Künstlichkeit ausgebildet wird, die es ebenso unerschwinglich wie kriegsunbrauchbar macht*), und wie dieser Kampf damit auch auf dem Gebiet des Seekriegs jene innern dialektischen Bewegungsgesetze offenbart, nach denen der Militarismus, wie jede andre geschichtliche Erscheinung, an den Konsequenzen seiner eignen Entwicklung zu Grunde geht.

Auch hier also sehen wir sonnenklar, daß keineswegs „das Primitive in der unmittelbaren politischen Gewalt und nicht erst in einer indirekten ökonomischen Macht gesucht werden" muß. Im Gegentheil. Was zeigt sich grade als „das Primitive" der Gewalt selbst? Die ökonomische Macht, die Verfügung über die Machtmittel der großen Industrie. Die politische Gewalt zur See, die auf den modernen Schlachtschiffen beruht, erweist sich als durchaus nicht „unmittelbar", sondern grade als vermittelt durch die ökonomische Macht, die hohe Ausbildung der Metallurgie, das Kommando über geschickte Techniker und ergiebige Kohlengruben.

Indeß, wozu das Alles? Man gebe im nächsten Seekriege Herrn Dühring den Oberbefehl, und er vernichtet alle die von der Wirthschaftslage geknechteten Panzerflotten ohne Torpedos und andere Kunststücke, einfach vermittelst seiner „unmittelbaren Gewalt".

IV. Gewaltstheorie. (Schluß.)

„Ein sehr wichtiger Umstand liegt darin, daß thatsächlich die Beherrschung der Natur durch diejenige des Menschen erst überhaupt (!) vor sich gegangen ist (eine Beherrschung ist vor sich gegangen!). Die Bewirthschaftung des Grundeigenthums in größeren Strecken ist nie und nirgends ohne die vorgängige Knechtung des Menschen zu irgend einer Art von Sklaven- oder Frohndienst vollzogen worden. Die Aufrichtung einer ökonomischen Herrschaft über die Dinge hat die politische, soziale und ökonomische Herrschaft des Menschen über den

---

*) Die Vervollkommnung des letzten Erzeugnisses der großen Industrie für den Seekrieg, des sich selbst fortbewegenden Torpedos, scheint dies verwirklichen zu sollen; das kleinste Torpedoboot wäre damit dem gewaltigsten Panzerschiff überlegen.

Menschen zur Voraussetzung gehabt. Wie hätte man sich einen großen Grundherrn nur denken können, ohne zugleich seine Herrenschaft über Sklaven, Hörige oder indirekt Unfreie in den Gedanken einzuschließen? Was möchte wohl die Kraft des Einzelnen, die sich höchstens mit den Kräften der Familienhülfe ausgestattet sähe, für eine umfangreiche Ackerkultur bedeutet haben und bedeuten? Die Ausbeutung des Landes oder die ökonomische Herrschaftsausdehnung über dasselbe in einem die natürlichen Kräfte des Einzelnen übersteigenden Umfang ist in der bisherigen Geschichte nur dadurch möglich geworden, daß vor oder zugleich mit der Begründung der Bodenherrschaft auch die zugehörige Knechtung des Menschen durchgeführt wurde. In den späteren Perioden der Entwicklung ist diese Knechtung gemildert worden... ihre gegenwärtige Gestalt ist in den höher zivilisirten Staaten eine mehr oder minder durch Polizeiherrschaft geleitete Lohnarbeit. Auf der letzteren beruht also die praktische Möglichkeit derjenigen Art des heutigen Reichthums, welcher sich in der umfangreicheren Bodenherrschaft und (!) im größeren Grundbesitz darstellt. Selbstverständlich sind alle andern Gattungen des Vertheilungsreichthums geschichtlich auf ähnliche Weise zu erklären, und die indirekte Abhängigkeit des Menschen vom Menschen, welche gegenwärtig den Grundzug der ökonomisch am weitesten entwickelten Zustände bildet, kann nicht aus sich selbst, sondern nur als eine etwas verwandelte Erbschaft einer früheren direkten Unterwerfung und Enteignung verstanden und erklärt werden." So Herr Dühring.

These: Die Beherrschung der Natur (durch den Menschen) setzt die Beherrschung des Menschen (durch den Menschen) voraus.

Beweis: Die Bewirthschaftung des Grundeigenthums in größeren Strecken ist nie und nirgends anders als durch Knechte erfolgt.

Beweis des Beweises: Wie kann es große Grundbesitzer geben ohne Knechte, da der große Grundbesitzer mit seiner Familie ohne Knechte ja nur einen geringen Theil seines Besitzes bebauen könnte.

Also: um zu beweisen, daß der Mensch, um die Natur sich zu unterwerfen, vorher den Menschen knechten mußte, verwandelt Herr Dühring „die Natur" ohne Weiteres in „Grundeigenthum in größeren Strecken" und dies Grundeigenthum

— unbestimmt wessen? — sofort wieder in das Eigenthum eines großen Grundherrn, der natürlich ohne Knechte sein Land nicht bebauen kann.

Erstens sind „Beherrschung der Natur" und „Bewirthschaftung des Grundeigenthums" keineswegs dasselbe. Die Beherrschung der Natur wird in der Industrie in ganz anders kolossalem Maßstab ausgeübt als im Ackerbau, der sich bis heute vom Wetter beherrschen lassen muß, statt das Wetter zu beherrschen.

Zweitens, wenn wir uns auf die Bewirthschaftung des Grundeigenthums in größeren Strecken beschränken, so kommt es darauf an, wem dies Grundeigenthum gehört. Und da finden wir im Anfang der Geschichte aller Kulturvölker nicht den „großen Grundherrn", den uns Herr Dühring hier unterschiebt mit seiner gewöhnlichen Taschenspielermanier, die er „natürliche Dialektik" nennt — sondern Stamm- und Dorfgemeinden mit gemeinsamem Grundbesitz. Von Indien bis Irland ist die Bewirthschaftung des Grundeigenthums in größeren Strecken ursprünglich durch solche Stamm- und Dorfgemeinden vor sich gegangen, und zwar bald in gemeinschaftlicher Bebauung des Ackerlandes für Rechnung der Gemeinde, bald in einzelnen, von der Gemeinde den Familien auf Zeit zugetheilten Ackerparzellen bei fortdauernder Gemeinnutzung von Wald- und Weideland. Es ist wiederum bezeichnend für „die eindringendsten Fachstudien" des Herrn Dühring „auf dem politischen und juristischen Gebiet", daß er von allen diesen Dingen Nichts weiß; daß seine sämmtlichen Werke eine totale Unbekanntschaft athmen mit den epochemachenden Schriften Maurer's über die ursprüngliche deutsche Markverfassung, die Grundlage des gesammten deutschen Rechts, und mit der hauptsächlich durch Maurer angeregten noch stets anschwellenden Literatur, die sich mit dem Nachweis der ursprünglichen Gemeinschaftlichkeit des Grundbesitzes bei allen europäischen und asiatischen Kulturvölkern und mit der Darstellung seiner verschiedenen Daseins- und Auflösungsformen beschäftigt. Wie auf dem Gebiet des französischen und englischen Rechts Herr Dühring „seine ganze Ignoranz sich selbst erworben" hatte, so groß sie auch war, so auf dem Gebiet des deutschen Rechts seine noch weit größere. Der Mann, der sich so gewaltig über den beschränkten Horizont der Universitätsprofessoren erbost, er steht auf dem Gebiet des deutschen Rechts noch heute höchstens da, wo die Professoren vor zwanzig Jahren standen.

Es ist eine reine „freie Schöpfung und Imagination" des Herrn Dühring, wenn er behauptet, daß zur Bewirthschaftung des Grundeigenthums auf größeren Strecken Grundherren und Knechte erforderlich gewesen seien. Im ganzen Orient, wo die Gemeinde oder der Staat Grundeigenthümer ist, fehlt sogar das Wort Grundherr in den Sprachen, worüber sich Herr Dühring bei den englischen Juristen Raths erholen kann, die sich in Indien ebenso umsonst mit der Frage abquälten: wer ist Grundeigenthümer? — wie weiland Fürst Heinrich LXXII von Reuß-Greiz-Schleitz-Lobenstein-Ebersmalde mit der Frage: Wer ist Nachtwächter? Erst die Türken haben im Orient in den von ihnen eroberten Ländern eine Art grundherrlichen Feudalismus eingeführt. Griechenland tritt schon im Heroenzeitalter in die Geschichte ein mit einer Ständegliederung, die selbst wieder das augenscheinliche Erzeugniß einer längeren, unbekannten Vorgeschichte ist; aber auch da wird der Boden vorwiegend von selbständigen Bauern bewirthschaftet; die größeren Güter der Edlen und Stammesfürsten bilden die Ausnahme und verschwinden ohnehin bald nachher. Italien ist urbar gemacht worden vorwiegend von Bauern; als in den letzten Zeiten der römischen Republik die großen Güterkomplexe, die Latifundien, die Parzellenbauern verdrängten und durch Sklaven ersetzten, ersetzten sie zugleich den Ackerbau durch Viehzucht und richteten, wie schon Plinius wußte, Italien zu Grunde (latifundia Italiam perdidere). Im Mittelalter herrscht in ganz Europa (namentlich bei der Urbarmachung von Oedland) die Bauernkultur vor, wobei es für die vorliegende Frage gleichgültig ist, ob und welche Abgaben diese Bauern an irgend welchen Feudalherrn zu zahlen hatten. Die friesischen, niedersächsischen, flämischen und niederrheinischen Kolonisten, die das den Slaven entrissene Land östlich der Elbe in Bebauung nahmen, thaten dies als freie Bauern unter sehr günstigen Zinssätzen, keineswegs aber in „irgend einer Art von Frohndienst". — In Nordamerika ist bei weitem der größte Theil des Landes durch Arbeit freier Bauern der Kultur erschlossen worden, während die großen Grundherren des Südens mit ihren Sklaven und ihrem Raubbau den Boden erschöpften, bis er nur noch Tannen trug, so daß die Baumwollkultur immer weiter nach Westen wandern mußte. In Australien und Neuseeland sind alle Versuche der englischen Regierung, eine Bodenaristokratie künstlich herzustellen, gescheitert. Kurz, wenn wir die tropischen und subtropischen Kolonien ausnehmen, in denen das Klima dem Europäer die Ackerbauarbeit verbietet, erweist sich der vermittelst seiner Sklaven oder Frohnknechte die Natur seiner Herrschaft unterwerfende, den Boden urbar machende große Grundherr als ein pures Phantasiegebilde. Im Gegentheil. Wo er im Alterthum auftritt, wie in Italien, macht er nicht Wüstland urbar, sondern verwandelt das von Bauern urbar gemachte Ackerland in Viehweide, entvölkert und ruinirt ganze Länder. Erst in neuerer Zeit, erst seitdem die dichtere Bevölkerung den Bodenwerth gehoben und namentlich seit die Entwickelung der Agronomie auch schlechteren Boden verwendbarer gemacht hat — erst da hat der große Grundbesitz angefangen, an der Urbarmachung von Oedland und Weideland in großem Maßstab sich zu betheiligen, und das vornehmlich durch Diebstahl am Gemeindeland der Bauern, sowohl in England wie in Deutschland. Und auch das nicht ohne Gegengewicht. Für jeden Acker Gemeindeland, den die großen Grundbesitzer in England urbar gemacht, haben sie in Schottland mindestens drei Acker urbares Land in Schaftrift und zuletzt gar in bloßes Jagdrevier für Hochwild verwandelt.

Wir haben es hier nur mit der Behauptung des Herrn Dühring zu thun, daß die Urbarmachung größerer Landstriche, also doch wohl so ziemlich des ganzen Kulturgebiets „nie und nirgends" anders vollzogen worden sei als durch große Grundherrn und Knechte — eine Behauptung, von der wir gesehen haben, daß sie eine wahrhaft unerhörte Unkenntniß der Geschichte „zur Voraussetzung hat". Wir haben uns also hier weder darum zu kümmern, inwiefern zu verschiedenen Zeiten bereits ganz oder größtentheils urbare Landstriche durch Sklaven (wie zur Blüthezeit Griechenlands) oder Hörige (wie die Frohnhöfe seit dem Mittelalter) bebaut worden sind, noch darum, welches die gesellschaftliche Funktion der großen Grundbesitzer zu verschiedenen Zeiten gewesen ist.

Und nachdem Herr Dühring uns dies meisterhafte Phantasiegemälde vorgehalten, von dem man nicht weiß was man mehr bewundern soll, die Taschenspielerkunst der Deduktion oder die Geschichtsfälschung — ruft er triumphirend aus: „Selbstverständlich sind alle andern Gattungen des Vertheilungsreichthums geschichtlich auf ähnliche Weise zu erklären!" Womit er sich natürlich die Mühe erspart, über die Entstehung z. B. des Kapitals auch nur ein einziges weiteres Wörtchen zu verlieren.

Wenn Herr Dühring mit seiner Beherrschung des Menschen durch den Menschen als Vorbedingung der Beherrschung der Natur durch den Menschen im Allgemeinen nur sagen will, daß unser gesammter gegenwärtiger ökonomischer Zustand, die heute erreichte Entwicklungsstufe von Ackerbau und Industrie, das Resultat einer sich in Klassengegensätzen, in Herrschafts- und Knechtschaftsverhältnissen abwickelnden Gesellschaftsgeschichte ist, so sagt er etwas, das seit dem kommunistischen Manifest längst Gemeinplatz geworden ist. Es kommt eben darauf an, die Entstehung der Klassen und der Herrschaftsverhältnisse zu erklären, und wenn Herr Dühring dafür immer nur das eine Wort „Gewalt" hat, so sind wir damit genau so weit wie am Anfang. Die einfache Thatsache, daß die Beherrschten und Ausgebeuteten zu allen Zeiten weit zahlreicher sind als die Herrscher und Ausbeuter, daß also die wirkliche Gewalt bei Jenen ruht, reicht allein hin, um die Thorheit der ganzen Gewaltstheorie klarzustellen. Es handelt sich also immer noch um die Erklärung der Herrschafts- und Knechtschaftsverhältnisse.

Sie sind auf zwiefachem Wege entstanden.

Wie die Menschen ursprünglich aus dem Thierreich — im engeren Sinne — heraustreten, so treten sie in die Geschichte ein: noch halb Thiere, roh, noch ohnmächtig gegenüber den Kräften der Natur, noch unbekannt mit ihren eignen; daher arm wie die Thiere und kaum produktiver als sie. Es herrscht eine gewisse Gleichheit der Lebenslage und für die Familienhäupter auch eine Art Gleichheit der gesellschaftlichen Stellung — wenigstens eine Abwesenheit von Gesellschaftsklassen, die noch in den naturwüchsigen, ackerbautreibenden Gemeinwesen der späteren Kulturvölker fortdauert. In jedem solchen Gemeinwesen bestehen von Anfang an gewisse gemeinsame Interessen, deren Wahrung Einzelnen, wenn auch unter Aufsicht der Gesammtheit, übertragen werden muß: Entscheidung von Streitigkeiten; Repression von Uebergriffen Einzelner über ihre Berechtigung hinaus; Aufsicht über Gewässer, besonders in heißen Ländern; endlich, bei der Waldursprünglichkeit der Zustände, religiöse Funktionen. Dergleichen Beamtungen finden sich in den urwüchsigsten Gemeinwesen zu jeder Zeit, so in den ältesten deutschen Markgenossenschaften und noch heute in Indien. Sie sind selbstredend mit einer gewissen Machtvollkommenheit ausgerüstet und die Anfänge der Staatsgewalt. Allmählig steigern sich die Produktivkräfte; die dichtere Bevölkerung schafft hier gemeinsame, dort widerstreitende Interessen zwischen den einzelnen Gemeinwesen, deren Gruppirung zu größeren Ganzen wiederum eine neue Arbeitstheilung, die Schaffung von Organen zur Wahrung der gemeinsamen, zur Abwehr der widerstreitenden Interessen hervorruft. Diese Organe, die schon als Vertreter der gemeinsamen Interessen der ganzen Gruppe, jedem einzelnen Gemeinwesen gegenüber eine besondere, unter Umständen sogar gegensätzliche Stellung haben, verselbständigen sich bald noch mehr, theils durch die, in einer Welt wo Alles naturwüchsig hergeht, fast selbstverständlich eintretende Erblichkeit der Amtsführung, theils durch ihre, mit der Vermehrung der Konflikte mit andern Gruppen wachsende Unentbehrlichkeit. Wie diese Verselbständigung der gesellschaftlichen Funktion gegenüber der Gesellschaft mit der Zeit sich bis zur Herrschaft über die Gesellschaft steigern konnte, wie der ursprüngliche Diener, wo die Gelegenheit günstig, sich allmählig in den Herrn verwandelte, wie je nach den Umständen dieser Herr als orientalischer Despot oder Satrap, als griechischer Stammesfürst, als celtischer Clanchef u. s. w. auftrat, wie weit er sich bei dieser Verwandlung schließlich auch der Gewalt bediente, wie endlich die einzelnen herrschenden Personen sich zu einer herrschenden Klasse zusammenfügten, darauf brauchen wir hier nicht einzugehn. Es kommt hier nur darauf an, festzustellen, daß der politischen Herrschaft überall eine gesellschaftliche Amtsthätigkeit zu Grunde lag; und die politische Herrschaft hat auch dann nur auf die Dauer bestanden, wenn sie diese ihre gesellschaftliche Amtsthätigkeit vollzog. Wie viele Despotien auch über Persien und Indien auf- oder untergegangen sind, jede wußte ganz genau, daß sie vor Allem die Gesammtunternehmerin der Berieselung der Flußthäler war, ohne die dort kein Ackerbau möglich. Erst den aufgeklärten Engländern war es vorbehalten, dies in Indien zu übersehen; sie ließen die Rieselkanäle und Schleusen verfallen und entdecken jetzt endlich durch die regelmäßig wiederkehrenden Hungersnöthe, daß sie die einzige Thätigkeit vernachlässigt haben, die ihre Herrschaft in Indien wenigstens ebenso rechtmäßig machen könnte, wie die ihrer Vorgänger.

Neben dieser Klassenbildung ging aber noch eine andere. Die naturwüchsige Arbeitstheilung innerhalb der ackerbauenden Familie erlaubte auf einer gewissen Stufe des Wohlstands die Einfügung einer oder mehrerer fremden Arbeitskräfte. Dies war besonders der Fall in Ländern, wo der alte Gemeinbesitz am Boden bereits zerfallen oder doch wenigstens die alte gemeinsame Bebauung der Einzelbebauung der Bodenantheile durch die entsprechenden Familien gewichen war. Die Produktion war so weit entwickelt, daß die menschliche Arbeitskraft jetzt mehr erzeugen konnte als zu ihrem einfachen Unterhalt nöthig war; die Mittel, mehr Arbeitskräfte zu unterhalten, waren vorhanden; diejenigen, sie zu beschäftigen, ebenfalls; die Arbeitskraft bekam einen Werth. Aber das eigene Gemeinwesen und der Verband, dem es angehörte, lieferte keine disponiblen, überschüssigen Arbeitskräfte. Der Krieg dagegen lieferte sie, und der Krieg war so alt, wie die gleichzeitige Existenz mehrerer Gesellschaftsgruppen neben einander. Bisher hatte man mit den Kriegsgefangenen nichts anzufangen gewußt, sie also einfach erschlagen, noch früher hatte man sie verspeist. Aber auf der jetzt erreichten Stufe der „Wirthschaftslage" erhielten sie einen Werth; man ließ sie also leben und machte sich ihre Arbeit dienstbar. So wurde die Gewalt, statt die Wirthschaftslage zu beherrschen, im Gegentheil in den Dienst der Wirthschaftslage gepreßt. Die Sklaverei war erfunden. Sie wurde bald die herrschende Form der Produktion bei allen, über das alte Gemeinwesen hinaus sich entwickelnden Völkern, schließlich aber auch eine der Hauptursachen ihres Verfalls. Erst die Sklaverei machte die Theilung der Arbeit zwischen Ackerbau und Industrie auf größerem Maßstab möglich, und damit die Blüthe der alten Welt, das Griechenthum. Ohne Sklaverei kein griechischer Staat, keine griechische Kunst und Wissenschaft; ohne Sklaverei kein Römerreich. Ohne die Grundlage des Griechenthums und des Römerreichs aber auch kein modernes Europa. Wir sollten nie vergessen, daß unsere ganze ökonomische, politische und intellektuelle Entwicklung einen Zustand zur Voraussetzung hat, in dem die Sklaverei ebenso nothwendig wie allgemein anerkannt war. In diesem Sinne sind wir berechtigt zu sagen: Ohne antike Sklaverei kein moderner Sozialismus.

— 174 —

Es ist sehr wohlfeil über Sklaverei u. dgl. in allgemeinen Redensarten loszuziehn und einen hohen sittlichen Zorn über dergleichen Schändlichkeit auszugießen. Leider spricht man damit weiter nichts aus als das, was Jedermann weiß, nämlich daß diese antiken Einrichtungen unsern heutigen Zuständen und unsern durch diese Zustände bestimmten Gefühlen nicht mehr entsprechen. Wir erfahren damit aber kein Wort darüber, wie diese Einrichtungen entstanden sind, warum sie bestanden und welche Rolle sie in der Geschichte gespielt haben. Und wenn wir hierauf eingehn, so müssen wir sagen, so widerspruchsvoll und so ketzerisch das auch klingen mag, daß die Einführung der Sklaverei unter den damaligen Umständen ein großer Fortschritt war. Es ist nun einmal eine Thatsache, daß die Menschheit vom Thiere angefangen, und daher barbarische, fast thierische Mittel nöthig gehabt hat, um sich aus der Barbarei herauszuarbeiten. Die alten Gemeinwesen, wo sie fortbestanden, bilden seit Jahrtausenden die Grundlage der rohesten Staatsform, der orientalischen Despotie, von Indien bis Rußland. Nur wo sie sich auflösten, sind die Völker aus sich selbst weiter vorangeschritten, und ihr nächster ökonomischer Fortschritt bestand in der Steigerung und Fortbildung der Produktion vermittelst der Sklavenarbeit. Es ist klar: so lange die menschliche Arbeit noch so wenig produktiv war, daß sie nur wenig Ueberschuß über die nothwendigen Lebensmittel hinaus lieferte, war Steigerung der Produktionskräfte, Ausdehnung des Verkehrs, Entwickelung von Staat und Recht, Begründung von Kunst und Wissenschaft nur möglich vermittelst einer gesteigerten Arbeitstheilung, die zu ihrer Grundlage haben mußte die große Arbeitstheilung zwischen den die einfache Handarbeit besorgenden Massen und den die Leitung der Arbeit, den Handel, die Staatsgeschäfte, und späterhin die Beschäftigung mit Kunst und Wissenschaft betreibenden wenigen Bevorrechteten. Die einfachste naturwüchsigste Form dieser Arbeitstheilung war eben die Sklaverei. Bei den geschichtlichen Voraussetzungen der alten, speziell der griechischen Welt konnte der Fortschritt zu einer auf Klassengegensätzen gegründeten Gesellschaft sich nur vollziehen in der Form der Sklaverei. Selbst für die Sklaven war dies ein Fortschritt: die Kriegsgefangenen, aus denen die Masse der Sklaven sich rekrutirte, behielten jetzt wenigstens das Leben, statt daß sie früher gemordet oder noch früher gar gebraten wurden.

Fügen wir bei dieser Gelegenheit hinzu, daß alle bisherigen geschichtlichen Gegensätze von ausbeutenden und ausgebeuteten, herrschenden und unterdrückten Klassen ihre Erklärung finden in derselben verhältnißmäßig unentwickelten Produktivität der menschlichen Arbeit. So lange die wirklich arbeitende Bevölkerung von ihrer nothwendigen Arbeit so sehr in Anspruch genommen wird, daß ihr keine Zeit zur Besorgung der gemeinsamen Geschäfte der Gesellschaft — Arbeitsleitung, Staatsgeschäfte, Rechtsangelegenheiten, Kunst, Wissenschaft ꝛc. — übrig bleibt, so lange mußte stets eine besondere Klasse bestehn, die, von der wirklichen Arbeit befreit, diese Angelegenheiten besorgte; wobei sie denn nie verfehlte, den arbeitenden Massen zu ihrem eigenen Vortheil mehr und mehr Arbeitslast aufzubürden. Erst die durch die große Industrie erreichte ungeheure Steigerung der Produktivkräfte erlaubt die Arbeit auf alle Gesellschaftsglieder ohne Ausnahme zu vertheilen und dadurch die Arbeitszeit eines Jeden so zu beschränken, daß für Alle hinreichend freie Zeit bleibt, um sich an den allgemeinen Angelegenheiten der Gesellschaft — theoretischen wie praktischen — zu betheiligen. Erst jetzt also ist jede herrschende und ausbeutende Klasse überflüssig, ja ein Hinderniß der gesellschaftlichen Entwicklung geworden, und erst jetzt auch wird sie unerbittlich beseitigt werden, mag sie auch noch so sehr im Besitz der „unmittelbaren Gewalt" sein.

Wenn also Herr Dühring über das Griechenthum die Nase rümpft, weil es auf Sklaverei begründet war, so kann er den Griechen mit demselben Recht zum Vorwurf machen, daß sie keine Dampfmaschinen und elektrischen Telegraphen hatten. Und wenn er behauptet, unsere moderne Lohnknechtung sei nur als eine etwas verwandelte und gemilderte Erbschaft der Sklaverei und nicht aus sich selbst (d. h. aus den ökonomischen Gesetzen der modernen Gesellschaft) zu erklären, so heißt das entweder nur, daß Lohnarbeit wie Sklaverei Formen der Knechtschaft und der Klassenherrschaft sind, was jedes Kind weiß, oder es ist falsch. Denn mit demselben Recht könnten wir sagen die Lohnarbeit sei nur zu erklären als eine gemilderte Form der Menschenfresserei, der jetzt überall festgestellten, ursprünglichen Form der Verwendung der besiegten Feinde.

Hiernach ist es klar, welche Rolle die Gewalt in der Geschichte gegenüber der ökonomischen Entwicklung spielt. Erstens beruht alle politische Gewalt ursprünglich auf einer ökonomischen, gesellschaftlichen Funktion, und steigert sich in dem Maß, wie durch Auflösung der ursprünglichen Gemeinwesen die Gesellschaftsglieder in Privatproduzenten verwandelt, also den Verwaltern der gemeinsam-gesellschaftlichen Funktionen noch mehr entfremdet werden. Zweitens, nachdem sich die politische Gewalt gegenüber der Gesellschaft verselbständigt, aus der Dienerin in die Herrin verwandelt hat, kann sie in zweierlei Richtung wirken. Entweder wirkt sie im Sinn und in der Richtung der gesetzmäßigen ökonomischen Entwicklung. In diesem Fall besteht kein Streit zwischen beiden, die ökonomische Entwicklung wird beschleunigt. Oder aber sie wirkt ihr entgegen, und dann erliegt sie, mit wenigen Ausnahmen, der ökonomischen Entwicklung regelmäßig. Diese wenigen Ausnahmen sind einzelne Fälle von Eroberung, wo die roheren Eroberer die Bevölkerung eines Landes ausrotteten oder vertrieben und die Produktivkräfte, mit denen sie nichts anzufangen wußten, verwüsteten oder verkommen ließen. So die Christen im maurischen Spanien den größten Theil der Berieselungswerke, auf denen der hochentwickelte Acker- und Gartenbau der Mauren beruht hatte. Jede Eroberung durch ein roheres Volk stört selbstredend die ökonomische Entwicklung und vernichtet zahlreiche Produktivkräfte. Aber in der ungeheuren Mehrzahl der Fälle von dauernder Eroberung muß der rohere Eroberer sich der höheren „Wirthschaftslage", wie sie aus der Eroberung hervorgeht, anpassen; er wird von den Eroberten assimilirt und muß meist sogar ihre Sprache annehmen. Wo aber — abgesehn von Eroberungsfällen — die innere Staatsgewalt eines Landes in Gegensatz tritt zu seiner ökonomischen Entwicklung, wie das bisher auf gewisser Stufe fast für jede politische Gewalt eingetreten ist, da hat der Kampf jedesmal geendigt mit dem Sturz der politischen Gewalt. Ausnahmslos und unerbittlich hat die ökonomische Entwicklung sich Bahn gebrochen — das letzte schlagendste Beispiel davon haben wie schon erwähnt: die große französische Revolution. Hinge, nach Herrn Dührings Lehre, die Wirthschaftslage und mit ihr die ökonomische Verfassung eines bestimmten Landes einfach von der politischen Gewalt ab, so ist gar nicht abzusehn, warum denn es Friedrich Wilhelm IV. nach 1848 nicht gelingen wollte, trotz seines „herrlichen Kriegsheeres", die mittelalterlichen Zünfte und andere romantische

Marotten auf die Eisenbahnen, Dampfmaschinen, und die sich eben entwickelnde große Industrie seines Landes zu pfropfen; oder warum der Kaiser von Rußland, der doch noch viel gewaltiger ist, nicht nur seine Schulden nicht bezahlen, sondern nicht einmal ohne fortwährendes Anpumpen der „Wirthschaftslage" von Westeuropa seine „Gewalt" zusammenhalten kann.

Für Herrn Dühring ist die Gewalt das absolut Böse, der erste Gewaltsakt ist ihm der Sündenfall, seine ganze Darstellung ist eine Jammerpredigt über die hiermit vollzogene Ansteckung der ganzen bisherigen Geschichte mit der Erbsünde, über die schmähliche Fälschung aller natürlichen und gesellschaftlichen Gesetze durch diese Teufelsmacht, die Gewalt. Daß die Gewalt aber noch eine andere Rolle in der Geschichte spielt, eine revolutionäre Rolle, daß sie, in Marx' Worten, die Geburtshelferin jeder alten Gesellschaft ist, die mit einer neuen schwanger geht, daß sie das Werkzeug ist, womit sich die gesellschaftliche Bewegung durchsetzt und erstarrte, abgestorbene, politische Formen zerbricht — davon kein Wort bei Herrn Dühring. Nur unter Seufzen und Stöhnen giebt er die Möglichkeit zu, daß zum Sturz der Ausbeutungswirthschaft vielleicht Gewalt nöthig sein werde — leider! denn jede Gewaltanwendung demoralisire den der sie anwendet. Und das Angesichts des hohen moralischen und geistigen Aufschwungs, der die Folge jeder siegreichen Revolution war! Und das in Deutschland, wo ein gewaltsamer Zusammenstoß, der dem Volk ja aufgenöthigt werden kann, wenigstens den Vortheil hätte, die aus der Erniedrigung des dreißigjährigen Kriegs in das nationale Bewußtsein gedrungene Bedientenhaftigkeit auszutilgen. Und diese matte, saft- und kraftlose Predigerdenkweise macht den Anspruch, sich der revolutionärsten Partei aufzudrängen, die die Geschichte kennt?

V. Werththeorie.

Es sind jetzt ungefähr hundert Jahre, seit in Leipzig ein Buch erschien, das bis Anfang dieses Jahrhunderts dreißig und einige Auflagen erlebte, und in Stadt und Land von Behörden, Predigern, Menschenfreunden aller Art verbreitet, vertheilt und den Volksschulen allgemein als Lesebuch zugewiesen wurde. Dieses Buch hieß: Weise's Kinderfreund. Es hatte den Zweck, die jugendlichen Sprößlinge der Bauern und Handwerker über ihren Lebensberuf und ihrer Pflichten gegen ihre gesellschaftlichen und staatlichen Vorgesetzten zu belehren, ingleichen ihnen eine wohlthätige Zufriedenheit mit ihrem Erdenloose, mit Schwarzbrot und Kartoffeln, Frohndienst, niedrigem Arbeitslohn, väterlichen Stockprügeln, und anderen derartigen Annehmlichkeiten beizubringen, und alles das vermittelst der damals landläufigen Aufklärung. Zu diesem Zweck wurde der Jugend in Stadt und Land vorgehalten, welch' eine weise Einrichtung der Natur es doch sei, daß der Mensch sich seinen Lebensunterhalt und seine Genüsse durch Arbeit erwerben müsse, und wie glücklich sich demnach der Bauer und Handwerker zu fühlen habe, daß ihm gestattet sei, sein Mahl durch saure Arbeit zu würzen, statt wie der reiche Prasser an verdorbenem Magen, Gallenstockung oder Verstopfung zu laboriren und die ausgesuchtesten Leckerbissen nur mit Widerwillen hinunter zu würgen. Dieselbe Gemeinplätze, die der alte Weise gut genug hielt für die kursächsischen Bauerjungen seiner Zeit, bietet uns Herr Dühring auf Seite 14 und folgende des „Kursus" als das „absolut Fundamentale" der neuesten politischen Oekonomie.

„Die menschlichen Bedürfnisse haben als solche ihre natürliche Gesetzmäßigkeit und sind hinsichtlich ihrer Steigerung in Grenzen eingeschlossen, die nur durch die Unnatur eine Zeitlang überschritten werden können, bis aus derselben Ekel, Lebensüberdruß, Abgelebtheit, soziale Verkrüppelung, und schließlich heilsame Vernichtung folgen . . . Ein aus reinen Vergnügungen bestehendes Spielen, ohne weitern ernsten Zweck führt bald zur Blasirtheit oder, was dasselbe ist, zum Verbrauch aller Empfindungsfähigkeit. Wirkliche Arbeit in irgend einer Form ist also das soziale Naturgesetz gesunder Gestalten . . . Wären die Triebe und Bedürfnisse ohne ein Gegengewicht, so würden sie kaum ein kinderhaftes Dasein, geschweige eine geschichtlich gesteigerte Lebensentwicklung mit sich bringen. Bei voller müheloser Befriedigung würden sie sich bald erschöpfen und ein leeres Dasein in Gestalt lästiger, bis zu ihrer Wiederkehr verfließender Intervalle übrig lassen . . . In allen Beziehungen ist also die Abhängigkeit der Bethätigung der Triebe und Leidenschaften von der Ueberwindung einer wirthschaftlichen Hemmung ein heilsames Grundgesetz der äußeren Natureinrichtung und der inneren Menschenbeschaffenheit" u. s. w. u. s. w. Man sieht, Ehren-Weise's platteste Plattheiten feiern bei Herrn Dühring ihr hundertjähriges Jubiläum, und das obendrein als „tiefere Grundlegung" des einzig wahrhaft kritischen und wissenschaftlichen „sozialitären Systems".

Nachdem der Grund also gelegt, kann Herr Dühring weiter bauen. In Anwendung der mathematischen Methode gibt er uns zuerst, nach Vorgang des alten Euklid, eine Reihe von Definitionen. Dies ist um so bequemer, als er seine Definitionen gleich so einrichten kann, daß dasjenige, was mit ihrer Hülfe bewiesen werden soll, schon theilweise in ihnen enthalten ist. So erfahren wir zunächst, daß der leitende Begriff der bisherigen Oekonomie sich Reichthum nennt, und Reichthum, wie er wirklich weltgeschichtlich bis jetzt verstanden worden ist, und sein Reich entwickelt hat, ist „die ökonomische Macht über Menschen und Dinge." Dies ist doppelt unrichtig. Erstens war der Reichthum der alten Stamm- und Dorfgemeinden keineswegs eine Herrschaft über Menschen. Und zweitens ist auch in den, in Klassengegensätzen sich bewegenden, Gesellschaften der Reichthum, soweit er eine Herrschaft über Menschen einschließt, vorwiegend, fast ausschließlich eine Herrschaft über Menschen vermöge und vermittelst der Herrschaft über Dinge. Von der sehr frühen Zeit an, wo Sklavenfängerei und Sklaven-Ausbeutung getrennte Geschäftszweige wurden, mußten die Ausbeuter von Sklavenarbeit die Sklaven kaufen, die Herrschaft über den Menschen erst durch die Herrschaft über die Dinge, über den Kaufpreis, die Unterhalts- und Arbeitsmittel des Sklaven erwerben. Im ganzen Mittelalter ist großer Grundbesitz die Vorbedingung, vermittelst deren der Feudaladel zu Zins- und Frohnbauern kommt. Und heutzutage gar sieht selbst ein Kind von sechs Jahren, daß der Reichthum menschenbeherrschend ist ausschließlich vermittelst der Dinge über die er verfügt.

Warum aber muß Herr Dühring diese falsche Definition des Reichthums verfertigen, warum den thatsächlichen Zusammenhang, wie er in allen bisherigen Klassengesellschaften galt, zerreißen? Um den Reichthum vom ökonomischen Gebiet auf's moralische hinüber zu zerren. Die Herrschaft über die Dinge ist ganz gut, aber die Herrschaft über die Menschen ist vom

Uebel; und da Herr Dühring sich selbst verboten hat, die Herrschaft über die Menschen aus der Herrschaft über die Dinge zu erklären, so kann er wieder einen kühnen Griff thun und sie kurzer Hand erklären aus der beliebten Gewalt. Der Reichthum als menschenbeherrschender ist „der Raub", womit wir wieder angekommen sind bei einer verschlechterten Ausgabe des uralten Proudhon'schen: „das Eigenthum ist der Diebstahl".

Und hiermit haben wir denn glücklich den Reichthum unter die beiden wesentlichen Gesichtspunkte der Produktion und Vertheilung gebracht: Reichthum als Herrschaft über Dinge: Produktionsreichthum, gute Seite; als Herrschaft über Menschen: bisheriger Vertheilungsreichthum, schlechte Seite, fort damit! Auf die heutigen Verhältnisse angewandt, lautet dies: Die kapitalistische Produktionsweise ist ganz gut und kann bleiben, aber die kapitalistische Vertheilungsweise taugt nichts und muß abgeschafft werden. Zu solchem Unsinn führt es, wenn man über Oekonomie schreibt, ohne auch nur den Zusammenhang von Produktion und Vertheilung begriffen zu haben.

Nach dem Reichthum wird der Werth definirt, wie folgt: „Der Werth ist die Geltung, welche die wirthschaftlichen Dinge und Leistungen im Verkehr haben." Diese Geltung entspricht „dem Preise oder irgend einem sonstigen Aequivalentnamen, z. B. dem Lohne." Mit andern Worten: der Werth ist der Preis. Oder vielmehr, um Hrn. Dühring kein Unrecht zu thun und den Widersinn seiner Definition möglichst in seinen eigenen Worten wiederzugeben: der Werth sind die Preise. Denn S. 19 sagt er: „der Werth und die ihn in Geld ausdrückenden Preise", konstatirt also selbst, daß derselbe Werth sehr verschiedene Preise und damit auch ebensoviel verschiedene Werthe hat. Wenn Hegel nicht längst verstorben wäre, er würde sich erhängen. Diesen Werth, der soviel verschiedene Werthe ist als er Preise hat, hätte er mit aller Theologik nicht fertig gebracht. Man muß eben wieder die Zuversichtlichkeit des Herrn Dühring besitzen, um eine neue, tiefere Grundlegung der Oekonomie mit der Erklärung zu eröffnen, man kenne keinen andern Unterschied zwischen Preis und Werth, als daß der eine in Geld ausgedrückt sei und der andere nicht.

Damit wissen wir aber noch immer nicht, was der Werth

ist und noch weniger, wonach er sich bestimmt. Herr Dühring muß also mit weiteren Aufklärungen herausrücken. „Ganz im Allgemeinen liegt das Grundgesetz der Vergleichung und Schätzung, auf welchem der Werth und die ihn in Geld ausdrückenden Preise beruhen, zunächst im Bereich der bloßen Produktion, abgesehen von der Vertheilung, die erst ein zweites Element in den Werthbegriff bringt. Die größern oder geringern Hindernisse, welche die Verschiedenheit der Naturverhältnisse den auf die Beschaffung der Dinge gerichteten Bestrebungen entgegensetzt und wodurch sie zu größern oder geringern Ausgaben an wirthschaftlicher Kraft nöthigt, bestimmt auch . . . . den größern oder geringern Werth" und dieser wird geschätzt nach dem „von der Natur und den Verhältnissen entgegengesetzten Beschaffungswiderstand . . Der Umfang, in welchem wir unsere eigene Kraft in sie (die Dinge) hineinlegten, ist die unmittelbar entscheidende Ursache der Existenz von Werth überhaupt und einer besondern Größe desselben."

Soweit dies Alles einen Sinn hat, heißt es: Der Werth eines Arbeitsprodukts wird bestimmt durch die zu seiner Herstellung nöthige Arbeitszeit und das wußten wir längst, auch ohne Herrn Dühring. Statt die Thatsache einfach mitzutheilen, muß er sie orakelhaft verdrehen. Es ist einfach falsch, daß der Umfang, in dem Jemand seine Kraft in irgend ein Ding hineinlegt, (um die hochtrabende Redensart beizubehalten) die unmittelbar entscheidende Ursache von Werth und Werthgröße ist. Erstens kommt es darauf an, in welches Ding die Kraft hineingelegt wird, und zweitens, wie sie hineingelegt wird. Verfertigt unser Jemand ein Ding das keinen Gebrauchswerth für Andere hat, so bringt seine sämmtliche Kraft keinen Atom Werth fertig; und steift er sich darauf, einen Gegenstand mit der Hand herzustellen, den eine Maschine zwanzigfach wohlfeiler herstellt, so erzeugen neunzehn Zwanzigstel seiner hineingelegten Kraft weder Werth überhaupt, noch eine besondere Größe desselben.

Ferner heißt es die Sache total verdrehen, wenn man die produktive Arbeit, die positive Erzeugnisse schafft, in eine bloß negative Ueberwindung eines Widerstandes verwandelt. Wir würden dann etwa wie folgt verfahren müssen, um zu einem Hemde zu kommen: Erstlich überwinden wir den Widerstand des Baumwollsamens gegen das Gesätwerden und das Wachsen, dann den der reifen Baumwolle gegen das Gepflückt=, Verpackt= und Verschicktwerden, dann den gegen das Ausgepackt=, das Gekratzt= und Gesponnenwerden, ferner den Widerstand des Garns gegen das Gewebtwerden, den des Gewebes gegen das Gebleicht= und Genähtwerden und endlich den des fertigen Hemdes gegen das Angezogenwerden.

Wozu all diese kindische Verkehrung und Verkehrtheit? Um vermittelst des „Widerstandes" vom „Produktionswerth", dem wahren, aber bis jetzt nur idealen Werth, auf den in der bisherigen Geschichte allein geltenden, durch die Gewalt verfälschten „Vertheilungswerth" zu kommen: „Außer dem Widerstand, den die Natur leistet . . . gibt es noch ein anderes, rein soziales Hinderniß . . . . Zwischen den Menschen und die Natur tritt eine hemmende Macht, und diese ist wiederum der Mensch. Der einzig und isolirt Gedachte steht der Natur frei gegenüber . . . . Anders gestaltet sich die Situation, sobald wir uns einen Zweiten denken, der mit dem Degen in der Hand die Zugänge zur Natur und ihren Hülfsquellen besetzt hält und für den Einlaß in irgend einer Gestalt einen Preis fordert. Dieser Zweite . . . . besteuert gleichsam den Andern und ist so der Grund, daß der Werth des Erstrebten größer ausfällt, als es ohne dies politische und gesellschaftliche Hinderniß der Beschaffung oder Produktion der Fall sein könnte . . . Höchst mannichfaltig sind die besondern Gestaltungen dieser künstlich gesteigerten Geltung der Dinge, die natürlich in einer entsprechenden Niederdrückung der Geltung der Arbeit ihr begleitendes Gegenstück hat . . . Es ist daher eine Illusion, den Werth von vornherein als ein Aequivalent im eigentlichen Sinne des Wortes, d. h. ein Gleichvielgelten, oder als ein nach dem Prinzip der Gleichheit von Leistung und Gegenleistung zu Stande gekommenes Austauschverhältniß betrachten zu wollen . . . Im Gegentheil wird das Merkmal einer richtigen Werththeorie sein, daß die in ihr gedachte allgemeinste Schätzungsursache nicht mit der auf dem Vertheilungszwang beruhenden besondern Gestaltung der Geltung zusammenfalle. Diese wechselt mit der sozialen Verfassung, während der eigentliche ökonomische Werth nur ein der Natur gegenüber bemessener Produktionswerth sein kann und sich daher nur mit den reinen Produktionshindernissen natürlicher und technischer Art ändern wird."

Der praktisch geltende Werth einer Sache besteht also nach Herrn Dühring aus zwei Theilen: erstens aus der in ihr enthaltenen Arbeit und zweitens aus dem „mit dem Degen in der Hand" erzwungenen Besteuerungsaufschlag. Mit andern Worten, der heute geltende Werth ist ein Monopolpreis. Wenn nun, nach dieser Werththeorie, alle Waaren einen solchen Monopolpreis haben, so sind nur zwei Fälle möglich. Entweder verliert jeder als Käufer das wieder, was er als Verkäufer gewonnen hat; die Preise haben sich zwar dem Namen nach verändert, sind sich aber in Wirklichkeit — in ihrem gegenseitigen Verhältniß — gleich geblieben; Alles bleibt wie es war, und der vielberühmte Vertheilungswerth ist bloßer Schein. — Oder aber, die angeblichen Besteuerungsaufschläge repräsentiren eine wirkliche Werthsumme, nämlich diejenige, die von der arbeitenden, wertherzeugenden Klasse produzirt, aber von der Monopolistenklasse angeeignet wird, und dann besteht diese Werthsumme einfach aus unbezahlter Arbeit; in diesem Fall kommen wir, trotz dem Mann mit dem Degen in der Hand, trotz der angeblichen Besteuerungsaufschläge und dem behaupteten Vertheilungswerth wieder an — bei der Marx'schen Theorie vom Mehrwerth.

Sehen wir uns jedoch um nach einigen Exempeln des vielberühmten „Vertheilungswerths". Da heißt es S. 125 und folgende: „Es ist auch die Preisgestaltung vermöge der individuellen Konkurrenz als eine Form der ökonomischen Vertheilung und der gegenseitigen Tributauferlegung zu betrachten... man denke sich den Vorrath irgend einer nothwendigen Waare plötzlich bedeutend verringert, so entsteht auf Seiten der Verkäufer eine unverhältnißmäßige Macht zur Ausbeutung... wie die Steigerung ins Kolossale gehen kann, zeigen besonders diejenigen abnormen Lagen, in denen die Zufuhr nothwendiger Artikel für eine längere Dauer abgeschnitten ist" u. s. w. Außerdem gebe es auch im normalen Lauf der Dinge faktische Monopole, die eine willkürliche Preissteigerung erlauben, z. B. Eisenbahnen, Gesellschaften zur Versorgung der Städte mit Wasser und Leuchtgas u. s. w. — Daß solche Gelegenheiten monopolistischer Ausbeutung vorkommen, ist altbekannt. Daß aber die durch sie erzeugten Monopolpreise nicht als Ausnahmen und Spezialfälle, sondern grade als klassische Exempel der heute gültigen Feststellung der Werthe gelten sollen, das ist neu. Wie bestimmen sich die Preise der Lebensmittel? Geht in eine belagerte Stadt, wo die Zufuhr abgeschnitten ist, und erkundigt Euch! antwortet Hr. Dühring. Wie wirkt die Konkurrenz auf die Feststellung der Marktpreise? Fragt das Monopol, es wird Euch Rede stehn!

Uebrigens ist auch bei diesen Monopolen der Mann mit dem Degen in der Hand, der hinter ihnen stehn soll, nicht zu entdecken. Im Gegentheil: in belagerten Städten pflegt der Mann mit dem Degen, der Kommandant, wenn er seine Schuldigkeit thut, sehr rasch dem Monopol ein Ende zu machen und die Monopolvorräthe zum Zweck gleichmäßiger Vertheilung mit Beschlag zu belegen. Und im Uebrigen haben die Männer mit dem Degen, sobald sie versuchten einen „Vertheilungswerth" zu fabriziren, nichts geerntet als schlechte Geschäfte und Geldverlust. Die Holländer haben mit ihrer Monopolisirung des ostindischen Handels ihr Monopol und ihren Handel zu Grunde gerichtet. Die beiden stärksten Regierungen, die je bestanden, die nordamerikanische Revolutionsregierung und der französische Nationalkonvent, vermaßen sich, Maximalpreise festsetzen zu wollen, und scheiterten elendiglich. Die russische Regierung arbeitet nun seit Jahren daran, den Kurs des russischen Papiergeldes, den sie durch fortwährende Ausgabe von uneinlösbaren Banknoten in Rußland drückt, in London durch ebenso fortwährende Ankäufe von Wechseln auf Rußland emporzutreiben. Sie hat sich dies Vergnügen in wenigen Jahren an die sechzig Millionen Rubel kosten lassen und der Rubel steht jetzt unter zwei, statt über drei Mark. Wenn der Degen die ihm von Herrn Dühring zugeschriebene ökonomische Zaubermacht hat, warum denn hat keine Regierung es fertig bringen können, schlechtem Geld auf die Dauer den „Vertheilungswerth" von gutem, oder Assignaten denjenigen von Gold aufzuzwingen? Und wo ist der Degen der auf dem Weltmarkt das Kommando führt?

Weiter gibt es noch eine Hauptform, in der der Vertheilungswerth die Aneignung von Leistungen Anderer ohne Gegenleistung vermittelt: die Besitzrente, d. h. die Bodenrente und der Kapitalgewinn. Wir registriren dies einstweilen blos, um sagen zu können, daß dieß Alles ist was wir über den berühmten „Vertheilungswerth" erfahren. — Alles? Doch nicht ganz Alles. Hören wir:

„Ungeachtet des zweifachen Gesichtspunktes, welcher in der Erkenntniß eines Produktions- und eines Vertheilungswerths hervortritt, bleibt dennoch stets ein **gemeinsames Etwas als derjenige Gegenstand zu Grunde liegen, aus welchem alle Werthe bestehen und mit welchem sie daher auch gemessen werden. Das unmittelbare, natürliche Maß ist der Kraftaufwand und die einfachste Einheit die Menschenkraft im rohesten Sinne des Wortes.** Die letztere führt sich auf die Existenzzeit zurück, deren **Selbstunterhaltung** wiederum die Ueberwindung einer gewissen Summe von Ernährungs- und Lebensschwierigkeiten darstellt. Der Vertheilungs- oder Aneignungswerth ist rein und ausschließlich nur da vorhanden, wo die Verfügungsmacht über unproduzirte Dinge, oder, gewöhnlicher geredet, diese Dinge selbst gegen Leistungen oder Sachen von wirklichen Produktionswerth ausgewechselt werden. Das Gleichartige, wie es sich in jedem Werthausdruck und daher auch in den durch Vertheilung ohne Gegenleistung angeeigneten Werthbestandtheilen angezeigt und vertreten findet, besteht in dem Aufwand an Menschenkraft, die sich . . . . in jeder Waare . . . verkörpert findet."

Was sollen wir nun hierzu sagen? Wenn alle Waarenwerthe gemessen werden an dem in den Waaren verkörperten Aufwand von Menschenkraft — wo bleibt da der Vertheilungswerth, der Preisaufschlag, die Bezollung? Hr. Dühring sagt uns zwar, daß auch unproduzirte, also eines eigentlichen Werthes unfähige Dinge einen Vertheilungswerth erhalten und gegen produzirte, werthhabende Dinge ausgetauscht werden können. Er sagt aber gleichzeitig, daß **alle Werthe**, also auch die reinen und ausschließlichen Vertheilungswerthe, bestehen in dem in ihnen verkörperten Kraftaufwand. Wobei wir leider nicht erfahren, wie in einem unproduzirten Ding ein Kraftaufwand sich verkörpern soll. Jedenfalls scheint bei all diesem Durcheinander von Werthen schließlich so viel klar, daß es mit dem Vertheilungswerth, mit dem durch die soziale Position erzwungenen Preisaufschlag auf die Waaren, mit der Bezollung vermittelst des Degens wieder Nichts ist; die Waarenwerthe werden bestimmt, einzig durch den Aufwand von Menschenkraft, vulgo Arbeit, die sich in ihnen verkörpert findet? Herr Dühring sagt also, abgesehen von der Bodenrente und den paar Monopolpreisen, dasselbe, nur liederlicher und konfuser, was die verschriene Ricardo-Marx'sche Werththorie längst weit bestimmter und klarer gesagt hat?

Er sagt es, und er sagt im selben Athem das Gegentheil. Marx, von den Untersuchungen Ricardos ausgehend, sagt: Der Waarenwerth wird bestimmt durch die in den Waaren verkörperte gesellschaftlich nothwendige, allgemein menschliche Arbeit, die wieder nach ihrer Zeitdauer gemessen wird. Die Arbeit ist das Maß aller Werthe, sie selbst aber hat keinen Werth. Herr Dühring, nachdem er in seiner loddrigen Weise ebenfalls die Arbeit als Werthmaß hingestellt hat, fährt fort: sie „führt sich auf die Existenzzeit zurück, deren Selbstunterhaltung wiederum die Ueberwindung einer gewissen Summe von Ernährungs- und Lebensschwierigkeiten darstellt." Vernachlässigen wir die auf purer Originalitätssucht beruhende Verwechslung der Arbeitszeit, auf die es hier allein ankommt, mit der Existenzzeit, die bisher noch nie Werthe geschaffen oder gemessen hat. Vernachlässigen wir auch den falschen „sozialitären" Schein, den die „Selbstunterhaltung" dieser Existenzzeit hineinbringen soll; solange die Welt bestanden hat und bestehen wird, muß Jeder sich in dem Sinne selbst unterhalten, daß er seine Unterhaltsmittel selbst verzehrt. Nehmen wir an, Hr. Dühring habe sich ökonomisch und präzis ausgedrückt, so heißt obiger Satz entweder gar nichts, oder er heißt: Der Werth einer Waare wird bestimmt durch die in ihr verkörperte Arbeitszeit, und der Werth dieser Arbeitszeit durch die zur Erhaltung des Arbeiters für diese Zeit erforderlichen Lebensmittel. Und das heißt für die heutige Gesellschaft: der Werth einer Waare wird bestimmt durch den in ihr enthaltenen Arbeitslohn.

Hiermit sind wir endlich angekommen bei dem, was Herr Dühring eigentlich sagen will. Der Werth einer Waare bestimmt sich, nach vulgärökonomischer Redeweise, durch die Herstellungskosten; wogegen Carey „die Wahrheit hervorhob, daß nicht die Produktionskosten, sondern die Reproduktionskosten den Werth bestimmen" (Krit. Gesch. S. 401). Was es mit diesen Herstellungs- oder Wiederherstellungskosten auf sich hat, davon später; hier nur dies, daß sie bekanntlich bestehn aus Arbeitslohn und Kapitalprofit. Der Arbeitslohn stellt dar den in der Waare verkörperten „Kraftaufwand", den Produktionswerth. Der Profit stellt dar den vom Kapitalisten kraft seines

Monopols, seines Degens in der Hand erzwungenen Zoll oder Preisaufschlag, den Vertheilungswerth. Und so löst sich die ganze widerspruchsvolle Verwirrung der Dühring'schen Werththeorie schließlich auf in die schönste harmonische Klarheit.

Die Bestimmung des Waarenwerthes durch den Arbeitslohn, die bei Adam Smith noch häufig mit der Bestimmung des Werths durch die Arbeitszeit durcheinanderläuft, ist seit Ricardo aus der wissenschaftlichen Oekonomie verbannt und treibt heutzutage ihr Wesen nur noch in der Vulgärökonomie. Es sind grade die allerplattsten Sykophanten der bestehenden kapitalistischen Gesellschaftsordnung, die die Werthbestimmung durch den Arbeitslohn predigen, und dabei gleichzeitig den Profit des Kapitalisten ebenfalls als eine höhere Art von Arbeitslohn, als Entsagungslohn (dafür daß der Kapitalist sein Kapital nicht verjubelt hat), als Risikoprämie, als Geschäftsführungslohn u. s. w. ausgeben. Herr Dühring unterscheidet sich von ihnen nur dadurch, daß er den Profit für Raub erklärt. Mit andern Worten, Herr Dühring begründet seinen Sozialismus direkt auf die Lehren der schlechtesten Sorte Vulgärökonomie. Soviel an dieser Vulgärökonomie, genau soviel ist an seinem Sozialismus. Beide stehn und fallen mit einander.

Es ist doch klar: was ein Arbeiter leistet und was er kostet, sind ebenso verschiedene Dinge, wie was eine Maschine leistet und was sie kostet. Der Werth, den ein Arbeiter in einem Arbeitstage von zwölf Stunden schafft, hat gar nichts gemein mit dem Werth der Lebensmittel, die er in diesem Arbeitstage und der dazu gehörenden Ruhepause verzehrt. In diesen Lebensmitteln mag eine drei-, vier-, siebenstündige Arbeitszeit verkörpert sein, je nach dem Entwicklungsgrad der Ergiebigkeit der Arbeit. Nehmen wir an, es seien sieben Arbeitsstunden zu ihrer Herstellung nöthig gewesen, so besagt die von Herrn Dühring angenommene vulgärökonomische Werththeorie, daß das Produkt von zwölf Arbeitsstunden den Werth des Produkts von sieben Arbeitsstunden hat, daß zwölf Arbeitsstunden gleich sind sieben Arbeitsstunden, oder daß $12=7$. Um noch deutlicher zu sprechen: Ein Arbeiter auf dem Lande, gleichviel unter welchen gesellschaftlichen Verhältnissen, produzirt eine Getreidesumme meinetwegen von zwanzig Hektoliter Weizen im Jahr. Er verbraucht während dieser Zeit eine Summe von Werthen, die sich in einer Summe von fünfzehn Hektoliter

Weizen ausdrückt. Dann haben die zwanzig Hektoliter Weizen denselben Werth wie die fünfzehn, und das auf demselben Markt und unter sonst sich vollständig gleichbleibenden Umständen, mit andern Worten, 20 sind gleich 15. Und das nennt sich Oekonomie!

Alle Entwicklung der menschlichen Gesellschaft über die Stufe thierischer Wildheit hinaus fängt an von dem Tage, wo die Arbeit der Familie mehr Produkte schuf, als zu ihrem Unterhalt nothwendig waren, von dem Tage, wo ein Theil der Arbeit auf die Erzeugung nicht mehr von bloßen Lebensmitteln, sondern von Produktionsmitteln verwandt werden konnte. Ein Ueberschuß des Arbeitsprodukts über die Unterhaltungskosten der Arbeit, und die Bildung und Vermehrung eines gesellschaftlichen Produktions- und Reservefonds aus diesem Ueberschuß, war und ist die Grundlage aller gesellschaftlichen, politischen und intellektuellen Fortentwicklung. In der bisherigen Geschichte war dieser Fond das Besitzthum einer bevorzugten Klasse, der mit diesem Besitzthum auch die politische Herrschaft und die geistige Führung zufielen. Die bevorstehende soziale Umwälzung wird diesen gesellschaftlichen Produktions- und Reservefond, d. h. die Gesammtmasse der Rohstoffe, Produktionsinstrumente und Lebensmittel, erst wirklich zu einem gesellschaftlichen machen, indem sie ihn der Verfügung jener bevorzugten Klasse entzieht, und ihn der ganzen Gesellschaft als Gemeingut überweist.

Von zwei Dingen eins. Entweder bestimmt sich der Werth der Waaren durch die Unterhaltskosten der zu ihrer Herstellung nöthigen Arbeit, d. h. in der heutigen Gesellschaft durch den Arbeitslohn. Dann erhält jeder Arbeiter in seinem Lohn den Werth seines Arbeitsprodukts, dann ist eine Ausbeutung der Klasse der Lohnarbeiter durch die Klasse der Kapitalisten eine Unmöglichkeit. Gesetzt, die Unterhaltungskosten eines Arbeiters seien in einer gegebenen Gesellschaft durch die Summe von drei Mark ausgedrückt. Dann hat das Tagesprodukt des Arbeiters nach der obigen vulgärökonomischen Theorie den Werth von drei Mark. Nehmen wir nun an, der Kapitalist, der diesen Arbeiter beschäftigt, schlage auf dies Produkt einen Profit, eine Bezollung von einer Mark und verkaufe es für vier Mark. Dasselbe thun die andern Kapitalisten. Alsdann aber kann der Arbeiter seinen täglichen Unterhalt nicht mehr mit drei Mark bestreiten, sondern braucht dazu ebenfalls vier Mark. Da alle andern Umstände als gleichbleibend vorausgesetzt sind, so muß der in Lebensmitteln ausgedrückte Arbeitslohn derselbe bleiben, der in Geld ausgedrückte Arbeitslohn muß also steigen, und zwar von drei auf vier Mark täglich. Was die Kapitalisten in der Gestalt von Profit der Arbeiterklasse entziehen, müssen sie ihr in der Gestalt von Lohn wiedergeben. Wir sind genau soweit wie am Anfang: wenn der Arbeitslohn den Werth bestimmt, ist keine Ausbeutung des Arbeiters durch den Kapitalisten möglich. Es ist aber auch die Bildung eines Ueberschusses von Produkten unmöglich, denn die Arbeiter verzehren nach unsrer Voraussetzung genau soviel Werth, wie sie erzeugen. Und da die Kapitalisten keinen Werth erzeugen, ist sogar nicht einmal abzusehn, wovon sie leben wollen. Und wenn nun ein solcher Ueberschuß der Produktion über die Konsumtion, ein solcher Produktions- und Reservefond dennoch besteht, und zwar in den Händen der Kapitalisten, so bleibt keine andere Erklärung möglich, als daß die Arbeiter blos den Werth der Waaren zu ihrer Selbstunterhaltung verzehrt, die Waaren selbst aber den Kapitalisten zum weitern Gebrauch überlassen haben.

Oder aber: wenn dieser Produktions- und Reservefond in den Händen der Kapitalistenklasse thatsächlich besteht, wenn er thatsächlich durch Anhäufung von Profit entstanden ist (die Bodenrente lassen wir hier einstweilen aus dem Spiel): so besteht er nothwendig aus dem aufgehäuften Ueberschuß des der Kapitalistenklasse von der Arbeiterklasse gelieferten Arbeitsprodukts über die der Arbeiterklasse von der Kapitalistenklasse gezahlte Summe Arbeitslohn. Dann bestimmt sich aber der Werth nicht durch den Arbeitslohn, sondern durch die Arbeitsmenge; dann liefert die Arbeiterklasse der Kapitalistenklasse im Arbeitsprodukt eine größere Werthmenge, als sie von ihr im Arbeitslohn bezahlt erhält, und dann erklärt sich der Kapitalprofit, wie alle andern Formen der Aneignung fremden, unbezahlten Arbeitsprodukts, als bloßer Bestandtheil dieses von Marx entdeckten Mehrwerths.

Beiläufig. Von der großen Entdeckung, mit der Ricardo sein Hauptwerk eröffnet: „Daß der Werth einer Waare abhängt von der zu ihrer Herstellung nöthigen Arbeitsmenge, nicht aber von der für diese Arbeit gezahlten höheren oder niedrigeren Vergütung" — von dieser epochemachenden Entdeckung ist im ganzen Kursus der Oekonomie nirgends die Rede. In der „Krit. Geschichte" wird sie mit der orakelhaften Phrase abgefertigt: „Es wird (von Ricardo) nicht bedacht, daß ein größeres oder geringeres Verhältniß, in welchem der Lohn eine Anweisung auf die Lebensbedürfnisse sein kann (!), auch eine verschiedenartige Gestaltung der Werthverhältnisse ... mit sich bringen muß!" Eine Phrase, wobei sich der Leser denken kann was er will, und wobei er am sichersten geht, wenn er sich gar nichts dabei denkt.

Und nun möge der Leser sich von den fünf Sorten Werth, mit denen Herr Dühring uns aufwartet, selber diejenige aussuchen, die ihm am besten gefällt: den Produktionswerth, der von Natur kommt, oder den Vertheilungswerth, den die Schlechtigkeit der Menschen geschaffen hat und der sich dadurch auszeichnet, daß er nach dem Kraftaufwand gemessen wird, der nicht in ihm steckt; oder drittens den Werth der durch die Arbeitszeit gemessen wird, oder viertens den der durch die Reproduktionskosten, oder endlich den, der durch den Arbeitslohn gemessen wird. Die Auswahl ist reichlich, die Konfusion vollkommen, und es bleibt uns nur noch übrig, mit Herrn Dühring auszurufen: „Die Lehre vom Werth ist der Probirstein der Gediegenheit ökonomischer Systeme!"

VI. Einfache und zusammengesetzte Arbeit.

Einen ganz groben ökonomischen Quartanerschnitzer, der zugleich eine gemeingefährliche sozialistische Ketzerei in sich schließt, hat Herr Dühring bei Marx entdeckt. Die Marx'sche Werththeorie ist „nichts weiter als die gewöhnliche ... Lehre, daß die Arbeit Ursache aller Werthe und die Arbeitszeit das Maß derselben sei. In völliger Unklarheit verbleibt hiebei die Vorstellung von der Art, wie man den unterschiedlichen Werth der s. g. qualifizirten Arbeit denken solle. Allerdings kann auch nach unsrer Theorie nur die verwendete Arbeitszeit die natürlichen Selbstkosten und mithin den absoluten Werth der wirthschaftlichen Dinge messen; aber hierbei wird die Arbeitszeit eines Jeden von vornherein völlig gleich zu achten sein, und man wird nur zuzusehn haben, wo bei qualifizirteren Leistungen

zu der individuellen Arbeitszeit des Einzelnen noch diejenige
andrer Personen . . . etwa in dem gebrauchten Werkzeug,
mitwirkt. Es ist also nicht, wie sich Herr Marx nebelhaft
vorstellt, die Arbeitszeit Jemandes an sich mehr werth als die
einer andern Person, weil darin mehr durchschnittliche Arbeits=
zeit gleichsam verdichtet wäre, sondern alle Arbeitszeit ist aus=
nahmslos und prinzipiell, also ohne daß man erst einen Durch=
schnitt zu nehmen hätte, vollkommen gleichwerthig und man hat
nur bei den Leistungen einer Person, ebenso wie bei jedem
fertigen Erzeugniß zuzusehen, wie viel Arbeitszeit andrer Per=
sonen in der Aufwendung scheinbar blos eigner Arbeitszeit
verdeckt sein möge. Ob es ein Produktionswerkzeug der Hand
oder die Hand, ja der Kopf selbst ist, was nicht ohne andrer
Leute Arbeitszeit die besondre Eigenschaft und Leistungsfähig=
keit erhalten konnte, darauf kommt für die strenge Gültigkeit
der Theorie nicht das Mindeste an. Herr Marx wird aber
in seinen Auslassungen über den Werth das im Hintergrunde
spukende Gespenst einer qualifizirten Arbeitszeit nicht los. In
dieser Richtung durchzugreifen, hat ihn die überkommene Denk=
weise der gelehrten Klassen gehindert, der es als eine Unge=
heuerlichkeit erscheinen muß, die Arbeitszeit des Karrenschiebers
und diejenige des Architekten an sich als ökonomisch völlig
gleichwerthig anzuerkennen."

Die Stelle bei Marx, die diesen „gewaltigeren Zorn" des
Herrn Dühring veranlaßt, ist sehr kurz. Marx untersucht,
wodurch der Werth der Waaren bestimmt wird, und ant=
antwortet: Durch die in ihnen enthaltene menschliche Arbeit.
Diese, fährt er fort, „ist Verausgabung einfacher Arbeitskraft,
die im Durchschnitt jeder gewöhnliche Mensch ohne besondere
Entwicklung in seinem leiblichen Organismus besitzt . . . Kom=
plizirtere Arbeit gilt nur als potenzirte oder vielmehr multi=
plizirte einfache Arbeit, sodaß ein kleineres Quantum kompli=
zirter Arbeit gleich einem größeren Quantum einfacher Arbeit.
Daß diese Reduktion beständig vorgeht, zeigt die Erfahrung.
Eine Waare mag das Produkt der komplizirtesten Arbeit sein, ihr
Werth setzt sie dem Produkt einfacher Arbeit gleich und stellt daher
selbst nur ein bestimmtes Quantum einfacher Arbeit dar. Die
verschiedenen Proportionen, worin verschiedne Arbeitsarten auf
einfache Arbeit als ihre Maßeinheit reduzirt sind, werden durch
einen gesellschaftlichen Prozeß hinter dem Rücken der Produ=

zenten festgesetzt, und scheinen ihnen daher durch das Herkommen gegeben."

Es handelt sich hier bei Marx zunächst nur um die Bestimmung des Werths von Waaren, also von Gegenständen, die innerhalb einer aus Privatproduzenten bestehenden Gesellschaft, von diesen Privatproduzenten für Privatrechnung produzirt und gegen einander ausgetauscht werden. Es handelt sich hier also keineswegs um den „absoluten Werth", wo dieser auch immer sein Wesen treiben möge, sondern um den Werth, der in einer bestimmten Gesellschaftsform Geltung hat. Dieser Werth, in dieser bestimmten geschichtlichen Fassung, erweist sich als geschaffen und gemessen durch die in den einzelnen Waaren verkörperte menschliche Arbeit, und diese menschliche Arbeit erweist sich weiterhin als Verausgabung einfacher Arbeitskraft. Nun ist aber nicht jede Arbeit eine bloße Verausgabung von einfacher menschlicher Arbeitskraft; sehr viele Gattungen von Arbeit schließen die Anwendung von, mit mehr oder weniger Mühe, Zeit- und Geldaufwand erworbenen Geschicklichkeiten oder Kenntnissen in sich ein. Erzeugen diese Arten von zusammengesetzter Arbeit in gleichen Zeiträumen denselben Waarenwerth wie die einfache Arbeit, die Verausgabung von bloßer einfacher Arbeitskraft? Augenscheinlich nein. Das Produkt der Stunde zusammengesetzter Arbeit ist eine Waare von höherem, doppeltem oder dreifachem Werth, verglichen mit dem Produkt der Stunde einfacher Arbeit. Der Werth der Erzeugnisse der zusammengesetzten Arbeit wird durch diese Vergleichung ausgedrückt in bestimmten Mengen einfacher Arbeit; aber diese Reduktion der zusammengesetzten Arbeit vollzieht sich durch einen gesellschaftlichen Prozeß, hinter dem Rücken der Produzenten, durch einen Vorgang, der hier, bei der Entwicklung der Werththeorie, nur festzustellen, aber noch nicht zu erklären ist.

Diese einfache, in der heutigen kapitalistischen Gesellschaft sich täglich vor unsern Augen vollziehende Thatsache ist es, die Marx hier konstatirt. Diese Thatsache ist so unbestreitbar, daß selbst Herr Dühring sie weder in seinem Kursus noch in seiner Geschichte der Oekonomie zu bestreiten wagt; und die Marx'sche Darstellung ist so einfach und durchsichtig, daß sicher Niemand „in völliger Unklarheit hierbei verbleibt" außer Herrn Dühring. Vermittelst dieser seiner völligen Unklarheit versieht er den Waarenwerth, mit dessen Untersuchung sich Marx zunächst allein beschäftigt für „die natürlichen Selbstkosten", die die Unklarheit nur noch völliger machen, und gar für den „absoluten Werth", der bisher in der Oekonomie unsres Wissens nirgendwo Kurs hatte. Was aber Herr Dühring auch unter den natürlichen Selbstkosten verstehn, und welche seiner fünf Arten Werth auch die Ehre haben möge, den absoluten Werth vorzustellen, so viel ist sicher, daß von allen diesen Dingen bei Marx nicht die Rede ist, sondern nur vom Waarenwerth; und daß in dem ganzen Abschnitt des „Kapital" über den Werth auch nicht die geringste Andeutung darüber vorkommt, ob, oder in welcher Ausdehnung, Marx diese Theorie des Waarenwerths auch auf andre Gesellschaftsformen anwendbar hält.

Es ist also nicht, fährt Herr Dühring fort, „es ist also nicht, wie sich Herr Marx nebelhaft vorstellt, die Arbeitszeit Jemandes an sich mehr werth als die einer andern Person, weil darin mehr durchschnittliche Arbeit gleichsam verdichtet wäre, sondern alle Arbeitszeit ist ausnahmslos und prinzipiell, also ohne daß man erst einen Durchschnitt zu nehmen hätte, vollkommen gleichwerthig." — Es ist ein Glück für Herrn Dühring, daß ihn das Schicksal nicht zum Fabrikanten gemacht und ihn so davor bewahrt hat, den Werth seiner Waaren nach dieser neuen Regel anzusetzen, und damit dem Bankerott unfehlbar in die Arme zu laufen. Doch wie! Befinden wir uns hier denn noch in der Gesellschaft der Fabrikanten? Keineswegs. Mit den natürlichen Selbstkosten und dem absoluten Werth hat uns Herr Dühring einen Sprung machen lassen, einen wahren Salto mortale aus der gegenwärtigen schlechten Welt der Ausbeuter in seine eigne Wirthschaftskommune der Zukunft, in die reine Himmelsluft der Gleichheit und Gerechtigkeit, und wir müssen uns also diese neue Welt, wenn auch vorzeitig, hier schon ein wenig ansehn.

Allerdings kann, nach Herrn Dührings Theorie, auch in der Wirthschaftskommune nur die verwendete Arbeitszeit den Werth der wirthschaftlichen Dinge messen, aber hierbei wird die Arbeitszeit eines Jeden von vornherein völlig gleich zu achten sein, alle Arbeitszeit ist ausnahmslos und prinzipiell vollkommen gleichwerthig, und zwar ohne daß man erst einen Durchschnitt zu nehmen hätte. Und nun halte man gegen diesen radikalen Gleichheitssozialismus die nebelhafte Vorstellung von Marx,

Engels, Dühring. 13

als sei die Arbeitszeit Jemandes an sich mehr werth als die einer andern Person, weil darin mehr durchschnittliche Arbeitszeit verdichtet sei, eine Vorstellung, in der ihn die überkommene Denkweise der gelehrten Klassen befangen hält, der es als eine Ungeheuerlichkeit erscheinen muß, die Arbeitszeit des Karrenschiebers und die des Architekten als ökonomisch völlig gleichwerthig anzuerkennen!

Leider macht Marx zu der oben angeführten Stelle im „Kapital" die kleine Anmerkung: „Der Leser muß aufmerken, daß hier nicht vom Lohn oder Werth die Rede ist, den der Arbeiter etwa für einen Arbeitstag **erhält**, sondern vom **Waarenwerth**, worin sich ein Arbeitstag **vergegenständlicht**." Marx, der hier seinen Dühring vorher geahnt zu haben scheint, verwahrt sich also selbst dagegen, daß man seine obigen Sätze auch nur auf den in der heutigen Gesellschaft für zusammengesetzte Arbeit etwa zu zahlenden Lohn anwende. Und wenn Herr Dühring, nicht zufrieden damit, dies dennoch zu thun, jene Sätze für die Grundsätze ausgibt, nach denen Marx die Vertheilung der Lebensmittel in der sozialistisch organisirten Gesellschaft geregelt wissen wolle, so ist das eine Schamlosigkeit der Unterschiebung, die nur in die Revolverliteratur ihres Gleichen findet.

Doch besehen wir uns die Gleichwerthigkeitslehre etwas näher. Alle Arbeitszeit ist vollkommen gleichwerthig, die des Karrenschiebers und die des Architekten. Also hat die Arbeitszeit, und damit die Arbeit selbst, einen Werth. Die Arbeit aber ist die Erzeugerin aller Werthe. Sie allein ist es, die den vorgefundnen Naturprodukten einen Werth im ökonomischen Sinne gibt. Der Werth selbst ist nichts anderes, als der Ausdruck der in einem Ding vergegenständlichten, gesellschaftlich nothwendigen menschlichen Arbeit. Die Arbeit kann also keinen Werth haben. Ebensogut wie von einem Werth der Arbeit sprechen und ihn bestimmen wollen, ebensogut könnte man vom Werth des Werths sprechen oder das Gewicht, nicht eines schweren Körpers, sondern der Schwere selbst bestimmen wollen. Herr Dühring fertigt Leute wie Owen, Saint Simon und Fourier ab mit dem Titel: soziale Alchymisten. Indem er über den Werth der Arbeitszeit d. h. der Arbeit spintisirt, beweist er, daß er noch tief unter den wirklichen Alchymisten steht. Und nun ermesse man die Kühnheit, mit der Herr

Dühring Marx die Behauptung in die Schuhe schiebt, als sei die Arbeitszeit Jemandes an sich mehr werth, als die einer andern Person, als habe die Arbeitszeit, also die Arbeit, einen Werth — Marx, der zuerst entwickelt hat, daß und warum die Arbeit keinen Werth haben **kann**!

Für den Sozialismus, der die menschliche Arbeitskraft von ihrer Stellung als **Waare** emancipiren will, ist die Einsicht von hoher Wichtigkeit, daß die Arbeit keinen Werth hat, keinen haben kann. Mit ihr fallen alle Versuche, die sich aus dem naturwüchsigen Arbeitersozialismus auf Herrn Dühring vererbt haben, die künftige Vertheilung der Existenzmittel als eine Art höhern Arbeitslohns zu reguliren. Aus ihr folgt die weitere Einsicht, daß die Vertheilung, soweit sie durch rein ökonomische Rücksichten beherrscht wird, sich regeln wird durch das Interesse der Produktion, und die Produktion wird gefördert am meisten durch eine Vertheilungsweise, die **allen** Gesellschaftsgliedern erlaubt, ihre Fähigkeiten möglichst allseitig auszubilden, zu erhalten und auszuüben. Der dem Herrn Dühring überkommenen Denkweise der gelehrten Klassen muß es allerdings als eine Ungeheuerlichkeit erscheinen, daß es einmal keine Karrenschieber und keine Architekten von Profession mehr geben soll, und daß der Mann, der eine halbe Stunde lang als Architekt Anweisungen gegeben hat, auch eine Zeit lang die Karre schiebt, bis seine Thätigkeit als Architekt wieder in Anspruch genommen wird. Ein schöner Sozialismus, der die Karrenschieber von Profession verewigt!

Soll die Gleichwerthigkeit der Arbeitszeit den Sinn haben, daß jeder Arbeiter in gleichen Zeiträumen gleiche Werthe produzirt, ohne daß man erst einen Durchschnitt zu nehmen hätte, so ist das augenscheinlich falsch. Bei zwei Arbeitern, auch desselben Geschäftszweigs, wird sich das Werthprodukt der Arbeitsstunde immer nach Intensität der Arbeit und Geschicklichkeit verschieden stellen; diesem Uebelstand, der indeß nur für Leute à la Dühring einer ist, kann nun einmal keine Wirthschaftskommune, wenigstens nicht auf unsrem Weltkörper, abhelfen. Was bleibt also von der ganzen Gleichwerthigkeit aller und jeder Arbeit? Nichts als die pure renommistische Phrase, die keine andere ökonomische Unterlage hat, als die Unfähigkeit des Herrn Dühring, zu unterscheiden zwischen Bestimmung des Werths durch die Arbeit und Bestimmung des

Werths durch den Arbeitslohn — nichts als der Ukas, das Grundgesetz der neuen Wirthschaftskommune: Der Arbeitslohn für gleiche Arbeitszeit soll gleich sein! Da hatten die alten französischen Arbeiterkommunisten und Weitling doch weit bessere Gründe für ihre Lohngleichheit.

Wie löst sich nun die ganze wichtige Frage von der höheren Löhnung der zusammengesetzten Arbeit? In der Gesellschaft von Privatproduzenten bestreiten die Privatleute oder ihre Familien die Kosten der Ausbildung des gelernten Arbeiters; den Privaten fällt daher auch zunächst der höhere Preis der gelernten Arbeitskraft zu: der geschickte Sklave wird theurer verkauft, der geschickte Lohnarbeiter höher gelohnt. In der sozialistisch organisirten Gesellschaft bestreitet die Gesellschaft diese Kosten, ihr gehören daher auch die Früchte, die erzeugten größern Werthe der zusammengesetzten Arbeit. Der Arbeiter selbst hat keinen Mehranspruch. Woraus nebenbei noch die Nutzanwendung folgt, daß es mit dem beliebten Anspruch des Arbeiters auf „den vollen Arbeitsertrag" doch auch manchmal seinen Haken hat.

VII. Kapital und Mehrwerth.

„Vom Kapital hegt Herr Marx zunächst nicht den gemeingültigen ökonomischen Begriff, demzufolge es produzirtes Produktionsmittel ist, sondern versucht es, eine speziellere, dialektisch-historische, in das Metamorphosenspiel der Begriffe und der Geschichte eingehende Idee aufzutreiben. Das Kapital soll sich aus dem Gelde erzeugen; es soll eine historische Phase bilden, die mit dem 16. Jahrhundert, nämlich mit den für diese Zeit vorausgesetzten Anfängen zu einem Weltmarkt, beginnt. Offenbar geht nun bei einer solchen Begriffsfassung die Schärfe der volkswirthschaftlichen Analyse verloren. In solchen wüsten Konzeptionen, die halb geschichtlich und halb logisch sein sollen, in der That aber nur Bastarde historischer und logischer Phantastik sind, geht das Unterscheidungsvermögen der Verstandes sammt allem ehrlichen Begriffsgebrauch unter" — und so wird eine ganze Seite fortschwadronirt . . . „mit der Marx'schen Kennzeichnung des Kapitalbegriffs lasse sich in der strengen

Volkswirthschaftslehre nur Verwirrung stiften . . Leichtfertig=
keiten die für tiefe logische Wahrheiten ausgeben werden, . . .
Gebrechlichkeit der Fundamente" u. s. w.

Also nach Marx soll sich das Kapital im Anfang des
16. Jahrhunderts aus dem Geld erzeugen. Es ist das, als ob
man sagen wollte, das Metallgeld habe sich vor stark drei=
tausend Jahren aus dem Vieh erzeugt, weil früher unter
Anderm auch Vieh Geldfunktionen vertrat. Nur Herr Düh=
ring ist einer so rohen und schiefen Ausdrucksweise fähig.
Bei Marx ergiebt sich bei der Analyse der ökonomischen Formen,
innerhalb deren der Prozeß der Waarencirculation sich bewegt,
als letzte Form das Geld. „Dies letzte Produkt der Waaren=
circulation ist die erste Erscheinungsform des Kapitals.
Historisch tritt das Kapital dem Grundeigenthum überall zu=
nächst in der Form von Geld gegenüber, als Geldvermögen,
Kaufmannskapital und Wucherkapital . . . Dieselbe Geschichte
spielt täglich vor unsern Augen. Jedes neue Kapital betritt
in erster Instanz die Bühne, d. h. den Markt, Waarenmarkt,
Arbeitsmarkt oder Geldmarkt, immer noch als Geld, Geld,
das sich durch bestimmte Prozesse in Kapital verwandeln soll."
Es ist also wieder eine Thatsache, die Marx konstatirt. Un=
fähig, sie zu bestreiten, verdreht sie Herr Dühring: Das Ka=
pital soll sich aus dem Geld erzeugen!

Marx untersucht nun weiter die Prozesse, wodurch Geld sich
in Kapital verwandelt, und findet zunächst, daß die Form, in
der Geld als Kapital circulirt, die Umkehrung derjenigen Form
ist, in der es als allgemeines Waarenäquivalent cirkulirt. Der
einfache Waarenbesitzer verkauft um zu kaufen; er verkauft was
er nicht braucht und kauft mit dem erhandelten Gelde das,
was er braucht. Der angehende Kapitalist kauft von vornherein
das, was er nicht selbst braucht; er kauft, um zu verkaufen,
und zwar um theurer zu verkaufen, um den ursprünglich in
das Kaufgeschäft geworfenen Geldwerth zurückzuerhalten, ver=
mehrt durch einen Zuwachs an Geld, und diesen Zuwachs
nennt Marx **Mehrwerth**.

Woher stammt dieser Mehrwerth? Er kann weder daher
stammen, daß der Käufer die Waaren unter dem Werth kaufte,
noch daher, daß der Veräußer sie über dem Werth verkaufte.
Denn in beiden Fällen gleichen sich die Gewinne und Verluste
jedes Einzelnen gegenseitig aus, da Jeder abwechselnd Käufer

und Verkäufer ist. Er kann auch nicht aus Prellerei stammen, denn die Prellerei kann zwar den Einen auf Kosten des Andern bereichern, nicht aber die von Beiden besessene Gesammtsumme, also auch nicht die Summe der circulirenden Werthe überhaupt vermehren. „Die Gesammtheit der Kapitalistenklasse eines Landes kann sich nicht selbst übervortheilen."

Und doch finden wir, daß die Gesammtheit der Kapitalistenklasse jedes Landes sich fortwährend vor unsern Augen bereichert, indem sie theurer verkauft als sie eingekauft hatte, indem sie sich Mehrwerth aneignet. Wir sind also so weit wie am Anfang: Woher stammt dieser Mehrwerth? Diese Frage gilt es zu lösen und zwar auf rein ökonomischem Wege, unter Ausschluß aller Prellerei, aller Einmischung irgend welcher Gewalt — die Frage: Wie ist es möglich, fortwährend theurer zu verkaufen, als man eingekauft hat, selbst unter der Voraussetzung, daß fortwährend gleiche Werthe ausgetauscht werden gegen gleiche Werthe?

Die Lösung dieser Frage ist das epochemachendste Verdienst des Marx'schen Werks. Sie verbreitet helles Tageslicht über ökonomische Gebiete, wo früher Sozialisten nicht minder als bürgerliche Oekonomen in tiefster Finsterniß herumtappten. Von ihr datirt, um sie gruppirt sich der wissenschaftliche Sozialismus.

Diese Lösung ist folgende. Die Werthvergrößerung des Geldes, das sich in Kapital verwandeln soll, kann nicht an diesem Geld vorgehen, oder aus dem Einkauf herrühren, da dies Geld hier nur den Preis der Waare realisirt, und dieser Preis ist, da wir voraussetzen, daß gleiche Werthe ausgetauscht werden, nicht verschieden von ihrem Werth. Die Werthvergrößerung kann aber aus demselbem Grunde auch nicht aus dem Verkauf der Waare hervorgehn. Die Veränderung muß sich also zutragen mit der Waare, die gekauft wird, aber nicht mit ihrem Werth, da sie zu ihrem Werth gekauft und verkauft wird, sondern mit ihrem Gebrauchswerth als solchem, d. h. die Werthveränderung muß aus dem Verbrauch der Waare entspringen. „Um aus dem Verbrauch einer Waare Werth herauszuziehn, müßte unser Geldbesitzer so glücklich sein ... auf dem Markt eine Waare zu entdecken, deren Gebrauchswerth die eigenthümliche Beschaffenheit besäße, Quelle von Werth zu sein, deren wirklicher Verbrauch also selbst Vergegenständlichung von Arbeit wäre, daher

Werthschöpfung. Und der Geldbesitzer findet auf dem Markt eine solche spezifische Waare vor — das Arbeitsvermögen oder die **Arbeitskraft.**" Wenn, wie wir sahen, die Arbeit als solche keinen Werth haben kann, so ist das keineswegs der Fall mit der Arbeitskraft. Diese erhält einen Werth sobald sie zur **Waare** wird, wie sie heutzutage thatsächlich eine Waare ist, und dieser Werth bestimmt sich „gleich dem jeder andern Waare, durch die zur Produktion, also auch Reproduktion, dieses spezifischen Artikels nöthige Arbeitszeit," d. h. durch die Arbeitszeit, welche erforderlich ist zur Herstellung der Lebensmittel, deren der Arbeiter zu seiner Erhaltung in arbeitsfähigem Zustand, und zur Fortpflanzung seines Geschlechts bedarf. Nehmen wir an, diese Lebensmittel repräsentiren, Tag für Tag, eine sechsstündige Arbeitszeit. Unser angehender Kapitalist, der zum Betrieb seines Geschäfts Arbeitskraft einkauft, d. h. einen Arbeiter miethet, zahlt also diesem Arbeiter den vollen Tageswerth seiner Arbeitskraft, wenn er ihm eine Geldsumme zahlt, die ebenfalls sechs Arbeitsstunden vertritt. Sobald der Arbeiter nun sechs Stunden im Dienst des angehenden Kapitalisten gearbeitet hat, hat er diesem vollen Ersatz geleistet für seine Auslage, für den gezahlten Tageswerth der Arbeitskraft. Damit aber wäre das Geld nicht in Kapital verwandelt, es hätte keinen Mehrwerth erzeugt. Der Käufer der Arbeitskraft hat daher auch eine ganz andere Ansicht von der Natur des von ihm abgeschlossenen Geschäfts. Daß nur sechs Arbeitsstunden nöthig sind, um den Arbeiter während 24 Stunden am Leben zu erhalten, hindert diesen keineswegs 12 Stunden aus den 24 zu arbeiten. Der Werth der Arbeitskraft und ihre Verwerthung im Arbeitsprozeß sind zwei verschiedene Größen. Der Geldbesitzer hat den Tageswerth der Arbeitskraft gezahlt, ihm gehört daher auch ihr Gebrauch während des Tages, die tagelange Arbeit. Daß der Werth, den ihr Gebrauch während eines Tages **schafft,** doppelt so groß ist wie ihr eigener Tageswerth, ist ein besonderes Glück für den Käufer, aber nach den Gesetzen des Waarenaustausches durchaus kein Unrecht gegen den Verkäufer. Der Arbeiter **kostet** also dem Geldbesitzer nach unserer Annahme täglich **das Werthprodukt von sechs Arbeitsstunden, aber er liefert** ihm täglich das Werthprodukt von 12 Arbeitsstunden. Differenz zu Gunsten des Geldbesitzers — 6 Stunden unbe=

zahlte Mehrarbeit, ein unbezahltes Mehrprodukt, in dem die Arbeit von sechs Stunden verkörpert ist. Das Kunststück ist gemacht. Mehrwerth ist erzeugt, Geld ist in Kapital verwandelt.

Indem Marx auf diese Weise nachwies, wie Mehrwerth entsteht und wie allein Mehrwerth unter der Herrschaft der, den Austausch von Waaren regelnden Gesetze entstehen kann, legte er den Mechanismus der heutigen kapitalistischen Produktionsweise und der auf ihr beruhenden Aneignungsweise bloß, enthüllte er den Krystallkern, um den die ganze heutige Gesellschaftsordnung sich angesetzt hat.

Diese Erzeugung von Kapital hat jedoch eine wesentliche Voraussetzung: „Zur Verwandlung von Geld in Kapital muß der Geldbesitzer den freien Arbeiter auf dem Waarenmarkt vorfinden, frei in dem Doppelsinn, daß er als freie Person über seine Arbeitskraft als seine Waare verfügt, daß er andrerseits andre Waare nicht zu verkaufen hat, los und ledig, frei ist von allen zur Verwirklichung seiner Arbeitskraft nöthigen Sachen." Aber dies Verhältniß von Geld- oder Waarenbesitzern auf der einen Seite, und von Besitzern von Nichts, außer der eignen Arbeitskraft, auf der andern, ist kein naturgeschichtliches, noch ist es ein allen Geschichtsperioden gemeinsames Verhältniß, „es ist offenbar selbst das Resultat einer vorhergegangenen historischen Entwicklung, das Produkt... des Untergangs einer ganzen Reihe älterer Formationen der gesellschaftlichen Produktion." Und zwar tritt dieser freie Arbeiter uns in der Geschichte zuerst massenhaft gegenüber am Ende des fünfzehnten und Anfang des sechzehnten Jahrhunderts, in Folge der Auflösung der feudalen Produktionsweise. Damit aber, und mit der von derselben Epoche datirenden Schöpfung des Welthandels und Weltmarkts, war die Grundlage gegeben, auf der die Masse des vorhandenen beweglichen Reichthums sich mehr und mehr in Kapital verwandeln und die kapitalistische, auf Erzeugung von Mehrwerth gerichtete Produktionsweise mehr und mehr die ausschließlich herrschende werden mußte.

Soweit sind wir den „wüsten Konzeptionen" von Marx gefolgt, diesen „Bastarden historischer und logischer Phantastik", bei denen „das Unterscheidungsvermögen des Verstandes sammt allem ehrlichen Begriffsgebrauch untergeht." Stellen wir diesen

„Leichtfertigkeiten" nunmehr die „tiefen logischen Wahrheiten" und die „letzte und strengste Wissenschaftlichkeit im Sinne der exakten Disziplinen" gegenüber, wie sie uns Herr Dühring bietet.

Also vom Kapital hegt Marx „nicht den gemeingültigen ökonomischen Begriff, demzufolge es produzirtes Produktionsmittel ist"; er sagt vielmehr, daß eine Summe von Werthen sich erst dann in Kapital verwandelt, wenn sie sich verwerthet, indem sie Mehrwerth bildet. Und was sagt Herr Dühring? „Das Kapital ist ein Stamm ökonomischer Machtmittel zur Fortführung der Produktion und zur Bildung von Antheilen an den Früchten der allgemeinen Arbeitskraft." So orakelhaft und loddrig dies auch wieder ausgedrückt ist, so ist doch so viel sicher: der Stamm ökonomischer Machtmittel mag die Produktion in Ewigkeit fortführen, er wird nach Hrn. Dührings eignen Worten nicht zu Kapital, so lange er nicht „Antheile an den Früchten der allgemeinen Arbeitskraft", d. h. Mehrwerth oder wenigstens Mehrprodukt bildet. Die Sünde also, die Herr Dühring Marx vorwirft, nicht den gemeingültigen ökonomischem Begriff vom Kapital zu hegen, begeht er nicht nur selbst, sondern er begeht außerdem noch ein durch hochtrabende Redensarten „schlecht verdecktes" ungeschicktes Plagiat an Marx.

Auf Seite 262 wird dies weiter ausgeführt: „Das Kapital im sozialen Sinne" (und ein Kapital in einem nicht sozialen Sinn soll Herr Dühring noch entdecken) „ist nämlich spezifisch von dem reinen Produktionsmittel verschieden; denn während das letztere nur einen technischen Charakter hat und unter allen Umständen erforderlich ist, zeichnet sich das erstere durch seine gesellschaftliche Kraft der Aneignung und Antheilsbildung aus. Das soziale Kapital ist allerdings zum großen Theil nichts Anderes als das technische Produktionsmittel in seiner sozialen Funktion; aber diese Funktion ist es auch grade, welche ... verschwinden muß." Wenn wir bedenken, daß es grade Marx war, welcher zuerst die „soziale Funktion" hervorhob, vermittelst deren allein eine Werthsumme zu Kapital wird, so muß es allerdings „für jeden aufmerksamen Betrachter des Gegenstandes bald feststehn, daß sich mit der Marx'schen Kennzeichnung des Kapitalbegriffes nur Verwirrung stiften lasse" — nicht aber, wie Herr Dühring meint, in der strengen

Volkswirthschaftslehre, sondern, wie Figura zeigt, einzig und allein im Kopf des Herrn Dühring selbst, der in der „Kritischen Geschichte" bereits vergessen hat, wie stark er im „Kursus" von besagtem Kapitalbegriff gezehrt.

Indeß Herr Dühring ist nicht zufrieden damit, seine Definition des Kapitals, wenn auch in „gesäuberter" Form, von Marx zu entlehnen. Er muß ihm auch folgen in das „Metamorphosenspiel der Begriffe und der Geschichte", und das Angesichts seiner eignen bessern Erkenntniß, daß dabei nichts herauskommt, als „wüste Konzeptionen", „Leichtfertigkeiten", „Gebrechlichkeit der Fundamente" u. s. w. Woher stammt diese „soziale Funktion" des Kapitals, die es befähigt, sich die Früchte fremder Arbeit anzueignen, und wodurch allein es sich vom bloßen Produktionsmittel unterscheidet? Sie beruht, sagt Herr Dühring, „nicht auf der Natur der Produktionsmittel und auf deren technischer Unentbehrlichkeit." Sie ist also geschichtlich entstanden, und Herr Dühring wiederholt uns auf S. 252 nur, was wir schon zehnmal gehört haben, wenn er ihre Entstehung erklärt vermittelst des altbekannten Abenteuers von den beiden Männern, von denen am Anfang der Geschichte der Eine sein Produktionsmittel in Kapital verwandelt, indem er den Andern vergewaltigt. Aber nicht damit zufrieden, der sozialen Funktion, durch welche eine Werthsumme erst zu Kapital wird, einen geschichtlichen Anfang zuzuschreiben, prophezeit Herr Dühring ihr auch ein geschichtliches Ende. Sie „ist es auch grade, welche verschwinden muß." Eine Erscheinung, welche geschichtlich entstanden ist und geschichtlich wieder verschwindet, pflegt man, in der gemeingültigen Sprache geredet, „eine historische Phase" zu nennen. Es ist also das Kapital eine historische Phase nicht blos bei Marx, sondern auch bei Herrn Dühring, und wir sind daher zu dem Schluß genöthigt, daß wir uns hier bei den Jesuiten befinden. Wenn Zwei dasselbe thun, so ist es nicht dasselbe. Wenn Marx sagt, das Kapital ist eine historische Phase, so ist das eine wüste Konzeption, ein Bastard historischer und logischer Phantastik, bei dem das Unterscheidungsvermögen sammt allem ehrlichen Begriffsgebrauch untergeht. Wenn Herr Dühring ebenfalls das Kapital als eine historische Phase darstellt, so ist das ein Beweis von Schärfe der volkswirthschaftlichen Analyse und von letzter und strengster Wissenschaftlichkeit im Sinne der exakten Disziplinen.

Wodurch unterscheidet sich nun die Dühring'sche Kapitalvorstellung von der Marx'schen?

„Das Kapital", sagt Marx, „hat die Mehrarbeit nicht erfunden. Ueberall, wo ein Theil der Gesellschaft das Monopol der Produktionsmittel besitzt, muß der Arbeiter, frei oder unfrei, der zu seiner Selbsterhaltung nothwendigen Arbeitszeit überschüssige Arbeitszeit zusetzen, um die Lebensmittel für den Eigner der Produktionsmittel zu produziren." Mehrarbeit, Arbeit über die zur Selbsterhaltung des Arbeiters nöthige Zeit hinaus, und Aneignung des Produkts dieser Mehrarbeit durch Andere, Arbeitsausbeutung ist also allen bisherigen Gesellschaftsformen gemein, soweit diese sich in Klassengegensätzen bewegten. Aber erst wenn das Produkt dieser Mehrarbeit die Form von Mehrwerth annimmt, wenn der Eigner der Produktionsmittel den freien Arbeiter — frei von sozialen Fesseln und frei von eignem Besitz — als Gegenstand der Ausbeutung sich gegenüber vorfindet und ihn ausbeutet zum Zweck der Produktion von Waaren, erst dann nimmt, nach Marx, das Produktionsmittel den spezifischen Character des Kapitals an. Und dies ist auf großem Maßstab geschehen erst seit dem Ende des 15. und Anfang des 16. Jahrhunderts.

Herr Dühring dagegen erklärt jede Summe von Produktionsmitteln für Kapital, die „Antheile an den Früchten der allgemeinen Arbeitskraft bildet", also Mehrarbeit in irgend einer Form erwirkt. Mit andern Worten, Herr Dühring annektirt die von Marx entdeckte Mehrarbeit, um damit den ihm augenblicklich nicht passenden, ebenfalls von Marx entdeckten Mehrwerth todtzuschlagen. Nach Herrn Dühring wäre also nicht nur der bewegliche und unbewegliche Reichthum der mit Sklaven wirthschaftenden korinthischen und athenischen Bürger, sondern auch der der römischen Großgrundbesitzer der Kaiserzeit, und nicht minder derjenige der Feudalbarone des Mittelalters, soweit er in irgend einer Weise der Produktion diente, alles ohne Unterschied Kapital.

Herr Dühring selbst hegt also „vom Kapital nicht den gemeingültigen Begriff, demzufolge es produzirtes Produktionsmittel ist", sondern vielmehr einen ganz entgegengesetzten, der sogar die unproduzirten Produktionsmittel einschließt, die Erde und ihre natürlichen Hülfsquellen. Nun ist aber die Vorstellung, daß Kapital „produzirtes Produktionsmittel" schlechthin sei, gemeingültig wieder nur in der Vulgärökonomie. Außerhalb dieser, dem Herrn Dühring so theuren Vulgärökonomie wird das „produzirte Produktionsmittel" oder eine Werthsumme überhaupt erst dadurch zu Kapital, daß sie Profit oder Zins erwirkt, d. h. das Mehrprodukt unbezahlter Arbeit in der Form von Mehrwerth, und zwar wieder in diesen beiden bestimmten Unterformen des Mehrwerths aneignet. Es bleibt dabei vollkommen gleichgültig, daß die ganze bürgerliche Oekonomie in der Vorstellung befangen ist, die Eigenschaft, Profit oder Zins zu erwirken, komme ganz von selbst jeder Werthsumme zu, die unter normalen Bedingungen in der Produktion oder im Austausch verwandt wird. Kapital und Profit, oder Kapital und Zins, sind in der klassischen Oekonomie ebenso untrennbar, stehen in derselben Wechselbeziehung zu einander, wie Ursache und Wirkung, Vater und Sohn, gestern und heute. Das Wort Kapital in seiner modern-ökonomischen Bedeutung kommt aber erst vor zu der Zeit wo die Sache selbst auftritt, wo der bewegliche Reichthum mehr und mehr Kapitalfunktion erhält, indem er die Mehrarbeit freier Arbeiter ausbeutet um Waaren zu produziren, und zwar wird es eingeführt durch die erste historische Kapitalistennation, die Italiener des 15. und 16. Jahrhunderts. Und wenn Marx zuerst die dem modernen Kapital eigenthümliche Aneignungsweise bis auf den Grund analysirte, wenn er den Begriff des Kapitals in Einklang brachte mit den geschichtlichen Thatsachen, aus denen er in letzter Instanz abstrahirt worden war, denen er seine Existenz verdankte; wenn Marx damit diesen ökonomischen Begriff befreite von den unklaren und schwankenden Vorstellungen, die ihm auch in der klassischen bürgerlichen Oekonomie und bei den bisherigen Sozialisten noch anhafteten, so war es grade Marx, der mit jener „letzten und strengsten Wissenschaftlichkeit" verfuhr, die Herrn Dühring stets im Munde führt und die wir bei ihm so schmerzlich vermissen.

In der That geht es bei Herrn Dühring ganz anders her. Er ist nicht zufrieden damit, erst die Darstellung des Kapitals als einer historischen Phase einen „Bastard historischer und logischer Phantastik" zu schelten und es dann selbst als eine historische Phase darzustellen. Er erklärt auch alle ökonomischen Machtmittel, alle Produktionsmittel, die „Antheile an den Früchten der allgemeinen Arbeitskraft" aneignen, also auch das Grundeigenthum in allen Klassengesellschaften, rundweg für Kapital; was ihn aber nicht im Mindesten genirt, im weitern Verlauf Grundeigenthum und Grundrente ganz in der hergebrachten Weise von Kapital und Profit zu scheiden, und nur diejenigen Produktionsmittel als Kapital zu bezeichnen, welche Profit oder Zins erwirken, wie auf S. 146 u. fl. des Kursus des Breitern nachzusehn. Ebensogut könnte Herr Dühring zuerst unter dem Namen Lokomotive auch Pferde, Ochsen, Esel und Hunde einbegreifen, weil man auch mit diesen Fuhrwerk fortbewegen kann, und den heutigen Ingenieuren vorwerfen, indem sie den Namen Lokomotive auf den modernen Dampfwagen beschränkten, machten sie ihn zu einer historischen Phase, verübten sie wüste Konzeptione, Bastarde historischer und logischer Phantastik u. s. w.; und dann schließlich erklären, die Pferde, Esel, Ochsen und Hunde seien doch von der Bezeichnung Lokomotive ausgeschlossen und diese gelte nur für den Dampfwagen. — Und somit sind wir wieder genöthigt zu sagen, daß es grade die Dühring'sche Begriffsfassung des Kapitals ist, bei der alle Schärfe der volkswirthschaftlichen Analyse verloren und das Unterscheidungsvermögen sammt allem ehrlichem Begriffsgebrauch untergeht, und daß die wüsten Konzeptionen, die Verwirrung, die Leichtfertigkeiten, die für tiefe logische Wahrheiten ausgegeben werden, und die Gebrechlichkeit der Fundamente in voller Blüthe stehen eben bei Herrn Dühring.

Das alles aber verschlägt Nichts. Herrn Dühring bleibt darum doch der Ruhm, den Angelpunkt entdeckt zu haben, um den sich die ganze bisherige Oekonomie, die ganze Politik und Juristerei, mit Einem Wort die ganze bisherige Geschichte bewegt. Hier ist er:

„Gewalt und Arbeit sind die zwei Hauptfaktoren, die bei der Bildung der sozialen Verknüpfungen in Anschlag kommen."

In diesem einen Satz liegt die ganze Verfassung der bisherigen ökonomischen Welt. Sie ist äußerst kurz und lautet:

Artikel Eins: Die Arbeit produzirt.
Artikel Zwei: Die Gewalt vertheilt.

Und hiermit ist, „menschlich und deutsch geredet", auch die ganze ökonomische Weisheit des Herrn Dühring zu Ende.

VIII. Kapital und Mehrwerth. (Schluß.)

„Nach der Ansicht des Herrn Marx vertritt der Arbeitslohn nur die Bezahlung derjenigen Arbeitszeit, welche der Arbeiter wirklich für die Ermöglichung der eigenen Existenz thätig ist. Hierzu genügt nun eine kleinere Anzahl Stunden; der ganze übrige Theil des oft langgedehnten Arbeitstags liefert einen Ueberschuß, in welchem der von unserem Autor sogenannte „Mehrwerth" oder, in der gemeingültigen Sprache geredet, der Kapitalgewinn enthalten ist. Abgesehn von der auf irgend einer Stufe der Produktion bereits in den Arbeitsmitteln und relativen Rohstoffen enthaltenen Arbeitszeit, ist jener Ueberschuß des Arbeitstags der Antheil des kapitalistischen Unternehmers. Die Ausdehnung des Arbeitstages ist hiernach reiner Ausbeutungsgewinn zu Gunsten des Kapitalisten."

Nach Herrn Dühring wäre also der Marx'sche Mehrwerth weiter nichts, als was man in der gemeingültigen Sprache Kapitalgewinn oder Profit nennt. Hören wir Marx selbst. Auf Seite 195 des „Kapital" wird Mehrwerth erklärt durch die hinter diesem Wort eingeklammerten Worte: „Zins, Profit, Rente." Auf Seite 210 giebt Marx ein Beispiel, worin eine Mehrwerthsumme von 71 Schillingen in ihren verschiedenen Vertheilungsformen erscheint: Zehnten, Lokal- und Staatssteuern 21 Sch., Bodenrente 28 Sch., Pächters Profit und Zins 22 Sch., zusammen Gesammtmehrwerth 71 Schillinge. — Auf Seite 542 erklärt Marx es für einen Hauptmangel bei Ricardo, daß dieser „den Mehrwerth nicht rein darstellt, d. h. nicht unabhängig von seinen besonderen Formen, wie Profit, Grundrente u. s. w." und daß er daher die Gesetze über die Rate des Mehrwerths unmittelbar zusamenwirft mit den Gesetzen der Profitrate; wogegen Marx ankündigt: „Ich werde später, im dritten Buch dieser Schrift, nachweisen, daß dieselbe Rate des Mehrwerths sich in den verschiedensten Profitraten, und verschiedene Raten des Mehrwerthes, unter bestimmten Umständen, sich in derselben Profitrate ausdrücken können." Auf Seite 587 heißt es: „Der Kapitalist, der den Mehrwerth produzirt, d. h. unbezahlte Arbeit unmittelbar aus den Arbeitern auspumpt und in Waaren fixirt, ist zwar der erste Aneigner, aber keineswegs der letzte Eigenthümer dieses Mehrwerthes. Er hat ihn hinterher zu theilen mit Kapitalisten, die andere Funktionen im Großen und Ganzen der gesellschaftlichen Produktion vollziehn, mit dem Grundeigenthümer u. s. w. Der Mehrwerth spaltet sich daher in verschiedene Theile. Seine Bruchstücke fallen verschiedenen Kategorien von Personen zu und erhalten verschiedne, gegen einander selbständige Formen, wie Profit, Zins, Handelsgewinn, Grundrente u. s. w. Diese verwandelten Formen des Mehrwerths können erst im dritten Buch behandelt werden." Und ebenso an vielen andern Stellen.

Man kann sich nicht deutlicher ausdrücken. Bei jeder Gelegenheit macht Marx darauf aufmerksam, daß sein Mehrwerth durchaus nicht mit dem Profit oder Kapitalgewinn zu verwechseln, daß dieser letztere vielmehr eine Unterform und sehr oft sogar nur ein Bruchtheil des Mehrwerths sei. Wenn Herr Dühring dennoch behauptet, der Marx'sche Mehrwerth sei „in der gemeingültigen Sprache geredet, der Kapitalgewinn", und wenn es feststeht, daß das ganze Marx'sche Buch sich um den Mehrwerth dreht, so sind nur zwei Fälle möglich: Entweder weiß ers nicht besser, und dann gehört eine Schamlosigkeit sonder Gleichen dazu, ein Buch herunter zu reißen, dessen Hauptinhalt er nicht kennt. Oder er weiß es besser, und dann begeht er eine absichtliche Fälschung.

Weiter: „Der giftige Haß, mit dem Herr Marx diese Vorstellungsart des Auspressungsgeschäfts pflegt, ist nur zu begreiflich. Aber auch ein gewaltigerer Zorn und eine noch vollere Anerkennung des Ausbeutungscharakters der auf Lohnarbeit gegründeten Wirthschaftsform ist möglich, ohne daß jene theoretische Wendung, die sich in der Marx'schen Lehre von einem Mehrwerth ausdrückt, angenommen wird."

Die gutgemeinte, aber irrige theoretische Wendung von Marx bewirkt bei diesem einen giftigen Haß gegen das Auspressungsgeschäft; die an sich sittliche Leidenschaft erhält in Folge der falschen „theoretischen Wendung" einen unsittlichen Ausdruck, sie tritt zu Tage in unedlem Haß und in niedriger Giftigkeit, während die letzte und strengste Wissenschaftlichkeit des Herrn Dühring sich äußert in einer sittlichen Leidenschaft von entsprechend edler Natur, im Zorn, der auch der Form nach sittlich und dem giftigen Haß zudem noch quantitativ überlegen, ein gewaltigerer Zorn ist. Während Herr Dühring diese

Freude an sich selbst erlebt, wollen wir zusehn, woher dieser gewaltigere Zorn stammt.

„Es entsteht, heißt es weiter, nämlich die Frage, wie die konkurrirenden Unternehmer im Stande sind, das volle Erzeugniß der Arbeit und hiermit das Mehrprodukt dauernd so hoch über den natürlichen Herstellungskosten zu verwerthen, als durch das berührte Verhältniß des Ueberschusses der Arbeitsstunden angezeigt wird. Eine Antwort hierauf ist in der Marx'schen Doktrin nicht anzutreffen, und zwar aus dem einfachen Grunde, weil in derselben nicht einmal die Aufwerfung der Frage einen Platz finden konnte. Der Luxuscharakter der auf Soldarbeit gegründeten Produktion ist gar nicht ernstlich angefaßt und die soziale Verfassung mit ihren aufsaugenden Positionen keineswegs als der letzte Grund der weißen Sklaverei erkannt worden. Im Gegentheil hat sich immer das Politischsoziale aus dem Oekonomischen erklärt finden sollen."

Nun haben wir aus den oben angeführten Stellen gesehn, daß Marx keineswegs behauptet, das Mehrprodukt werde vom industriellen Kapitalisten der sein erster Aneigner ist, unter allen Umständen im Durchschnitt zu seinem vollen Werth verkauft, wie Herr Dühring hier voraussetzt. Marx sagt ausdrücklich, daß auch der Handelsgewinn einen Theil des Mehrwerths bildet, und dies ist unter den vorliegenden Voraussetzungen doch nur dann möglich, wenn der Fabrikant dem Händler sein Produkt unter dem Werth verkauft, und ihm damit einen Antheil der Beute abtritt. Wie die Frage hier gestellt wird, konnte also allerdings nicht einmal ihre Aufwerfung bei Marx einen Platz finden. Rationell gestellt, lautet sie: Wie verwandelt sich Mehrwerth in seine Unterformen: Profit, Zins, Handelsgewinn, Grundrente u. s. w.? Und diese Frage verspricht Marx allerdings im dritten Buch zu lösen. Wenn aber Herr Dühring nicht solange warten kann, bis der zweite Band des „Kapital" erscheint, so mußte er sich einstweilen im ersten Band etwas genauer umsehn. Er konnte dann, außer den schon angeführten Stellen z. B. auf S. 323 lesen, daß nach Marx die immanenten Gesetze der kapitalistischen Produktion in der äußern Bewegung der Kapitale sich als Zwangsgesetze der Konkurrenz geltend machen, und in dieser Form als treibende Motive dem individuellen Kapitalisten zum Bewußtsein kommen; daß also eine wissenschaftliche Analyse der Konkurrenz nur möglich, sobald die innere Natur des Kapitals begriffen ist, ganz wie die scheinbare Bewegung der Himmelskörper nur dem verständlich, der ihre wirkliche, aber sinnlich nicht wahrnehmbare Bewegung kennt; worauf Marx an einem Exempel zeigt, wie ein bestimmtes Gesetz, das Werthgesetz, in einem bestimmten Fall innerhalb der Konkurrenz erscheint und seine treibende Kraft ausübt. Herr Dühring konnte hieraus schon entnehmen, daß bei der Vertheilung des Mehrwerths die Konkurrenz eine Hauptrolle spielt, und bei einigem Nachdenken genügen diese im ersten Band gegebenen Andeutungen in der That, um die Verwandlung von Mehrwerth in seine Unterformen wenigstens in ihren allgemeinen Umrissen erkennen zu lassen.

Für Herrn Dühring ist indeß die Konkurrenz grade das absolute Hinderniß des Verständnisses. Er kann nicht begreifen, wie die konkurrirenden Unternehmer das volle Erzeugniß der Arbeit und hiermit das Mehrprodukt dauernd so hoch über den natürlichen Herstellungskosten verwerthen können. Es wird sich hier wieder mit der gewohnten „Strenge", die in der That Liederlichkeit ist, ausgedrückt. Das Mehrprodukt als solches hat bei Marx ja gar keine Herstellungskosten, es ist der Theil des Produkts, der dem Kapitalisten Nichts kostet. Wenn also die konkurrirenden Unternehmer das Mehrprodukt zu seinen natürlichen Herstellungskosten verwerthen wollten, so müßten sie es eben verschenken. Doch halten wir uns bei solchen „mikrologischen Einzelheiten" nicht auf. Verwerthen denn in der That die konkurrirenden Unternehmer nicht täglich das Erzeugniß der Arbeit über den natürlichen Herstellungskosten? Nach Herrn Dühring bestehn die natürlichen Herstellungskosten „in der Arbeits- oder Kraftausgabe, und diese kann wiederum in ihren letzten Grundlagen durch den Nahrungsaufwand gemessen werden"; also in der heutigen Gesellschaft aus den an Rohstoff, Arbeitsmitteln und Arbeitslohn wirklich aufgewendeten Auslagen, im Unterschied von der „Bezollung", dem Profit, dem mit dem Degen in der Hand erzwungenen Aufschlag. Nun ist es allbekannt, daß in der Gesellschaft, in der wir leben, die konkurrirenden Unternehmer ihre Waaren nicht zu den natürlichen Herstellungskosten verwerthen sondern den angeblichen Aufschlag, den Profit, hinzurechnen und in der Regel auch erhalten. Die Frage, die Herr Dühring, wie er glaubte, nur aufzuwerfen braucht, um damit das ganze Marx'sche Gebäude umzublasen, wie weiland Josua die Mauern von Jericho, diese Frage existirt also auch für die ökonomische Theorie des Herrn Dühring. Sehen wir, wie er sie beantwortet.

„Das Kapitaleigenthum", sagt er, „hat keinen praktischen Sinn und läßt sich nicht verwerthen, wenn nicht in ihm zugleich die indirekte Gewalt über den Menschenstoff eingeschlossen ist. Das Erzeugniß dieser Gewalt ist der Kapitalgewinn, und die Größe des letztern wird daher von dem Umfang und der Intensität dieser Herrschaftsübung abhängen . . . Der Kapitalgewinn ist eine politische und soziale Institution, die mächtiger wirkt als die Konkurrenz. Die Unternehmer handeln in dieser Beziehung als Stand, und jeder einzelne behauptet seine Position. Ein gewisses Maß des Kapitalgewinns ist bei der einmal herrschenden Wirthschaftsart eine Nothwendigkeit."

Leider wissen wir auch jetzt noch immer nicht, wie die konkurrirenden Unternehmer im Stande sind, das Erzeugniß der Arbeit dauernd über den natürlichen Herstellungskosten zu verwerthen. Herr Dühring denkt unmöglich von seinem Publikum so gering, um es mit der Redensart abzuspeisen, der Kapitalgewinn stehe über der Konkurrenz, wie seiner Zeit der König von Preußen über dem Gesetz. Die Manöver, durch die der König von Preußen in seine Stellung über dem Gesetz kam, kennen wir; die Manöver, wodurch der Kapitalgewinn dazu kommt, mächtiger zu sein als die Konkurrenz, sind grade das, was Herr Dühring uns erklären soll und was er uns hartnäckig zu erklären verweigert. Auch kann es nichts ausmachen, wenn, wie er sagt, die Unternehmer in dieser Beziehung als Stand handeln, und dabei jeder einzelne seine Position behauptet. Wir sollen ihm doch nicht etwa aufs Wort glauben, eine Anzahl Leute brauche nur als Stand zu handeln, damit jeder einzelne von ihnen seine Position behaupte? Die Zünftler des Mittelalters, die französischen Adligen 1789 handelten bekanntlich sehr entschieden als Stand und sind doch zu Grunde gegangen. Die preußische Armee bei Jena handelte auch als Stand, aber statt ihre Position zu behaupten, mußten sie vielmehr ausreißen und nachher sogar stückweise kapituliren. Ebensowenig kann uns die Versicherung genügen, bei der einmal herrschenden Wirthschaftsart sei ein gewisses Maß des Kapitalgewinns eine Nothwendigkeit; denn es handelt sich ja gerade darum, nachzuweisen, w a r u m dem so ist. Nicht einen Schritt näher zum Ziel kommen wir, wenn Herr Dühring uns mittheilt: „Die Kapitalherrschaft ist im Anschluß an die Bodenherrschaft erwachsen. Ein Theil der hörigen Landarbeiter ist in den Städten zu Gewerbsarbeitern und schließlich zu Fabrikmaterial umgestaltet werden. Nach der Bodenrente hat sich der Kapitalgewinn als eine zweite Form der Besitzrente ausgebildet." Selbst wenn wir von der historischen Schiefheit dieser Behauptung absehen, so bleibt sie doch immer eine bloße Behauptung und beschränkt sich darauf, das wiederholt zu betheuern, was grade erklärt und bewiesen werden soll. Wir können also zu keinem andern Schluß kommen, als daß Herr Dühring unfähig ist, auf seine eigne Frage zu antworten: wie die konkurrirenden Unternehmer im Stande sind, das Erzeugniß der Arbeit dauernd über den natürlichen Herstellungskosten zu verwerthen, d. h. daß er unfähig ist, die Entstehung des Profits zu erklären. Es bleibt ihm nichts übrig, als kurzweg zu dekretiren: der Kapitalgewinn ist das Erzeugniß der G e w a l t, was allerdings ganz einstimmt mit Artikel 2 der Dühring'schen Gesellschaftsverfassung: Die Gewalt vertheilt. Dies ist allerdings sehr schön gesagt; aber jetzt „entsteht die Frage": Die Gewalt vertheilt — w a s ? Es muß doch etwas zu vertheilen da sein, sonst kann selbst die allmächtigste Gewalt beim besten Willen nichts vertheilen. Der Gewinn, den die konkurrirenden Unternehmer in die Tasche stecken, ist etwas sehr handgreifliches und handfestes. Die Gewalt kann ihn n e h m e n, aber nicht e r z e u g e n. Und wenn Herr Dühring uns hartnäckig die Erklärung weigert, w i e die Gewalt den Unternehmergewinn nimmt, so hat er gar nur Grabesschweigen als Antwort auf die Frage, w o h e r sie ihn nimmt. Wo nichts ist, hat der Kaiser, wie jede andere Gewalt, sein Recht verloren. Aus Nichts wird nichts, namentlich nicht Profit. Wenn das Kapitaleigenthum keinen praktischen Sinn hat und sich nicht verwerthen läßt, so lange nicht in ihm zugleich die indirekte Gewalt über den Menschenstoff eingeschlossen ist, so entsteht abermals die Frage, erstens, wie der Kapitalreichthum zu dieser Gewalt kam, die mit den oben angeführten paar historischen Behauptungen keineswegs erledigt ist, zweitens, wie sich diese Gewalt in Kapitalverwerthung, in Profit verwandelt, und drittens, woher sie diesen Profit nimmt:

Wir mögen die Dühring'sche Oekonomie anfassen, wo wir wollen, wir kommen keinen Schritt weiter. Für alle mißliebigen Umstände, für Profit, Bodenrente, Hungerlohn, Arbeiterknechtung hat sie nur Ein Wort der Erklärung: die Gewalt, und immer wieder die Gewalt, und der „gewaltigere Zorn" des Herrn Dühring löst sich eben auch auf in den Zorn über die Gewalt. Wir haben gesehn, erstens, daß diese Berufung auf die Gewalt eine faule Ausflucht ist, eine Verweisung vom ökonomischen Gebiet aufs politische, die keine einzige ökonomische Thatsache zu erklären im Stande ist; und zweitens, daß sie die Entstehung der Gewalt selbst unerklärt läßt, und dies wohlweislich, indem sie sonst zu dem Ergebniß kommen müßte, daß alle gesellschaftliche Macht und alle politische Gewalt ihren Ursprung haben in ökonomischen Vorbedingungen, in der geschichtlich gegebenen Produktions- und Austauschweise der jedesmaligen Gesellschaft.

Versuchen wir jedoch, ob wir dem unerbittlichen „tieferen Grundleger" der Oekonomie nicht noch einige weitere Aufschlüsse über den Profit entringen können. Vielleicht gelingt es uns, wenn wir bei seiner Behandlung des Arbeitslohns ansetzen. Da heißt es S. 158:

„Der Arbeitslohn ist der Sold zum Unterhalt der Arbeitskraft und kommt zunächst nur als Grundlage für Bodenrente und Kapitalgewinn in Betracht. Um sich die hier obwaltenden Verhältnisse recht entschieden klar zu machen, denke man sich Grundrente und weiterhin auch Kapitalgewinn zuerst geschichtlich ohne Arbeitslohn, also auf Grundlage der Sklaverei oder Hörigkeit... Ob der Sklave oder Hörige, oder ob der Lohnarbeiter unterhalten werden muß, begründet nur einen Unterschied in der Art und Weise der Belastung der Produktionskosten. In jedem Fall bildet der durch die Ausnutzung der Arbeitskraft erzielte Reinertrag das Einkommen des Arbeitsherrn... Man sieht also, daß.... namentlich der Hauptgegensatz, vermöge dessen auf der einen Seite irgend eine Art von Besitzrente und auf der andern die besitzlose Soldarbeit steht, nicht ausschließlich in einem seiner Glieder, sondern stets nur in beiden zugleich betroffen werden kann." Besitzrente ist aber, wie wir S. 188 erfahren, ein gemeinsamer Ausdruck für Bodenrente und Kapitalgewinn. Ferner heißt es S. 174: „Der Charakter des Kapitalgewinns ist eine Aneignung des hauptsächlichsten Theils des Ertrags der Arbeitskraft. Ohne das Korrelat der in irgend einer Gestalt unmittelbar oder mittelbar unterworfenen Arbeit läßt er sich nicht denken." Und Seite 174: Der Arbeitslohn „ist unter allen Umständen nichts weiter als ein Sold, vermittelst dessen im Allgemeinen der Unterhalt und die Fortpflanzungsmöglichkeit des Arbeiters gesichert sein müssen." Und endlich Seite 195: „Was der Besitzrente zufällt, muß dem Arbeitslohn verloren gehn und umgekehrt, was von der allgemeinen Leistungsfähigkeit (!) an die Arbeit gelangt, muß den Besitzeinkünften entzogen werden."

Herr Dühring führt uns von Ueberraschung zu Ueberraschung. In der Werththeorie und den folgenden Kapiteln bis zur Lehre von der Konkurrenz und diese eingeschlossen, also von S. 1 bis 155, theilten sich die Waarenpreise oder Werthe erstens in die natürlichen Herstellungskosten oder den Produktionswerth, d. h. die Auslagen an Rohstoff, Arbeitsmitteln und Arbeitslohn, und zweitens in den Aufschlag oder Vertheilungswerth, die mit dem Degen in der Hand erzwungene Besteuerung zu Gunsten der Monopolistenklasse; ein Aufschlag, der, wie wir sahen, an der Vertheilung des Reichthums in Wirklichkeit nichts ändern konnte, indem er mit der einen Hand das wiedergeben mußte, was er mit der andern nahm, und der außerdem, soweit uns Herr Dühring über seinen Ursprung und seinen Inhalt Auskunft gibt, aus Nichts entstand und daher auch aus Nichts bestand. In den beiden folgenden Kapiteln, die von den Einkünftearten handeln, also von S. 156 bis 217, ist von Aufschlag keine Rede mehr. Statt dessen theilt sich der Werth jedes Arbeitserzeugnisses, also jeder Waare, jetzt in folgende zwei Theile: erstens in die Produktionskosten, worin auch der bezahlte Arbeitslohn einbegriffen, und zweitens in den „durch Ausnutzung der Arbeitskraft erzielten Reinertrag", der das Einkommen des Arbeitsherrn bildet. Und dieser Reinertrag hat eine ganz bekannte, durch keine Tätowirung oder Anstreicherkunst zu verdeckende Physiognomie. „Um sich die hier obwaltenden Verhältnisse recht entschieden klar zu machen", denke sich der Leser die so eben angeführten Stellen aus Herrn Dühring gedruckt gegenüber den früher angeführten Stellen aus Marx über Mehrarbeit, Mehrprodukt und Mehrwerth, und er wird finden, daß Herr Dühring hier das „Kapital" in seiner Weise direkt ausschreibt.

Die Mehrarbeit in irgend einer Form, sei es der Sklaverei, Hörigkeit oder Lohnarbeit, erkennt Herr Dühring an als Quelle der Einkünfte aller bisherigen herrschenden Klassen: genommen aus der mehrfach angeführten Stelle: Kapital, S. 277: das Kapital hat die Mehrarbeit nicht erfunden u. s. w. — Und der „Reinertrag", der „das Einkommen des Arbeitsherrn" bildet, was ist er anders als der Ueberschuß des Arbeitsprodukts über den Arbeitslohn, welcher letztere ja auch bei Herrn Dühring, trotz seiner ganz überflüssigen Verkleidung in einen Sold, im Allgemeinen den Unterhalt und die Fortpflanzungsmöglichkeit des Arbeiters sichern muß? Wie kann die „Aneignung des hauptsächlichsten Theils des Ertrags der Arbeitskraft" vor sich gehn, außer dadurch, daß der Kapitalist, wie bei Marx, dem Arbeiter mehr Arbeit auspreßt, als zur Reproduktion der von diesem Letzteren verzehrten Lebensmittel nöthig ist, d. h. dadurch, daß der Kapitalist den Arbeiter längere Zeit arbeiten läßt, als erforderlich ist, den Werth des dem Arbeiter gezahlten Arbeitslohns zu ersetzen? Also Verlängerung des Arbeitstags über die zur Reproduktion der Lebensmittel des Arbeiters nöthige Zeit hinaus, Marx'sche Mehrarbeit — das und nichts Andres ist es, was sich verbirgt unter Herrn Dührings „Ausnutzung der Arbeitskraft"; und sein „Reinertrag" des Arbeitsherrn, worin anders kann er sich darstellen als in Marx'schem Mehrprodukt und Mehrwerth? Und wodurch anders als durch ihre unexakte Fassung, unterscheidet sich die Dühring'sche Besitzrente vom Marx'schen Mehrwerth? Den Namen „Besitzrente" übrigens hat Herr Dühring von Rodbertus entlehnt, der die Bodenrente und die Kapitalrente oder den Kapitalgewinn schon unter dem gemeinsamen Ausdruck: Rente, zusammenfaßte, so daß Herr Dühring nur den „Besitz" hinzuzusetzen hatte.*) Und damit ja kein Zweifel bleibe über das Plagiat, faßt Herr Dühring die von Marx im 15. Kapitel (S. 539 u. fl. des „Kapital") entwickelten Gesetze über den Größenwechsel von Preis der Arbeitskraft und Mehrwerth

---

*) Und auch dies nicht einmal. Rodbertus sagt (Soziale Briefe 2. Brief, S. 59): „Rente ist nach dieser (seiner) Theorie alles Einkommen, was ohne eigene Arbeit, lediglich auf Grund eines Besitzes bezogen wird."

in seiner Weise so zusammen, daß, was der Besitzrente zufällt, dem Arbeitslohn verloren gehn muß und umgekehrt, und reduzirt damit die inhaltvollen Marx'schen Einzelgesetze auf eine inhaltlose Tautologie, denn es ist selbstredend, daß von einer gegebnen, in zwei Theile zerfallenden Größe der eine Theil nicht wachsen kann, ohne daß der andre abnimmt. Und so ist es Herrn Dühring gelungen, die Aneignung der Marx'schen Ideen in einer Weise zu vollziehen, bei der die „letzte und strengste Wissenschaftlichkeit im Sinne der exakten Disziplinen", wie sie sich in der Marx'schen Entwicklung allerdings findet, vollständig verloren geht.

Wir können also nicht umhin anzunehmen, daß das auffallende Gepolter, das Herr Dühring in der „Kritischen Geschichte" über „Das Kapital" erhebt, und namentlich der Staub, den er aufwirbelt mit der famosen Frage, die beim Mehrwerth entsteht, und die er besser ungefragt gelassen hätte, sintemal er sie selbst nicht beantworten kann — daß das Alles nur Kriegslisten sind, schlaue Manöver, um damit das im „Kursus" an Marx begangene grobe Plagiat zu verdecken. Herr Dühring hatte in der That alle Ursache, seine Leser zu warnen vor der Beschäftigung mit „dem Knäuel, welches von Herrn Marx Kapital genannt wird," vor den Bastarden historischer und logischer Phantastik, den Hegel'schen konfusen Nebelvorstellungen und Flausen u. s. w. Die Venus, vor der dieser getreue Eckart die deutsche Jugend warnt, hatte er sich selbst zum eignen Gebrauch aus den Marx'schen Gehegen im Stillen in Sicherheit gebracht. Gratuliren wir ihm zu diesem durch die Ausnutzung der Marx'schen Arbeitskraft erzielten Reinertrag und zu dem eigenthümlichen Licht, den seine Annexion des Marx'schen Mehrwerths unter dem Namen der Besitzrente auf die Motive seiner hartnäckigen, weil in zwei Auflagen wiederholten, falschen Behauptung wirft, als verstehe Marx unter Mehrwerth nur den Profit oder Kapitalgewinn.

Und so müssen wir Herrn Dührings Leistungen schildern in Herrn Dühring's Worten wie folgt: „Nach der Ansicht des Herrn" Dühring „vertritt der Arbeitslohn nur die Bezahlung derjenigen Arbeitszeit, welche der Arbeiter wirklich für die Ermöglichung der eignen Existenz thätig ist. Hierzu genügt nur eine kleinere Anzahl Stunden; der ganze übrige Theil des oft langgedehnten Arbeitstags liefert einen Ueberschuß, in welchem die von unserm Autor sogenannte" Besitzrente.... „enthalten ist. Abgesehen von der auf irgend einer Stufe der Produktion bereits in den Arbeitsmitteln und relativen Rohstoffen enthaltenen Arbeitszeit, ist jener Ueberschuß des Arbeitstags der Antheil des kapitalistischen Unternehmers. Die Ausdehnung des Arbeitstags ist hiernach reiner Auspressungsgewinn zu Gunsten des Kapitalisten. Der giftige Haß, mit dem Herr" Dühring „diese Vorstellungsart des Ausbeutergeschäfts pflegt ist nur zu begreiflich".... Weniger begreiflich dagegen ist, wie er nun wieder zu seinem „gewaltigeren Zorn" kommen will?

IX. Naturgesetze der Wirthschaft. Grundrente.

Bisher haben wir beim besten Willen nicht entdecken können, wie Herr Dühring dazu kommt, auf dem Gebiete der Oekonomie „mit dem Anspruch auf ein neues, nicht etwa bloß der Epoche genügendes, sondern für die Epoche maßgebendes System aufzutreten." Was wir aber bei der Gewaltstheorie, bei Werth und Kapital nicht zu sehen vermochten, vielleicht springt es uns sonnenklar in die Augen bei Betrachtung der von Herrn Dühring aufgestellten „Naturgesetze der Volkswirthschaft." Denn, wie er sich mit gewohnter Neuheit und Schärfe ausdrückt, „der Triumph der höheren Wissenschaftlichkeit besteht darin, über die bloßen Beschreibungen und Eintheilungen des gleichsam ruhenden Stoffs zu den lebendigen, die Erzeugung beleuchtenden Einsichten zu gelangen. Die Erkenntniß der Gesetze ist daher die vollkommenste; denn sie zeigt uns, wie ein Vorgang durch den andern bedingt wird."

Gleich das erste Naturgesetz aller Wirthschaft ist speziell von Herrn Dühring entdeckt worden. Adam Smith „hat merkwürdigerweise den wichtigsten Faktor aller wirthschaftlichen Entwicklungen nicht bloß nicht an die Spitze gestellt, sondern auch dessen besondre Formulirung ganz unterlassen und auf diese Weise diejenige Macht, die der modernen europäischen Entwicklung ihren Stempel aufgedrückt hatte, unwillkürlich zu einer untergeordneten Rolle herabgewürdigt." Dies „Grundgesetz, welches an die Spitze gestellt werden muß, ist dasjenige der technischen Ausrüstung, ja man könnte sagen der Bewaffnung der natürlich gegebenen Wirthschaftskraft des Menschen."

Dies von Herrn Dühring entdeckte „Fundamentalgesetz" lautet wie folgt:

Gesetz Nr. 1. „Die Produktivität der wirthschaftlichen Mittel, Naturhülfsquellen und Menschenkraft, wird durch Erfindungen und Entdeckungen gesteigert."

Wir staunen. Herr Dühring behandelt uns ganz wie jener Spaßvogel bei Molière den neugebacknen Adligen, dem er die Neuigkeit mittheilt, er habe sein ganzes Leben lang Prosa gesprochen, ohne es zu wissen. Daß Erfindungen und Entdeckungen in manchen Fällen die Produktivkraft der Arbeit steigern (in sehr vielen Fällen aber auch nicht, wie die massenhafte Archivmakulatur aller Patentämter der Welt beweist) das haben wir längst gewußt; daß diese uralte Trivialität aber das Fundamentalgesetz der ganzen Oekonomie ist — diese Aufklärung verdanken wir Herrn Dühring. Wenn „der Triumph der höheren Wissenschaftlichkeit" in der Oekonomie, wie in der Philosophie, nur darin besteht, dem ersten besten Gemeinplatz einen volltönenden Namen zu geben, ihn als ein Naturgesetz oder gar Fundamentalgesetz auszuposaunen, so ist das „tiefere Grundlegen" und Umwälzen der Wissenschaft in der That auch für Jedermann, sebst für die Redaktion der Berliner „Volkszeitung" möglich gemacht. Wir wären denn „in aller Strenge" genöthigt, Herr Dührings Urtheil über Plato auf Herrn Dühring selbst anzuwenden wie folgt: „Wenn indessen so etwas nationalökonomische Weisheit sein soll, so hat sie der Urheber der" kritischen Grundlegungen „mit jeder Person gemein, die überhaupt zu einem Gedanken" — ja sogar bloß zu einem Gerede — „über das auf der Hand liegende Veranlassung erhielt." Wenn wir z. B. sagen: die Thiere fressen, so sprechen wir in unserer Unschuld ein großes Wort gelassen aus; denn wir brauchen nur zu sagen, es sei das Fundamentalgesetz alles Thierlebens, zu fressen, und wir haben die ganze Zoologie umgewälzt.

Gesetz Nr. 2. Theilung der Arbeit: „Die Spaltung der Berufszweige und die Zerlegung der Thätigkeiten erhöht die Produktivität der Arbeit." Soweit dies richtig, ist es seit Adam Smith ebenfalls Gemeinplatz. Wie weit es richtig, wird sich im dritten Abschnitt zeigen.

Gesetz Nr. 3. „Entfernung und Transport sind

die Hauptursachen, durch welche das Zusammenwirken der produktiven Kräfte gehemmt und gefördert wird."

Gesetz Nr. 4. „Der Industriestaat hat unvergleichlich mehr Bevölkerungskapazität als der Ackerbaustaat."

Gesetz Nr. 5. „In der Oekonomie geschieht nichts ohne ein materielles Interesse."

Das sind die „Naturgesetze", auf die Herr Dühring seine neue Oekonomie begründet. Er bleibt seiner, in der Philosophie schon dargestellten Methode treu. Ein paar, manchmal dazu noch schief ausgedrückte Selbstverständlichkeiten von trostlosester Landläufigkeit bilden die Axiome, die keines Beweises bedürfen, die Fundamentalsätze, die Naturgesetze auch der Oekonomie. Unter dem Vorwand, den Inhalt dieser Gesetze zu entwickeln, die keinen Inhalt haben, wird die Gelegenheit benutzt zu einer breiten ökonomischen Kannegießerei über die verschiedenen Themata, deren Namen in diesen angeblichen Gesetzen vorkommen, also über Erfindungen, Theilung der Arbeit, Transportmittel, Bevölkerung, Interesse, Konkurrenz u. s. w., einer Kannegießerei, deren platte Alltäglichkeit gewürzt wird nur durch orakelhafte Grandiloquenzen, und hie und da durch schiefe Auffassung oder wichtigthuende Spintisirung über allerlei kasuistische Subtilitäten. Dann kommen wir schließlich auf Bodenrente, Kapitalgewinn und Arbeitslohn, und da wir im Vorhergehenden nur die beiden letzteren Aneignungsformeln behandelt, so wollen wir hier zum Schluß noch die Dühring'sche Auffassung der Grundrente kurz untersuchen.

Wir lassen dabei alle Punkte unberücksichtigt, in denen Herr Dühring bloß seinen Vorgänger Carey abschreibt; wir haben es nicht mit Carey zu thun, auch nicht die Ricardo'sche Auffassung der Grundrente gegen Carey's Verdrehungen und Thorheiten zu vertheidigen. Uns geht bloß Herr Dühring an, und dieser definirt die Grundrente als „dasjenige Einkommen, welches der Eigenthümer als solcher vom Grund und Boden bezieht." Den ökonomischen Begriff der Grundrente, den Herr Dühring erklären soll, übersetzt er kurzer Hand in Juristische, so daß wir nicht klüger sind als vorher. Unser tieferer Grundleger muß sich daher, wohl oder übel, zu weiteren Erörterungen herbeilassen. Er vergleicht nun die Verpachtung eines Ackerguts an einen Pächter mit dem Ausleihen eines Kapitals an einen Unternehmer, findet aber bald, daß der

Vergleich, wie mancher andre, hinkt. Denn sagt er, „wollte man die Analogie weiter verfolgen, so müßte der Gewinn, der dem Pächter nach Abzahlung der Bodenrente übrig bleibt, demjenigen Rest des Kapitalgewinns entsprechen, welcher dem Unternehmer, der mit dem Kapital wirthschaftet, nach Abzug der Zinsen zufällt. Man ist aber nicht gewohnt, die Pächtergewinne als die Haupteinkünfte und die Grundrente als einen Rest anzusehn.... Ein Beweis für diese Verschiedenheit der Auffassung ist die Thatsache, daß man in der Lehre von der Bodenrente den Fall der Selbstbewirthschaftung nicht besonders auszeichnet, und auf die Größendifferenz einer in Form der Pacht und einer selbsterzeugten Rente kein sonderliches Gewicht legt. Wenigstens hat man sich nicht veranlaßt gefunden, die aus der Selbstbewirthschaftung hervorgehende Rente derartig zerlegt zu denken, daß der eine Bestandtheil gleichsam den Zins des Grundstücks und der andre den Ueberschußgewinn des Unternehmerthums repräsentirte. Abgesehn von dem eignen Kapital, welches der Pächter zur Anwendung bringt, scheint man seinen speziellen Gewinn meistens für eine Art Arbeitslohn zu halten. Doch ist es bedenklich, hierüber etwas behaupten zu wollen, da man sich die Frage in diese Bestimmtheit gar nicht vorgelegt hat. Ueberall wo es sich um größere Wirthschaften handelt, wird man mit Leichtigkeit einsehen können, daß es nicht angeht, den spezifischen Pächtergewinn als Arbeitslohn gelten zu lassen. Dieser Gewinn beruht nämlich selbst auf dem Gegensatz gegen die ländliche Arbeitskraft, deren Ausnutzung allein jene Einkünfteart möglich macht. Es ist offenbar ein Stück Rente, welches in den Händen des Pächters bleibt, und durch welches die volle Rente, die bei der Bewirthschaftung durch den Eigenthümer erzielt werden würde, verkürzt wird."

Die Theorie von der Bodenrente ist ein spezifisch englisches Stück Oekonomie und mußte es sein, weil nur in England eine Produktionsweise bestand, bei der die Rente sich auch thatsächlich von Profit und Zins abgesondert hatte. In England herrscht bekanntlich großer Grundbesitz und große Agrikultur. Die Grundeigenthümer verpachten ihre Ländereien in großen, oft sehr großen Ackergütern an Pächter, die mit hinreichendem Kapital zu deren Bewirthschaftung versehen sind und nicht, wie unsere Bauern, selbst arbeiten, sondern als richtige kapitalistische Unternehmer die Arbeit von Hofgesinde und Taglöhnern verwenden. Hier haben wir also die drei Klassen der bürgerlichen Gesellschaft und das einer jeden eigenthümliche Einkommen: den Grundeigenthümer, der die Grundrente, den Kapitalisten, der den Profit, und den Arbeiter, der den Arbeitslohn bezieht. Nie ist es einem englischen Oekonomen eingefallen, den Gewinn des Pächters, wie dies Herrn Dühring scheint, für eine Art Arbeitslohn zu halten; noch viel weniger konnte es für ihn bedenklich sein, zu behaupten, des Pächters Profit sei das, was er unbestreitbar, augenscheinlich, und handgreiflich ist, nämlich Kapitalprofit. Es ist geradezu lächerlich, wenn es hier heißt, man habe sich die Frage, was der Pächtergewinn eigentlich sei, in dieser Bestimmtheit gar nicht vorgelegt. In England braucht man sich diese Frage gar nicht erst vorzulegen, die Frage wie die Antwort liegen seit lange vor in den Thatsachen selbst, und es hat darüber seit Adam Smith nie ein Zweifel bestanden.

Der Fall der Selbstbewirthschaftung, wie Herr Dühring es nennt, oder vielmehr der Bewirthschaftung durch Verwalter für Rechnung des Grundbesitzers, wie er in der Wirklichkeit in Deutschland sich mehrentheils ereignet, ändert nichts an der Sache. Wenn der Grundbesitzer auch das Kapital liefert und für eigene Rechnung wirthschaften läßt, so steckt er außer der Grundrente noch den Kapitalprofit in die Tasche, wie das nach der heutigen Produktionsweise sich von selbst versteht und gar nicht anders sein kann. Und wenn Herr Dühring behauptet, man habe sich bisher nicht veranlaßt gefunden, die aus der Selbstbewirthschaftung hervorgehende Rente (soll heißen Revenue) zerlegt zu denken, so ist das einfach nicht wahr und beweist im besten Fall nur wieder seine eigne Unwissenheit. Zum Beispiel:

„Das Einkommen, das sich aus Arbeit herleitet, heißt Arbeitslohn; dasjenige, welches Jemand aus der Anwendung von Kapital herleitet, heißt Profit . . . . das Einkommen, das ausschließlich aus dem Boden entspringt, wird Rente genannt und gehört dem Grundbesitzer. Wenn diese verschiedenen Arten von Einkommen verschiednen Personen zufallen, sind sie leicht zu unterscheiden; fallen sie aber derselben Person zu, so werden sie, wenigstens in der alltäglichen Sprache, häufig durcheinander geworfen. Ein Grundbesitzer, der einen

Theil seines eignen Bodens selbst bewirthschaftet, sollte nach Abzug der Bewirthschaftungskosten sowohl die Rente des Grundbesitzers wie den Profit des Pächters erhalten. Er wird aber leicht, in der gewöhnlichen Sprache wenigstens, seinen ganzen Gewinn Profit nennen und so die Rente mit dem Profit zusammenwerfen. Die Mehrzahl unserer nordamerikanischen und westindischen Pflanzer sind in dieser Lage; die meisten bebauen ihre eignen Besitzungen und so hören wir selten von der Rente einer Pflanzung, wohl aber von dem Profit, den sie abwirft ... Ein Gärtner, der seinen eignen Garten eigenhändig bebaut, ist in einer Person Grundbesitzer, Pächter und Arbeiter. Sein Produkt sollte ihm daher die Rente des ersten, den Profit des zweiten und den Lohn des dritten zahlen. Das Ganze gilt aber gewöhnlich als sein Arbeitsverdienst; Rente und Profit werden hier also zusammengeworfen mit dem Arbeitslohn."

Diese Stelle steht im 6. Kapitel des ersten Buchs von **Adam Smith**. Der Fall der Selbstbewirthschaftung ist also schon vor hundert Jahren untersucht und die Bedenklichkeiten und Unsicherheiten, die Herrn Dühring hier so viel Kummer machen, entspringen lediglich aus seiner eignen Unwissenheit.

Zuletzt rettet er sich aus der Verlegenheit durch einen kühnen Griff: Der Pächtergewinn beruht auf Ausbeutung der „ländlichen Arbeitskraft" und ist daher offenbar ein „Stück Rente", um welches die „volle Rente", die eigentlich in die Tasche des Grundbesitzers fließen sollte, „verkürzt wird." Hiermit erfahren, wir zweierlei. Erstens, daß der Pächter die Rente des Grundbesitzers „verkürzt", so daß also bei Herrn Dühring nicht, wie man sich bisher vorgestellt hatte, es der Pächter ist, welcher dem Grundbesitzer, sondern der **Grundbesitzer, welcher dem Pächter Rente zahlt** — allerdings eine „von Grund aus eigenthümliche Anschauung". Und zweitens erfahren wir endlich, was Herr Dühring sich unter Grundrente vorstellt; nämlich das ganze bei der Ausbeutung der ländlichen Arbeit im Ackerbau erzielte Mehrprodukt. Da dies Mehrprodukt aber in der bisherigen Oekonomie — einige Vulgärökonomen etwa ausgenommen — in Grundrente und Kapitalprofit zerfällt, so haben wir zu konstatiren, daß auch von der Grundrente Herr Dühring „nicht den gemeingültigen Begriff hegt."

Also Grundrente und Kapitalgewinn unterscheiden sich nach Herrn Dühring nur dadurch, daß die erstere im Ackerbau erwirkt wird und der andere in der Industrie oder im Handel. Zu dieser unkritischen und verworrenen Vorstellungsweise gelangt Herr Dühring mit Nothwendigkeit. Wir sahen, daß er von der „wahren historischen Auffassung" ausging, wonach die Herrschaft über den Boden nur vermittelst der Herrschaft über den Menschen begründet sei. Sobald also Boden vermittelst irgend einer Form von Knechtsarbeit bebaut wird, entsteht ein Ueberschuß für den Grundherrn, und dieser Ueberschuß ist eben die Rente, wie der Ueberschuß des Arbeitsprodukts über den Arbeitsgewinn in der Industrie der Kapitalgewinn ist. „Auf diese Weise ist klar, daß die Bodenrente zu jeder Zeit und überall da in erheblichem Maß existirt, wo die Ackerkultur vermittelst irgend einer der Unterwerfungsformen der Arbeit betrieben wird." Bei dieser Darstellung der Rente, als des gesammten beim Ackerbau erzielten Mehrprodukts, kommt ihm nun einerseits der englische Pächterprofit und andrerseits die von diesem entlehnte, in der ganzen klassischen Oekonomie gültige Theilung jenes Mehrprodukts in Grundrente und Pächterprofit, und damit die reine, präzise Fassung der Rente, quer in den Weg. Was thut Herr Dühring? Er stellt sich, als kenne er von der Eintheilung des Ackerbau-Mehrprodukts in Pächterprofit und Grundrente, also von der ganzen Rententheorie der klassischen Oekonomie kein Sterbenswörtchen; als sei in der gesammten Oekonomie die Frage, was der Pächterprofit eigentlich sei, noch gar nicht „in dieser Bestimmtheit" gestellt worden; als handle es sich um einen ganz unerforschten Gegenstand, über den nichts bekannt ist als Schein und Bedenklichkeiten. Und er flüchtet aus dem fatalen England, wo das Mehrprodukt des Ackerbaus ganz ohne Zuthun irgend welcher theoretischen Schule so erbarmungslos zertheilt ist in seine Bestandtheile: Grundrente und Kapitalprofit, nach seinem vielgeliebten Geltungsbereich des preußischen Landrechts, wo die Selbstbewirthschaftung in voller patriarchalischer Blüthe steht, wo „der Gutsbesitzer unter Rente die Einkünfte von seinen Grundstücken versteht" und die Ansicht der Herren Junker über die Rente noch mit dem Anspruch auftritt, für die Wissenschaft maßgebend zu sein, wo also Herr Dühring noch hoffen kann, mit seiner Begriffsverwirrung über Rente und Profit durchzuschlüpfen und sogar Glauben zu finden für seine neueste Entdeckung, daß die Grundrente gezahlt werde nicht vom Pächter an den Grundbesitzer, sondern vom Grundbesitzer an den Pächter.

X. Aus der „Kritischen Geschichte".

Werfen wir schließlich noch einen Blick auf die „Kritische Geschichte der Nationalökonomie" auf „dieses Unternehmen" des Herrn Dühring, das, wie er sagt, „ganz ohne Vorgänger ist." Vielleicht begegnen wir hier endlich der vielversprochenen letzten und strengsten Wissenschaftlichkeit.

Da die politische Oekonomie, wie sie geschichtlich aufgetreten, in der That nichts ist als die wissenschaftliche Einsicht in die Oekonomie der kapitalistischen Produktionsperiode, so können darauf bezügliche Sätze und Theoreme, z. B. bei den Schriftstellern der alten griechischen Gesellschaft, nur soweit vorkommen, wie gewisse Erscheinungen: Waarenproduktion, Handel, Geld, zinstragendes Kapital u. s. w. beiden Gesellschaften gemeinsam sind. Soweit die Griechen gelegentliche Streifzüge in dies Gebiet machen, zeigen sie dieselbe Genialität und Originalität wie auf allen andern Gebieten. Ihre Anschauungen bilden daher geschichtlich die theoretischen Ausgangspunkte der modernen Wissenschaft. Herr Dühring dagegen hat „in Bezug auf wissenschaftliche Wirthschaftstheorie vom Alterthum eigentlich (!) gar nichts Positives zu berichten", und nur die „den Schein der Gelehrsamkeit eitel zur Schau tragende Manier" der Konkurrenten seines „Unternehmens" zwingt ihn zur „Notiznahme" wenigstens einiger Beispiele.

Nehmen wir Aristoteles.

„Die Rolle des Geldes ist zu allen Zeiten die erste Hauptanregung zu wirthschaftlichen (!) Gedanken gewesen. Was wußte aber ein Aristoteles von dieser Rolle? Offenbar nichts weiter, als was in der Vorstellung liegt, daß der Austausch durch Vermittlung des Geldes dem ursprünglichen Naturalaustausch gefolgt sei."

Wenn „ein" Aristoteles sich aber herausnimmt, die zwei verschiedenen Zirkulationsformen des Geldes zu entdecken, die eine, worin es als bloßes Zirkulationsmittel, die andre, worin es als Geldkapital thätig ist, so drückt er hiermit, nach Herrn Dühring „nur eine moralische Antipathie aus". Wenn „ein" Aristoteles sich gar vermißt, das Geld in seiner „Rolle" als Werthmaß analysiren zu wollen, und in der That dies für die Lehre vom Gelde so entscheidende Problem richtig stellt, so hat Herr Dühring dafür nicht einmal eine „Notiznahme", damit auch nicht etwa der „Schein der Gelehrsamkeit" auf ihn falle. —

Das Kapitel des Herrn Dühring über die Merkantilisten liest sich viel besser im Original bei Fr. List, Kap. 29. Dieser ihrer Quelle entlehnt auch unsere „aus dem unmittelbaren Studium der eignen Schriften der Vertreter der nationalökonomischen und sozialistischen Ideenkreise" hervorgehende „Gedankengeschichte" den Irrthum, als sei Antonio Serra's Schrift: Breve trattato u. s. w. das erste über politische Oekonomie geschriebne Werk, und sei gleichsam „eine Art Inschrift am Eingang der neueren Vorgeschichte der Oekonomie"; ein „schöngeistiges Mätzchen", das alles umfaßt, was Herrn Dühring von breve trattato zu sagen hat. Leider erschien das Werk erst 1613; aber schon 1609 war erschienen: „A Discourse of Trade etc. by Thomas Mun." Diese Schrift hat gleich in ihrer ersten Ausgabe die spezifische Bedeutung, daß sie gegen das ursprüngliche, damals noch als Staatspraxis in England vertheidigte Monetarsystem gerichtet ist, also die bewußte Selbstscheidung des Merkantilsystems von seinem Muttersystem darstellt. Bereits in ihrer ersten Form erlebte die Schrift mehrere Auflagen und übte direkten Einfluß auf die Gesetzgebung aus. In der vom Verfasser gänzlich umgearbeiteten und nach seinem Tode erschienenen Auflage von 1664: „England's Treasure etc." blieb sie für weitere 100 Jahre merkantilistisches Evangelium. Hat der Merkantilismus also ein epochemachendes Werk „als eine Art Inschrift am Eingang", so ist es dieses, und eben darum existirt es ganz und gar nicht für Herrn Dührings „die Rangverhältnisse sehr sorgfältig beobachtende Geschichte."

Von dem Begründer der modernen politischen Oekonomie, Petty, theilt Herr Dühring uns mit, daß er „ein ziemliches Maß leichtfertiger Denkungsart" besaß, ferner „Abwesenheit des Sinnes für die innern und feinern Unterscheidungen der Begriffe" . . eine Versatilität, die vieles kennt, aber von dem

Einen zum Andern leichten Fußes übergeht, ohne in irgend einem Gedanken tieferer Art Wurzel zu schlagen"... er „verfährt in volkswirthschaftlicher Beziehung noch sehr roh" und „gelangt zu Naivetäten, deren Kontrast... den ernsteren Denker auch wohl einmal unterhalten kann." Welche nicht zu überschätzende Herablassung also, wenn der „ernstere Denker" Herr Dühring überhaupt von „einem Petty" Notiz zu nehmen geruht! Und wie nimmt er von ihm Notiz?

Petty's Sätze über „die Arbeit und sogar die Arbeitszeit als Werthmaß, wovon sich bei ihm **unvollkommene Spuren** vorfinden", werden außer in diesem Satz gar nicht weiter erwähnt. Unvollkommene Spuren! In seinem Treatise on Taxes and Contributions (erste Ausgabe 1662) gibt Petty eine vollkommen klare und richtige Analyse der Werthgröße der Waaren. Indem er sie zunächst veranschaulicht an dem Gleichwerth von edlen Metallen und Korn, welche gleich viel Arbeit kosten, sagt er das erste und letzte „theoretische" Wort über den Werth der edlen Metalle. Aber er spricht auch bestimmt und allgemein aus, daß die Waarenwerthe durch **gleiche Arbeit** (equal labor) gemessen werden. Er wendet seine Entdeckung auf die Lösung verschiedener, zum Theil sehr verwickelter Probleme an, und zieht stellenweis bei verschiednen Gelegenheiten und in verschiednen Schriften, auch wo der Hauptsatz nicht wiederholt wird, wichtige Konsequenzen aus demselben. Aber er sagt auch gleich in seiner ersten Schrift:

„Dies (die Schätzung durch gleiche Arbeit) behaupte ich, ist **die Grundlage der Ausgleichung und Abwägung der Werthe**; jedoch in dem Ueberbau und der praktischen Anwendung davon, gestehe ich, gibt es viel Mannichfaltiges und Verwickeltes." Petty ist sich also ebensosehr der Wichtigkeit seines Fundes bewußt, wie der Schwierigkeit seiner Detailausnutzung. Es versucht daher auch einen andern Weg zu gewissen Detailzwecken. Es soll nämlich ein natürliches Gleichheitsverhältniß (a natural Par) zwischen Boden und Arbeit gefunden werden, so daß man den Werth beliebig „in jedem der Beiden oder noch besser in Beiden" ausdrücken kann. Der Irrweg selbst ist genial.

Herr Dühring macht zu Petty's Werththeorie die scharfgedachte Bemerkung: „Hätte er selbst schärfer gedacht, so würde es gar nicht möglich sein, daß sich an andern Orten Spuren einer entgegengesetzten Auffassung vorfänden". Nun laufen bei Adam Smith nicht nur zwei, sondern sogar drei und ganz genau genommen sogar vier einander kraß entgegengesetzte Ansichten über den Werth ganz gemüthlich neben und unter einander. Und wie wir sahen, gibt uns Herr Dühring selbst ebenfalls fünf verschiedene Arten von Werth zur gefälligen Auswahl, und mit ihnen ebensoviel entgegengesetzte Auffassungen. Allerdings, „hätte er selbst schärfer gedacht," so würde er nicht so viel Mühe gebraucht haben, seine Leser aus der vollkommen klaren Petty'schen Auffassung des Werths zurückzuwerfen in die äußerste Konfusion.

Eine ganz abgerundete, aus einem Stück gegossene Arbeit Petty's ist sein Quantulumcunque concerning Money, 1682 publizirt, zehn Jahre nach seiner Anatomy of Ireland (diese erschien „zuerst" 1672 und nicht 1691, wie Herr Dühring den „gangbarsten Lehrbuchkompilationen" nachschreibt). Die letzten Spuren merkantilistischer Anschauungen, die man in andern Schriften von ihm antrifft, sind hier völlig verschwunden. Es ist ein kleines Meisterwerk nach Inhalt und Form, und figurirt eben deswegen auch nicht einmal dem Namen nach bei Herrn Dühring.

Von Locke's Angriffen gegen die Zinsbeschränkung durch Gesetz heißt es: „In einer Zeit, wo ein Dudley North seine Discourses upon Trade (1691) in der Richtung auf Freihandel schreiben konnte, mußte bereits Vieles gleichsam in der Luft liegen, was die theoretische Opposition gegen Zinsbeschränkungen nicht als etwas Unerhörtes erscheinen ließ."

Locke's Schrift erschien ebenfalls 1691. Was „lag nun in der Luft?" Schon 1662 hatte „ein Petty" in seiner ersten Schrift den Zins als „Geldrente, die wir Wucher nennen", der „Rente vom Boden und von Häusern" gegenüber gestellt, und den Grundbesitzern, die zwar nicht die Bodenrente, wohl aber die Geldrente gesetzlich niedermaßregeln wollten, vorgehalten das „eitle Bestreben und die Fruchtlosigkeit ein bürgerliches positives Gesetz zu machen gegen das Gesetz der Natur." Im Quantulumcunque erklärt derselbe Petty daher die gesetzliche Zinsregulation für ebenso albern wie eine Regulation der Ausfuhr der edlen Metalle oder aber des Wechselkurses. In derselben Schrift sagt er das ein für allemal Maßgebende über „raising of money", das Erhöhen der

Geldnamen, indem man z. B. einem halben Schillingstück den Namen von einem Schilling gibt und die Unze Silber in doppelt so viele Schillinge umprägt wie vorher. In Bezug auf diesen letztern Punkt wird Petty fast nur kopirt von Locke und North. Mit Bezug auf den Zins knüpfen Beide, jeder in seiner Art, an den „in der Luft liegenden" Petty direkt an. Während aber Locke die von Petty gelehrte Zinsfreiheit nur mit Beschränkungen, nimmt North sie absolut. Herr Dühring übertrifft sich selbst, wenn er Dudley North mit der Phrase abfertigt, er habe „in der Richtung auf Freihandel" geschrieben. Es ist als wolle man von Harvey sagen, er hätte „in der Richtung" auf Blutzirkulation geschrieben. North's Schrift — von ihren sonstigen Verdiensten abgesehn — ist eine klassische, mit rücksichtsloser Konsequenz geschriebene Auseinandersetzung der Freihandelslehre sowohl für den innern wie äußern Verkehr — im Jahre 1691 allerdings „etwas Unhörtes"!

Locke und North lieferten uns den Beweis, wie die ersten kühnen Griffe, die Petty fast in allen Sphären der politischen Oekonomie that, von seinen englischen Nachfolgern aufgenommen und weiter verarbeitet wurden. Die Spuren dieses Prozesses während der Periode 1691—1752 drängen sich dem oberflächlichsten Beobachter schon dadurch auf, daß alle ihr angehörigen, bedeutenderen ökonomischen Schriften, positiv oder negativ, an Petty anknüpfen. Diese Periode, voll origineller Köpfe, ist daher für die Erforschung der Genesis der politischen Oekonomie die bedeutendste. Die „Geschichtszeichnung großen Styls" — streicht sie einfach aus der Geschichte aus, um sofort am Eingang des wirklichen Tempels der politischen Oekonomie erscheinen zu lassen — David Hume.

Hume spielt in der „Kritischen Geschichte" eine sehr wichtige Rolle. Dieser „ernste und subtile Denker" hat nämlich die Ehre, den Dühring des 18. Jahrhunderts vorzustellen. Wie ein Hume zum Beweise dient, daß „die Schöpfung des ganzen Wissenschaftszweigs (der Oekonomie) eine That der erleuchteteren Philosophie gewesen ist," so liegt in der Vorläuferschaft Hume's die beste Gewähr dafür, daß dieser ganze Wissenschaftszweig seinen zunächst absehbaren Abschluß finden wird in jenem phänomenalen Mann, der die blos „erleuchtetere" Philosophie umgeschaffen hat in die absolut lichtvolle Wirklichkeitsphilosophie, und bei dem sich, ganz wie bei Hume, und was „auf deutschem Boden bisher ohne Beispiel, . . . die Pflege der Philosophie im engeren Sinn mit wissenschaftlichen Bemühungen um die Volkswirthschaft gepaart findet." Wir finden demgemäß den als Oekonomen immerhin respektablen Hume aufgebläht zu einem ökonomischen Stern erster Größe, dessen Bedeutung bisher nur derselbe Neid verkennen konnte, der auch Herrn Dührings „für die Epoche maßgebende" Leistungen ebenfalls so hartnäckig todtschweigt.

In der That folgt Hume in den 1752 erschienenen zusammengehörigen Aufsätzen über Geld, Handelsbilanz und Handel, Schritt für Schritt Jacob Vanderlints: Money answers all things, London 1734. Wie Vanderlint, behandelt Hume das Geld als bloßes Werthzeichen; er kopirt fast wörtlich (und dies ist wichtig, da er die Werthzeichentheorie aus vielen andern Schriften hätte entnehmen können) aus Vanderlint, warum die Handelsbilanz nicht beständig gegen oder für ein Land sein kann; er lehrt, wie Vanderlint, das Gleichgewicht der Bilanzen, das sich natürlich, den verschiedenen ökonomischen Positionen der einzelnen Länder gemäß, herstelle; er predigt, wie Vanderlint, den Freihandel, nur weniger kühn und konsequent; er hebt mit Vanderlint, nur flacher, die Bedürfnisse als Treiber der Produktion hervor; er folgt Vanderlint in dem irrigen Einfluß auf die Waarenpreise, den er dem Bankgeld und sämmtlichen öffentlichen Werthpapieren zuschreibt; er verwirft mit Vanderlint das Kreditgeld; wie Vanderlint, macht er die Waarenpreise abhängig vom Preis der Arbeit, also vom Arbeitslohn; er kopirt ihm sogar die Schrulle, daß Schatzansammlung die Waarenpreise niedrig halte u. s. w. u. s. w.

Bei Hume ist also das Geld bloßes Werthzeichen, und danach müssen die Waarenpreise — bei sonst gleich bleibenden Umständen — sinken im Verhältniß wie die zirkulirende Geldmenge wächst und steigen im Verhältniß, wie sie abnimmt. Nun aber zeigt seine Untersuchung der Wirkungen, die der Zuwachs von Gold und Silber seit Entdeckung der amerikanischen Minen auf die Industrie ausübte, daß Hume jede Vermehrung der edlen Metalle zusammenwirft mit derjenigen, die von ihrer Entwerthung begleitet ist, und daher nicht dazu kommt, sich die eigentlich wissenschaftliche Frage zu stellen: ob und wie eine Vermehrung der edlen Metalle, bei gleichbleibendem Werth derselben, auf die Waarenpreise wirkt. Von diesem, selbst von ihrem eigenen Standpunkte aus sehr wesentlichen Mangel der Hume'schen Geldtheorie findet sich in der „Geschichtszeichnung großen Styls" selbstredend kein Sterbenswörtchen.

Die eben erwähnte Verwechslung war bei Hume unvermeidlich, weil er nicht die allergeringste Einsicht in die Funktion der edlen Metalle als Werthmaß hatte. Er konnte sie nicht haben, weil er absolut nichts vom Werth selbst wußte. Das Wort selbst erscheint vielleicht nur einmal in seinen Aufsätzen, und zwar wo er Locke's Irrthum, die edlen Metalle hätten „einen nur eingebildeten Werth", weiter dahin verballhornt, sie hätten „hauptsächlich einen fiktiven Werth."

Er steht hier tief, nicht nur unter Petty, sondern auch unter manchem seiner englischen Zeitgenossen. Er zeigt dieselbe „Rückständigkeit", wenn er noch immer in altmodischer Weise den „Kaufmann" als die erste Triebfeder der Produktion feiert, worüber schon Petty längst hinaus war. Was gar Herrn Dühring's Versicherung betrifft, Hume habe sich in seinen Aufsätzen mit den „wirthschaftlichen Hauptverhältnissen" beschäftigt, so vergleiche man auch nur die von Adam Smith citirte Schrift Cantillons (erschienen wie Hume's Aufsätze, 1752, aber lange nach dem Tode des Verfassers), um über den engen Umkreis der Hume'schen ökonomischen Arbeiten zu staunen. Hume, wie gesagt, bleibt trotz des ihm von Herrn Dühring ausgestellten Patents, auch im Gebiet der politischen Oekonomie respektabel, aber er ist hier nichts weniger als ein origineller Forscher und noch viel minder epochemachend. Die Wirkung seiner ökonomischen Aufsätze auf die gebildeten Kreise seiner Zeit entsprang nicht blos aus der vorzüglichen Darstellungsweise, sondern weit mehr noch daher, daß sie eine fortschrittlich-optimistische Verherrlichung der damals in England rasch aufstrebenden kapitalistischen Gesellschaft waren. So unterstützt er in dem Aufsatz über Steuern das seit dem berüchtigten Robert Walpole planmäßig zur Entlastung der Grundbesitzer und Reichen überhaupt ausgebeutete, und von der Volksmasse leidenschaftlich bekämpfte System der indirekten Besteuerung, und sagt unter anderm: Verbrauchssteuern müßten sehr hoch und sehr ungeschickt erhoben sein, wenn der Arbeiter sie nicht selbst durch erhöhte Emsigkeit und Frugalität erschwingen könne, ohne den Preis seiner Arbeit zu erhöhen.

Wie nicht anders bei einem Schotten zu erwarten, war

Hume's Bewunderung des bürgerlichen Erwerbs keineswegs rein platonisch). Armer Teufel von Haus aus, brachte er es zu einer sehr, sehr schwer tausendpfündigen jährlichen Einnahme, was Herr Dühring sinnig so ausdrückt: „Er war durch eine gute Privatökonomie auf der Grundlage sehr geringer Mittel dahin gelangt, Niemand zu Gefallen schreiben zu müssen." Wenn Herr Dühring ferner sagt: „Er hatte nie dem Einfluß der Parteien, der Fürsten oder der Universitäten das geringste Zugeständniß gemacht," so ist zwar nicht bekannt, daß Hume je mit einem „Wagener" literarische Kompagniegeschäfte gemacht, wohl aber, daß er ein unverdrossener Parteigänger der Whig-Oligarchie war, die „Kirche und Staat" hochhielt, und zum Lohn für dies Verdienst erst den Posten eines Gesandtschafts-Sekretärs zu Paris bekam, und später den ungleich wichtigeren und einträglicheren eines Unterstaatssekretärs. „In politischer Hinsicht war und blieb Hume stets konservativ und streng monarchisch gesinnt. Er wurde daher auch von den Anhängern des bestehenden Kirchenthums nicht so arg verketzert als Gibbon," sagt der alte Schlosser. „Dieser selbstische Hume, dieser Geschichtslügner", schilt die englischen Mönche fett, ehe- und familienlos, vom Bettel lebend, „aber er hat nie eine Familie oder ein Weib gehabt, und war selbst ein großer fetter Bursche, in beträchtlichem Umfang gemästet von öffentlichem Geld, ohne es je durch irgend welchen wirklichen öffentlichen Dienst verdient zu haben," sagt der „roh" plebejische Cobbett. Hume hat „in der praktischen Behandlung des Lebens in wesentlichen Richtungen vor einem Kant sehr viel voraus", sagt Herr Dühring. —

Die physiokratische Schule hat uns bekanntlich in Quesnay's „ökonomischem Tableau" ein Räthsel hinterlassen, an dem die bisherigen Kritiker und Geschichtsschreiber der Oekonomie sich umsonst die Zähne ausgebissen haben. Dies Tableau, das die physiokratische Vorstellung von der Produktion und Cirkulation des Gesammtreichthums eines Landes klar zur Anschauung bringen sollte, blieb für die ökonomische Nachwelt dunkel genug. Herr Dühring wird uns auch hier das endgültige Licht aufstecken. Was dies „ökonomische Abbild der Verhältnisse der Produktion und Vertheilung bei Quesnay selbst zu bedeuten habe", sagt er, lasse sich nur angeben, wenn man „zuvor die ihm eigenthümlichen leitenden Begriffe genau untersucht hat". Und zwar um so mehr, als diese bisher nur mit einer „schwankenden Unbestimmtheit" dargestellt und selbst bei Adam Smith „ihre wesentlichen Züge nicht zu erkennen" seien. Solcher „herkömmlichen leichtfertigen Berichterstattung" wird nun Herr Dühring ein für allemal ein Ende machen. Und nun hält er seinen Leser durch volle fünf Seiten zum Besten, fünf Seiten, auf denen allerlei gespreizte Wendungen, stete Wiederholungen und berechnete Unordnung die fatale Thatsache verdecken sollen, daß Herr Dühring über die „leitenden Begriffe" Quesnay's kaum soviel mitzutheilen hat, wie die „gangbarsten Lehrbuch=Kompilationen", vor denen er so unermüdlich warnt. Es ist „eine der bedenklichsten Seiten" dieser Einleitung, daß auch hier schon das bisher nur dem Namen nach bekannte Tableau schon gelegentlich beschnuppert, dann aber sich in allerhand „Reflexionen" verlaufen wird, wie z. B. „den Unterschied von Aufwendung und Erfolg." Wenn dieser „zwar in der Ques=nay'schen Idee nicht fertig anzutreffen ist", so wird dahingegen Herr Dühring uns ein fulminantes Exempel davon geben, sobald er von seiner langgedehnten einleitenden „Aufwendung" zu seinem merkwürdig kurzathmigen „Erfolg" kommt, dem Auf=schluß über das Tableau selbst. Geben wir nun Alles, aber auch Alles wörtlich, was er über das Tableau Ques=nay's mitzutheilen für gut findet.

In der „Aufwendung" sagt Herr Dühring: „Ihm (Quesnay) erschien es als selbstverständlich, daß man den Ertrag (Herr Dühring hat eben vom Nettoprodukt gesprochen) als einen Geldwerth auffassen und behandeln müsse ... er knüpfte seine Ueberlegungen (!) sofort an die Geldwerthe an, die er als Verkaufsergebnisse aller landwirthschaftlichen Erzeugnisse bei dem Uebergang aus der ersten Hand voraussetzte. Auf diese Weise (!) operirt er in den Kolonnen seines Tableau mit einigen Milliarden" (d. h. Geldwerthen). Wir haben hiermit dreimal erfahren, daß Quesnay im Tableau mit den „Geld=werthen" der „landwirthschaftlichen Erzeugnisse", eingeschlossen den des „Nettoprodukts" oder „Reinertrags" operirt. Weiter im Text: „Hätte Quesnay den Weg einer wirklich natürlichen Betrachtungsweise eingeschlagen und hätte er sich nicht blos von der Rücksicht auf die edlen Metalle und die Geldmenge, sondern auch derjenigen auf die Geldwerthe freigemacht ... So aber rechnet er mit lauter Werthsummen und dachte

sich (!) das Nettoprodukt von vornherein als **einen Geld=
werth**." Also zum vierten und fünften Mal: im Tableau
giebts nur Geldwerthe!

„Er (Quesnay) gewann dasselbe (das Nettoprodukt), indem
er die Auslagen in Abzug brachte und hauptsächlich" (nicht
herkömmliche, aber dafür desto leichtfertigere Berichterstattung!)
„an denjenigen Werth **dachte** (!), der dem Grundeigenthümer
als Rente zufiele." — Immer noch nicht vom Fleck; doch
jetzt wirds kommen: „Andrerseits geht **nun aber auch**" —
dies „nun aber auch" ist eine Perle! — das „Nettoprodukt
als Naturalgegenstand in die Zirkulation und wird auf diese
Weise ein Element, durch welches die als steril bezeichnete
Klasse... zu unterhalten... ist. Hier kann man **sofort** (!) die
Verwirrung bemerken, welche dadurch entsteht, daß in dem einen
Fall der Geldwerth, in dem andern die Sache selbst den Ge=
dankengang bestimmt". — Im Allgemeinen, scheint es, krankt
alle Waarenzirkulation an der „Verwirrung", daß Waaren
gleichzeitig als „Naturalgegenstand" und als „Geldwerth" in
sie eingehn. Aber wir drehn uns immer noch im Kreis um
die „Geldwerthe", denn „Quesnay will eine doppelte Ansetzung
des volkswirthschaftlichen Ertrags vermeiden."

Mit Erlaubniß des Herrn Dühring: Unten in Quesnay's
„Analyse" des Tableau figuriren die verschiedenen Produkt=
arten als „Naturalgegenstände", und oben im Tableau selbst
ihre Geldwerthe. Quesnay hat sogar später durch seinen
Famulus, den Abbé Beaudeau, auch gleich ins Tableau selbst
die Naturalgegenstände **neben** ihre Geldwerthe eintragen
lassen.

Nach soviel „Aufwendung" endlich der „Erfolg". Man
höre und staune: „Doch wird die Inkonsequenz" (mit Rück=
sicht auf die den Grundeigenthümern von Quesnay zugeschrie=
bene Rolle) „**sofort klar, sobald man danach fragt, was
denn aus dem als Rente angeeigneten Nettopro=
dukt im volkswirthschaftlichen Kreislauf werde.
Hier ist für die Vorstellungsart der Physiokraten und für das
ökonomische Tableau** nur eine bis zum Mysticismus stei=
gende Verworrenheit und Willkür möglich gewesen."

Ende gut, Alles gut. Also Herr Dühring weiß nicht, „was
denn im wirthschaftlichen Kreislauf (den das Tableau vor=
stellt) aus dem als Rente angeeigneten Nettoprodukt werde".

Das Tableau ist für ihn die „Quadratur des Cirkels". Er versteht eingestandenermaßen nicht das Abc der Physiokratie. Nach all dem Herumgehen um den heißen Brei, dem leeres Stroh Dreschen, den Kreuz- und Quersprüngen, Harlekinaden, Episoden, Diversionen, Wiederholungen und sinnbetäubenden Durcheinanderwürfelungen, die uns lediglich vorbereiten sollten auf den gewaltigen Aufschluß, „was das Tableau bei Quesnay selbst zu bedeuten habe" — nach alledem zum Schluß das beschämte Eingeständniß des Herrn Dühring, **er wisse es selber nicht!**

Einmal dies schmerzliche Geheimniß abgeschüttelt, diese horazische schwarze Sorge, die ihm während des Ritts durchs physiokratische Land auf dem Buckel saß, stößt unser „ernster und subtiler Denker" wieder munter in die Posaune wie folgt: „Die Linien, welche Quesnay in seinem übrigens ziemlich einfachen (!) Tableau hin und her zieht" (es sind ihrer Alles in Allem ganzer sechs!) „und welche die Zirkulation des Nettoprodukts darstellen sollen", geben zu bedenken, ob „bei diesen wunderlichen Kolonnenverknüpfungen" keine Mathematik-Phantastik unterlaufe, erinnern an Quesnay's Beschäftigung mit der Quadratur des Zirkels u. s. w. Da Herrn Dühring diese Linien, trotz aller Einfachheit, eingestandenermaßen unverständlich bleiben, muß er sie nach seiner beliebten Manier **verdächtigen**. Und nun kann er getrost dem fatalen Tableau den Gnadenstoß geben: „Indem wir das Nettoprodukt von dieser **bedenklichsten Seite** betrachtet haben" u. s. w. Nämlich das nothgedrungene Eingeständniß, daß er nicht das erste Wort von Tableau économique versteht und von der „Rolle" die das darin figurirende Nettoprodukt dabei spielt — das nennt Herr Dühring „die bedenklichste Seite des Nettoprodukts!" Welcher Galgenhumor!

Damit nun aber unsere Leser nicht in derselben grausamen Unwissenheit über das Tableau Quesnay's bleiben, wie es nothwendig diejenigen sind, welche ihre ökonomische Weisheit aus „erster Hand" von Hrn. Dühring beziehen, in Kurzem Folgendes:

Bekanntlich theilt sich bei den Physiokraten die Gesellschaft in drei Klassen: 1) die produktive, d. h. die wirklich im Ackerbau thätige Klasse, Pächter und Landarbeiter; sie heißen produktiv, weil ihre Arbeit einen Ueberschuß läßt — die Rente.

2) Die Klasse, welche diesen Ueberschuß aneignet, umfassend die Grundbesitzer und die von ihr abhängige Gefolgschaft, den Fürsten und überhaupt die vom Staat gezahlten Beamten und endlich auch die Kirche in ihrer besondern Eigenschaft als Aneignerin des Zehntens. 3) Die gewerbetreibende oder sterile (unfruchtbare) Klasse, steril, weil sie nach physiokratischer Ansicht den ihr von der produktiven Klasse gelieferten Rohstoffen nur soviel Werth zusetzt, als sie an den ihr von derselben Klasse gelieferten Lebensmitteln verzehrt. Das Tableau Quesnay's soll nun veranschaulichen, wie das jährliche Gesammtprodukt eines Landes (in der That Frankreichs) innerhalb dieser drei Klassen zirkulirt und der jährlichen Reproduktion dient.

Die erste Voraussetzung des Tableau ist, daß das Pachtsystem und mit ihm die große Agrikultur im Sinn von Quesnay's Zeit allgemein eingeführt ist, wobei ihm als Vorbild die Normandie, Picardie, Ile de France und einige andere französische Provinzen gelten. Der Pächter erscheint daher als der wirkliche Leiter der Agrikultur, repräsentirt im Tableau die ganze produktive (ackerbautreibende) Klasse, und zahlt dem Grundeigenthümer eine Rente in Geld. Der Gesammtheit der Pächter wird ein Anlagekapital von 10 Milliarden Livres zugeschrieben, wovon $^1/_5$ oder 2 Milliarden jährlich zu ersetzen des Betriebskapital, ein Anschlag, wofür wieder die bestbebauten Pachtungen der erwähnten Provinzen maßgebend waren.

Fernere Voraussetzungen sind: 1) Daß konstante Preise und einfache Reproduktion stattfinden, der Einfachheit halber: 2) daß alle Cirkulation, die blos innerhalb einer einzelnen Klasse stattfindet, ausgeschlossen bleibt und blos die Cirkulation zwischen Klasse und Klasse berücksichtigt wird; 3) daß alle Käufe resp. Verkäufe, die von Klasse zu Klasse im Laufe des Betriebsjahrs stattfinden, in eine einzige Gesammtsumme zusammengefaßt sind. Endlich erinnere man sich, daß zu Quesnay's Zeit in Frankreich, wie mehr oder minder in ganz Europa, die eigne Hausindustrie der Bauernfamilie den weitaus beträchtlichsten Theil ihrer nicht zur Klasse der Nahrungsmittel gehörenden Bedürfnisse lieferte, und daher als selbstverständliches Zubehör des Ackerbaus hier vorausgesetzt wird.

Der Ausgangspunkt des Tableau ist die Gesammternte, das deßwegen auch gleich oben an darin figurirende Bruttoprodukt der jährlichen Bodenerzeugnisse oder die „totale Reproduktion" des Landes, hier Frankreichs. Die Werthgröße dieses Bruttoprodukts wird geschätzt nach den Durchschnittspreisen der Bodenerzeugnisse bei den handeltreibenden Nationen. Es beträgt fünf Milliarden Livres, eine Summe, die nach den damals möglichen statistischen Veranschlagungen den Geldwerth des landwirthschaftlichen Bruttoprodukts von Frankreich ungefähr ausdrückt. Dies, und nichts anders, ist der Grund, warum Quesnay im Tableau „mit einigen Milliarden operirt", nämlich mit fünf, und nicht mit fünf Livres. Dies Gesammtbruttoprodukt dient zur Reproduktion, sowohl der Grundrente der Grundbesitzer (unter welchem Namen wir Quesnay's zweite Klasse zusammenfassen), wie des Betriebskapitals, einerseits der produktiven, andrerseits der sterilen Klasse, und zwar so, daß nach Quesnay's Anschlag, 2 Milliarden (wie oben) das Betriebskapital der produktiven Klasse, 2 Milliarden die Rente der Grundbesitzer und eine Milliarde das Betriebskapital der sterilen Klasse bilden: Summa fünf Milliarden. Diese Vertheilungssummen figuriren obenan im Tableau.

Die produktive Klasse, am Anfang des ökonomischen Jahres z. B. 1759, ist also im Besitz der Gesammternte des Jahres 1758, im Gesammtwerth von 5 Milliarden. Während des Jahres 1758 aber ist der Pächterklasse — wie, wird sich zeigen, das baare Geld als Aequivalent eines Theils der Ackerbauprodukte von 1757 wieder zugeströmt, das sie am Anfang von 1758 den Grundbesitzern gezahlt hatte — also zwei Milliarden in Baar, welche nach Quesnay die gesammte cirkulirende Geldsumme der Nation repräsentiren. Sie ist also im Stande, mit diesem Geld die Grundrente für 1758 zu zahlen — zwei Milliarden.

Von den im Jahre 1758 produzirten Ackerbauerzeugnissen im Werth von 5 Milliarden dienen Produkte im Werth von 2 Milliarden zum Ersatz des vorgeschossenen und verbrauchten Betriebskapitals der produktiven Klasse. Es bleibt ein Ueberschuß im Werth von 3 Milliarden, wovon aber, wie wir sehen werden, nur 2 Milliarden das eigentliche Nettoprodukt bilden. Dieser Ueberschuß besteht zu $^2/_3$ aus Lebensmitteln im Werth von 2 Milliarden, und zu $^1/_3$ aus Rohstoffen im Werth von 1 Milliarde.

Die Klasse der Grundbesitzer figurirt am Anfang des neuen

ökonomischen Jahres nur mit ihrem Anspruch auf 2 Milliarden Grundrente.

Die sterile Klasse hat im Laufe des ökonomischen Jahres ein Betriebskapital von 1 Milliarde verausgabt, das blos aus Rohstoffen bestand, da Werkzeuge u. s. w. zu den Erzeugnissen dieser Klasse selbst zählen. Der Lohn für die Arbeit, durch welche die sterile Klasse jenes Rohmaterial in Manufakturwaaren verwandelt, ist gleich dem Werth der Lebensmittel, die sie, in letzter Instanz, von der produktiven Klasse erhält. Obwohl selbst in Kapitalisten und Lohnarbeiter zerfallend, steht sie nach Quesnay's Grundanschauung als Gesammtklasse im Sold der produktiven Klasse und der Grundeigenthümer. Da, wie vorausgesetzt, alle Käufe und Verkäufe von Klasse zu Klasse während des ganzen Jahrs in je einen einzigen Akt zusammengefaßt werden, so erscheint, wie oben die produktive Klasse, so hier die sterile, am Schluß des ökonomischen Jahres als Besitzerin ihres ganzen Jahresprodukts, d. h. von Waaren zum Werth von zwei Milliarden, wovon eine Milliarde den Werth der Rohstoffe, die andere den der während der Verarbeitung dieser Rohstoffe verzehrten Lebensmittel darstellt.

Nun zu der Bewegung, die im Tableau vorgestellt wird durch die geheimnißvollen Linien, die Herrn Dühring so viel „zu bedenken geben", leider ohne irgend welchen „Erfolg".

Erste Zirkulation. Die Pächter zahlen den Grundeigenthümern „ohne Gegenleistung" die ihnen zukommende Rente, 2 Milliarden Geld. Mit einer dieser Milliarden kaufen die Grundeigenthümer Lebensmittel von den Pächtern, denen so die eine Hälfte des Rentebetrags zurückfließt.

Zweite Zirkulation. Mit der andern Milliarde Geld kaufen die Grundbesitzer Manufakturwaaren von der sterilen Klasse, und diese wieder mit dem erhaltenen Geld für eine Milliarde Lebensmittel von den Pächtern.

Dritte Zirkulation. Die Pächter kaufen von der sterilen Klasse für eine Milliarde Geld Manufakturwaaren zum selben Werth (größtentheils Werkzeuge und andere für den Ackerbau nöthige Industrieerzeugnisse). Die sterile Klasse schickt ihnen dasselbe Geld zurück, indem sie damit Rohstoffe für eine Milliarde kauft, zum Ersatz ihres eigenen Betriebskapitals. Damit sind den Pächtern die von ihnen in Zahlung der Rente verausgabten zwei Milliarden Baargeld wieder zu rückgeflossen, und die Bewegung ist fertig. Und damit ist auch das große Räthsel gelöst, „was denn aus dem als Rente angeeigneten Nettoprodukt im wirthschaftlichen Kreislauf wird."

Wir hatten oben in den Händen der produktiven Klasse, am Anfangspunkt des Prozesses, einen Ueberschuß von 3 Milliarden. Davon wurden nur 2 als Nettoprodukt, in der Gestalt von Rente an die Grundeigenthümer gezahlt. Die dritte Milliarde des Ueberschusses bildet den Zins für das Gesammt-Anlage-Kapital der Pächter, also für 10 Milliarden 10 Prozent. Diesen Zins erhalten sie — wohlzumerken — nicht aus der Zirkulation; er befindet sich in natura in ihrer Hand, und sie realisiren ihn nur durch die Zirkulation, indem sie ihn vermittelst derselben in Manufakturwaaren von gleichem Werth umsetzen. Ohne diesen Zins würde nach Quesnay der Pächter, der Hauptagent der Agrikultur, ihr das Anlage-Kapital nicht vorschießen; die Aneignung dieser Milliarde des landwirthschaftlichen Mehrertrags ist also schon hiernach bei den Physiokraten ein ebenso nothwendiges Element der Reproduktion wie die Pächterklasse selbst. Diese dritte Milliarde des Ueberschusses zählt aber nicht als „Nettoprodukt", denn dies ist grade dadurch charakterisirt, daß es verzehrbar ist ohne Rücksicht auf die unmittelbaren Bedürfnisse der jährlichen Gesammt-Reproduktion. Die Milliarde Zins dient nach Quesnay vielmehr zunächst für die laufenden Reparaturen und Erneuerungen des Anlagekapitals, sowie als Reservefonds gegen Unfälle, und unter Umständen zu Neuanlagen und Vergrößerung des Betriebskapitals.

Der ganze Hergang ist allerdings „ziemlich einfach". Es wurden in die Zirkulation geworfen: von den Pächtern 2 Milliarden Geld, zur Zahlung der Rente, und für 3 Milliarden Produkte, wovon $^2/_3$ Lebensmittel und $^1/_3$ Rohstoffe; von der sterilen Klasse für 2 Milliarden Manufakturwaaren. Von den Lebensmitteln im Betrag von 2 Milliarden wird die eine Hälfte von den Grundeigenthümern nebst Anhang verzehrt, die andere von der sterilen Klasse in Zahlung ihrer Arbeit. Die Rohstoffe für 1 Milliarde ersetzen das Betriebskapital derselben Klasse. Von den cirkulirenden Manufakturwaaren im Betrag von 2 Milliarden fällt die eine Hälfte den Grundeigenthümern zu, die andre den Pächtern, für welche sie nur eine verwandelte Form des, erster Hand aus der landwirthschaftlichen Reproduktion gewonnenen, Zinses für ihr Anlagekapital ist. Das Geld aber, das der Pächter mit Zahlung der Rente in die Zirkulation geworfen, strömt ihm durch den Verkauf seiner Produkte zurück, und so kann derselbe Kreislauf im nächsten ökonomischen Jahr von Neuem durchlaufen werden.

Und nun bewundere man die „wirklich kritische", der „herkömmlichen leichtfertigen Berichterstattung" so unendlich überlegenene Darstellung des Herrn Dühring. Nachdem er fünfmal hintereinander in geheimnißvoller Weise uns vorgehalten, wie bedenklich Quesnay im Tableau mit bloßen Geldwerthen operire, was sich noch dazu als falsch erwies, kommt er endlich zu dem Resultat, daß, sobald man danach fragt, „was denn aus dem als Rente angeeigneten Nettoprodukt im volkswirthschaftlichen Kreislauf werde", sei „für das ökonomische Tableau nur eine bis zum Mysticismus steigende Verworrenheit und Willkür möglich." Wir haben gesehn, daß das Tableau, diese ebenso einfache wie für ihre Zeit geniale Darstellung des jährlichen Reproduktionsprozesses, wie er durch die Zirkulation vermittelt wird, sehr genau darauf antwortet, was aus diesem Nettoprodukt im volkswirthschaftlichen Kreislauf wird, und somit verbleibt der „Mysticismus" und die „Verworrenheit und Willkür" wiederum einzig und allein dem Herrn Dühring „als bedenklichste Seite" und einziges „Nettoprodukt" seiner physiokratischen Studien. —

Ganz ebenso vertraut, wie mit der Theorie der Physiokraten, ist Herr Dühring mit ihrer geschichtlichen Wirkung. „Mit Turgot", belehrt er uns, „war die Physiokratie in Frankreich praktisch und theoretisch zu ihrem Ende gelangt." Wenn aber Mirabeau in seinen ökonomischen Anschauungen wesentlich Physiokrat, wenn er in der konstituirenden Versammlung von 1789 erste ökonomische Autorität war, wenn diese Versammlung in ihren ökonomischen Reformen einen großen Theil der physiokratischen Sätze aus der Theorie in die Praxis übersetzte, und namentlich auch das „ohne Gegenleistung" vom Grundbesitz angeeignete Nettoprodukt, die Grundrente mit einer starken Steuer belegte, so existirt das Alles nicht für „einen" Dühring. —

Wie der lange Strich durch den Zeitraum 1691—1752 alle Vorgänger Hume's aus dem Weg räumte, so ein andrer Strich den zwischen Hume und Adam Smith liegenden Sir

James Steuart. Von dessen großem Werk, das, abgesehn von seiner historischen Wichtigkeit, das Gebiet der politischen Oekonomie nachhaltig bereichert hat, steht in dem „Unternehmen" des Herrn Dühring keine Silbe. Dafür aber belegt dieser den Steuart mit dem stärksten Schimpfwort, das es in seinem Lexikon giebt, und sagt, er sei „ein Professor" zur Zeit A. Smiths" gewesen. Leider ist diese Verdächtigung rein erfunden. Steuart war in der That ein schottischer Großgrundbesitzer, der, wegen angeblicher Betheiligung an der Stuart'schen Verschwörung aus Großbritannien verbannt, durch seinen längeren Aufenthalt und seine Reisen auf dem Kontinent sich mit den ökonomischen Zuständen verschiedener Länder vertraut machte.

Kurzum: nach der „Kritischen Geschichte" hatten alle früheren Oekonomen nur den Werth, entweder als „Ansätze" zu Herrn Dühring's „maßgebender" tieferer Grundlegung, oder aber durch ihre Verwerflichkeit ihr erst recht als Folie zu dienen. Jedennoch giebt es auch in der Oekonomie einige Heroen, die nicht nur „Ansätze" zur „tieferen Grundlegung" bilden, sondern „Sätze", aus denen sie, wie in der Naturphilosophie vorgeschrieben, nicht „entwickelt", sondern geradezu „komponirt" ist: nämlich „die unvergleichlich hervoragende Größe" List, die zu Nutz und Frommen deutscher Fabrikanten die „subtileren" merkantilistischen Lehren eines Ferrier u. A. in „gewaltigere" Worte aufgebläht hat; ferner Carey, der in folgendem Satz den aufrichtigen Kern seiner Weisheit bloslegt: „Ricardo's System ist ein System der Zwietracht . . . . . es läuft hinaus auf die Erzeugung der Klassenfeindschaft . . . . . seine Schrift ist das Handbuch des Demagogen, der die Macht anstrebt vermittelst der Landtheilung, des Kriegs und der Plünderung"; endlich zu guter Letzt der Londoner City Confusius Mac Leod.

Danach dürften die Leute, die in der Gegenwart und zunächst absehbaren Zukunft Geschichte der politischen Oekonomie studiren wollen, immer noch bedeutend sicherer fahren, wenn sie sich bekannt machen mit den „wässerigen Erzeugnissen", „Plattheiten" und „breiten Bettelsuppen" der „gangbarsten Lehrbuchkompilationen", als wenn sie sich verlassen auf die „Geschichtszeichnung großen Styls" des Herrn Dühring.

— 240 —

Was ergiebt sich nun schließlich als das Resultat unserer Analyse des Dühring'schen „eigen erzeugten Systems" der politischen Oekonomie? Nichts als die Thatsache, daß wir mit all den großen Worten und noch gewaltigeren Versprechungen ebenso hinter's Licht geführt worden sind wie in der „Philosophie". Die Theorie des Werths, dieser „Prüfstein der Gediegenheit ökonomischer Systeme", lief darauf hinaus, daß Herr Dühring unter Werth fünferlei total verschiedene und einander schnurstracks widersprechende Dinge versteht, und also im besten Fall selbst nicht weiß was er will. Die mit soviel Pomp angekündigten „Naturgesetze aller Wirthschaft" erwiesen sich als lauter weltbekannte und oft noch nicht einmal richtig gefaßte Plattheiten der ärgsten Art. Die einzige Erklärung ökonomischer Thatsachen, die uns das eigen erzeugte System zu geben hat, ist, daß sie Resultate der „Gewalt" seien, eine Redensart, womit der Philister aller Nationen sich seit Jahrtausenden über alles ihm widerfahrene Ungemach tröstet, und womit wir nicht mehr wissen als vorher. Statt diese Gewalt aber nach ihrem Ursprung und ihren Wirkungen zu untersuchen, muthet Herr Dühring uns zu, uns bei dem bloßen Wort „Gewalt" als letzter Endursache und endgültige Erklärung aller ökonomischen Erscheinungen dankbarst zu beruhigen. Gezwungen, über die kapitalistische Ausbeutung der Arbeit weitere Aufschlüsse zu geben, stellt er sie erst im Allgemeinen dar als beruhend auf Bezollung und Preisaufschlag, hier ganz die Proudhon'sche „Vorwegnahme" (prélèvement) sich aneignend um dann nachher im Besonderen sie zu erklären vermittelst der Marx'schen Theorie von Mehrarbeit, Mehrprodukt und Mehrwerth. Er bringt es also fertig, zwei total widersprechende Anschauungsweisen glücklich zu versöhnen, indem er sie beide in Einem Athem abschreibt. Und wie er in der Philosophie nicht grobe Worte genug hatte für denselben Hegel, den er unaufhörlich verseichtigend ausbeutet, so dient in der „Kritischen Geschichte" die bodenloseste Verlästerung von Marx nur zur Verdeckung der Thatsache, daß alles noch einigermaßen Rationelle, was sich im „Kursus" über Kapital und Arbeit vorfindet, ebenfalls ein verseichtigendes Plagiat an Marx ist. Die Unwissenheit, die im Kursus an den Anfang der Geschichte der Kulturvölker den „großen Grundbesitzer" stellt und kein Wort weiß von der Gemeinschaft des Grundeigenthums der

Stamm- und Dorfgemeinden, von der alle Geschichte in Wirklichkeit ausgeht — diese heutzutage fast unbegreifliche Unwissenheit wird beinahe noch übertroffen von derjenigen, die sich in der „Kritischen Geschichte" als „universelle Weite des geschichtlichen Umblicks" nicht wenig auf sich selbst zu Gute thut, und von der wir nur ein paar abschreckende Beispiele gegeben haben. In Einem Wort: erst die kolossale „Aufwendung" von Selbstanpreisung, von marktschreierischen Posaunenstößen, von einander übergipfelnden Verheißungen; und dann der „Erfolg" — gleich Null.

Dritter Abschnitt.
Sozialismus.

I. Geschichtliches.

Wir sahen in der Einleitung*), wie die französischen Philosophen des achtzehnten Jahrhunderts, die Vorbereiter der Revolution, an die Vernunft appellirten, als einzige Richterin über Alles was bestand. Ein vernünftiger Staat, eine vernünftige Gesellschaft sollten hergestellt, alles was der ewigen Vernunft widersprach, sollte ohne Barmherzigkeit beseitigt werden. Wir sahen ebenfalls, daß diese ewige Vernunft in Wirklichkeit nichts andres war, als der idealisirte Verstand des eben damals zum Bourgeois sich fortentwickelnden Mittelbürgers. Als nun die französische Revolution diese Vernunftgesellschaft und diesen Vernunftstaat verwirklicht hatte, stellten sich daher die neuen Einrichtungen, so rationell sie auch waren gegenüber den früheren Zuständen, keineswegs als absolut vernünftige heraus. Der Vernunftstaat war vollständig in die Brüche gegangen. Der Rousseau'sche Gesellschaftsvertrag hatte seine Verwirklichung gefunden in der Schreckenszeit, aus der das an seiner eignen politischen Befähigung irre gewordene Bürgerthum sich geflüchtet hatte zuerst in die Korruption des Direktoriums und schließlich unter den Schutz des napoleonischen Despotismus. Der verheißene ewige Friede war umgeschlagen in einen endlosen Eroberungskrieg. Die Vernunftgesellschaft war nicht besser gefahren. Der Gegensatz von Reich und Arm, statt sich aufzulösen im allgemeinen Wohlergehn, war verschärft worden durch die Beseitigung der ihn überbrückenden zünftigen und

---
*) Vgl. „Philosophie" I.

anderen Privilegien und der ihn mildernden kirchlichen Wohl=
thätigkeitsanstalten; der Aufschwung der Industrie auf kapita=
listischer Grundlage erhob Armuth und Elend der arbeitenden
Massen zu einer Lebensbedingung der Gesellschaft. Die Zahl
der Verbrechen nahm zu von Jahr zu Jahr. Waren die
früher am hellen Tage sich ungescheut ergehenden feudalen Laster
zwar nicht vernichtet, so doch vorläufig in den Hintergrund
gedrängt, so schossen dafür die, bisher nur in der Stille ge=
hegten, bürgerlichen Laster um so üppiger in die Blüte. Der
Handel entwickelte sich mehr und mehr zur Prellerei. Die „Brü=
derlichkeit" der revolutionären Devise verwirklichte sich in den
Chikanen und dem Neid des Konkurrenzkampfs. An die Stelle
der gewaltsamen Unterdrückung trat die Korruption, an die
Stelle des Degens, als des ersten gesellschaftlichen Machthebels,
das Geld. Das Recht der ersten Nacht ging über von den
Feudalherren auf die bürgerlichen Fabrikanten. Die Prosti=
tution breitete sich aus in bisher unerhörtem Maß. Die Ehe
selbst blieb, nach wie vor, gesetzlich anerkannte Form, offizieller
Deckmantel der Prostitution, und ergänzte sich zudem durch
reichlichen Ehebruch. Kurzum, verglichen mit den prunkhaften Ver=
heißungen der Aufklärer, erwiesen sich die durch den „Sieg
der Vernunft" hergestellten gesellschaftlichen und politischen Ein=
richtungen als bitter enttäuschende Zerrbilder. Es fehlten nur
noch die Leute, die diese Enttäuschung konstatirten, und diese
kamen mit der Wende des Jahrhunderts. 1802 erschienen
Saint=Simon's Genfer Briefe; 1808 erschien Fouriers erstes
Werk, obwohl die Grundlage seiner Theorie schon von 1799
datirte; am ersten Januar 1800 übernahm Robert Owen die
Leitung von New Lanark.

Um diese Zeit aber war die kapitalistische Produktionsweise
und mit ihr der Gegensatz von Bourgeoisie und Proletariat
noch sehr unentwickelt. Die große Industrie, in England eben
erst entstanden, war in Frankreich noch unbekannt. Aber erst
die große Industrie entwickelt einerseits die Konflikte, die eine
Umwälzung der Produktionsweise zur zwingenden Nothwendig=
keit erheben — Konflikte nicht nur der von ihr erzeugten
Klassen, sondern auch der von ihr geschaffenen Produktivkräfte
und Austauschformen selbst —; und sie entwickelt andrerseits
in eben diesen riesigen Produktivkräften auch die Mittel, diese
Konflikte zu lösen. Waren also um 1800 die der neuen Ge=

sellschaftsordnung entspringenden Konflikte erst im Werden begriffen, so gilt dies noch weit mehr von den Mitteln ihrer Lösung. Hatten die besitzlosen Massen von Paris während der Schreckenszeit einen Augenblick die Herrschaft erobern können, so hatten sie damit nur bewiesen, wie unmöglich diese Herrschaft unter den damaligen Verhältnissen war. Das sich aus diesen besitzlosen Massen eben erst als Stamm einer neuen Klasse absondernde Proletariat, noch ganz unfähig zu selbstständiger politischer Aktion, stellte sich dar als unterdrückter, leidender Stand, dem in seiner Unfähigkeit, sich selbst zu helfen, höchstens von Außen her, von Oben herab Hülfe zu bringen war.

Diese geschichtliche Lage beherrschte auch die Stifter des Sozialismus. Dem unreifen Stand der kapitalistischen Produktion, der unreifen Klassenlage entsprachen unreife Theorien. Die Lösung der gesellschaftlichen Aufgaben, die in den unentwickelten ökonomischen Verhältnissen noch verborgen lag, sollte aus dem Kopfe erzeugt werden. Die Gesellschaft bot nur Mißstände; sie zu beseitigen war Aufgabe der denkenden Vernunft. Es handelte sich darum, ein neues vollkommneres System der gesellschaftlichen Ordnung zu erfinden und dies der Gesellschaft von Außen her, durch Propaganda, womöglich durch das Beispiel von Muster-Experimenten aufzuoktroyiren. Diese neuen sozialen Systeme waren von vornherein zur Utopie verdammt; je weiter sie in ihren Einzelheiten ausgearbeitet wurden, desto mehr mußten sie in reine Phantasterei verlaufen.

Dies einmal festgestellt, halten wir uns bei dieser, jetzt ganz der Vergangenheit angehörigen Seite keinen Augenblick länger auf. Wir können es literarischen Kleinkrämern à la Dühring überlassen, an diesen, heute nur noch erheiternden Phantastereien feierlich herumzuklauben und die Ueberlegenheit ihrer eignen nüchternen Denkungsart geltend zu machen gegenüber solchem „Wahnwitz". Wir freuen uns lieber der genialen Gedankenkeime und Gedanken, die unter der phantastischen Hülle überall hervorbrechen, und für die jene Philister blind sind.

Saint Simon stellt bereits in seinen Genfer Briefen den Satz auf, daß „alle Menschen arbeiten sollen". In derselben Schrift weiß er schon, daß die Schreckensherrschaft die Herrschaft der besitzlosen Massen war. „Seht an, ruft er ihnen zu, was sich in Frankreich ereignet hat zu der Zeit als Eure

Kameraden dort geherrscht; sie haben die Hungersnoth erzeugt." Die französische Revolution aber als einen Klassenkampf zwischen Adel, Bürgerthum und Besitzlosen aufzufassen, war im Jahr 1802 eine höchst geniale Entdeckung. 1816 erklärt er die Politik für die Wissenschaft der Produktion, und sagt voraus das gänzliche Aufgehn der Politik in der Oekonomie. Wenn hierin die Erkenntniß, daß die ökonomische Lage die Basis der politischen Einrichtungen ist, nur erst im Keime sich zeigt, so ist doch die Ueberführung der politischen Regierung über Menschen in eine Verwaltung von Dingen und eine Leitung von Produktionsprozessen, also die neuerdings mit so viel Lärm breitgetretene Abschaffung des Staats hier schon klar ausgesprochen. Mit gleicher Ueberlegenheit über seine Zeitgenossen proklamirt er 1814, unmittelbar nach dem Einzug der Verbündeten in Paris, und noch 1815, während des Kriegs der hundert Tage, die Allianz Frankreichs mit England und in zweiter Linie beider Länder mit Deutschland als einzige Gewähr für die gedeihliche Entwicklung und den Frieden Europas. Allianz den Franzosen von 1815 predigen mit den Siegern von Waterloo, dazu gehörte allerdings etwas mehr Muth, als den deutschen Professoren einen Klatschkrieg zu erklären.

Wenn wir bei Saint Simon eine geniale Weite des Blicks entdecken, vermöge deren fast alle nicht streng ökonomischen Gedanken der späteren Sozialisten bei ihm im Keim enthalten sind, so finden wir bei Fourier eine ächt französisch-geistreiche, aber darum nicht minder tief eindringende Kritik der bestehenden Gesellschaftszustände. Fourier nimmt die Bourgeoisie, ihre begeisterten Propheten von vor, und ihre interessirten Lobhudler von nach der Revolution beim Worte. Er deckt die materielle und moralische Misère der bürgerlichen Welt unbarmherzig auf, er hält daneben sowohl die gleißenden Versprechungen der Aufklärer von der Gesellschaft, in der nur die Vernunft herrschen werde, von der Alles beglückenden Civilisation, von der gränzenlosen, menschlichen Vervollkommnungsfähigkeit, wie auch die schönfärbenden Redensarten der gleichzeitigen Bourgeois-Ideologen; er weist nach, wie der hochtönendsten Phrase überall die erbärmlichste Wirklichkeit entspricht, und überschüttet dies rettungslose Fiasko der Phrase mit beißendem Spott. Fourier ist nicht nur Kritiker, seine ewig heitere Natur macht ihn zum Satyriker und zwar zu einem der größten Satyriker aller Zeiten. Die mit dem Niedergang der Revolution emporblühende Schwindelspekulation ebenso wie die allgemeine Krämerhaftigkeit des damaligen französischen Handels schildert er ebenso meisterhaft wie ergötzlich. Noch meisterhafter ist seine seine Kritik der bürgerlichen Gestaltung der Geschlechtsverhältnisse und der Stellung des Weibes in der bürgerlichen Gesellschaft. Er spricht es zuerst aus, daß in einer gegebenen Gesellschaft der Grad der weiblichen Emanzipation das natürliche Maß der allgemeinen Emanzipation ist. Am großartigsten aber erscheint Fourier in seiner Auffassung der Geschichte der Gesellschaft. Er theilt ihren ganzen bisherigen Verlauf in vier Entwicklungsstufen: Wildheit, Barbarei, Patriarchat, Civilisation, welche letztere mit der jetzt sogenannten bürgerlichen Gesellschaft zusammenfällt, und weist nach, „daß die civilisirte Ordnung jedes Laster, welches die Barbarei auf eine einfache Weise ausübt, zu einer zusammengesetzten, doppelsinnigen, zweideutigen, heuchlerischen Daseinsweise erhebt," daß die Civilisation sich in einem „fehlerhaften Kreislauf" bewegt, in Widersprüchen die sie stets neu erzeugt, ohne sie überwinden zu können, so daß sie stets das Gegentheil erreicht von dem was sie erlangen will oder erlangen zu wollen vorgibt. Sodaß z. B. „**in der Civilisation die Armuth aus dem Ueberfluß selbst entspringt.**" Fourier, wie man sieht, handhabt die Dialektik mit derselben Meisterschaft wie sein Zeitgenosse Hegel. Mit gleicher Dialektik hebt er hervor, gegenüber dem Gerede von der unbegränzten menschlichen Vervollkommnungsfähigkeit, daß jede geschichtliche Phase ihren aufsteigenden, aber auch ihren absteigenden Ast hat, und wendet diese Anschauungsweise auch auf die Zukunft der gesammten Menschheit an. Wie Kant den künftigen Untergang der Erde in die Naturwissenschaft, führte Fourier den künftigen Untergang der Menschheit in die Geschichtsbetrachtung ein. —

Während in Frankreich der Orkan der Revolution das Land aussegte, ging in England eine stillere, aber darum nicht minder gewaltige Umwälzung vor sich. Der Dampf und die neue Werkzeugmaschinerie verwandelten die Manufaktur in die moderne große Industrie, und revolutionirten damit die ganze Grundlage der bürgerlichen Gesellschaft. Der schläfrige Entwicklungsgang der Manufakturzeit verwandelte sich in eine wahre Sturm- und Drangperiode der Produktion. Mit stets wachsender Schnelligkeit vollzog sich die Scheidung der Gesellschaft in große Kapitalisten und besitzlose Proletarier, zwischen denen, statt des früheren stabilen Mittelstandes, jetzt eine unstäte Masse von Handwerkern und Kleinhändlern eine schwankende Existenz führte, der fluktuirendste Theil der Bevölkerung. Noch war die neue Produktionsweise erst im Anfang ihres aufsteigenden Asts; noch war sie die normale, die unter den Umständen einzig mögliche Produktionsweise. Aber schon damals erzeugte sie schreiende soziale Mißstände: Zusammendrängung einer heimathlosen Bevölkerung in den schlechtesten Wohnstätten großer Städte — Lösung aller hergebrachten Bande des Herkommens, der patriarchalischen Unterordnung, der Familie — Ueberarbeit besonders der Weiber und Kinder in schreckenerregendem Maß — massenhafte Demoralisation der plötzlich in ganz neue Verhältnisse geworfenen arbeitenden Klasse. Da trat ein neunundzwanzigjähriger Fabrikant als Reformator auf, ein Mann von bis zur Erhabenheit kindlicher Einfachheit des Charakters, und zugleich ein geborener Lenker von Menschen wie Wenige. Robert Owen hatte sich die Lehre der materialistischen Aufklärer angeeignet, daß der Charakter des Menschen das Produkt sei einerseits der angebornen Organisation und andrerseits der den Menschen während seiner Lebenszeit, besonders aber während der Entwicklungsperiode umgebenden Umstände. In der industriellen Revolution sahen die meisten seiner Standesgenossen nur Verwirrung und Chaos, gut um im Trüben zu fischen und sich rasch zu bereichern. Er sah in ihr die Gelegenheit, seinen Lieblingssatz zur Anwendung und damit Ordnung in das Chaos zu bringen. Er hatte es schon in Manchester als Dirigent über fünfhundert Arbeiter einer Fabrik erfolgreich versucht; von 1800—1829 leitete er die große Baumwollspinnerei von New Lanark in Schottland als dirigirender Associé in demselben Sinn, nur mit größerer Freiheit des Handelns, und mit einem Erfolg, der ihm europäischen Ruf eintrug. Eine allmählig auf 2500 Köpfe anwachsende, ursprünglich aus den gemischtesten und größtentheils stark demoralisirten Elementen sich zusammensetzende Bevölkerung wandelte er um in eine vollständige Musterkolonie, in der Trunkenheit, Polizei, Strafrichter, Prozesse, Armenpflege, Wohlthätigkeitsbedürfniß unbekannte Dinge waren. Und zwar einfach dadurch, daß er die Leute in menschenwürdigere Umstände versetzte und namentlich die heranwachsende Generation sorgfältig erziehen ließ. Er war der Erfinder der Kleinkinderschulen und führte sie hier zuerst ein. Vom zweiten Lebensjahre an kamen die Kinder in die Schule, wo sie sich so gut unterhielten, daß sie kaum wieder heimzubringen waren. Während seine Konkurrenten 13 bis 14 Stunden täglich arbeiteten, wurde in New Lanark nur $10^1/_2$ Stunde gearbeitet. Als eine Baumwollenkrisis zu viermonatlichem Stillstand zwang, wurde den feiernden Arbeitern der volle Lohn fortbezahlt und dabei hatte das Etablissement seinen Werth mehr als verdoppelt und bis zuletzt den Eigenthümern reichlichen Gewinn abgeworfen.

Mit alledem war Owen nicht zufrieden. Die Existenz, die er seinen Arbeitern geschaffen, war in seinen Augen noch lange keine menschenwürdige; „die Leute waren meine Sklaven": die relativ günstigen Umstände, in die er sie versetzt, waren noch weit entfernt davon, eine allseitige und rationelle Entwicklung des Charakters und des Verstandes, geschweige eine freie Lebensthätigkeit zu gestatten. „Und doch produzirte der arbeitende Theil dieser 2500 Menschen ebensoviel wirklichen Reichthum für die Gesellschaft, wie kaum ein halbes Jahrhundert vorher eine Bevölkerung von 600,000 erzeugen konnte. Ich frug mich: was wird aus der Differenz zwischen dem von 2500 Personen verzehrten Reichthum und demjenigen, den die 600,000 hätten verzehren müssen?" Die Antwort war klar. Er war verwandt worden, um den Besitzern des Etablissements 5% Zinsen vom Anlagekapital und außerdem noch mehr als 300,000 Pfd. Sterling (6,000,000 M.) Gewinn abzuwerfen. Und was von New Lanark, galt in noch höherem Maß von allen Fabriken Englands. „Ohne diesen neuen, durch die Maschinen geschaffenen Reichthum hätten die Kriege zum Sturz Napoleons und zur Aufrechterhaltung der aristokratischen Gesellschaftsprinzipien nicht durchgeführt werden können. Und doch war diese neue Macht die Schöpfung der arbeitenden Klasse." Ihr gehörten daher auch die Früchte. Die neuen, gewaltigen Produktivkräfte, bisher nur der Bereicherung Einzelner und der Knechtung der Massen dienend, boten für Owen die Grundlage zu einer gesellschaftlichen Neubildung, und waren dazu bestimmt, als gemeinsames Eigenthum Aller nur für die gemeinsame Wohlfahrt Aller zu arbeiten.

Auf solche rein geschäftsmäßige Weise, als Frucht sozusagen

der kaufmännischen Berechnung, entstand der Owensche Kommunismus. Denselben auf das Praktische gerichteten Charakter behält er durchweg. So schlug Owen 1823 Hebung des irischen Elends durch kommunistische Kolonien vor, und legte vollständige Berechnungen über Anlagekosten, jährliche Auslagen und voraussichtliche Erträge bei. So ist in seinem definitiven Zukunftsplan die technische Ausarbeitung der Einzelnheiten mit solcher Sachkenntniß durchgeführt, daß, die Owensche Methode der Gesellschaftsreform einmal zugegeben, sich gegen die Detaileinrichtung selbst vom fachmännischen Standpunkt nur wenig sagen läßt.

Der Fortschritt zum Kommunismus war der Wendepunkt in Owen's Leben. So lange er als bloßer Philanthrop aufgetreten, hatte er nichts geärntet als Reichthum, Beifall, Ehre und Ruhm. Er war der populärste Mann in Europa. Nicht nur seine Standesgenossen, auch Staatsmänner und Fürsten hörten ihm beifällig zu. Als er aber mit seinen kommunistischen Theorien hervortrat, wendete sich das Blatt. Drei große Hindernisse waren es, die ihm vor Allem den Weg zur gesellschaftlichen Reform zu versperren schienen: das Privateigenthum, die Religion und die gegenwärtige Form der Ehe. Er wußte, was ihm bevorstand, wenn er sie angriff: die allgemeine Aechtung durch die offizielle Gesellschaft, der Verlust seiner ganzen sozialen Stellung. Aber er ließ sich nicht abhalten, sie rücksichtslos anzugreifen, und es geschah, wie er vorhergesehn. Verbannt aus der offiziellen Gesellschaft, todtgeschwiegen von der Presse, verarmt durch fehlgeschlagene kommunistische Versuche in Amerika, in denen er sein ganzes Vermögen geopfert, wandte er sich direkt an die Arbeiterklasse und blieb in ihrer Mitte noch dreißig Jahre thätig. Alle gesellschaftlichen Bewegungen, alle wirklich.n Fortschritte, die in England im Interesse der Arbeiter zu Stande gekommen, knüpfen sich an den Namen Owen. So setzte er 1819 nach fünfjähriger Anstrengung das erste Gesetz zur Beschränkung der Weiber- und Kinderarbeit in den Fabriken durch. So präsidirte er dem ersten Kongreß, auf dem die Trades' Unions von ganz England sich in eine einzige große Gewerksgenossenschaft vereinigten. So führte er als Uebergangsmaßregeln zur vollständig kommunistischen Einrichtung der Gesellschaft einerseits die Kooperativgesellschaften ein (Konsum- und Produktivgenossenschaften), die seitdem wenigstens den praktischen Beweis geliefert haben, daß sowohl der Kaufmann wie die Fabrikant sehr entbehrliche Personen sind; andrerseits die Arbeitsbazars, Anstalten zum Austausch von Arbeitsprodukten vermittelst eines Arbeitspapiergeldes, dessen Einheit die Arbeitsstunde bildete; Anstalten, die nothwendig scheitern mußten, die aber die weit spätere Proudhonsche Tauschbank vollständig anticipirten und sich nur dadurch von ihr unterschieden, daß sie nicht das Universalheilmittel aller gesellschaftlichen Uebel, sondern nur einen ersten Schritt zu einer weit radikaleren Umgestaltung der Gesellschaft darstellten.

Das sind die Männer, auf die der souveraine Herr Dühring von der Höhe seiner „endgültigen Wahrheit letzter Instanz" mit der Verachtung herabsieht, von der wir in der Einleitung einige Beispiele gegeben haben. Und diese Verachtung ist nach Einer Seite hin nicht ohne ihren zureichenden Grund: sie beruht nämlich wesentlich auf einer wahrhaft erschreckenden Unwissenheit in Beziehung auf die Schriften der drei Utopisten. So heißt es von Saint Simon, daß „sein Grundgedanke im Wesentlichen zutreffend gewesen ist, und von einigen Einseitigkeiten abgesehn, noch heute den leitenden Antrieb zu wirklichen Gestaltungen liefert." Trotzdem aber Herr Dühring in der That einige der Saint Simonschen Werke in der Hand gehabt zu haben scheint, sehen wir uns auf den betreffenden 27 Druckseiten ebenso vergeblich nach dem „Grundgedanken" Saint Simons um, wie früher nach dem, was Quesnays ökonomisches Tableau „bei Quesnay selbst zu bedeuten hat", und müssen uns schließlich abspeisen lassen mit der Phrase, „daß die Imagination und der philantropische Affekt . . . . mit der ihm zugehörigen Ueberspannung der Phantasie den gesammten Ideenkreis Saint Simons beherrschte!" Von Fourier kennt und beachtet er nur die in romanhaftes Detail ausgemalten Zukunftsphantasien, was allerdings zur Feststellung der unendlichen Ueberlegenheit des Herrn Dühring über Fourier „weit wichtiger ist" als zu untersuchen, wie dieser „die wirklichen Zustände gelegentlich zu kritisiren versucht." Gelegentlich! Nämlich fast auf jeder Seite seiner Werke sprühen die Funken der Satyre und der Kritik über die Miseren der vielgepriesenen Civilisation. Es ist als wollte man sagen, Herr Dühring erkläre nur „gelegentlich" den Herrn Dühring für den größten

Denker aller Zeiten. Was aber gar die zwölf, Robert Owen gewidmeten Seiten angeht, so hat Herr Dühring dafür absolut keine andre Quelle als die miserable Biographie des Philisters Sargant, der die wichtigsten Schriften Owens — über die Ehe und die kommunistische Einrichtung — ebenfalls nicht kannte. Herr Dühring kann sich daher kühnlich zu der Behauptung versteigen, man dürfe bei Owen „keinen entschiedenen Kommunismus voraussetzen." Allerdings, hätte Herr Dühring Owens „Book of the New Moral World" auch nur in der Hand gehabt, so hätte er darin nicht nur den allerentschiedensten Kommunismus, mit gleicher Arbeitspflicht und gleichem Anrecht am Produkt — gleich je nach dem Alter, wie Owen stets ergänzt — ausgesprochen gefunden, sondern auch die vollständige Ausarbeitung des Gebäudes für die kommunistische Gemeinde der Zukunft, mit Grundriß, Aufriß und Ansicht aus der Vogelperspektive. Wenn man aber das „unmittelbare Studium der eignen Schriften der Vertreter der sozialistischen Ideenkreise" auf die Kenntniß des Titels und höchstens noch — des Mottos einiger weniger dieser Schriften beschränkt, wie Herr Dühring hier, so bleibt allerdings nichts übrig als solche alberne und direkt erfundene Behauptung. Nicht nur gepredigt hat Owen den „entschiedenen Kommunismus", er hat ihn auch während fünf Jahren (Ende der Dreißiger und Anfangs der Vierziger) praktizirt in der Kolonie von Harmony Hall in Hampshire, deren Kommunismus an Entschiedenheit nichts zu wünschen übrig ließ. Ich habe selbst mehrere ehemalige Mitglieder dieses kommunistischen Musterexperiments gekannt. Aber von alledem, wie überhaupt von Owens Thätigkeit zwischen 1836 und 1850 weiß Sargant absolut Nichts, und daher verbleibt auch „die tiefere Geschichtschreibung" des Herrn Dühring in pechdunkler Ignoranz. Herr Dühring nennt Owen „in jeder Hinsicht ein wahres Monstrum philantropischer Aufdringlichkeit". Wenn aber derselbe Herr Dühring uns über den Inhalt von Büchern unterrichtet, von denen er kaum Titel und Motto kennt, so dürfen wir beileibe nicht sagen, er sei „in jeder Hinsicht ein wahres Monstrum von unwissender Aufdringlichkeit," denn das wäre in unserm Munde ja „geschimpft."

Die Utopisten, sahen wir, waren Utopisten, weil sie nichts andres sein konnten zu einer Zeit, wo die kapitalistische Produktion noch so wenig entwickelt war. Sie waren genöthigt, sich die Elemente einer neuen Gesellschaft aus dem Kopfe zu konstruiren, weil diese Elemente in der alten Gesellschaft selbst noch nicht allgemein sichtbar hervortraten; sie waren beschränkt für die Grundzüge ihres Neubaues auf den Appel an die Vernunft, weil sie eben noch nicht an die gleichzeitige Geschichte appelliren konnten. Wenn aber jetzt, fast achtzig Jahre nach ihrem Auftreten, Herr Dühring auf die Bühne tritt mit dem Anspruch, ein „maßgebendes" System einer neuen Gesellschafts-Ordnung nicht aus dem vorliegenden geschichtlich entwickelten Material als dessen nothwendiges Ergebniß zu entwickeln, nein, aus seinem souverainen Kopf, aus seiner mit endgültigen Wahrheiten schwangeren Vernunft zu konstruiren, so ist er, der überall Epigonen riecht, selbst nur der Epigone der Utopisten, der neueste Utopist. Er nennt die großen Utopisten „soziale Alchymisten". Mag sein. Die Alchymie war ihrer Zeit nothwendig. Aber seit jener Zeit hat die große Industrie die Widersprüche, die in der kapitalistischen Produktionsweise schlummerten, zu so schreienden Gegensätzen entwickelt, daß der herannahende Zusammenbruch dieser Produktionsweise sozusagen mit Händen zu greifen ist; daß die neuen Produktivkräfte selbst nur erhalten und weiter ausgebildet werden können durch Einführung einer neuen, ihrem gegenwärtigen Entwicklungsgrad entsprechenden Produktionsweise; daß der Kampf der beiden, durch die bisherige Produktionsweise erzeugten und stets in verschärftem Gegensatz reproduzirten Klassen alle civilisirten Länder ergriffen hat und täglich heftiger wird, und daß die Einsicht in diesen geschichtlichen Zusammenhang, in die Bedingungen der durch ihn nothwendig gemachten sozialen Umgestaltung, und in die ebenfalls durch ihn bedingten Grundzüge dieser Umgestaltung auch bereits gewonnen ist. Und wenn jetzt Herr Dühring, statt aus dem vorliegenden ökonomischen Material, aus seinem allerhöchsten Hirnschädel heraus eine neue utopistische Gesellschaftsordnung fabrizirt, so treibt er nicht nur einfache „soziale Alchymie". Er benimmt sich vielmehr wie Jemand, der nach der Entdeckung und Feststellung der Gesetze der modernen Chemie die alte Alchymie wieder herstellen, und die Atomgewichte, die Molekularformeln, die Quantivalenz der Atome, die Krystallographie und die Spektralanalyse benutzen wollte einzig zur Entdeckung — des Steins der Weisen.

II. Theoretisches.

Die materialistische Anschauung der Geschichte geht von dem Satz aus, daß die Produktion, und nächst der Produktion, der Austausch ihrer Produkte, die Grundlage aller Gesellschaftsordnung ist; daß in jeder geschichtlich auftretenden Gesellschaft die Vertheilung der Produkte, und mit ihr die soziale Gliederung in Klassen oder Stände, sich danach richtet, was und wie produzirt und wie das Produzirte ausgetauscht wird. Hiernach sind die letzten Ursachen aller gesellschaftlichen Veränderungen und politischen Umwälzungen zu suchen nicht in den Köpfen der Menschen, in ihrer zunehmenden Einsicht in die ewige Wahrheit und Gerechtigkeit, sondern in Veränderungen der Produktions- und Austauschweise; sie sind zu suchen nicht in der Philosophie, sondern in der Oekonomie der betreffenden Epoche. Die erwachende Einsicht, daß die bestehenden gesellschaftlichen Einrichtungen unvernünftig und ungerecht sind, daß Vernunft Unsinn, Wohlthat Plage geworden, ist nur ein Anzeichen davon, daß in den Produktionsmethoden und Austauschformen in aller Stille Veränderungen vor sich gegangen sind, zu denen die auf frühere ökonomische Bedingungen zugeschnittene gesellschaftliche Ordnung nicht mehr stimmt. Damit ist zugleich gesagt, daß die Mittel zur Beseitigung der entdeckten Mißstände ebenfalls in den veränderten Produktionsverhältnissen selbst — mehr oder minder entwickelt — vorhanden sein müssen. Diese Mittel sind nicht etwa aus dem Kopf zu erfinden, sondern vermittelst des Kopfes in den vorliegenden materiellen Thatsachen der Produktion zu entdecken.

Wie steht es nun hiernach mit dem modernen Sozialismus?

Die bestehende Gesellschaftsordnung — das ist nun so ziemlich allgemein zugegeben — ist geschaffen worden von der jetzt herrschenden Klasse, der Bourgeoisie. Die der Bourgeoisie eigenthümliche Produktionsweise, seit Marx mit dem Namen kapitalistische Produktionsweise bezeichnet, war unverträglich mit den lokalen und ständischen Privilegien wie mit den gegenseitigen persönlichen Banden der feudalen Ordnung; die Bourgeoisie zerschlug die feudale Ordnung und stellte auf ihren Trümmern die bürgerliche Gesellschaftsverfassung her, das Reich der freien Konkurrenz, der Freizügigkeit, der Gleichberechtigung der Waarenbesitzer und wie die bürgerlichen Herrlichkeiten alle heißen. Die kapitalistische Produktionsweise konnte sich jetzt frei entfalten. Die unter der Leitung der Bourgeoisie herausgearbeiteten Produktivkräfte entwickelten sich, seit der Dampf und die neue Werkzeugsmaschinerie die alte Manufaktur in die große Industrie umgewandelt, mit bisher unerhörter Schnelligkeit und in bisher unerhörtem Maßstab. Aber wie ihrerzeit die Manufaktur und das unter ihrer Einwirkung weiter entwickelte Handwerk mit den feudalen Fesseln der Zünfte in Konflikt kam, so kommt die große Industrie in ihrer volleren Ausbildung in Konflikt mit den Schranken, in denen die kapitalistische Produktionsweise sie eingeengt hält. Die neuen Produktionskräfte sind der bürgerlichen Form ihrer Ausnutzung bereits über den Kopf gewachsen; und dieser Konflikt zwischen Produktivkräften und Produktionsweise ist nicht ein in den Köpfen der Menschen entstandener Konflikt, wie etwa der der menschlichen Erbsünde mit der göttlichen Gerechtigkeit, sondern er besteht in den Thatsachen, objektiv, außer uns, unabhängig vom Wollen oder Laufen selbst derjenigen Menschen, die ihn herbeigeführt. Der moderne Sozialismus ist weiter nichts als der Gedankenreflex dieses thatsächlichen Konflikts, seine ideelle Rückspiegelung in den Köpfen zunächst der Klasse, die direkt unter ihm leidet, der Arbeiterklasse.

Worin besteht nun dieser Konflikt?

Vor der kapitalistischen Produktion, also im Mittelalter, bestand allgemeiner Kleinbetrieb auf Grundlage des Privateigenthums der Arbeiter an ihren Produktionsmitteln: der Ackerbau der kleinen, freien oder hörigen Bauern, das Handwerk der Städte. Die Arbeitsmittel — Land, Ackergeräth, Werkstatt, Handwerkszeug — waren Arbeitsmittel des Einzelnen, nur für den Einzelgebrauch berechnet, also nothwendig kleinlich, zwerghaft, beschränkt. Aber sie gehörten eben deshalb auch in der Regel den Produzenten selbst. Diese zersplitterten, engen Produktionsmittel zu konzentriren, auszuweiten, sie in die mächtig wirkenden Produktionshebel der Gegenwart umzuwandeln, war gerade die historische Rolle der kapitalistischen Produktionsweise und ihrer Trägerin, der Bourgeoisie. Wie sie dies seit dem 15. Jahrhundert auf den drei Stufen der einfachen Kooperation, der Manufaktur und der großen In dustrie geschichtlich durchgeführt, hat Marx im vierten Abschnitt des „Kapital" ausführlich geschildert. Aber die Bourgeoisie, wie dort ebenfalls nachgewiesen ist, konnte jene beschränkten Produktionsmittel nicht in gewaltige Produktionskräfte verwandeln, ohne sie aus Produktionsmitteln des Einzelnen in **gesellschaftliche**, nur von einer **Gesammtheit von Menschen** anwendbare Produktionsmittel zu verwandeln. An die Stelle des Spinnrads, des Handwebstuhls, des Schmiedehammers trat die Spinnmaschine, der mechanische Webstuhl, der Dampfhammer; an die Stelle der Einzelwerkstatt die das Zusammenwirken von Hunderten und Tausenden gebietende Fabrik. Und wie die Produktionsmittel, so verwandelte sich die Produktion selbst aus einer Reihe von Einzelhandlungen in eine Reihe gesellschaftlicher Akte und die Produkte aus Produkten Einzelner in gesellschaftliche Produkte. Das Garn, das Gewebe, die Metallwaaren, die jetzt aus der Fabrik kamen, waren das gemeinsame Produkt vieler Arbeiter, durch deren Hände sie der Reihe nach gehen mußten, ehe sie fertig wurden. Kein Einzelner kann von ihnen sagen: Das habe ich gemacht, das ist **mein Produkt**.

Wo aber die naturwüchsige Theilung der Arbeit innerhalb der Gesellschaft Grundform der Produktion ist, da drückt sie den Produkten die Form von **Waaren** auf, deren gegenseitiger Austausch, Kauf und Verkauf die einzelnen Produzenten in den Stand setzt, ihre mannigfachen Bedürfnisse zu befriedigen. Und dies war im Mittelalter der Fall. Der Bauer z. B. verkaufte Ackerprodukte an den Handwerker und kaufte dafür von diesem Handwerkserzeugnisse. In dieser Gesellschaft von Einzelproduzenten, Waarenproduzenten, schob sich nun die neue Produktionsweise ein. Mitten in die naturwüchsige **planlose** Theilung der Arbeit, wie sie in der ganzen Gesellschaft herrschte, stellte sie die **planmäßige** Theilung der Arbeit, wie sie in der einzelnen Fabrik organisirt war; neben die **Einzelproduktion** trat die **gesellschaftliche Produktion**. Die Produkte Beider wurden auf demselben Markt verkauft, also zu wenigstens annähernd gleichen Preisen. Aber die planmäßige Organisation war mächtiger als die naturwüchsige Arbeitstheilung; die gesellschaftlich arbeitenden Fabriken stellten ihre Erzeugnisse wohlfeiler her als die vereinzelten Kleinproduzenten. Die Einzelproduktion erlag auf einem Gebiete nach dem anderen, die gesellschaftliche Produktion revolutionirte die ganze alte Produktionsweise. Aber dieser ihr revolutionärer Charakter wurde so wenig erkannt, daß sie im Gegentheil eingeführt wurde als Mittel zur Hebung und Förderung der Waarenproduktion. Sie entstand in direkter Anknüpfung an bestimmte, bereits vorgefundene Hebel der Waarenproduktion und des Waarenaustausches: Kaufmannskapital, Handwerk, Lohnarbeit. Indem sie selbst auftrat als eine neue Form der Waarenproduktion, blieben die Aneignungsformen der Waarenproduktion auch für sie in voller Geltung.

In der Waarenproduktion, wie sie sich im Mittelalter entwickelt hatte, konnte die Frage gar nicht entstehen, wem das Erzeugniß der Arbeit gehören solle. Der einzelne Produzent hatte es, in der Regel, aus ihm gehörenden, oft selbsterzeugtem Rohstoff, mit eigenen Arbeitsmitteln und mit eigener Handarbeit oder der seiner Familie hergestellt. Es brauchte gar nicht erst von ihm angeeignet zu werden, es gehörte ihm ganz von selbst. Das Eigenthum der Produkte beruhte also **auf eigener Arbeit**. Selbst wo fremde Hülfe gebraucht ward, blieb diese in der Regel Nebensache und erhielt häufig außer dem Lohn noch andre Vergütung: der zünftige Lehrling und Geselle arbeiteten weniger wegen der Kost und des Lohns, als wegen ihrer eigenen Ausbildung zur Meisterschaft. Da kam die Konzentration der Produktionsmittel in großen Werkstätten und Manufakturen, ihre Verwandlung in thatsächlich gesellschaftliche Produktionsmittel. Aber die gesellschaftlichen Produktionsmittel und Produkte wurden behandelt, als wären sie nach wie vor die Produktionsmittel und Produkte Einzelner. Hatte bisher der Besitzer der Arbeitsmittel sich das Produkt angeeignet, weil es in der Regel sein eigenes Produkt, und fremde Hülfsarbeit die Ausnahme war, so fuhr jetzt der Besitzer der Arbeitsmittel fort, sich das Produkt anzueignen, obwohl es nicht mehr **sein Produkt** war, sondern ausschließlich **Produkt fremder Arbeit**. So wurden also die nunmehr gesellschaftlich erzeugten Produkte angeeignet nicht von Denen, die die Produktionsmittel wirklich in Bewegung gesetzt und **die Produkte wirklich erzeugt hatten, sondern vom Kapitalisten**. Produktionsmittel und Produktion sind wesentlich gesellschaftlich geworden. Aber sie werden unterworfen einer Aneignungsform, die die Privatproduktion Einzelner zur Voraussetzung hat, **wobei** also Jeder sein eigenes Produkt besitzt und zu Markte bringt. Die Produktionsweise wird dieser Aneignungsform unterworfen, obwohl sie deren Voraussetzung aufhebt.*) In diesem Widerspruch, der der neuen Produktionsweise ihren kapitalistischen Charakter verleiht, liegt die ganze Kollision der Gegenwart bereits im Keim. Je mehr die neue Produktionsweise auf allen entscheidenden Produktionsfeldern und in allen ökonomisch entscheidenden Ländern zur Herrschaft kam, und damit die Einzelproduktion bis auf unbedeutende Reste verdrängte, desto greller mußte auch an den Tag treten die Unverträglichkeit von gesellschaftlicher Produktion und kapitalistischer Aneignung.

Die ersten Kapitalisten fanden, wie gesagt, die Form der Lohnarbeit bereits vor. Aber Lohnarbeit als Ausnahme, als Nebenbeschäftigung, als Aushülfe, als Durchgangspunkt. Der Landarbeiter, der zeitweise taglöhnern ging, hatte seine paar Morgen eignes Land, von denen allein er zur Noth leben konnte. Die Zunftordnungen sorgten dafür, daß der Geselle von heute in den Meister von morgen überging. Sobald aber die Produktionsmittel in gesellschaftliche verwandelt und in den Händen von Kapitalisten konzentrirt wurden, änderte sich dies. Das Produktionsmittel wie das Produkt des kleinen Einzelproduzenten wurden mehr und mehr werthlos; es blieb ihm nichts übrig, als zum Kapitalisten auf Lohn zu gehen. Die Lohnarbeit, früher Ausnahme und Aushülfe, wurde Regel und Grundform der ganzen Produktion; früher Nebenbeschäftigung, wurde sie jetzt ausschließliche Thätigkeit des Arbeiters. Der zeitweilige Lohnarbeiter verwandelte sich in den lebenslänglichen. Die Menge der lebenslänglichen Lohnarbeiter wurde zudem kolossal vermehrt durch den gleichzeitigen Zusammenbruch der feudalen Ordnung, Auflösung der Gefolgschaften der

---

*) Es braucht hier nicht auseinandergesetzt zu werden, daß, wenn auch die Aneignungsform dieselbe bleibt, der Charakter der Aneignung durch den oben geschilderten Vorgang nicht minder revolutionirt wird, als die Produktion. Ob ich mir mein eigenes Produkt aneigne oder das Produkt Anderer, das sind natürlich zwei sehr verschiedene Arten von Aneignung. Nebenbei: die Lohnarbeit, in der die ganze kapitalistische Produktionsweise bereits im Keime steckt, ist sehr alt; vereinzelt und zerstreut ging sie Jahrhunderte lang her neben der Sklaverei. Aber zur kapitalistischen Produktionsweise entfalten konnte sich der Keim erst, als die geschichtlichen Vorbedingungen hergestellt waren.

Engels, Dühring. 17

Feudalherren, Vertreibung von Bauern aus ihren Hofstellen ꝛc. Die Scheidung war vollzogen zwischen den in den Händen der Kapitalisten konzentrirten Produktionsmitteln hier und den auf den Besitz von Nichts als ihrer Arbeitskraft reduzirten Produzenten dort. **Der Widerspruch zwischen gesellschaftlicher Produktion und kapitalistischer Aneignung tritt an den Tag als Gegensatz von Proletariat und Bourgeoisie.**

Wir sahen, daß die kapitalistische Produktionsweise sich einschob in eine Gesellschaft von Waarenproduzenten, Einzelproduzenten, deren gesellschaftlicher Zusammenhang vermittelt wurde durch den Austausch ihrer Produkte. Aber jede auf Waarenproduktion beruhende Gesellschaft hat das Eigenthümliche, daß in ihr die Produzenten die Herrschaft über ihre eigenen gesellschaftlichen Beziehungen verloren haben. Jeder produzirt für sich mit seinen zufälligen Produktionsmitteln und für sein individuelles Austauschbedürfniß. Keiner weiß wie viel von seinem Artikel auf den Markt kommt, wie viel davon überhaupt gebraucht wird, keiner weiß, ob sein Einzelprodukt einen wirklichen Bedarf vorfindet, ob er seine Kosten herausschlagen oder überhaupt wird verkaufen können. Es herrscht Anarchie der gesellschaftlichen Produktion. Aber die Waarenproduktion, wie jede andre Produktionsform, hat ihre eigenthümlichen, inhärenten, von ihr untrennbaren Gesetze; und diese Gesetze setzen sich durch, trotz der Anarchie, in ihr, durch sie. Sie kommen zum Vorschein in der einzigen fortbestehenden Form des gesellschaftlichen Zusammenhangs, im Austausch, und machen sich geltend gegenüber den einzelnen Produzenten als Zwangsgesetze der Konkurrenz. Sie sind diesen Produzenten also anfangs selbst unbekannt und müssen erst durch lange Erfahrung nach und nach von ihnen entdeckt werden. Sie setzen sich also durch ohne die Produzenten und gegen die Produzenten, als blindwirkende Naturgesetze ihrer Produktionsform. Das Produkt beherrscht die Produzenten.

In der mittelalterlichen Gesellschaft, namentlich in den ersten Jahrhunderten, war die Produktion wesentlich auf den Selbstgebrauch gerichtet. Sie befriedigte vorwiegend nur die Bedürfnisse des Produzenten und seiner Familie. Wo, wie auf dem Lande, persönliche Abhängigkeitsverhältnisse bestanden, trug sie auch bei zur Befriedigung der Bedürfnisse des Feudalherrn. Hierbei fand also kein Austausch statt, die Produkte nahmen daher auch nicht den Charakter von Waaren an. Die Familie des Bauern produzirte fast Alles, was sie brauchte, Geräthe und Kleider nicht minder als Lebensmittel. Erst als sie dahin kam, einen Ueberschuß über ihren eigenen Bedarf und über die dem Feudalherrn geschuldeten Naturalabgaben zu produziren, erst da produzirte sie auch Waaren: dieser Ueberschuß, in den gesellschaftlichen Austausch geworfen, zum Verkauf ausgeboten, wurde Waare. Die städtischen Handwerker mußten allerdings schon gleich anfangs für den Austausch produziren. Aber auch sie erarbeiteten den größten Theil ihres Eigenbedarfs selbst; sie hatten Gärten und kleine Felder; sie schickten ihr Vieh in den Gemeindewald, der ihnen zudem Nutzholz und Feurung lieferte; die Frauen spannen Flachs, Wolle u. s. w. Die Produktion zum Zweck des Austausches, die Waarenproduktion war erst im Entstehn. Daher beschränkter Austausch, beschränkter Markt, stabile Produktionsweise, lokaler Abschluß nach Außen, lokale Vereinigung nach Innen; die Mark auf dem Lande, die Zunft in der Stadt.

Mit der Erweiterung der Waarenproduktion aber, und namentlich mit dem Auftreten der kapitalistischen Produktionsweise, traten auch die bisher schlummernden Gesetze der Waarenproduktion offener und mächtiger in Wirksamkeit. Die alten Verbände wurden gelockert, die alten Abschließungsschranken durchbrochen, die Produzenten mehr und mehr in unabhängige, vereinzelte Waarenproduzenten verwandelt. Die Anarchie der gesellschaftlichen Produktion trat an den Tag und wurde mehr und mehr auf die Spitze getrieben. Das Hauptwerkzeug aber, womit die kapitalistische Produktionsweise diese Anarchie in der gesellschaftlichen Produktion steigerte, war das gerade Gegentheil der Anarchie: die steigende Organisation der Produktion als gesellschaftlicher in jedem einzelnen Produktionsetablissement. Mit diesem Hebel machte sie der alten friedlichen Stabilität ein Ende. Wo sie in einem Industriezweig eingeführt wurde, litt sie keine ältere Methode des Betriebs neben sich. Wo sie sich des Handwerks bemächtigte, vernichtete sie das alte Handwerk. Das Arbeitsfeld wurde ein Kampfplatz. Die großen geographischen Entdeckungen und die ihnen folgenden Kolonisirungen vervielfältigten das Absatzgebiet und beschleunigten die Verwandlung des Handwerks in die Manufaktur. Nicht nur brach der Kampf aus zwischen den einzelnen Lokalproduzenten; die lokalen Kämpfe wuchsen ihrerseits an zu nationalen, den Handelskriegen des 17. und 18. Jahrhunderts. Die große Industrie endlich und die Herstellung des Weltmarkts haben den Kampf universell gemacht und gleichzeitig ihm eine unerhörte Heftigkeit gegeben. Zwischen einzelnen Kapitalisten wie zwischen ganzen Industrieen und ganzen Ländern entscheidet die Gunst der natürlichen oder geschaffenen Produktionsbedingungen über die Existenz. Der Unterliegende wird schonungslos beseitigt. Es ist der Darwin'sche Kampf ums Einzeldasein, aus der Natur mit potenzirter Wuth übertragen in die Gesellschaft. Der Naturstandpunkt des Thiers erscheint als Gipfelpunkt der menschlichen Entwicklung. Der Widerspruch zwischen gesellschaftlicher Produktion und kapitalistischer Aneignung reproduzirt sich als **Gegensatz zwischen der Organisation der Produktion in der einzelnen Fabrik und der Anarchie der Produktion in der ganzen Gesellschaft.**

In diesen beiden Erscheinungsformen des ihr durch ihren Ursprung immanenten Widerspruchs bewegt sich die kapitalistische Produktionsweise, beschreibt sie auswegslos jenen „fehlerhaften Kreislauf", den schon Fourier an ihr entdeckte. Was Fourier allerdings zu seiner Zeit noch nicht sehen konnte, ist, daß sich dieser Kreislauf allmählig verengert, daß die Bewegung vielmehr eine Spirale darstellt und ihr Ende erreichen muß, wie die der Planeten, durch Zusammenstoß mit dem Zentrum. Es ist die treibende Kraft der gesellschaftlichen Anarchie der Produktion, die die große Mehrzahl der Menschen mehr und mehr in Proletarier verwandelt, und es sind wieder die Proletariermassen, die schließlich der Produktionsanarchie ein Ende machen werden. Es ist die treibende Kraft der sozialen Produktionsanarchie, die die unendliche Vervollkommnungsfähigkeit der Maschinen der großen Industrie in ein Zwangsgebot verwandelt für jeden einzelnen industriellen Kapitalisten, seine Maschinerie mehr und mehr zu vervollkommnen, bei Strafe des Untergangs. Aber Vervollkommnung der Maschinerie, das heißt Ueberflüssigmachung von Menschenarbeit. Wenn die Einführung und Vermehrung der Maschinerie Verdrängung von Millionen von Handarbeitern durch wenige Maschinenarbeiter bedeutet, so bedeutet Verbesserung der Maschinerie Verdrängung von mehr und mehr Maschinenarbeitern selbst, und in letzter Instanz Erzeugung einer das durchschnittliche Beschäftigungsbedürfniß des Kapitals überschreitenden Anzahl disponibler Lohnarbeiter, einer vollständigen industriellen Reservearmee, wie ich sie schon 1845*) nannte, disponibel für die Zeiten, wo die Industrie mit Hochdruck arbeitet, auf's Pflaster geworfen durch den nothwendig folgenden Krach, zu allen Zeiten ein Bleigewicht an den Füßen der Arbeiterklasse in ihrem Existenzkampf mit dem Kapital, ein Regulator zu Niederhaltung des Arbeitslohnes auf dem, dem kapitalistischen Bedürfniß angemessenen niedrigen Niveau. So geht es zu, daß die Maschinerie, um mit Marx zu reden, das machtvollste Kriegsmittel des Kapitals gegen die Arbeiterklasse wird, daß das Arbeitsmittel dem Arbeiter fortwährend das Lebensmittel aus der Hand schlägt, daß das eigene Produkt des Arbeiters sich verwandelt in ein Werkzeug zur Knechtung des Arbeiters. So kommt es, daß die Oekonomisirung der Arbeitsmittel von vornherein zugleich rücksichtsloseste Verschwendung der Arbeitskraft und Raub an den normalen Voraussetzungen der Arbeitsfunktion wird; daß die Maschinerie, das gewaltigste Mittel zur Verkürzung der Arbeitszeit, umschlägt in das unfehlbarste Mittel, alle Lebenszeit der Arbeiters und seiner Familie in disponible Arbeitszeit für die Verwerthung des Kapitals zu verwandeln; so kommt es, daß die Ueberarbeitung der Einen die Voraussetzung wird für die Beschäftigungslosigkeit der Andern, und daß die große Industrie, die den ganzen Erdkreis nach neuen Konsumenten abjagt, zu Hause die Konsumtion der Massen auf ein Hungerminimum beschränkt und sich damit den eignen inneren Markt untergräbt. „Das Gesetz, welches die relative Surpluspopulation oder industrielle Reservearmee stets mit Umfang und Energie der Kapital-Akkumulation im Gleichgewicht hält, schmiedet den Arbeiter fester an das Kapital, als den Prometheus die Keile des Hephästos an den Felsen. Es bedingt eine der Akkumulation von Kapital entsprechende Akkumulation von Elend. Die Akkumulation von Reichthum auf dem einen Pol ist also zugleich Akkumulation von Elend, Arbeitsqual, Sklaverei, Unwissenheit, Bestialisirung und moralischer Degradation auf dem Gegenpol, d. h. auf

---

*) Lage der arbeitenden Klasse in England. S. 109.

Seite der Klasse, die ihr eigenes Produkt als Kapital produzirt" (Marx, Kapital S. 671). Und von der kapitalistischen Produktionsweise eine andere Vertheilung der Produkte erwarten, hieße verlangen, die Elektroden einer Batterie sollten das Wasser unzersetzt lassen, solange sie mit der Batterie in Verbindung stehen, und nicht am positiven Pol Sauerstoff entwickeln und am negativen Wasserstoff.

Wir sahen, wie die auf's Höchste gesteigerte Verbesserungsfähigkeit der modernen Maschinerie, vermittelst der Anarchie der Produktion in der Gesellschaft, sich verwandelt in ein Zwangsgebot für den einzelnen industriellen Kapitalisten, seine Maschinerie stets zu verbessern, ihre Produktionskraft stets zu erhöhen. In ein ebensolches Zwangsgebot verwandelt sich für ihn die bloße faktische Möglichkeit, seinen Produktionsbereich zu erweitern. Die enorme Ausdehnungskraft der großen Industrie, gegen die diejenige der Gase ein wahres Kinderspiel ist, tritt uns jetzt vor die Augen als ein qualitatives und quantitatives Ausdehnungsbedürfniß, das jedes Gegendrucks spottet. Der Gegendruck wird gebildet durch die Konsumtion, den Absatz, die Märkte für die Produkte der großen Industrie. Aber die Ausdehnungsfähigkeit der Märkte, extensive wie intensive, wird beherrscht zunächst durch ganz andere, weit weniger energisch wirkende Gesetze. Die Ausdehnung der Märkte kann nicht Schritt halten mit der Ausdehnung der Produktion. Die Kollision wird unvermeidlich, und da sie keine Lösung erzeugen kann, so lange sie nicht die kapitalistische Produktionsweise selbst sprengt, wird sie periodisch. Die kapitalistische Produktion erzeugt einen neuen „fehlerhaften Kreislauf."

In der That, seit 1825, wo die erste allgemeine Krisis ausbrach, geht die ganze industrielle und kommerzielle Welt, die Produktion und der Austausch sämmtlicher zivilisirten Völker und ihrer mehr oder weniger barbarischen Anhängsel so ziemlich alle zehn Jahre einmal aus den Fugen. Der Verkehr stockt, die Märkte sind überfüllt, die Produkte liegen da, ebenso massenhaft wie unabsetzbar, das baare Geld wird unsichtbar, der Kredit verschwindet, die Fabriken stehen still, die arbeitenden Massen ermangeln der Lebensmittel, weil sie zu viel Lebensmittel produzirt haben, Bankerott folgt auf Bankerott, Zwangsverkauf auf Zwangsverkauf. Jahrelang dauert die Stockung, Produktivkräfte wie Produkte werden massenhaft vergeudet und zerstört, bis die aufgehäuften Waarenmassen unter größerer oder geringerer Entwerthung endlich abfließen, bis Produktion und Austausch allmälig wieder in Gang kommen. Nach und nach beschleunigt sich die Gangart, fällt in Trab, der industrielle Trab geht über in Galopp, und dieser steigert sich wieder bis zur zügellosen Karriere einer vollständigen industriellen, kommerziellen, kreditlichen und spekulativen Steeple-chase, um endlich nach den halsbrechendsten Sprüngen wieder anzulangen — im Graben des Krachs. Und so immer von Neuem. Das haben wir nun seit 1825 volle fünf Mal erlebt und erleben es in diesem Augenblick (1877) zum sechsten Mal. Und der Charakter dieser Krisen ist so scharf ausgeprägt, daß Fourier sie alle traf, als er die erste bezeichnete als: crise pléthorique, Krisis aus Ueberfluß.

In den Krisen kommt der Widerspruch zwischen gesellschaftlicher Produktion und kapitalistischer Aneignung zum gewaltsamen Ausbruch. Der Waarenumlauf ist momentan vernichtet; das Zirkulationsmittel, das Geld, wird Zirkulationshinderniß; alle Gesetze der Waarenproduktion und Waarenzirkulation werden auf den Kopf gestellt. Die ökonomische Kollision hat ihren Höhepunkt erreicht: **die Produktionsweise rebellirt gegen die Austauschweise, die Produktionskräfte rebelliren gegen die Produktionsweise, der sie entwachsen sind.**

Die Thatsache, daß die gesellschaftliche Organisation der Produktion innerhalb der Fabrik sich zu dem Punkt entwickelt hat, wo sie unverträglich geworden ist mit der neben und über ihr bestehenden Anarchie der Produktion in der Gesellschaft — diese Thatsache wird den Kapitalisten selbst handgreiflich gemacht durch die gewaltsame Konzentration der Kapitale, die sich während der Krisen vollzieht vermittelst des Ruins vieler großen und noch mehr kleiner Kapitalisten. Der gesammte Mechanismus der kapitalistischen Produktionsweise versagt unter dem Druck der von ihr selbst erzeugten Produktivkräfte. Sie kann diese Masse von Produktionsmitteln nicht mehr alle in Kapital verwandeln; sie liegen brach, und ebendeßhalb muß auch die industrielle Reservearmee brachliegen. Produktionsmittel, Lebensmittel, disponible Arbeiter, alle Elemente der Produktion und des allgemeinen Reichthums sind im Ueberfluß vorhanden. Aber „der Ueberfluß wird Quelle der

Noth und des Mangels" (Fourier), weil er es gerade ist, der die Verwandlung der Produktions= und Lebensmittel in Kapital verhindert. Denn in der kapitalistischen Gesellschaft können die Produktionsmitttel nicht in Thätigkeit treten, es sei denn, sie hätten sich zuvor in Kapital, in Mittel zur Ausbeutung menschlicher Arbeitskraft verwandelt. Wie ein Gespenst steht die Nothwendigkeit der Kapitaleigenschaft der Produktions= und Lebensmittel zwischen ihnen und den Arbeitern. Sie allein verhindert das Zusammentreten der sachlichen und der persönlichen Hebel der Produktion; sie allein verbietet den Produktionsmitteln, zu fungiren, den Arbeitern, zu arbeiten und zu leben. Einestheils also wird die kapitalistische Produktionsweise ihrer eigenen Unfähigkeit zur ferneren Verwaltung dieser Produktivkräfte überführt. Andererseits drängen diese Produktivkräfte selbst mit steigender Macht nach Aufhebung des Widerspruchs, nach ihrer Erlösung von ihrer Eigenschaft als Kapital, nach **thatsächlicher Anerkennung ihres Charakters als gesellschaftlicher Produktivkräfte.**

Es ist dieser Gegendruck der gewaltig anwachsenden Produktivkräfte gegen ihre Kapitaleigenschaft, dieser steigende Zwang zur Anerkennung ihrer gesellschaftlichen Natur, der die Kapitalistenklasse selbst nöthigt, mehr und mehr, soweit dies innerhalb des Kapitalverhältnisses überhaupt möglich, sie als gesellschaftliche Produktivkräfte zu behandeln. Sowohl die industrielle Hochdruckperiode mit ihrer schrankenlosen Kreditaufblähung, wie der Krach selbst durch den Zusammenbruch großer kapitalistischer Etablissements, treiben zu derjenigen Form der Vergesellschaftung größerer Massen von Produktionsmitteln, die uns in den verschiedenen Arten von Aktiengesellschaften gegenübertritt. Manche dieser Produktions= und Verkehrsmittel sind von vornherein so kolossal, daß sie, wie die Eisenbahnen, jede andere Form kapitalistischer Ausbeutung ausschließen. Auf einer gewissen Entwicklungsstufe genügt auch diese Form nicht mehr: der offizielle Repräsentant der kapitalistischen Gesellschaft, der Staat, muß ihre Leitung übernehmen.*) Diese Nothwen-

---

*) Ich sage, muß. Denn nur in dem Falle, daß die Produktions= oder Verkehrsmittel der Leitung durch Aktiengesellschaften **wirklich** entwachsen sind, daß also die Verstaatlichung **ökonomisch** unabweisbar geworden, nur in diesem Falle bedeutet sie, auch wenn der heutige Staat sie vollzieht, einen ökonomischen Fortschritt, die Erreichung einer neuen Vorstufe zur Besitzergreifung aller Produktivkräfte durch die Gesellschaft

digkeit der Verwandlung im Staatseigenthum tritt zuerst hervor bei den großen Verkehrsanstalten: Post, Telegraphen, Eisenbahnen.

Wenn die Krisen die Unfähigkeit der Bourgeoisie zur ferneren Verwaltung der modernen Produktivkräfte aufdeckten, so zeigt die Verwandlung der großen Produktions- und Verkehrsanstalten in Aktiengesellschaften und Staatseigenthum die Entbehrlichkeit der Bourgeoisie für jenen Zweck. Alle gesellschaftlichen Funktionen des Kapitalisten werden jetzt von besoldeten Angestellten versehn. Der Kapitalist hat keine gesellschaftliche Thätigkeit mehr, außer Revenüen-Einstreichen, Kouponsabschneiden und Spielen an der Börse, wo die verschiedenen Kapitalisten unter einander sich ihr Kapital abnehmen. Hat die kapitalistische Produktionsweise zuerst Arbeiter verdrängt, so verdrängt sie jetzt die Kapitalisten und verweist sie, ganz wie die Arbeiter, in die überflüssige Bevölkerung, wenn auch zunächst noch nicht in die industrielle Reservearmee.

Aber weder die Verwandlung in Aktiengesellschaften, noch die in Staatseigenthum, hebt die Kapitaleigenschaft der Produktivkräfte auf. Bei den Aktiengesellschaften liegt dies auf der Hand. Und der moderne Staat ist wieder nur die Organisation, welche sich die bürgerliche Gesellschaft gibt, um die allgemeinen äußeren Bedingungen der kapitalistischen Produktionsweise aufrecht zu erhalten gegen Uebergriffe sowohl der Arbeiter wie der einzelnen Kapitalisten. Der moderne Staat, was auch seine Form, ist eine wesentlich kapitalistische Maschine,

---

selbst. Es ist aber neuerdings, seit Bismarck sich aufs Verstaatlichen geworfen, ein gewisser falscher Sozialismus aufgetreten, und hie und da sogar in einige Wohldienerei ausgeartet, der jede Verstaatlichung, selbst die Bismarck'sche, ohne Weiteres für sozialistisch erklärt. Allerdings, wäre die Verstaatlichung des Tabaks sozialistisch, so zählten Napoleon und Metternich mit unter den Gründern des Sozialismus. Wenn der belgische Staat aus ganz alltäglichen politischen und finanziellen Gründen seine Haupteisenbahnen selbst baute, wenn Bismarck ohne jede ökonomische Nothwendigkeit die Hauptbahnlinien Preußens verstaatlichte, einfach um sie für den Kriegsfall besser einrichten und ausnützen zu können, um die Eisenbahnbeamten zum Regierungsstimmvieh zu erziehen und hauptsächlich um sich eine neue, von Parlamentsbeschlüssen unabhängige Einkommenquelle zu verschaffen — so waren das keineswegs sozialistische Schritte, direkt oder indirekt, bewußt oder unbewußt. Sonst wären auch die königliche Seehandlung, die königliche Porzellanmanufaktur und sogar der Kompagnieschneider beim Militär sozialistische Einrichtungen.

Staat der Kapitalisten, der ideelle Gesammtkapitalist. Je mehr Produktivkräfte er in sein Eigenthum übernimmt, desto mehr wird er wirklicher Gesammtkapitalist, desto mehr Staatsbürger beutet er aus. Die Arbeiter bleiben Lohnarbeiter, Proletarier. Das Kapitalverhältniß wird nicht aufgehoben, es wird vielmehr auf die Spitze getrieben. Aber auf der Spitze schlägt es um. Das Staatseigenthum an den Produktivkräften ist nicht die Lösung des Konflikts, aber es birgt in sich das formelle Mittel, die Handhabe der Lösung.

Diese Lösung kann nur darin liegen, daß die gesellschaftliche Natur der modernen Produktivkräfte thatsächlich anerkannt, daß also die Produktions-, Aneignungs- und Austauschweise in Einklang gesetzt wird mit dem gesellschaftlichen Charakter der Produktionsmittel. Und dies kann nur dadurch geschehen, daß die Gesellschaft offen und ohne Umwege Besitz ergreift von den, jeder anderen Leitung außer der ihrigen, entwachsenen Produktivkräften. Damit wird der gesellschaftliche Charakter der Produktionsmittel und Produkte, der sich heute gegen die Produzenten selbst kehrt, der die Produktions- und Austauschweise periodisch durchbricht und sich nur als blindwirkendes Naturgesetz gewaltthätig und zerstörend durchsetzt, von den Produzenten mit vollem Bewußtsein zur Geltung gebracht, und verwandelt sich aus einer Ursache der Störung und des periodischen Zusammenbruchs in den mächtigsten Hebel der Produktion selbst.

Die gesellschaftlich wirksamen Kräfte wirken ganz wie die Naturkräfte: blindlings, gewaltsam, zerstörend, so lange wir sie nicht erkennen und nicht mit ihnen rechnen. Haben wir sie aber einmal erkannt, ihre Thätigkeit, ihre Richtung, ihre Wirkungen begriffen, so hängt es nur von uns ab, sie mehr und mehr unserem Willen zu unterwerfen und vermittelst ihrer unsere Zwecke zu erreichen. Und ganz besonders gilt dies von den heutigen gewaltigen Produktivkräften. Solange wir uns hartnäckig weigern, ihre Natur und ihren Charakter zu verstehn — und gegen dieses Verständniß sträubt sich die kapitalistische Produktionsweise und ihre Vertheidiger — so lange wirken diese Kräfte sich aus trotz uns, gegen uns, so lange beherrschen sie uns, wie wir das ausführlich dargestellt haben. Aber einmal in ihrer Natur begriffen, können sie in den Händen der assoziirten Produzenten aus dämonischen Herrschern in willige Diener verwandelt werden. Es ist der Unterschied zwischen der zerstörenden Gewalt der Elektrizität im Blitze des Gewitters und der gebändigten Elektrizität des Telegraphen und des Lichtbogens; der Unterschied der Feuersbrunst und des im Dienst des Menschen wirkenden Feuers. Mit dieser Behandlung der heutigen Produktivkräfte nach ihrer endlich erkannten Natur tritt an die Stelle der gesellschaftlichen Produktionsanarchie eine gesellschaftlich=planmäßige Regelung der Produktion nach den Bedürfnissen der Gesammtheit wie jedes Einzelnen; damit wird die kapitalistische Aneignungsweise, in der das Produkt zuerst den Produzenten, dann aber auch den Aneigner knechtet, ersetzt durch die in der Natur der modernen Produktionsmittel selbst begründete Aneignungsweise der Produkte: einerseits direkt gesellschaftliche Aneignung als Mittel zur Erhaltung und Erweiterung der Produktion, andererseits direkt individuelle Aneignung als Lebens= und Genußmittel.

Indem die kapitalistische Produktionsweise mehr und mehr die große Mehrzahl der Bevölkerung in Proletarier verwandelt, schafft sie die Macht, die diese Umwälzung, bei Strafe des Untergangs, zu vollziehen genöthigt ist. Indem sie mehr und mehr auf Verwandlung der großen, vergesellschafteten Produktionsmittel in Staatseigenthum drängt, zeigt sie selbst den Weg an zur Vollziehung dieser Umwälzung. **Das Proletariat ergreift die Staatsgewalt und verwandelt die Produktionsmittel zunächst in Staatseigenthum.** Aber damit hebt es sich selbst als Proletariat, damit hebt es alle Klassenunterschiede und Klassengegensätze auf, und damit auch den Staat als Staat. Die bisherige, sich in Klassengegensätzen bewegende Gesellschaft hatte den Staat nöthig, d. h. eine Organisation der jedesmaligen ausbeutenden Klasse zur Aufrechterhaltung ihrer äußeren Produktionsbedingungen, also namentlich zur gewaltsamen Niederhaltung der ausgebeuteten Klasse in den durch die bestehende Produktionsweise gegebenen Bedingungen der Unterdrückung (Sklaverei, Leibeigenschaft oder Hörigkeit, Lohnarbeit). Der Staat war der offizielle Repräsentant der ganzen Gesellschaft, ihre Zusammenfassung in einer sichtbaren Körperschaft, aber er war dies nur, insofern er der Staat derjenigen Klasse war, welche selbst für ihre Zeit die ganze Gesellschaft vertrat: im Alterthum Staat der sklavenhaltenden Staatsbürger, im Mittelalter des

Feudaladels, in unserer Zeit der Bourgeoisie. Indem er endlich thatsächlich Repräsentant der ganzen Gesellschaft wird, macht er sich selbst überflüssig. Sobald es keine Gesellschaftsklasse mehr in der Unterdrückung zu halten gibt, sobald mit der Klassenherrschaft und dem in der bisherigen Anarchie der Produktion begründeten Kampf ums Einzeldasein auch die daraus entspringenden Kollisionen und Excesse beseitigt sind, gibt es nichts mehr zu reprimiren, das eine besondere Repressionsgewalt, einen Staat, nöthig machte. Der erste Akt, worin der Staat wirklich als Repräsentant der ganzen Gesellschaft auftritt — die Besitzergreifung der Produktionsmittel im Namen der Gesellschaft — ist zugleich sein letzter selbstständiger Akt als Staat. Das Eingreifen einer Staatsgewalt in gesellschaftliche Verhältnisse wird auf einem Gebiete nach dem andern überflüssig und schläft dann von selbst ein. An die Stelle der Regierung über Personen tritt die Verwaltung von Sachen und die Leitung von Produktionsprozessen. Der Staat wird nicht „abgeschafft", er stirbt ab. Hieran ist die Phrase vom „freien Volksstaat" zu messen, also sowohl nach ihrer zeitweiligen agitatorischen Berechtigung, wie nach ihrer endgültigen wissenschaftlichen Unzulänglichkeit; hieran ebenfalls die Forderung der sogenannten Anarchisten, der Staat solle von heute auf morgen abgeschafft werden.

Die Besitzergreifung der sämmtlichen Produktionsmittel durch die Gesellschaft hat, seit dem geschichtlichen Auftreten der kapitalistischen Produktionsweise, Einzelnen wie ganzen Sekten öfters mehr oder weniger unklar als Zukunftsideal vorgeschwebt. Aber sie konnte erst möglich, erst geschichtliche Nothwendigkeit werden, als die materiellen Bedingungen ihrer Durchführung vorhanden waren. Sie, wie jeder andere gesellschaftliche Fortschritt, wird ausführbar nicht durch die gewonnene Einsicht, daß das Dasein der Klassen der Gerechtigkeit, der Gleichheit 2c. widerspricht, nicht durch den bloßen Willen, diese Klassen abzuschaffen, sondern durch gewisse neue ökonomische Bedingungen. Die Spaltung der Gesellschaft in eine ausbeutende und eine ausgebeutete, eine herrschende und eine unterdrückte Klasse war die nothwendige Folge der früheren geringen Entwicklung der Produktion. Solange die gesellschaftliche Gesammtarbeit nur einen Ertrag liefert, der das zur nothdürftigen Existenz Aller Erforderliche nur um wenig übersteigt, so lange also die Arbeit alle oder fast alle Zeit der großen Mehrzahl der Gesellschaftsglieder in Anspruch nimmt, so lange theilt sich diese Gesellschaft nothwendig in Klassen. Neben dieser, ausschließlich der Arbeit fröhnenden großen Mehrheit bildet sich eine von direkt-produktiver Arbeit befreite Klasse, die die gemeinsamen Angelegenheiten der Gesellschaft besorgt: Arbeitsleitung, Staatsgeschäfte, Justiz, Wissenschaft, Künste u. s. w. Das Gesetz der Arbeitstheilung ist es also, was der Klassentheilung zu Grunde liegt. Aber das hindert nicht, daß diese Eintheilung in Klassen nicht durch Gewalt und Raub, List und Betrug durchgesetzt worden und daß die herrschende Klasse, einmal im Sattel, nie verfehlt hat, ihre Herrschaft auf Kosten der arbeitenden Klasse zu befestigen und die gesellschaftliche Leitung umzuwandeln in Ausbeutung der Massen.

Aber wenn hiernach die Eintheilung in Klassen eine gewisse geschichtliche Berechtigung hat, so hat sie eine solche doch nur für einen gegebnen Zeitraum, für gegebne gesellschaftliche Bedingungen. Sie gründete sich auf die Unzulänglichkeit der Produktion; sie wird weggefegt werden durch die volle Entfaltung der modernen Produktivkräfte. Und in der That hat die Abschaffung der gesellschaftlichen Klassen zur Voraussetzung einen geschichtlichen Entwicklungsgrad, auf dem das Bestehen nicht blos dieser oder jener bestimmten herrschenden Klasse, sondern einer herrschenden Klasse überhaupt, also des Klassenunterschiedes selbst, ein Anachronismus geworden, veraltet ist. Sie hat also zur Voraussetzung einen Höhegrad der Entwicklung der Produktion, auf dem Aneignung der Produktionsmittel und Produkte, und damit der politischen Herrschaft, des Monopols der Bildung und der geistigen Leitung durch eine besondere Gesellschaftsklasse nicht nur überflüssig, sondern auch ökonomisch, politisch und intellektuell ein Hinderniß der Entwicklung geworden ist. Dieser Punkt ist jetzt erreicht. Ist der politische und intellektuelle Bankerott der Bourgeosie ihr selbst kaum noch ein Geheimniß, so wiederholt sich ihr ökonomischer Bankerott regelmäßig alle zehn Jahre. In jeder Krise erstickt die Gesellschaft unter der Wucht ihrer eigenen, für sie unverwendbaren Produktivkräfte und Produkte und steht hülflos vor dem absurden Widerspruch, daß die Produzenten nichts zu konsumiren haben, weil es an Konsumenten fehlt. Die Expansionskraft der Produktionsmittel sprengt die Bande, die ihr die kapitalistische Produktionsweise angelegt. Ihre Befreiung aus diesen Banden ist die einzige Vorbedingung einer ununterbrochenen, stets rascher fortschreitenden Entwicklung der Produktivkräfte und damit einer praktisch schrankenlosen Steigerung der Produktion selbst. Damit nicht genug. Die gesellschaftliche Aneignung der Produktionsmittel beseitigt nicht nur die jetzt bestehende künstliche Hemmung der Produktion, sondern auch die positive Vergeudung und Verheerung von Produktivkräften und Produkten, die gegenwärtig die unvermeidliche Begleiterin der Produktion ist und ihren Höhepunkt in den Krisen erreicht. Sie setzt ferner eine Masse von Produktionsmitteln und Produkten für die Gesammtheit frei durch Beseitigung der blödsinnigen Luxusverschwendung der jetzt herrschenden Klassen und ihrer politischen Repräsentanten. Die Möglichkeit, vermittelst der gesellschaftlichen Produktion allen Gesellschaftsgliedern eine Existenz zu sichern, die nicht nur materiell vollkommen ausreichend ist und von Tag zu Tag reicher wird, sondern die ihnen auch die vollständige freie Ausbildung und Bethätigung ihrer körperlichen und geistigen Anlagen garantirt, diese Möglichkeit ist jetzt zum erstenmal da, aber sie ist da.*)

Mit der Besitzergreifung der Produktionsmittel durch die Gesellschaft ist die Waarenproduktion beseitigt und damit die Herrschaft der Produkts über die Produzenten. Die Anarchie innerhalb der gesellschaftlichen Produktion wird ersetzt durch planmäßige bewußte Organisation. Der Kampf um's Einzeldasein hört auf. Damit erst scheidet der Mensch, in gewissem Sinn, endgültig aus dem Thierreich, tritt aus thierischen Daseinsbedingungen in wirklich menschliche. Der Umkreis der die Menschen umgebenden Lebensbedingungen, der die Menschen

---

*) Ein paar Zahlen mögen eine annähernde Vorstellung geben von der enormen Expansionskraft der modernen Produktionsmittel, selbst unter dem kapitalistischen Druck. Nach der neuesten Berechnung von Giffen betrug der Gesammtreichthum von Großbritannien und Irland in runder Zahl

1814 — 2200 Millionen Pfd. St. = 44 Milliarden Mark
1865 — 6100 " " " = 122 " "
1875 — 8500 " " " = 170 " "

Was die Verheerung von Produktionsmitteln und Produkten in den Krisen betrifft, so wurde auf dem 2. Kongreß deutscher Industriellen, Berlin, 21. Februar 1878, der Gesammtverlust allein der deutschen Eisenindustrie im letzten Krach auf 455 Millionen Mark berechnet.

bis jetzt beherrschte, tritt jetzt unter die Herrschaft und Kontrole der Menschen, die nun zum ersten Male bewußte, wirkliche Herren der Natur, weil und indem sie Herren ihrer eigenen Vergesellschaftung werden. Die Gesetze ihres eigenen gesellschaftlichen Thuns, die ihnen bisher als fremde, sie beherrschende Naturgesetze gegenüberstanden, werden dann von den Menschen mit voller Sachkenntniß angewandt und damit beherrscht. Die eigene Vergesellschaftung der Menschen, die ihnen bisher als von Natur und Geschichte oktroyirt gegenüberstand, wird jetzt ihre eigene freie That. Die objektiven, fremden Mächte, die bisher die Geschichte beherrschten, treten unter die Kontrole der Menschen selbst. Erst von da an werden die Menschen ihre Geschichte mit vollem Bewußtsein selbst machen, erst von da an werden die von ihnen in Bewegung gesetzten gesellschaftlichen Ursachen vorwiegend und in stets steigendem Maße auch die von ihnen gewollten Wirkungen haben. Es ist der Sprung der Menschheit aus dem Reiche der Nothwendigkeit in das Reich der Freiheit.

Diese weltbefreiende That durchzuführen, ist der geschichtliche Beruf des modernen Proletariats. Ihr geschichtlichen Bedingungen und damit ihre Natur selbst zu ergründen, und so der zur Aktion berufenen, heute unterdrückten Klasse die Bedingungen und die Natur ihrer eigenen Aktion zum Bewußtsein zu bringen, ist die Aufgabe des theoretischen Ausdrucks der proletarischen Bewegung, des wissenschaftlichen Sozialismus.

III. Produktion.

Nach allem Vorgegangenen wird es den Leser nicht wundern, zu erfahren, daß die im letzten Abschnitt gegebene Entwicklung der Grundzüge des Sozialismus keineswegs nach dem Sinn des Herrn Dühring ist. Im Gegentheil. Er muß sie schleudern in den Abgrund alles Verworfenen, zu den übrigen „Bastarden historischer und logischer Phantastik," den „wüsten Konzeptionen", den „konfusen Nebelvorstellungen" u. s. w. Für ihn ist der Sozialismus ja keineswegs ein nothwendiges Erzeugniß der geschichtlichen Entwicklung, und noch viel weniger der grob-materiellen, auf bloße Futterzwecke gerichteten ökonomischen Bedingungen der Gegenwart. Er hat es viel besser.

Sein Sozialismus ist eine endgültige Wahrheit letzter Instanz; er ist „das natürliche System der Gesellschaft", er findet seine Wurzel in einem „universellen Prinzip der Gerechtigkeit", und wenn er nicht umhin kann, von dem bestehenden, durch die bisherige sündhafte Geschichte geschaffenen Zustand Notiz zu nehmen, um ihn zu verbessern, so ist das eher als ein Unglück für das reine Prinzip der Gerechtigkeit zu betrachten. Herr Dühring schafft seinen Sozialismus, wie alles Andere, vermittelst seiner famosen beiden Männer. Statt daß diese beiden Marionetten, wie bisher, Herr und Knecht spielen, führen sie zur Abwechslung einmal das Stück von der Gleichberechtigung auf — und der Dühringsche Sozialismus ist in seiner Grundlage fertig.

Demnach ist es selbstredend, daß bei Herrn Dühring die periodischen industriellen Krisen keineswegs die geschichtliche Bedeutung haben, die wir ihnen zuschreiben mußten. Die Krisen sind bei ihm nur gelegentliche Abweichungen von der „Normalität" und geben höchstens Anlaß zur „Entfaltung einer geregelteren Ordnung". Die „gewöhnliche Weise", die Krisen aus der Ueberproduktion zu erklären, genügt seiner „exakteren Auffassung" keineswegs. Allerdings sei eine solche für „Spezialkrisen in besondern Gebieten wohl zulässig. So z. B. „eine Ueberfüllung des Büchermarktes mit Ausgaben von Werken, die plötzlich für den Nachdruck freigegeben werden und sich für Massenabsatz eignen." Herr Dühring kann sich nun allerdings mit dem wohlthuenden Bewußtsein zu Bette legen, daß seine unsterblichen Werke ein solches Weltunglück nie anrichten werden. Für die großen Krisen sei es aber nicht die Ueberproduktion, sondern vielmehr „das Zurückbleiben der Volkskonsumtion . . . die künstlich erzeugte Unterkonsumtion . . . die Hinderung des Volksbedarfs (!) an seinem natürlichen Wachsthum, was die Kluft zwischen Vorrath und Abnahme schließlich so kritisch weit macht." Und für diese seine Krisentheorie hat er denn auch glücklich einen Jünger gefunden.

Nun ist aber leider die Unterkonsumtion der Massen, die Beschränkung der Massenkonsumtion auf das zum Unterhalt und zur Fortpflanzung Nothwendige nicht erst eine neue Erscheinung. Sie hat bestanden, so lange es ausbeutende und ausgebeutete Klassen gegeben hat. Selbst in den Geschichtsabschnitten, wo die Lage der Massen besonders günstig war, also z. B. in England im 15. Jahrhundert, unterkonsumirten sie. Sie waren weit davon entfernt, ihr eigenes jährliches Gesammtprodukt zur Verzehrung verfügbar zu haben. Wenn nun also die Unterkonsumtion eine stehende geschichtliche Erscheinung seit Jahrtausenden, die in den Krisen ausbrechende allgemeine Absatzstockung in Folge von Produktionsüberschuß aber erst seit fünfzig Jahren sichtbar geworden ist, so gehört die ganze vulgärökonomische Flachheit des Herrn Dühring dazu, die neue Kollision zu erklären, nicht aus der neuen Erscheinung der Ueberproduktion, sondern aus der Jahrtausende alten der Unterkonsumtion. Es ist als wollte man in der Mathematik die Veränderung des Verhältnisses zweier Größen, einer konstanten und einer veränderlichen, erklären, nicht daraus, daß die veränderliche sich verändert, sondern daraus, daß die konstante dieselbe geblieben ist. Die Unterkonsumtion der Massen ist eine nothwendige Bedingung aller auf Ausbeutung beruhenden Gesellschaftsformen, also auch der kapitalistischen; aber erst die kapitalistische Form der Produktion bringt es zu Krisen. Die Unterkonsumtion der Massen ist also auch eine Vorbedingung der Krisen und spielt in ihnen eine längst anerkannte Rolle; aber sie sagt uns ebensowenig über die Ursachen des heutigen Daseins der Krisen, wie über die ihrer früheren Abwesenheit.

Herr Dühring hat überhaupt merkwürdige Vorstellungen vom Weltmarkt. Wir sahen, wie er sich wirkliche industrielle Spezialkrisen als ächter deutscher Literatus an eingebildeten Krisen auf dem Leipziger Büchermarkt klar zu machen sucht, den Sturm auf der See am Sturm im Glase Wasser. Er bildet sich ferner ein, die heutige Unternehmerproduktion müsse „sich mit ihrem Absatz vornehmlich im Kreise der besitzenden Klassen selbst drehn", was ihn nicht verhindert, nur sechszehn Seiten weiter als die entscheidenden modernen Industrien in bekannter Weise die Eisen- und Baumwoll-Industrie hinzustellen, also grade die beiden Produktionszweige, deren Erzeugnisse nur zu einem verschwindend kleinen Theil im Kreise der besitzenden Klassen konsumirt werden und vor allen andern auf den Massenverbrauch angewiesen sind. Wohin wir uns bei ihm wenden, nichts als leeres widerspruchsvolles Hin- und Her-Geschwätz. Aber nehmen wir ein Beispiel aus der Baumwoll-Industrie. Wenn in der einzigen, verhältnißmäßig kleinen Stadt Oldham — einer aus dem Dutzend Städte von 50—100000 Einwohner um Manchester, die die Baumwoll-Industrie betreiben — wenn in dieser einzigen Stadt in den vier Jahren 1872—75 die Zahl der Spindeln, die nur die einzige Nummer 32 spinnen, sich von $2^1/_2$ auf 5 Millionen vermehrte, sodaß in einer einzigen Mittelstadt Englands ebensoviel Spindeln eine einzige Nummer spinnen, wie die Baumwoll-Industrie von ganz Deutschland mitsammt dem Elsaß überhaupt besitzt, und wenn die Ausdehnung in den übrigen Zweigen und Lokalitäten der Baumwollindustrie Englands und Schottlands in annähernd demselben Verhältniß stattgefunden hat, so gehört eine starke Dosis wurzelhafter Unverfrorenheit dazu, die jetzige totale Absatzstockung der Baumwollgarne und Gewebe zu erklären aus der Unterkonsumtion der englischen Massen und nicht aus der Ueberproduktion der englischen Baumwollfabrikanten.*)

Genug. Man streitet nicht mit Leuten, die in der Oekonomie unwissend genug sind, den Leipziger Büchermarkt überhaupt für einen Markt im Sinne der modernen Industrie anzusehn. Konstatiren wir daher blos, daß uns Herr Dühring des Ferneren über die Krisen nur mitzutheilen weiß, daß es sich bei ihnen um nichts handelt, „als um ein gewöhnliches Spiel zwischen Ueberspannung und Erschlaffung", daß die Ueberspekulation „nicht allein von der planlosen Häufung der Privatunternehmungen herrührt", sondern daß „auch die Voreiligkeit der einzelnen Unternehmer und der Mangel an Privatumsicht zu den Entstehungsursachen des Ueberangebots zu rechnen" sind. Und was ist wiederum die „Entstehungsursache" der Voreiligkeit und des Mangels an Privatumsicht? Eben dieselbe Planlosigkeit der kapitalistischen Produktion, die in der planlosen Häufung der Privatunternehmungen sich zeigt. Die Uebersetzung einer ökonomischen Thatsache in einen moralischen Vorwurf für die Entdeckung einer neuen Ursache zu versehn, ist eben auch eine starke „Voreiligkeit".

---

*) Die Erklärung der Krisen aus Unterkonsumtion rührt her von Sismondi und hat bei ihm noch einen gewissen Sinn. Von Sismondi hat Rodbertus sie entlehnt, und von Rodbertus hat wieder Herr Dühring sie in seiner gewohnten verflachenden Weise abgeschrieben.

Verlassen wir hiermit die Krisen. Nachdem wir im vorigen Abschnitt ihre nothwendige Erzeugung aus der kapitalistischen Produktionsweise und ihre Bedeutung als Krisen dieser Produktionsweise selbst, als Zwangsmittel der gesellschaftlichen Umwälzung nachgewiesen, brauchen wir den Seichtigkeiten des Herrn Dühring über diesen Gegenstand kein Wort weiter entgegen zu setzen. Gehen wir über zu seinen positiven Schöpfungen, zum „natürlichen System der Gesellschaft".

Dies auf einem „universellen Prinzip der Gerechtigkeit", also frei von aller Rücksichtnahme auf lästige materielle Thatsachen aufgebaute System besteht aus einer Föderation von Wirthschaftskommünen, zwischen denen „Freizügigkeit und Nothwendigkeit der Aufnahme neuer Mitglieder nach bestimmten Gesetzen und Verwaltungsnormen" besteht. Die Wirthschaftskommüne selbst ist vor Allem „ein umfassender Schematismus von menschheitsgeschichtlicher Tragweite" und weit hinaus über die „abirrenden Halbheiten" z. B. eines gewissen Marx. Sie bedeutet „eine Gemeinschaft von Personen, die durch ihr öffentliches Recht der Verfügung über einen Bezirk von Grund und Boden und über eine Gruppe von Produktionsetablissements zu gemeinsamer Thätigkeit und gemeinsamer Theilnahme am Ertrage verbunden sind." Das öffentliche Recht ist „ein Recht an der Sache ... im Sinne eines rein publizistischen Verhältnisses zur Natur und zu den Produktionseinrichtungen." Was das heißen soll, darüber mögen sich die Zukunftsjuristen der Wirthschaftskommüne die Köpfe zerbrechen, wir geben jeden Versuch auf. Nur soviel erfahren wir, daß es keineswegs einerlei ist mit dem „körperschaftlichen Eigenthum von Arbeitergesellschaften", die gegenseitige Konkurrenz und selbst Lohnausbeutung nicht ausschließen würden. Wobei dann fallen gelassen wird, die Vorstellung eines „Gesammteigenthums", wie sie sich auch bei Marx finde, sei „mindestens unklar und bedenklich, da diese Zukunftsvorstellung immer den Anschein gewinnt, als wenn sie nichts als ein körperschaftliches Eigenthum der Arbeitergruppen zu bedeuten hätte." Es ist dies wieder eins der vielen bei Herrn Dühring üblichen „schnöden Manierchen" der Unterschiebung, „für deren vulgäre Eigenschaft (wie er selbst sagt) nur das vulgäre Wort schnoddrig ganz passend sein würde"; es ist eine ebenso aus der Luft gegriffene Unwahrheit, wie die andere Erfindung des Herrn Dühring, das Gesammteigenthum bei Marx sei ein „zugleich individuelles und gesellschaftliches Eigenthum."

Jedenfalls scheint soviel klar: das publizistische Recht einer Wirthschaftskommüne an ihren Arbeitsmitteln ist ein ausschließliches Eigenthumsrecht wenigstens gegenüber jeder andern Wirthschaftskommüne und auch gegenüber der Gesellschaft und dem Staat. Es soll aber nicht die Macht haben, „nach Außen ... abschließend zu verfahren, denn zwischen den verschiedenen Wirthschaftskommünen besteht Freizügigkeit und Nothwendigkeit der Aufnahme neuer Mitglieder nach bestimmten Gesetzen und Verwaltungsnormen .... ähnlich .... wie heute die Angehörigkeit zu einem politischen Gebilde und wie die Theilnahme an den wirthschaftlichen Gemeindezuständigkeiten." Es wird also reiche und arme Wirthschaftskommünen geben, und die Ausgleichung findet statt durch den Andrang der Bevölkerung zu den reichen und den Wegzug von den armen Kommünen. Wenn also Herr Dühring die Konkurrenz in Produkten zwischen den einzelnen Kommünen durch nationale Organisation des Handels beseitigen will, so läßt er die Konkurrenz in Produzenten ruhig fortbestehn. Die Dinge werden der Konkurrenz entzogen, die Menschen bleiben ihr unterworfen.

Indeß sind wir damit noch lange nicht im Klaren über das „publizistische Recht". Zwei Seiten weiter erklärt uns Herr Dühring: Die Handelskommüne reiche „zunächst so weit, als dasjenige politisch-gesellschaftliche Gebiet, dessen Angehörige zu einem einheitlichen Rechtssubjekt zusammengefaßt sind und in dieser Eigenschaft die Verfügung über den gesammten Boden, die Wohnstätten und die Produktionseinrichtungen haben." Es ist also doch nicht die einzelne Kommüne, die die Verfügung hat, sondern die ganze Nation. Das „öffentliche Recht", das „Recht an der Sache", das „publizistische Verhältniß zur Natur" u. s. w. ist also nicht blos „mindestens unklar und bedenklich", es ist in direktem Widerspruch mit sich selbst. Es ist in der That, wenigstens soweit jede einzelne Wirthschaftskommüne ebenfalls ein Rechtssubjekt, „ein zugleich individuelles und gesellschaftliches Eigenthum", und diese letztere „nebelhafte Zwittergestalt" daher wieder nur bei Herrn Dühring selbst anzutreffen.

Jedenfalls verfügt die Wirthschaftskommüne über ihre Arbeitsmittel zum Zweck der Produktion. Wie geht diese Produktion vor sich? Nach Allem, was wir bei Herrn Dühring erfahren, ganz im alten Stil, nur daß an die Stelle des Kapitalisten die Kommüne tritt. Höchstens erfahren wir, daß die Berufswahl jetzt erst für jeden Einzelnen frei wird, und daß gleiche Verpflichtung zur Arbeit besteht.

Die Grundform aller bisherigen Produktion ist die Theilung der Arbeit, einerseits innerhalb der Gesellschaft, andererseits innerhalb jeder einzelnen Produktionsanstalt. Wie verhält sich die Dühringsche „Sozialität" zu ihr?

Die erste große gesellschaftliche Arbeitstheilung ist die Scheidung von Stadt und Land. Dieser Antagonismus ist nach Herrn Dühring „der Natur der Sache nach unvermeidlich". Aber „es ist überhaupt bedenklich, sich die Kluft zwischen Landwirthschaft und Industrie . . . . als unausfüllbar zu denken. In der That besteht bereits ein gewisses Maß von Stetigkeit der Ueberleitung, welche für die Zukunft noch erheblich zuzunehmen verspricht." Schon jetzt hätten sich zwei Industrien in den Ackerbau und ländlichen Betrieb eingeschoben: „in erster Linie die Brennerei und in zweiter die Bereitung von Rübenzucker . . . die Spirituserzeugung ist von einer solchen Bedeutung, daß man sie eher unterschätzen als überschätzen wird." Und „wäre es möglich, daß sich ein größerer Kreis von Industrien in Folge irgend welcher Entdeckungen derartig bildete, daß hierbei eine Nöthigung obwaltete, den Betrieb ländlich zu lokalisiren und unmittelbar an die Produktion der Rohstoffe anzulehnen", so würde dadurch der Gegensatz von Stadt und Land geschwächt, und „die allerausgedehnteste Grundlage der Civilisationsentfaltung gewonnen werden." Indeß „könnte etwas Aehnliches doch auch noch auf einem andern Wege in Frage stehn. Außer den technischen Nöthigungen kommen mehr und mehr die sozialen Bedürfnisse in Frage, und wenn diese letzteren für die Gruppirungen der menschlichen Thätigkeiten maßgebend werden, wird es nicht mehr möglich sein, diejenigen Vortheile zu vernachlässigen, die sich aus einer systematisch nahen Verbindung der Beschäftigungen des platten Landes mit den Verrichtungen der technischen Umwandlungsarbeit ergeben."

Nun kommen in der Wirthschaftskommüne ja gerade die sozialen Bedürfnisse in Frage, und so wird sie sich wohl beeilen, die oben erwähnten Vortheile der Vereinigung von Ackerbau und Industrie sich in vollstem Maße anzueignen? Herr Dühring wird nicht verfehlen, uns über die Stellung der Wirthschaftskommüne zu dieser Frage seine „exakteren Auffassungen" in beliebter Breite mitzutheilen? Geprellt wäre der Leser, der das glaubte. Die obigen magern, verlegenen, wiederum in dem schnapsbrennenden und rübenzuckernden Geltungsbereich des preußischen Landrechts sich im Kreise herumdrehenden Gemeinplätze sind Alles, was uns Herr Dühring über den Gegensatz von Stadt und Land in Gegenwart und Zukunft zu sagen hat.

Gehn wir über zur Arbeitstheilung im Einzelnen. Hier ist Herr Dühring schon etwas „exakter". Er spricht von „einer Person, die sich mit einer Gattung von Thätigkeit ausschließlich abgeben soll". Handelt es sich um die Einführung eines neuen Produktionszweigs, so besteht die Frage einfach darin, ob man eine gewisse Zahl von Existenzen, die sich der Erzeugung eines Artikels widmen sollen, mit der für sie erforderlichen Konsumtion (!) gleichsam schaffen könne." Ein beliebiger Produktionszweig wird in der Sozialität „nicht viel Bevölkerung in Anspruch nehmen." Und auch in der Sozialität gibt es „sich nach der Lebensweise sondernde ökonomische Spielarten" von Menschen. Hiernach bleibt innerhalb der Sphäre der Produktion so ziemlich Alles beim Alten. Allerdings herrscht in der bisherigen Gesellschaft eine „falsche Arbeitstheilung"; worin aber diese besteht und wodurch sie in der Wirthschaftskommüne ersetzt werden soll, darüber erfahren wir nur dies: „Was die Rücksichten der Arbeitstheilung selbst anbetrifft, so haben wir schon oben gesagt, daß sie als erledigt gelten können, sobald den Thatsachen der verschiedenen Naturgelegenheiten und den persönlichen Fähigkeiten Rechnung getragen ist." Neben den Fähigkeiten kommt noch die persönliche Neigung zur Geltung: „Der Reiz des Aufsteigens zu Thätigkeiten, die mehr Fähigkeiten und Vorbildung ins Spiel setzen, würde ausschließlich auf der Neigung zu der betreffenden Beschäftigung und auf der Freude an der Ausübung gerade dieser und keiner andern Sache (Ausübung einer Sache!) beruhen." Hiermit aber wird in der Sozialität der Wetteifer angeregt und „die Produktion selbst ein Interesse erhalten, und der stumpfe Betrieb, der sie nur als Mittel zum Gewinnzweck würdigt, wird nicht mehr das herrschende Gepräge der Zustände sein."

In jeder Gesellschaft mit naturwüchsiger Produktionsentwicklung — und die heutige gehört dazu — beherrschen, nicht die Produzenten die Produktionsmittel, sondern die Produktionsmittel beherrschen die Produzenten. In einer solchen Gesellschaft schlägt jeder neue Hebel der Produktion nothwendig um in ein neues Mittel der Knechtung der Produzenten unter die Produktionsmittel. Das gilt vor Allem von demjenigen Hebel der Produktion, der bis zur Einführung der großen Industrie weitaus der mächtigste war — von der Theilung der Arbeit. Gleich die erste große Arbeitstheilung, die Scheidung von Stadt und Land, verurtheilte die Landbevölkerung zu Jahrtausende langer Verdummung, und die Städter zur Knechtung eines Jeden unter sein Einzelhandwerk. Sie vernichtete die Grundlage der geistigen Entwicklung der Einen und der körperlichen der Andern. Wenn sich der Bauer den Boden, der Städter sein Handwerk aneignet, so eignet sich ebensosehr der Boden den Bauer, das Handwerk den Handwerker an. Indem die Arbeit getheilt wird, wird auch der Mensch getheilt. Der Ausbildung einer einzigen Thätigkeit werden alle übrigen körperlichen und geistigen Fähigkeiten zum Opfer gebracht. Diese Verkümmerung des Menschen wächst im selben Maße wie die Arbeitstheilung, die ihre höchste Entwicklung in der Manufaktur erreicht. Die Manufaktur zerlegt das Handwerk in seine einzelnen Theiloperationen, weist jede derselben einem einzelnen Arbeiter als Lebensberuf zu, und kettet ihn so lebenslänglich an eine bestimmte Theilfunktion und ein bestimmtes Werkzeug. „Sie verkrüppelt den Arbeiter in eine Abnormität, indem sie sein Detailgeschick treibhausmäßig fördert durch Unterdrückung einer Welt von produktiven Trieben und Anlagen . . . Das Individuum selbst wird getheilt, in das automatische Triebwerk einer Theilarbeit verwandelt" (Marx) — ein Triebwerk, das in vielen Fällen seine Vollkommenheit erst durch buchstäbliche, leibliche und geistige Verkrüppelung des Arbeiters erlangt. Die Maschinerie der großen Industrie degradirt den Arbeiter aus einer Maschine zum bloßen Zubehör einer Maschine. „Aus der lebenslangen Spezialität, ein Theilwerkzeug zu führen, wird die lebenslange Spezialität, einer Theilmaschine zu dienen. Die Maschinerie wird mißbraucht, um den Arbeiter selbst von Kindesbeinen an in den Theil einer Theilmaschine zu verwandeln" (Marx). Und nicht nur die Arbeiter, auch die die Arbeiter direkt oder indirekt ausbeutenden Klassen werden vermittelst der Theilung der Arbeit geknechtet unter das Werkzeug ihrer Thätigkeit; der geistesöde Bourgeois unter sein eignes Kapital und seine eigne Profitwuth, der Jurist unter seine verknöcherten Rechtsvorstellungen, die ihn als eine selbständige Macht beherrschen; die „gebildeten Stände" überhaupt unter die mannichfachen Lokalbornirtheiten und Einseitigkeiten, unter ihre eigene körperliche und geistige Kurzsichtigkeit, unter ihre Verkrüppelung durch die auf eine Spezialität zugeschnittene Erziehung und durch die lebenslange Fesselung an diese Spezialität selbst — auch dann, wenn diese Spezialität das reine Nichtsthun ist.

Die Utopisten waren bereits vollständig im Reinen über die Wirkungen der Theilung der Arbeit, über die Verkümmerung einerseits des Arbeiters, andererseits der Arbeitsthätigkeit selbst, die auf lebenslängliche, einförmige, mechanische Wiederholung eines und desselben Aktes beschränkt wird. Die Aufhebung des Gegensatzes von Stadt und Land wird von Fourier wie von Owen als erste Grundbedingung der Aufhebung der alten Arbeitstheilung überhaupt gefordert. Bei Beiden soll die Bevölkerung sich in Gruppen von 1600—3000 über das Land vertheilen; jede Gruppe bewohnt im Centrum ihres Bodenbezirks einen Riesenpalast mit gemeinsamem Haushalt. Fourier spricht zwar hie und da von Städten, diese aber bestehn selbst wieder nur aus 4—5 solcher näher zusammenliegenden Paläste. Bei beiden betheiligt sich jedes Gesellschaftsglied sowohl am Ackerbau wie an der Industrie; bei Fourier spielen in dieser letzteren Handwerk und Manufaktur, bei Owen dagegen schon die große Industrie die Hauptrolle und wird von ihm bereits die Einführung der Dampfkraft und Maschinerie in die Haushaltungsarbeit verlangt. Aber auch innerhalb des Ackerbaues wie der Industrie fordern Beide die möglichst große Abwechslung der Beschäftigung für jeden Einzelnen, und dem entsprechend die Ausbildung der Jugend für möglichst allseitige technische Thätigkeit. Bei Beiden soll der Mensch sich universell entwickeln durch universelle praktische Bethätigung, und soll die Arbeit den ihr durch die Theilung abhanden gekommenen Reiz der Anziehung wieder erhalten, zunächst durch diese Abwechslung und die ihr entsprechende kurze Dauer der, jeder einzelnen Arbeit gewidmeten „Sitzung", um Fouriers Ausdruck zu gebrauchen. Beide sind weit hinaus über die dem Herrn Dühring überkommene Denkweise der ausbeutenden Klassen, die den Gegensatz von Stadt und Land für der Natur der Sache nach unvermeidlich hält, die in der Bornirtheit befangen ist, als müßte eine Anzahl von „Existenzen" unter allen Umständen zur Erzeugung eines Artikels verdammt sein, und die die, sich nach der Lebensweise sondernden „ökonomischen Spielarten" von Menschen verewigen will, die Leute, die Freude an der Ausübung gerade dieser und keiner andern Sache haben, die also so weit herunter gekommen sind, daß sie sich über ihre eigene Knechtung und Vereinseitigung f r e u e n. Gegenüber den Grundgedanken selbst der tollkühnsten Phantasien des „Idioten" Fourier, gegenüber selbst den dürftigsten Ideen des „rohen, matten und dürftigen" Owen steht der selbst noch ganz unter die Theilung der Arbeit geknechtete Herr Dühring da wie ein vorlauter Zwerg.

Indem sich die Gesellschaft zur Herrin der sämmtlichen Produktionsmittel macht, um sie gesellschaftlich planmäßig zu verwenden, vernichtet sie die bisherige Knechtung der Menschen unter ihre eignen Produktionsmittel. Die Gesellschaft kann sich selbstredend nicht befreien, ohne daß jeder Einzelne befreit wird. Die alte Produktionsweise muß also von Grund aus umgewälzt werden, und namentlich muß die alte Theilung der Arbeit verschwinden. An ihre Stelle muß eine Organisation der Produktion treten, in der einerseits kein Einzelner seinen Antheil an der produktiven Arbeit, dieser Naturbedingung der menschlichen Existenz, auf Andre abwälzen kann; in der andererseits die produktive Arbeit, statt Mittel der Knechtung, Mittel der Befreiung der Menschen wird, indem sie jedem Einzelnen die Gelegenheit bietet, seine sämmtlichen Fähigkeiten, körperliche wie geistige, nach allen Richtungen hin auszubilden und zu bethätigen, und in der sie so aus einer Last eine Lust wird.

Dies ist heute keine Phantasie, kein frommer Wunsch mehr. Bei der gegenwärtigen Entwicklung der produktiven Kräfte genügt schon diejenige Steigerung der Produktion, die mit der Thatsache der Vergesellschaftung der Produktivkräfte selbst gegeben ist, die Beseitigung der aus der kapitalistischen Produktionsweise entspringenden Hemmungen und Störungen, der

Vergeudung von Produkten und Produktionsmitteln, um bei allgemeiner Theilnahme an der Arbeit die Arbeitszeit auf ein nach jetzigen Vorstellungen geringes Maß zu reduziren.

Ebensowenig ist die Aufhebung der alten Theilung der Arbeit eine Forderung, die nur auf Kosten der Produktivität der Arbeit durchzuführen wäre. Im Gegentheil. Sie ist eine Bedingung der Produktion selbst geworden durch die große Industrie. „Der Maschinenbetrieb hebt die Nothwendigkeit auf, die Vertheilung der Arbeitergruppen an die verschiedenen Maschinen manufakturmäßig zu befestigen durch fortwährende Aneignung derselben Arbeiter an dieselbe Funktion. Da die Gesammtbewegung der Fabrik nicht vom Arbeiter ausgeht, sondern von der Maschine, kann fortwährender Personenwechsel stattfinden, ohne Unterbrechung des Arbeitsprozesses ... Die Geschwindigkeit endlich, womit die Arbeit an der Maschine im jugendlichen Alter erlernt wird, beseitigt ebenso die Nothwendigkeit, eine besondere Klasse Arbeiter ausschließlich zu Maschinenarbeitern zu erziehen." Während aber die kapitalistische Anwendungsweise der Maschinerie die alte Theilung der Arbeit mit ihren knöchernen Partikularitäten weiter fortführen muß, trotzdem diese technisch überflüssig geworden, rebellirt die Maschinerie selbst gegen diesen Anachronismus. Die technische Basis der großen Industrie ist revolutionär. „Durch Maschinerie, chemische Prozesse und andere Methoden wälzt sie beständig mit der technischen Grundlage der Produktion die Funktionen der Arbeiter und die gesellschaftlichen Kombinationen des Arbeitsprozesses um. Sie revolutionirt damit ebenso beständig die Theilung der Arbeit im Innern der Gesellschaft und schleudert unaufhörlich Kapitalmassen und Arbeitermassen aus einem Produktionszweig in den andern. Die Natur der großen Industrie bedingt daher Wechsel der Arbeit, Fluß der Funktion, allseitige Beweglichkeit des Arbeiters ... Man hat gesehen, wie dieser absolute Widerspruch ... im ununterbrochenen Opferfest der Arbeiterklasse, maßlosester Vergeudung der Arbeitskräfte und den Verheerungen gesellschaftlicher Anarchie sich austobt. Dies ist die negative Seite. Wenn aber der Wechsel der Arbeit sich jetzt nur als überwältigendes Naturgesetz und mit der blind zerstörenden Wirkung des Naturgesetzes durchsetzt, das überall auf Hindernisse stößt, macht die große Industrie durch ihre Katastrophen selbst es zur Frage von Leben oder Tod, den Wechsel der Arbeiten und daher möglichste Vielseitigkeit des Arbeiters als allgemeines gesellschaftliches Produktionsgesetz anzuerkennen, und seiner normalen Verwirklichung die Verhältnisse anzupassen. Sie macht es zu einer Frage von Leben oder Tod, die Ungeheuerlichkeit einer elenden, für das wechselnde Exploitationsbedürfniß des Kapitals in Reserve gehaltenen, disponiblen Arbeiterbevölkerung zu ersetzen durch die absolute Disponibilität des Menschen für wechselnde Arbeitserfordernisse; das Theilindividuum, den bloßen Träger einer gesellschaftlichen Detailfunktion, durch das total entwickelte Individuum, für welches verschiedene gesellschaftliche Funktionen einander ablösende Bethätigungsweisen sind." (Marx, Kapital.)

Indem die große Industrie uns gelehrt hat, die mehr oder weniger überall herstellbare Molekularbewegung in Massenbewegung zu technischen Zwecken zu verwandeln, hat sie die industrielle Produktion in bedeutendem Maße von lokalen Schranken befreit. Die Wasserkraft war lokal, die Dampfkraft ist frei. Wenn die Wasserkraft nothwendig ländlich ist, so ist die Dampfkraft keineswegs nothwendig städtisch. Es ist ihre kapitalistische Anwendung, die sie vorwiegend in den Städten konzentrirt und Fabrikdörfer in Fabrikstädte umschafft. Damit aber untergräbt sie gleichzeitig die Bedingungen ihres eigenen Betriebs. Erstes Erforderniß der Dampfmaschine und Haupterforderniß fast aller Betriebszweige der großen Industrie ist verhältnißmäßig reines Wasser. Die Fabrikstadt aber verwandelt alles Wasser in stinkende Jauche. So sehr also die städtische Konzentrirung Grundbedingung der kapitalistischen Produktion ist, so sehr strebt jeder einzelne industrielle Kapitalist stets von den durch sie nothwendig erzeugten großen Städten weg und dem ländlichen Betrieb zu. Dieser Prozeß kann in den Bezirken der Textilindustrie von Lancashire und Yorkshire im Einzelnen studirt werden; die kapitalistische Großindustrie erzeugt dort stets neue Großstädte dadurch, daß sie fortwährend von der Stadt aufs Land flieht. Aehnlich in den Bezirken der Metallindustrie, wo theilweise andre Ursachen dieselben Wirkungen erzeugen.

Diesen neuen fehlerhaften Kreislauf, diesen sich stets neu erzeugenden Widerspruch der modernen Industrie aufzuheben, vermag wiederum nur die Aufhebung ihres kapitalistischen Charakters. Nur eine Gesellschaft, die ihre Produktivkräfte nach einem einzigen großen Plan harmonisch ineinander greifen läßt, kann der Industrie erlauben, sich in derjenigen Zerstreuung über das ganze Land anzusiedeln, die ihrer eignen Entwicklung und der Erhaltung resp. Entwicklung der übrigen Elemente der Produktion am angemessensten ist.

Die Aufhebung des Gegensatzes von Stadt und Land ist hiernach nicht nur möglich. Sie ist eine direkte Nothwendigkeit der industriellen Produktion selbst geworden, wie sie ebenfalls eine Nothwendigkeit der Agrikulturproduktion und obendrein der öffentlichen Gesundheitspflege geworden ist. Nur durch Verschmelzung von Stadt und Land kann die heutige Luft-, Wasser- und Bodenvergiftung beseitigt, nur durch sie die jetzt in den Städten hinsiechenden Massen dahin gebracht werden, daß ihr Dünger zur Erzeugung von Pflanzen verwandt wird, statt zur Erzeugung von Krankheiten.

Die kapitalistische Industrie hat sich bereits relativ unabhängig gemacht von den lokalen Schranken der Produktionsstätten ihrer Rohstoffe. Die Textilindustrie verarbeitet der großen Masse nach importirte Rohstoffe. Spanische Eisenerze werden in England und Deutschland, spanische und südamerikanische Kupfererze werden in England verarbeitet. Jedes Kohlenfeld versieht weit über seine Grenzen hinaus einen jährlich wachsenden industriellen Umkreis mit Brennstoff. An der ganzen europäischen Küste werden Dampfmaschinen mit englischer, stellenweise deutscher und belgischer Kohle getrieben. Die von den Schranken der kapitalistischen Produktion befreite Gesellschaft kann noch viel weiter gehn. Indem sie ein Geschlecht von allseitig ausgebildeten Produzenten erzeugt, die die wissenschaftlichen Grundlagen der gesammten industriellen Produktion verstehen und von denen Jeder eine ganze Reihe von Produktionszweigen von Anfang bis zu Ende praktisch durchgemacht, schafft sie eine neue Produktionskraft, die die Transportarbeit der aus größerer Entfernung bezogenen Roh- oder Brennstoffe überreichlich aufwiegt.

Die Aufhebung der Scheidung von Stadt und Land ist also keine Utopie, auch nach der Seite hin, nach der sie die möglichst gleichmäßige Vertheilung der großen Industrie über das ganze Land zur Bedingung hat. Die Civilisation hat uns freilich in den großen Städten eine Erbschaft hinterlassen, die zu beseitigen viel Zeit und Mühe kosten wird. Aber sie müssen und werden beseitigt werden, mag es auch ein langwieriger Prozeß sein. Welche Geschicke auch dem deutschen Reich preußischer Nation vorbehalten sein mögen, Bismarck kann mit dem stolzen Bewußtsein in die Grube fahren, daß sein Lieblingswunsch sicher erfüllt wird: der Untergang der großen Städte.

Und nun besehe man sich die kindliche Vorstellung des Herrn Dühring, als könne die Gesellschaft Besitz ergreifen von der Gesammtheit der Produktionsmittel, ohne die alte Art des Produzirens von Grund aus umzuwälzen und vor Allem die alte Theilung der Arbeit abzuschaffen; als sei alles abgemacht, sobald nur „den Naturgelegenheiten und den persönlichen Fähigkeiten Rechnung getragen" — wobei dann nach wie vor ganze Massen von Existenzen unter die Erzeugung e i n e s Artikels geknechtet, ganze „Bevölkerungen" von einem einzelnen Produktionszweig in Anspruch genommen werden, und die Menschheit sich nach wie wie vor in eine Anzahl verschieden verkrüppelter „ökonomischer Spielarten" theilt, als da sind „Karrenschieber" und „Architekten". Die Gesellschaft soll Herrin der Produktionsmittel im Ganzen werden, damit jeder Einzelne Sklave seines Produktionsmittels bleibt, und nur die Wahl hat, w e l c h e s Produktionsmittels. Und ebenso besehe man sich die Art, wie Herr Dühring die Scheidung von Stadt und Land für „der Natur der Sache nach unvermeidlich" hält, und nur ein kleines Palliativmittelchen entdecken kann in den, in ihrer Verbindung spezifisch preußischen Zweigen der Schnapsbrennerei und Rübenzuckerbereitung; der die Zerstreuung der Industrie über das Land abhängig macht von irgend welchen künftigen Entdeckungen und von der Nöthigung, den Betrieb unmittelbar an die Gewinnung der Rohstoffe anzulehnen — der Rohstoffe, die schon jetzt in immer wachsender Entfernung von ihrem Ursprungsort verbraucht werden! — und der sich schließlich den Rücken zu decken sucht mit der Versicherung, die sozialen Bedürfnisse würden schließlich die Verbindung von Ackerbau und Industrie doch wohl auch g e g e n die ökonomischen Rücksichten durchsetzen, als ob damit ein ökonomisches Opfer gebracht würde!

Freilich, um zu sehn, daß die revolutionären Elemente, die die alte Theilung der Arbeit mit sammt der Scheidung von Stadt und Land beseitigen und die ganze Produktion umwälzen werden, daß diese Elemente bereits in den Produktionsbedingungen der modernen großen Industrie im Keim enthalten sind, und durch die heutige kapitalistische Produktionsweise an ihrer Entfaltung gehindert werden, dazu muß man einen etwas weiteren Horizont haben als den Geltungsbereich des preußischen Landrechts, das Land, wo Schnaps und Rübenzucker die entscheidenden Industrieprodukte sind, und wo man die Handelskrisen auf dem Büchermarkt studiren kann. Dazu muß man die wirkliche große Industrie in ihrer Geschichte und in ihrer gegenwärtigen Wirklichkeit kennen, namentlich in dem einen Lande, wo sie ihre Heimath und wo allein sie ihre klassische Ausbildung erreicht hat; und dann wird man auch nicht daran denken, den modernen wissenschaftlichen Sozialismus verseichtigen und herunterbringen zu wollen auf den **spezifisch preußischen Sozialismus des Herrn Dühring**.

IV. Vertheilung.

Wir sahen bereits früher, daß die Dühring'sche Oekonomie auf den Satz hinauslief: Die kapitalistische **Produktionsweise** ist ganz gut und kann bestehen bleiben, aber die kapitalistische **Vertheilungsweise** ist vom Uebel und muß verschwinden. Wir finden jetzt, daß die „Sozialität" des Herrn Dühring weiter nichts ist, als die Durchführung dieses Satzes in der Phantasie. In der That zeigte sich, daß Herr Dühring an der Produktionsweise — als solcher — der kapitalistischen Gesellschaft fast gar nichts auszusetzen hat, daß er die alte Theilung der Arbeit in allen wesentlichen Beziehungen beibehalten will, und daher auch über die Produktion innerhalb seiner Wirthschaftskommüne kaum ein Wort zu sagen weiß. Die Produktion ist allerdings ein Gebiet, auf dem es sich um handfeste Thatsachen handelt, auf dem daher die „rationelle Phantasie" dem Flügelschlag ihrer freien Seele nur wenig Raum geben darf, weil die Gefahr der Blamage zu nahe liegt. Dagegen die Vertheilung, die nach der Ansicht des Herrn Dühring ja gar nicht mit der Produktion zusammenhängt, die nach ihm nicht durch die Produktion, sondern durch einen reinen Willensakt bestimmt wird, — die Vertheilung ist das prädestinirte Feld seiner „sozialen Alchymisterei".

Der gleichen Produktionspflicht tritt gegenüber das gleiche

Konsumtionsrecht, organisirt in der Wirthschaftskommüne und der, eine größere Anzahl der letzteren umfassenden Handelskommüne. Hier wird „Arbeit . . . nach dem Grundsatz der gleichen Schätzung gegen andere Arbeit ausgetauscht. . . . Leistung und Gegenleistung stellen hier wirkliche Gleichheit der Arbeitsgrößen vor." Und zwar gilt diese „Gleichsetzung der Menschenkräfte, mögen die Einzelnen nun Mehr oder Weniger, oder zufällig a u c h N i c h t s geleistet haben"; denn man kann alle Verrichtungen, insofern sie Zeit und Kräfte in Anspruch nehmen, als Arbeitsleistungen ansehn" — also auch Kegelschieben und Spazierengehn. Dieser Austausch findet aber nicht statt zwischen den Einzelnen, da die Gesammtheit Besitzerin aller Produktionsmittel, also auch aller Produkte ist, sondern einerseits zwischen jeder Wirthschaftskommüne und ihren einzeln Mitgliedern, andrerseits zwischen den verschiedenen Wirthschafts- und Handelskommünen selbst. „Namentlich werden die einzelnen Wirthschaftskommünen innerhalb ihres eignen Rahmens den Kleinhandel durch völlig planmäßigen Vertrieb ersetzen." Ebenso wird der Handel im Großen organisirt: „Das System der freien Wirthschaftsgesellschaft . . . . bleibt daher eine große Tauscheinrichtung, deren Vornahmen sich vermittelst der durch die edlen Metalle gegebnen Grundlagen vollziehn. Durch die Einsicht in die unumgängliche Nothwendigkeit dieser Grundeigenschaft unterscheidet sich unser Schema von allen jenen Nebelhaftigkeiten, die auch noch den rationellsten Formen der heute umlaufenden sozialistischen Vorstellungen anhaften."

Die Wirthschaftskommüne, als erste Aneignerin der gesellschaftlichen Produkte, hat Behufs dieses Austausches „für jeden Zweig von Artikeln einen einheitlichen Preis" nach den durchschnittlichen Produktionskosten festzusetzen. „Was gegenwärtig die sogenannten Selbstkosten der Produktion . . . für Werth und Preis bedeuten, das werden (in der Sozialität) . . . . die Anschläge der zu verwendenden Arbeitsmenge leisten. Diese Anschläge, die sich, nach dem Grundsatz des auch wirthschaftlich gleichen Rechts jeder Persönlichkeit, schließlich auf die Berücksichtigung der betheiligten Personenzahl zurückführen lassen, werden das zugleich den Naturverhältnissen der Produktion und dem gesellschaftlichen Verwerthungsrecht entsprechende Verhältniß der Preise ergeben. Die Produktion der edlen Metalle wird ähnlich wie heute für die Werthbestimmung des Geldes maßgebend bleiben . . . Man sieht hieraus, daß man in der veränderten Gesellschaftsverfassung zunächst für die Werthe und mithin für die Verhältnisse, in denen die Erzeugnisse sich gegeneinander umsetzen, nicht nur Bestimmungsgrund und Maß nicht verliert, sondern erst gehörig gewinnt." Der berühmte „absolute Werth" ist endlich realisirt.

Andrerseits aber wird die Kommüne nun auch die Einzelnen in den Stand setzen müssen, die produzirten Artikel von ihr zu kaufen, indem sie Jedem eine gewisse tägliche, wöchentliche oder monatliche Geldsumme, die für Jeden gleich zu sein hat, als Gegenleistung für seine Arbeit auszahlt. „Es ist daher vom Standpunkt der Sozialität gleichgültig, ob man sagt, daß der Arbeitslohn verschwinden, oder daß er die ausschließliche Form der ökonomischen Einkünfte werden müsse." Gleiche Löhne und gleiche Preise aber stellen die „quantitative, wenn auch nicht qualitative Gleichheit der Konsumtion" her, und damit ist das „universelle Prinzip der Gerechtigkeit" ökonomisch verwirklicht. Ueber die Bestimmung der Höhe dieses Zukunftslohnes sagt uns Herr Dühring nur, daß auch hier, wie in allen andern Fällen, „gleiche Arbeit gegen gleiche Arbeit" ausgetauscht wird. Für sechsstündige Arbeit wird daher eine Geldsumme zu zahlen sein, die ebenfalls sechs Arbeitsstunden in sich verkörpert.

Indeß ist das „universelle Prinzip der Gerechtigkeit" keineswegs mit jener rohen Gleichmacherei zu verwechseln, die den Bürger so sehr aufbringt gegen jeden, namentlich den naturwüchsigen Arbeiterkommunismus. Es ist lange nicht so unerbittlich als es gern aussehn möchte. Die „prinzipielle Gleichheit der ökonomischen Rechtsansprüche schließt nicht aus, daß freiwillig zu dem, was die Gerechtigkeit erfordert, auch noch ein Ausdruck der besonderen Anerkennung und Ehre gefügt werde . . . . Die Gesellschaft ehrt sich selbst, indem sie die höher gesteigerten Leistungsgattungen durch eine mäßige Mehrausstattung für die Konsumtion auszeichnet". Und auch Herr Dühring ehrt sich selbst, indem er, Taubenunschuld und Schlangenklugheit verschmelzend, so rührend für die mäßige Mehrkonsumtion der Zukunftsdührings besorgt ist.

Hiermit ist die kapitalistische Vertheilungsweise endgültig beseitigt. Denn „gesetzt es hätte Jemand unter Voraussetzung eines solchen Zustandes wirklich einen Ueberschuß von privaten Mitteln zur Verfügung, so würde er für denselben keine kapitalmäßige Verwendung ausfindig machen können. Kein Einzelner oder keine Gruppe würde ihm denselben für die Produktion anders als im Wege des Austausches oder Kaufs abnehmen, niemals aber in den Fall kommen, ihm Zinsen oder Gewinn zu zahlen". Hiermit wird „eine dem Grundsatz der Gleichheit entsprechende Vererbung" zulässig. Sie ist unvermeidlich, denn „eine gewisse Vererbung wird immer die nothwendige Begleitung des Familienprinzips sein." Auch das Erbrecht wird „zu keiner Ansammlung umfangreicher Vermögen führen können, da hier die Eigenthumsbildung . . . namentlich nie mehr den Zweck haben kann, Produktionsmittel und reine Rentenexistenzen zu schaffen."

Hiermit wäre die Wirthschaftskommüne glücklich fertig. Sehen wir nun zu, wie sie wirthschaftet.

Wir nehmen an, alle Unterstellungen des Herrn Dühring seien vollständig realisirt; wir setzen also voraus, daß die Wirthschaftskommüne jedem ihrer Mitglieder für täglich sechsstündige Arbeit eine Geldsumme zahlt, in der ebenfalls sechs Arbeitsstunden verkörpert sind, meinetwegen zwölf Mark. Wir nehmen ebenfalls an, daß die Preise genau den Werthen entsprechen, also unter unsern Voraussetzungen nur die Kosten der Rohstoffe, den Verschleiß der Maschinerie, den Verbrauch von Arbeitsmitteln und den gezahlten Arbeitslohn umfassen. Eine Wirthschaftskommüne von 100 arbeitenden Mitgliedern produzirt dann täglich Waaren im Werth von 1200 Mark, im Jahr bei 300 Arbeitstagen für 360,000 Mark, und zahlt dieselbe Summe an ihre Mitglieder aus, deren Jeder mit seinem Antheil von täglich 12 oder jährlich 3600 Mark macht was er will. Am Ende des Jahres, und am Ende von hundert Jahren ist die Kommüne nicht reicher als am Anfang. Sie wird während dieser Zeit nicht einmal im Stande sein, die mäßige Mehrausstattung für die Konsumtion des Herrn Dühring zu leisten, falls sie nicht ihren Stamm von Produktionsmitteln angreifen will. Die Akkumulation ist total vergessen worden. Noch schlimmer: da die Akkumulation eine gesellschaftliche Nothwendigkeit, und in der Beibehaltung des Geldes eine bequeme Form der Akkumulation gegeben, so fordert die Organisation der Wirthschaftskommüne ihre Mitglieder direkt auf zur Privatakkumulation, und damit zu ihrer eignen Zerstörung.

Wie diesem Zwiespalt der Natur der Wirthschaftskommüne entgehn? Sie könnte Zuflucht nehmen zu der beliebten „Bezollung", dem Preisaufschlag, und ihre Jahresproduktion statt für 360,000 Mark, für 480,000 Mark verkaufen. Da aber alle andern Wirthschaftskommünen in derselben Lage sind, also dasselbe thun müßten, so würde jede im Austausch mit der andern eben so viel „Bezollung" zahlen müssen wie sie einsteckt, und der „Tribut" also nur auf ihre eignen Mitglieder fallen.

Oder aber, sie macht die Sache kurz und bündig ab, indem sie jedem Mitglied für sechsstündige Arbeit das Produkt von weniger als sechsstündiger Arbeit, meinetwegen von vier Arbeitsstunden zahlt, also statt 12 Mark nur 8 Mark täglich, die Waarenpreise aber auf der alten Höhe bestehen läßt. Sie thut in diesem Falle direkt und offen, was sie im vorigen versteckt und auf einem Umweg versucht: sie bildet Marx'schen Mehrwerth im jährlichen Betrag von 120,000 Mark, indem sie ihre Mitglieder in durchaus kapitalistischer Weise unter dem Werth ihrer Leistung bezahlt, und ihnen obendrein die Waaren, die sie nur bei ihr kaufen können, zum vollen Werth anrechnet. Die Wirthschaftskommüne kann also nur zu einem Reservefond kommen, indem sie sich enthüllt als das „veredelte" Trucksystem*) auf breitester kommunistischer Grundlage.

Also Eins von Zweien: Entweder tauscht die Wirthschaftskommüne „gleiche Arbeit aus gegen gleiche Arbeit", und dann kann nicht sie, sondern nur die Privaten einen Fonds zur Erhaltung und Ausdehnung der Produktion akkumuliren. Oder aber, sie bildet einen solchen Fonds, und dann tauscht sie nicht „gleiche Arbeit aus gegen gleiche Arbeit".

So steht's mit dem Inhalt des Austausches in der Wirthschaftskommüne. Wie mit der Form? Der Austausch wird durch Metallgeld vermittelt, und Herr Dühring thut sich nicht wenig zu gut auf die „menschheitsgeschichtliche Tragweite" dieser Verbesserung. Aber im Verkehr zwischen der Kommüne und ihren Mitgliedern ist das Geld gar kein Geld, fungirt es gar

---

*) Trucksystem nennt man in England das auch in Deutschland wohlbekannte System, wobei die Fabrikanten selbst Läden halten und ihre Arbeiter nöthigen, sich bei ihnen mit Waaren zu versehn.

nicht als Geld. Es dient als reines Arbeitszertifikat, es konstatirt, um mit Marx zu reden, „nur den individuellen Antheil des Produzenten an der Gemeinarbeit und seinen individuellen Anspruch auf den zur Konsumtion bestimmten Theil des Gemeinprodukts", und ist in dieser Funktion „ebensowenig Geld, wie etwa eine Theatermarke". Es kann hiermit durch jedes beliebige Zeichen ersetzt werden, wie Weitling es durch ein „Kommerzbuch" ersetzt, worin auf der einen Seite die Arbeitsstunden und auf der andern die dafür bezogenen Genüsse abgestempelt werden. Kurz, es fungirt im Verkehr der Wirthschaftskommüne mit ihren Mitgliedern einfach als das Owensche „Arbeitsstundengeld", dies „Wahngebilde" auf das Herr Dühring so vornehm herabsieht, und das er dennoch selbst in seine Zukunftswirthschaft einführen muß. Ob die Marke, die das Maß der erfüllten „Produktionspflicht" und des damit erworbenen „Konsumtionsrechts" bezeichnet, ein Wisch Papier, ein Rechenpfennig oder ein Goldstück ist, bleibt sich für diesen Zweck vollständig gleich. Für andre Zwecke aber durchaus nicht, wie sich zeigen wird.

Wenn das Metallgeld also schon im Verkehr der Wirthschaftskommüne mit ihren Mitgliedern nicht als Geld fungirt, sondern als verkleidete Arbeitsmarke, so kommt es noch weniger zu seiner Geldfunktion im Austausch zwischen den verschiedenen Wirthschaftskommünen. Hier ist, unter den Voraussetzungen des Herrn Dühring, das Metallgeld total überflüssig. In der That würde eine bloße Buchführung hinreichen, die den Austausch von Produkten gleicher Arbeit gegen Produkte gleicher Arbeit viel einfacher vollzieht, wenn sie mit dem natürlichen Maßstab der Arbeit — der Zeit, der Arbeitsstunde als Einheit — rechnet, als wenn sie die Arbeitsstunden erst in Geld übersetzt. Der Austausch ist in Wirklichkeit reiner Naturalaustausch; alle Mehrforderungen sind leicht und einfach ausgleichbar durch Anweisungen auf andere Kommünen. Wenn aber eine Kommüne wirklich gegenüber andern Kommünen ein Defizit haben sollte, so kann alles „im Universum vorhandene Gold" und wenn es noch sehr „von Natur Geld" sein sollte, dieser Kommüne das Schicksal nicht ersparen, dies Defizit durch vermehrte eigne Arbeit zu ersetzen, falls sie nicht in Schuldabhängigkeit von andern Kommünen gerathen will. Uebrigens möge der Leser fortwährend im Gedächtniß halten, daß wir hier keineswegs Zukunftskonstruktion machen. Wir nehmen einfach die Voraussetzungen des Herrn Dühring an und ziehen nur die unvermeidlichen Folgerungen daraus.

Also weder im Austausch zwischen der Wirthschaftskommüne und ihren Mitgliedern, noch in dem zwischen den verschiedenen Kommünen kann das Gold, das „von Natur Geld ist"' dahin kommen, diese seine Natur zu verwirklichen. Trotzdem schreibt ihm Herr Dühring vor, auch in der „Sozialität" Geldfunktion zu vollziehn. Wir müssen uns also nach einem andern Spielraum für diese Geldfunktion umsehn. Und dieser Spielraum existirt. Herr Dühring befähigt zwar Jeden zur „quantitativ gleichen Konsumtion", aber er kann Niemanden dazu zwingen. Im Gegentheil, er ist stolz darauf, daß in seiner Welt Jeder mit seinem Gelde machen kann was er will. Er kann also nicht verhindern, daß die Einen sich einen kleinen Geldschatz zurücklegen, während die Andern mit dem ihnen gezahlten Lohn nicht auskommen. Er macht dies sogar unvermeidlich, indem er das Gemeineigenthum der Familie im Erbrecht ausdrücklich anerkennt, woraus sich dann weiter die Verpflichtung der Eltern zur Erhaltung der Kindern ergibt. Damit aber bekommt die quantitativ gleiche Konsumtion einen gewaltigen Riß. Der Junggesell lebt herrlich und in Freuden von seinen acht oder zwölf Mark täglich, während der Wittwer mit acht unmündigen Kindern damit kümmerlich auskommt. Andrerseits aber läßt die Kommüne, indem sie Geld ohne Weiteres in Zahlung nimmt, die Möglichkeit offen, daß dies Geld anders als durch eigne Arbeit erworben sei. Non olet. Sie weiß nicht woher es kommt. Hiermit sind aber alle Bedingungen gegeben, um das Metallgeld, das bisher nur die Rolle einer Arbeitsmarke spielte, in wirkliche Geldfunktion treten zu lassen. Es liegen vor die Gelegenheit und das Motiv, einerseits zur Schatzbildung, andrerseits zur Verschuldung. Der Bedürftige borgt beim Schatzbildner. Das geborgte Geld, von der Kommüne in Zahlung genommen für Lebensmittel, wird damit wieder, was es in der heutigen Gesellschaft ist, gesellschaftliche Inkarnation der menschlichen Arbeit, wirkliches Maß der Arbeit, allgemeines Zirkulationsmittel. Alle „Gesetze und Verwaltungsnormen" der Welt sind ebenso ohnmächtig dagegen, wie gegen das Einmaleins oder gegen die chemische Zusammensetzung des Wassers. Und da der Schatzbildner in der Lage ist, vom Bedürftigen Zinsen zu erzwingen, so ist mit dem als Geld fungirenden Metallgeld auch der Zinswucher wieder hergestellt.

Soweit haben wir nur die Wirkungen der Beibehaltung des Metallgeldes betrachtet innerhalb des Geltungsbereichs der Dühringschen Wirthschaftskommüne. Aber jenseits dieses Bereichs geht die übrige verworfene Welt einstweilen ihren alten Gang ruhig weiter. Gold und Silber bleiben, auf dem Weltmarkt, **Weltgeld**, allgemeines Kauf- und Zahlungsmittel, absolut gesellschaftliche Verkörperung des Reichthums. Und mit dieser Eigenschaft des edlen Metalls tritt vor die einzelnen Wirthschaftskommunisten ein neues Motiv zur Schatzbildung, zur Bereicherung, zum Wucher, das Motiv, sich gegenüber der Kommüne und jenseits ihrer Grenzen frei und unabhängig zu bewegen und den aufgehäuften Einzelreichthum auf dem Weltmarkt zu verwerthen. Die Wucherer verwandeln sich in Händler mit dem Zirkulationsmittel, in Banquiers, in Beherrscher des Zirkulationsmittels und des Weltgelds, damit in Beherrscher der Produktion, und damit in Beherrscher der Produktionsmittel, mögen diese auch noch jahrelang dem Namen nach als Eigenthum der Wirthschafts- und Handelskommüne figuriren. Damit sind aber die in Banquiers übergegangenen Schatzbildner und Wucherer auch die Herren der Wirthschafts- und Handelskommüne selbst. Die „Sozialität" des Herrn Dühring unterscheidet sich in der That sehr wesentlich von den „Nebelhaftigkeiten" der übrigen Sozialisten. Sie hat weiter keinen Zweck als die Wiedererzeugung der hohen Finanz, unter deren Kontrolle und für deren Säckel sie sich tapfer abarbeiten wird — wenn sie überhaupt zusammenkommt und zusammenhält. Die einzige Rettung für sie läge darin, daß die Schatzbildner vorzögen, vermittelst ihres Weltgeldes eiligst aus der Kommüne — davon zu laufen

Bei der in Deutschland herrschenden ausgedehnten Unbekanntschaft mit dem älteren Sozialismus könnte nun ein unschuldiger Jüngling die Frage aufwerfen, ob nicht auch z. B. die Owen'schen Arbeitsmarken zu einem ähnlichen Mißbrauch Anlaß geben könnten. Obwohl wir hier nicht die Bedeutung dieser Arbeitsmarken zu entwickeln haben, so mag doch zur Vergleichung des Dühringschen „umfassenden Schematismus" mit den „rohen, matten und dürftigen Ideen" Owens Folgendes Platz finden: Erstens wäre zu einem solchen Mißbrauch der

Owenschen Arbeitsmarken ihre Verwandlung in wirkliches Geld nöthig, während Herr Dühring wirkliches Geld voraussetzt, ihm aber verbieten will, anders als bloße Arbeitsmarke zu fungiren. Während dort wirklicher Mißbrauch stattfände, setzt sich hier die immanente, vom menschlichen Willen unabhängige Natur des Geldes durch, setzt das Geld seinen ihm eigenthümlichen, richtigen Gebrauch durch gegenüber dem Mißbrauch, den Herr Dühring ihm aufzwingen will kraft seiner eignen Unwissenheit über die Natur des Geldes. Zweitens sind bei Owen die Arbeitsmarken nur eine Uebergangsform zur vollständigen Gemeinschaft und freien Benutzung der gesellschaftlichen Ressourcen, nebenbei höchstens noch ein Mittel, dem britischen Publikum den Kommunismus plausibel zu machen. Wenn also etwelcher Mißbrauch die Owensche Gesellschaft zur Abschaffung der Arbeitsmarken zwingen sollte, so thut diese Gesellschaft einen Schritt weiter voran zu ihrem Ziel und tritt in eine vollkommenere Entwicklungsstufe ein. Schafft dagegen die Dühringsche Wirthschaftskommüne das Geld ab, so vernichtet sie mit einem Schlage ihre „menschheitsgeschichtliche Tragweite", so beseitigt sie ihre eigenthümlichste Schönheit, hört auf Dühringsche Wirthschaftskommüne zu sein und sinkt herab zu den Nebelhaftigkeiten, aus denen sie herauszuheben Herr Dühring soviel saure Arbeit der rationellen Phantasie aufgewandt hat*).

Woraus entstehn nun alle die sonderbaren Irrungen und Wirrungen, in denen die Dühringsche Wirthschaftskommüne herumfährt? Einfach aus der Nebelhaftigkeit, die im Kopf des Herrn Dühring die Begriffe von Werth und Geld umhüllt, und die ihn schließlich dahin treibt, den Werth der Arbeit entdecken zu wollen. Da aber Herr Dühring keineswegs das Monopol solcher Nebelhaftigkeit für Deutschland besitzt, im Gegentheil zahlreiche Konkurrenz findet, so wollen wir „uns einen Augenblick überwinden, das Knäuel aufzulösen", das er hier angerichtet hat.

---

*) Beiläufig ist die Rolle, die die Arbeitsmarken in der Owenschen kommunistischen Gesellschaft spielen, dem Herrn Dühring gänzlich unbekannt. Er kennt diese Marken — aus Sargant — nur, soweit sie in den, natürlich fehlgeschlagenen, Labour Exchange Bazars figuriren, Versuchen vermittelst direkten Arbeitsaustausches aus der bestehenden in die kommunistische Gesellschaft überzuführen.

Der einzige Werth, den die Oekonomie kennt, ist der Werth von Waaren. Was sind Waaren? Produkte, erzeugt in einer Gesellschaft mehr oder weniger vereinzelter Privatproduzenten, also zunächst Privatprodukte. Aber diese Privatprodukte werden erst Waaren, sobald sie nicht für den Selbstverbrauch, sondern für den Verbrauch durch Andre, also für den gesellschaftlichen Verbrauch produzirt werden; sie treten ein in den gesellschaftlichen Verbrauch durch den Austausch. Die Privatproduzenten stehn also in einem gesellschaftlichen Zusammenhang, bilden eine Gesellschaft. Ihre Produkte, obwohl Privatprodukte jedes Einzelnen, sind daher gleichzeitig, aber unabsichtlich und gleichsam widerwillig, auch gesellschaftliche Produkte. Worin besteht nun der gesellschaftliche Charakter dieser Privatprodukte? Offenbar in zwei Eigenschaften: erstens darin, daß sie alle irgend ein menschliches Bedürfniß befriedigen, einen Gebrauchswerth haben nicht nur für den Produzenten, sondern auch für Andre: und zweitens darin, daß sie, obwohl Produkte der verschiedensten Privatarbeiten, gleichzeitig Produkte menschlicher Arbeit schlechthin, allgemein menschlicher Arbeit sind. Insofern sie auch für Andre einen Gebrauchswerth haben, können sie überhaupt in den Austausch treten; insofern in ihnen allen allgemein menschliche Arbeit, einfache Aufwendung menschlicher Arbeitskraft steckt, können sie nach der, in einer jeden steckenden Menge dieser Arbeit mit einander im Austausch verglichen, gleich oder ungleich gesetzt werden. In zwei gleichen Privatprodukten kann, unter gleichbleibenden gesellschaftlichen Verhältnissen, ungleich viel Privatarbeit stecken, aber immer nur gleich viel allgemein menschliche Arbeit. Ein ungeschickter Schmied kann in derselben Zeit fünf Hufeisen machen, in denen ein geschickter zehn macht. Aber die Gesellschaft verwerthet nicht das zufällige Ungeschick des Einen, sie erkennt als allgemein menschliche Arbeit nur Arbeit von jedesmal normalem Durchschnittsgeschick an. Eins der fünf Hufeisen des Ersten hat im Austausch also nicht mehr Werth, als eins der in gleicher Arbeitszeit geschmiedeten zehn des Andern. Nur insofern sie gesellschaftlich nothwendig, enthält die Privatarbeit allgemein menschliche Arbeit.

Indem ich also sage, eine Waare hat diesen bestimmten Werth, sage ich 1) daß sie ein gesellschaftlich nützliches Produkt ist; 2) daß sie von einer Privatperson für Privatrechnung produzirt ist; 3) daß sie, obwohl Produkt von Privatarbeit, dennoch gleichzeitig und gleichsam ohne es zu wissen oder zu wollen, auch Produkt von gesellschaftlicher Arbeit ist, und zwar von einer bestimmten, auf einem gesellschaftlichen Wege, durch den Austausch, festgestellten Menge derselben; 4) drücke ich diese Menge nicht aus in Arbeit selbst, in so und so viel Arbeitsstunden, sondern in einer andern Waare. Wenn ich also sage, diese Uhr ist so viel werth wie dies Stück Tuch und jedes von beiden ist fünfzig Mark werth, so sage ich: in der Uhr, dem Tuch und dem Geld steckt gleich viel gesellschaftliche Arbeit. Ich konstatire also, daß die in ihnen repräsentirte gesellschaftliche Arbeitszeit gesellschaftlich gemessen und gleich gefunden worden ist. Aber nicht direkt, absolut, wie man sonst Arbeitszeit mißt, in Arbeitsstunden oder Tagen u. s. w., sondern auf einem Umweg, vermittelst des Austausches, relativ. Ich kann daher auch dieses festgestellte Quantum Arbeitszeit nicht in Arbeitsstunden ausdrücken, deren Zahl mir unbekannt bleibt, sondern ebenfalls nur auf einem Umweg, relativ, in einer andern Waare, die das gleiche Quantum gesellschaftlicher Arbeitszeit vorstellt. Die Uhr ist so viel werth, wie das Stück Tuch.

Indem aber Waarenproduktion und Waarenaustausch die auf ihnen beruhende Gesellschaft zu diesem Umweg zwingen, zwingen sie ebenso zu seiner möglichsten Verkürzung. Sie sondern aus dem gemeinen Waarenpöbel eine fürstliche Waare aus, in der der Werth aller andern Waaren ein für alle Mal ausdrückbar ist, eine Waare, die als unmittelbare Inkarnation der gesellschaftlichen Arbeit gilt und daher gegen alle Waaren unmittelbar und unbedingt austauschbar wird — das Geld. Das Geld ist im Werthbegriff bereits im Keim enthalten, es ist nur der entwickelte Werth. Aber indem der Waarenwerth sich, gegenüber den Waaren selbst, verselbständigt im Geld, tritt ein neuer Faktor ein in die Waaren produzirende und austauschende Gesellschaft, ein Faktor mit neuen gesellschaftlichen Funktionen und Wirkungen. Wir haben dies vorderhand nur festzustellen, ohne näher darauf einzugehn.

Die Oekonomie der Waarenproduktion ist keineswegs die einzige Wissenschaft, die nur mit relativ bekannten Faktoren zu rechnen hat. Auch in der Physik wissen wir nicht, wie viel einzelne Gasmoleküle in einem gegebenen Gasvolum, Druck und Temperatur ebenfalls gegeben, vorhanden sind. Aber wir wissen, daß, soweit das Boyle'sche Gesetz richtig, ein solches gegebenes Volum irgend welches Gases ebensoviel Moleküle enthält, wie ein gleiches Volum eines beliebigen andern Gases bei gleichem Druck und gleicher Temperatur. Wir können daher die verschiedensten Volume der verschiedensten Gase, unter den verschiedensten Druck- und Temperaturbedingungen, auf ihren Molekulargehalt vergleichen; und wenn wir 1 Liter Gas bei 0° C. und 760 mm. Druck als Einheit annehmen, an dieser Einheit jenen Molekulargehalt messen. — In der Chemie sind uns die absoluten Atomgewichte der einzelnen Elemente ebenfalls unbekannt. Aber wir kennen sie relativ, indem wir ihre gegenseitigen Verhältnisse kennen. Wie also die Waaren= produktion und ihre Oekonomie für die in den einzelnen Waaren steckenden, ihr unbekannten Arbeitsquanta einen relativen Aus= druck erhält, indem sie diese Waaren auf ihren relativen Arbeitsgehalt vergleicht, so verschafft sich die Chemie einen relativen Ausdruck für die Größe der ihr unbekannten Atom= gewichte, indem sie die einzelnen Elemente auf ihr Atomgewicht vergleicht, das Atomgewicht des Einen in Vielfachen oder Bruchtheilen des Andern (Schwefel, Sauerstoff, Wasserstoff) ausdrückt. Und wie die Waarenproduktion das Gold zur ab= soluten Waare, zum allgemeinen Aequivalent der übrigen Waaren, zum Maß aller Werthe erhebt, so erhebt die Chemie den Wasserstoff zur chemischen Geldwaare, indem sie sein Atom= gewicht = 1 setzt und die Atomgewichte aller übrigen Elemente auf Wasserstoff reduzirt, in Vielfachen seines Atomgewichts ausdrückt.

Die Waarenproduktion ist indeß keineswegs die ausschließ= liche Form der gesellschaftlichen Produktion. In dem alt= indischen Gemeinwesen, in der südslavischen Familiengemeinde verwandeln sich die Produkte nicht in Waaren. Die Mitglieder der Gemeinde sind unmittelbar zur Produktion vergesellschaftet, die Arbeit wird nach Herkommen und Bedürfniß vertheilt, die Produkte, soweit sie zur Konsumtion kommen, ebenfalls. Die unmittelbar gesellschaftliche Produktion wie die direkte Ver= theilung schließen allen Waarenaustausch aus, also auch die Verwandlung der Produkte in Waaren (wenigstens innerhalb der Gemeinde), und damit auch ihre Verwandlung in Werthe.

Sobald die Gesellschaft sich in den Besitz der Produktions= mittel setzt und sie in unmittelbarer Vergesellschaftung zur

Produktion verwendet, wird die Arbeit eines Jeden, wie verschieden auch ihr spezifisch nützlicher Charakter sei, von vorn herein und direkt gesellschaftliche Arbeit. Die in einem Produkt steckende Menge gesellschaftlicher Arbeit braucht dann nicht erst auf einem Umweg festgestellt zu werden; die tägliche Erfahrung zeigt direkt an, wieviel davon im Durchschnitt nöthig ist. Die Gesellschaft kann einfach berechnen, wie viel Arbeitsstunden in einer Dampfmaschine, einem Hektoliter Weizen der letzten Ernte, in hundert Quadratmeter Tuch von bestimmter Qualität stecken. Es kann ihr also nicht einfallen, die in den Produkten niedergelegten Arbeitsquanta, die sie alsdann direkt und absolut kennt, noch fernerhin in einem nur relativen, schwankenden, unzulänglichen, früher als Nothbehelf unvermeidlichen Maß, in einem dritten Produkt auszudrücken und nicht in ihrem natürlichen, adäquaten, absoluten Maß, der Zeit. Ebensowenig wie es der Chemie einfallen würde, die Atomgewichte auch dann auf dem Umwege des Wasserstoffatoms relativ auszudrücken, sobald sie im Stande wäre sie absolut, in ihrem adäquaten Maß auszudrücken, nämlich in wirklichem Gewicht, in Billiontel oder Quadrilliontel Gramm. Die Gesellschaft schreibt also unter obigen Voraussetzungen den Produkten auch keine Werthe zu. Sie wird die einfache Thatsache, daß die 100 Quadratmeter Tuch meinetwegen 1000 Arbeitsstunden zu ihrer Produktion erfordert haben, nicht in der schielenden und sinnlosen Weise ausdrücken, sie seien 1000 Arbeitsstunden werth. Allerdings wird auch dann die Gesellschaft wissen müssen, wie viel Arbeit jeder Gebrauchsgegenstand zu seiner Herstellung bedarf. Sie wird den Produktionsplan einzurichten haben nach den Produktionsmitteln, wozu besonders auch die Arbeitskräfte gehören. Die Nutzeffekte der verschiednen Gebrauchsgegenstände, abgewogen unter einander und gegenüber den zu ihrer Herstellung nöthigen Arbeitsmengen, werden den Plan schließlich bestimmen. Die Leute machen Alles sehr einfach ab ohne Dazwischenkunft des vielberühmten „Werths"*).

---

*) Daß obige Abwägung von Nutzeffekt und Arbeitsaufwand bei der Entscheidung über die Produktion Alles ist, was in einer kommunistischen Gesellschaft vom Werthbegriff der politischen Oekonomie übrig bleibt, habe ich schon 1844 ausgesprochen. (Deutsch-franz. Jahrbücher S. 95.) Die wissenschaftliche Begründung dieses Satzes ist aber, wie man sieht, erst durch Marx' „Kapital" möglich geworden.

Der Werthbegriff ist der allgemeinste und daher umfassendste Ausdruck der ökonomischen Bedingungen der Waarenproduktion. Im Werthbegriff ist daher der Keim enthalten, nicht nur des Geldes, sondern auch aller weiter entwickelten Formen der Waarenproduktion und des Waarenaustausches. Darin, daß der Werth der Ausdruck der in der Privatproduktion enthaltenen gesellschaftlichen Arbeit ist, liegt schon die Möglichkeit der Differenz zwischen dieser und der im selben Produkt enthaltenen Privatarbeit. Produzirt also ein Privatproduzent nach alter Weise weiter, während die gesellschaftliche Produktionsweise fortschreitet, so wird ihm diese Differenz empfindlich fühlbar. Dasselbe geschieht, sobald die Gesammtheit der Privatanfertiger einer bestimmten Waarengattung ein den gesellschaftlichen Bedarf überschießendes Quantum davon produzirt. Darin, daß der Werth einer Waare nur in einer andern Waare ausgedrückt, und nur im Austausch gegen sie realisirt werden kann, liegt die Möglichkeit, daß der Austausch überhaupt nicht zu Stande kommt, oder doch nicht den richtigen Werth realisirt. Endlich, tritt die spezifische Waare Arbeitskraft auf den Markt, so bestimmt sich ihr Werth wie der jeder andern Waare, nach der zu ihrer Produktion gesellschaftlich nöthigen Arbeitszeit. In der Werthform der Produktion steckt daher bereits im Keim die ganze kapitalistische Produktionsform, der Gegensatz von Kapitalisten und Lohnarbeitern, die industrielle Reservearmee, die Krisen. Die kapitalistische Produktionsform abschaffen wollen durch Herstellung des „wahren Werths", heißt daher den Katholizismus abschaffen wollen durch die Herstellung des „wahren" Papstes, oder einer Gesellschaft, in der die Produzenten endlich einmal ihr Produkt beherrschen, herstellen durch konsequente Durchführung eine ökonomischen Kategorie, die der umfassendste Ausdruck der Knechtung der Produzenten durch ihr eigenes Produkt ist.

Hat die Waaren produzirende Gesellschaft die den Waaren, als solchen, inhärente Werthform weiter entwickelt zur Geldform, so brechen bereits verschiedne der im Werth noch verborgenen Keime an den Tag. Die nächste und wesentlichste Wirkung ist die Verallgemeinerung der Waarenform. Auch den bisher für direkten Selbstverbrauch produzirten Gegenständen zwingt das Geld Waarenform auf, reißt sie in den Austausch. Damit dringt die Waarenform und das Geld ein in den inneren Haushalt der zur Produktion unmittelbar vergesellschafteten Gemeinwesen, bricht ein Band der Gemeinschaft nach dem andern, und löst das Gemeinwesen auf in einen Haufen von Privatproduzenten. Das Geld setzt zuerst, wie in Indien zu sehen, an die Stelle der gemeinsamen Bodenbebauung die Einzelkultur; später löst es das noch in zeitweilig wiederholter Umtheilung zu Tage tretende gemeinsame Eigenthum am Ackerland auf durch endgültige Aufteilung (z. B. in den Gehöferschaften an der Mosel, beginnend auch in der russischen Gemeinde); endlich drängt es zur Vertheilung des noch übrigen gemeinsamen Wald- und Weidebesitzes. Welche andern, in der Entwicklung der Produktion begründeten Ursachen auch hier mit arbeiten, das Geld bleibt immer das mächtigste Mittel ihrer Einwirkung auf die Gemeinwesen. Und mit derselben Naturnothwendigkeit müßte das Geld, allen „Gesetzen und Verwaltungsnormen" zum Trotz, die Dühring'sche Wirthschaftskommune auflösen, käme sie je zu Stande.

Wir haben bereits oben (Oekonomie, VI) gesehen, daß es ein Widerspruch in sich selbst ist, von einem Werth der Arbeit zu sprechen. Da Arbeit unter gewissen gesellschaftlichen Verhältnissen nicht nur Produkte erzeugt, sondern auch Werth, und dieser Werth durch die Arbeit gemessen wird, so kann sie ebensowenig einen besonderen Werth haben, wie die Schwere als solche ein besondres Gewicht oder die Wärme eine besondre Temperatur. Es ist aber die charakteristische Eigenschaft aller über den wahren „Werth" grübelnden Sozialkonfusion, sich einzubilden, der Arbeiter erhalte in der heutigen Gesellschaft nicht den vollen „Werth" seiner Arbeit und der Sozialismus sei berufen, dem abzuhelfen. Dazu gehört dann zunächst, auszufinden, was der Werth der Arbeit ist; und diesen findet man, indem man versucht, die Arbeit nicht an ihrem adäquaten Maß, der Zeit, zu messen, sondern an ihrem Produkt. Der Arbeiter soll den „vollen Arbeitsertrag" erhalten. Nicht nur Arbeitsprodukt, sondern Arbeit selbst soll unmittelbar austauschbar sein gegen Produkt, eine Arbeitsstunde gegen das Produkt einer andern Arbeitsstunde. Dies hat aber sofort einen sehr „bedenklichen" Haken. Das ganze Produkt wird vertheilt. Die wichtigste progressive Funktion der Gesellschaft, die Akkumulation, wird der Gesellschaft entzogen und in die Hände und die Willkür der Einzelnen gelegt. Die Einzelnen mögen mit ihren „Erträgen" machen was sie wollen, die Gesellschaft bleibt im besten Fall so reich oder so arm wie sie war. Man hat also die in der Vergangenheit akkumulirten Produktionsmittel nur deßhalb in den Händen der Gesellschaft zentralisirt, damit alle in Zukunft akkumulirten Produktionsmittel wieder in den Händen der Einzelnen zersplittert werden. Man schlägt seinen eignen Voraussetzungen ins Gesicht, man ist angekommen bei einer puren Absurdität.

Flüssige Arbeit, thätige Arbeitskraft soll ausgetauscht werden gegen Arbeitsprodukt. Dann ist sie Waare, ebenso wie das Produkt, wogegen sie ausgetauscht werden soll. Dann wird der Werth dieser Arbeitskraft bestimmt keineswegs nach ihrem Produkt, sondern nach der in ihr verkörperten gesellschaftlichen Arbeit, also nach dem heutigen Gesetz des Arbeitslohns.

Aber das soll ja gerade nicht sein. Die flüssige Arbeit, die Arbeitskraft soll austauschbar sein gegen ihr volles Produkt. Das heißt, sie soll austauschbar sein nicht gegen ihren **Werth**, sondern gegen ihren **Gebrauchswerth**; das Werthgesetz soll für alle andern Waaren gelten, aber es soll aufgehoben sein für die Arbeitskraft. Und diese sich selbst aufhebende Konfusion ist es, die sich hinter dem „Werth der Arbeit" verbirgt.

Der „Austausch von Arbeit gegen Arbeit nach dem Grundsatz der gleichen Schätzung", soweit er einen Sinn hat, also die Austauschbarkeit von Produkten gleicher gesellschaftlicher Arbeit gegen einander, also das Werthgesetz, ist das Grundgesetz grade der Waarenproduktion, also auch der höchsten Form derselben, der kapitalistischen Produktion. Es setzt sich in der heutigen Gesellschaft durch in derselben Weise, in der allein ökonomische Gesetze in einer Gesellschaft von Privatproduzenten sich durchsetzen können: als in den Dingen und Verhältnissen liegendes, vom Wollen oder Laufen der Produzenten unabhängiges, blind wirkendes Naturgesetz. Indem Herr Dühring dies Gesetz zum Grundgesetz seiner Wirthschaftskommüne erhebt, und verlangt, daß diese es mit vollem Bewußtsein durchführen soll, macht er das Grundgesetz der bestehenden Gesellschaft zum Grundgesetz seiner Phantasiegesellschaft. Er will die bestehende Gesellschaft, aber ohne ihre Mißstände. Er bewegt sich dabei ganz auf demselben Boden wie Proudhon. Wie dieser, will er die Mißstände, die aus der Entwicklung der Waarenproduktion zur kapitalistischen Produktion entstanden sind, beseitigen, indem er ihnen gegenüber das Grundgesetz der Waarenproduktion geltend macht, dessen Bethätigung grade diese Mißstände erzeugt hat. Wie Proudhon, will er die wirklichen Konsequenzen des Werthgesetzes aufheben durch phantastische.

Wie stolz er aber auch hinausreite, unser moderner Don Quijote, auf seiner edlen Rocinante, dem „universellen Prinzip der Gerechtigkeit", und gefolgt von seinem wackeren Sancho Panza Abraham Enß, auf der irrenden Ritterfahrt zur Eroberung des Helms des Mambrin, des „Werths der Arbeit" — wir fürchten, wir fürchten, er bringt nichts heim, als das alte bekannte Barbierbecken.

V. Staat, Familie, Erziehung.

Mit den beiden vorigen Abschnitten hätten wir nun den ökonomischen Inhalt der „neuen sozialitären Gebilde" des Herrn Dühring so ziemlich erschöpft. Höchstens wäre noch zu bemerken, daß „die universelle Weite des geschichtlichen Umblicks" ihn keineswegs verhindert, seine Spezialinteressen wahrzunehmen, auch abgesehn von der bekannten mäßigen Mehrkonsumtion. Da die alte Theilung der Arbeit in der Sozialität fortbesteht, wird die Wirthschaftskommüne außer mit Architekten und Karrenschiebern auch mit Literaten von Profession zu rechnen haben, wobei dann die Frage entsteht, wie es alsdann mit dem Autorrecht gehalten werden soll. Diese Frage beschäftigt Herrn Dühring mehr als jede andre. Ueberall, z. B. bei Gelegenheit von Louis Blanc und Proudhon, geräth das Autorrecht dem Leser zwischen die Beine, um endlich auf neun Seiten des Kursus des Breitern breitgetreten und in der Form einer mysteriösen „Arbeitsbelohnung" — ob mit oder ohne mäßige Mehrkonsumtion wird nicht gesagt — glücklich in den Hafen der Sozialität hinüber gerettet zu werden. Ein Kapitel über die Stellung der Flöhe im natürlichen System der Gesellschaft wäre ebenso angebracht gewesen und jedenfalls weniger langweilig.

Ueber die Staatsordnung der Zukunft gibt die „Philosophie" ausführliche Vorschriften. Hier hat Rousseau, obwohl

„der einzige bedeutende Vorgänger" des Herrn Dühring, dennoch den Grund nicht tief genug gelegt"; sein tieferer Nachfolger hilft dem gründlich ab, indem er den Rousseau aufs Alleräußerste verwässert und mit ebenfalls zu breiter Bettelsuppe verkochten Abfällen der Hegelschen Rechtsphilosophie versetzt. „Die Souverainetät des Individuums" bildet die Grundlage des Dühringschen Zukunftsstaates; sie soll in der Herrschaft der Majorität nicht unterdrückt werden, sondern erst recht kulminiren. Wie geht das zu? Sehr einfach. „Wenn man in allen Richtungen Uebereinkünfte eines Jeden mit jedem Andern voraussetzt, und wenn diese Verträge die gegenseitige Hülfeleistung gegen ungerechte Verletzungen zum Gegenstande haben — alsdann wird nur die Macht zur Aufrechterhaltung des Rechts verstärkt, und aus keiner bloßen Uebergewalt der Menge über den Einzelnen oder der Mehrheit über die Minderheit ein Recht abgeleitet." Mit solcher Leichtigkeit setzt die lebendige Kraft des wirklichkeitsphilosophischen Hokuspokus über die unpassirbarsten Hindernisse hinweg, und wenn der Leser meint, er sei hiernach nicht klüger als zuvor, so antwortet ihm Herr Dühring, er möge die Sache nur ja nicht so leicht nehmen, denn „der geringste Fehlgriff in der Auffassung der Rolle des Gesammtwillens würde die Souverainetät des Individuums vernichten, und diese Souverainetät ist es allein, was (!) zur Ableitung wirklicher Rechte führt." Herr Dühring behandelt sein Publikum ganz wie es verdient, wenn er es zum Besten hält. Er konnte sogar noch bedeutend dicker auftragen; die Studiosen der Wirklichkeitsphilosophie hätten es doch nicht gemerkt.

Die Souverainetät des Individuums besteht nun wesentlich darin, daß „der Einzelne dem Staat gegenüber in absoluter Weise gezwungen wird," dieser Zwang aber sich nur insoweit rechtfertigen kann, als er „wirklich der natürlichen Gerechtigkeit dient". Zu diesem Zweck wird es „Gesetzgebung und Richterthum" geben, aber sie „müssen bei der Gesammtheit bleiben"; ferner einen Wehrbund, der sich im „Zusammenstehn im Heere oder in einer zum innern Sicherheitsdienste gehörigen Exekutivabtheilung" äußert, also auch Armee, Polizei, Gensdarmen. Herr Dühring hat sich zwar schon so oft als braver Preuße bewährt; hier beweist er seine Ebenbürtigkeit mit jenem Musterpreußen, der nach dem weiland Minister von

Rochow „seinen Gensdarmen in der Brust trägt". Diese Zukunftsgensdarmerie wird aber nicht so gefährlich sein, wie die heutigen „Zarucker". Was sie auch an dem souverainen Individuum verüben möge, dieses hat immer einen Trost: „das Recht oder Unrecht, welches ihm alsdann, je nach den Umständen von Seiten der freien Gesellschaft widerfährt, kann nie etwas Schlimmeres sein, als was auch der Naturzustand mit sich bringen würde"! Und dann, nachdem Herr Dühring uns noch einmal über sein unvermeidliches Autorrecht hat stolpern lassen, versichert er uns, es werde in seiner Zukunftswelt eine „selbstverständlich völlig freie und allgemeine Advokatur" geben. „Die heute erdachte freie Gesellschaft" wird immer gemischter. Architekten, Karrenschieber, Literaten, Gensdarmen, und nun auch noch Advokaten! Dies „solide und kritische Gedankenreich" gleicht aufs Haar den verschiedenen Himmelreichen der verschiedenen Religionen, in denen der Gläubige immer das verklärt wiederfindet, was ihm sein irdisches Leben versüßt hat. Und Herr Dühring gehört ja dem Staate an, wo „Jeder nach seiner Façon selig werden kann". Was wollen wir mehr?

Was wir wollen mögen, ist indeß hier gleichgültig. Es kommt darauf an, was Herr Dühring will. Und dieser unterscheidet sich von Friedrich II. dadurch, daß im Dühringschen Zukunftsstaat keineswegs Jeder nach seiner Façon selig werden kann. In der Verfassung dieses Zukunftsstaates heißt es: „In der freien Gesellschaft kann es keinen Kultus geben; denn von Jedem ihrer Glieder ist die kindische Ureinbildung überwunden, daß es hinter oder über der Natur Wesen gebe, auf die sich durch Opfer oder Gebete wirken lasse." Ein „richtig verstandenes Sozialitätssystem hat daher . . . . alle Zurüstungen zur geistlichen Zauberei und mithin alle wesentlichen Bestandtheile der Kulte abzuthun". Die Religion wird verboten.

Nun ist alle Religion nichts andres als die phantastische Wiederspiegelung, in den Köpfen der Menschen, derjenigen äußern Mächte, die ihr alltägliches Dasein beherrschen, eine Wiederspiegelung, in der die irdischen Mächte die Form von überirdischen annehmen. In den Anfängen der Geschichte sind es zuerst die Mächte der Natur, die diese Rückspiegelung erfahren und in der weiteren Entwicklung bei den verschiedenen

Völkern die mannichfachsten und buntesten Personifikationen durchmachen. Dieser erste Prozeß ist wenigstens für die indoeuropäischen Völker durch die vergleichende Mythologie bis auf seinen Ursprung in den indischen Vedas zurückverfolgt und in seinem Fortgang bei Indern, Persern, Griechen, Römern, Germanen, und soweit das Material reicht, auch bei Celten, Litauern und Slaven, im Einzelnen nachgewiesen worden. Aber bald treten neben den Naturmächten auch gesellschaftliche Mächte in Wirksamkeit, Mächte, die den Menschen ebenso fremd und im Anfang ebenso unerklärlich gegenüberstehn, sie mit derselben scheinbaren Naturnothwendigkeit beherrschen, wie die Naturmächte selbst. Die Phantasiegestalten, in denen sich anfangs nur die geheimnißvollen Kräfte der Natur wiederspiegelten, erhalten damit gesellschaftliche Attribute, werden Repräsentanten geschichtlicher Mächte.*) Auf einer noch weiteren Entwicklungsstufe werden sämmtliche natürlichen und gesellschaftlichen Attribute der vielen Götter auf Einen allmächtigen Gott übertragen, der selbst wieder nur der Reflex des abstrakten Menschen ist. So entstand der Monotheismus, der geschichtlich das letzte Produkt der späteren griechischen Vulgärphilosophie war und im jüdischen ausschließlichen Nationalgott Jahve seine Verkörperung vorfand. In dieser bequemen, handlichen und Allem anpaßbaren Gestalt kann die Religion fortbestehn als unmittelbare, d. h. gefühlsmäßige Form des Verhaltens der Menschen zu den sie beherrschenden fremden, natürlichen und gesellschaftlichen Mächten, so lange die Menschen unter der Herrschaft solcher Mächte stehn. Wir haben aber mehrfach gesehn, daß in der heutigen bürgerlichen Gesellschaft die Menschen von den von ihnen selbst geschaffenen ökonomischen Verhältnissen, von den von ihnen selbst produzirten Produktionsmitteln wie von einer fremden Macht beherrscht werden. Die thatsächliche Grundlage der religiösen Reflexaktion dauert also fort, und mit ihr der religiöse Reflex selbst. Und wenn auch die bürgerliche

---

*) Dieser spätere Doppelcharakter der Göttergestalten ist ein von der vergleichenden Mythologie, die sich einseitig an deren Charakter als Reflexe von Naturmächten hält, übersehener Grund der später einreißenden Verwirrung der Mythologien. So heißt bei einigen germanischen Stämmen der Kriegsgott altnord. Tyr, althochd. Zio, entspricht also dem griech. Zeus, lat. Jupiter für Diu-piter; bei andern Er, Eor, entspricht also dem griech. Ares, lat. Mars.

Engels, Dühring. 20

Oekonomie eine gewisse Einsicht in den ursächlichen Zusammenhang dieser Fremdherrschaft eröffnet, so ändert dies der Sache nach nichts. Die bürgerliche Oekonomie kann weder die Krisen im Ganzen verhindern, noch den einzelnen Kapitalisten vor Verlusten, schlechten Schulden und Bankerott, oder den einzelnen Arbeiter vor Arbeitslosigkeit und Elend schützen. Es heißt noch immer: der Mensch denkt und Gott (d. h. die Fremdherrschaft der kapitalistischen Produktionsweise) lenkt. Die bloße Erkenntniß, und ginge sie weiter und tiefer als die der bürgerlichen Oekonomie, genügt nicht, um gesellschaftliche Mächte der Herrschaft der Gesellschaft zu unterwerfen. Dazu gehört vor allem eine gesellschaftliche That. Und wenn diese That vollzogen, wenn die Gesellschaft durch Besitzergreifung und planvolle Handhabung der gesammten Produktionsmittel sich selbst und alle ihre Mitglieder aus der Knechtung befreit hat, in der sie gegenwärtig gehalten werden durch diese von ihnen selbst produzirten, aber ihnen als übergewaltige fremde Macht gegenüberstehenden Produktionsmittel, wenn der Mensch also nicht mehr bloß denkt, sondern auch lenkt, dann erst verschwindet die letzte fremde Macht, die sich jetzt noch in der Religion wiederspiegelt und damit verschwindet auch die religiöse Wiederspiegelung selbst, aus dem einfachen Grunde, weil es dann nichts mehr wiederzuspiegeln gibt.

Herr Dühring dagegen kann es nicht abwarten bis die Religion dieses ihres natürlichen Todes verstirbt. Er verfährt wurzelhafter. Er überbismarckt den Bismarck; er dekretirt verschärfte Maigesetze, nicht blos gegen den Katholizismus, sondern gegen alle Religion überhaupt; er hetzt seine Zukunftsgensdarmen auf die Religion und verhilft ihr damit zum Märtyrerthum und zu einer verlängerten Lebensfrist. Wohin wir blicken, spezifisch preußischer Sozialismus.

Nachdem Herr Dühring so die Religion glücklich vernichtet, „kann nun der allein auf sich und die Natur gestellte und zur Erkenntniß seiner Kollektivkräfte gereifte Mensch kühn alle Wege einschlagen, die ihm der Lauf der Dinge und sein eignes Wesen eröffnen." Betrachten wir nun zur Abwechslung, welchen „Lauf der Dinge" der auf sich selbst gestellte Mensch an der Hand des Herrn Dühring kühn einschlagen kann.

Der erste Lauf der Dinge, wodurch der Mensch auf sich selbst gestellt wird, ist der, geboren zu werden. Dann bleibt er für die Zeit der natürlichen Unmündigkeit der „natürlichen Erzieherin der Kinder", der Mutter anvertraut. „Diese Periode mag, wie im alten römischen Recht, bis zur Pubertät, also etwa bis zum 14. Jahre reichen." Nur wo ungezogene ältere Knaben das Ansehn der Mutter nicht gehörig respektiren, wird der väterliche Beistand, namentlich aber die öffentlichen Erziehungsvorkehrungen diesen Mangel unschädlich machen. Mit der Pubertät tritt das Kind unter „die natürliche Vormundschaft des Vaters", wenn nämlich ein solcher mit „unbestrittener wirklicher Vaterschaft" vorhanden ist; andernfalls stellt die Gemeinde einen Vormund.

Wie Herr Dühring sich früher vorstellte, man könne die kapitalistische Produktionsweise durch die gesellschaftliche ersetzen, ohne die Produktion selbst umzugestalten, so bildet er sich hier ein, man könne die modern-bürgerliche Familie von ihrer ganzen ökonomischen Grundlage losreißen, ohne dadurch ihre ganze Form zu verändern. Diese Form ist für ihn so unwandelbar, daß er sogar das „alte römische Recht", wenn auch in etwas „veredelter" Gestalt, für die Familie in alle Ewigkeit maßgebend macht und sich eine Familie nur als „vererbende", d. h. als besitzende Einheit vorstellen kann. Die Utopisten stehen hier weit über Herrn Dühring. Ihnen war mit der freien Vergesellschaftung der Menschen und der Verwandlung der häuslichen Privatarbeit in eine öffentliche Industrie auch die Vergesellschaftung der Jugenderziehung, und damit ein wirklich freies gegenseitiges Verhältniß der Familienglieder unmittelbar gegeben. Und ferner hat bereits Marx (Kapital S. 515 und folg.) nachgewiesen, wie „die große Industrie mit der entscheidenden Rolle, die sie den Weibern, jungen Personen und Kindern beiderlei Geschlechts in gesellschaftlich organisirten Produktionsprozessen jenseits des Hauswesens zuweist, die neue ökonomische Grundlage schafft für eine höhere Form der Familie und des Verhältnisses beider Geschlechter."

„Jeder sozialreformatorische Phantast, sagt Herr Dühring, hat natürlich die seinem neuen sozialen Leben entsprechende Pädagogik in Bereitschaft." An diesem Satze gemessen, erscheint Herr Dühring als „ein wahres Monstrum" unter den sozialreformatorischen Phantasten. Die Zukunftsschule beschäftigt ihn mindestens ebensoviel wie das Autorrecht und das will wahrhaftig viel sagen. Nicht nur für die ganze „absehbare Zukunft" hat er Schulplan und Universitätsplan fix und fertig, sondern auch für die Uebergangsperiode. Beschränken wir uns indeß darauf, was der Jugend beiderlei Geschlechts in der endgültigen Sozialität letzter Instanz beigebracht werden soll.

Die allgemeine Volksschule bietet „Alles, was an sich selbst und prinzipiell für den Menschen einen Reiz haben kann", also namentlich „die Grundlagen und Hauptergebnisse aller die Welt- und Lebensansichten berührenden Wissenschaften." Sie lehrt also vor Allem Mathematik und zwar so, daß der Kreis aller prinzipiellen Begriffe und Mittel" vom einfachen Zählen und Addiren bis zur Integralrechnung „vollständig durchmessen" wird. Das heißt aber nicht, daß in dieser Schule wirklich differenzirt und integrirt werden soll, im Gegentheil. Es sollen vielmehr dort ganz neue Elemente der Gesammtmathematik gelehrt werden, die sowohl die gewöhnliche elementare, wie auch die höhere Mathematik im Keime in sich enthalten. Obwohl nun Herr Dühring von sich behauptet, auch schon „den Inhalt der Lehrbücher" dieser Zukunftsschule „in seinen Hauptzügen schematisch vor Augen" zu haben, so hat es ihm doch leider bis jetzt nicht gelingen wollen, diese „Elemente der gesammten Mathematik" zu entdecken; und was er nicht leisten kann, das „ist auch wirklich erst von den freien und gesteigerten Kräften des neuen Gesellschaftszustandes zu erwarten." Wenn aber die Trauben der Zukunftsmathematik einstweilen noch sehr sauer sind, so wird die Astronomie, Mechanik und Physik der Zukunft destoweniger Schwierigkeiten machen und „den Kern aller Schulung abgeben", während Pflanzen- und Thierkunde, mit ihrer, trotz aller Theorien, noch immer vornehmlich beschreibenden Art und Weise ... mehr zur leichteren Unterhaltung" dienen werden. So stehts gedruckt, Philosophie S. 417. Herr Dühring kennt bis auf den heutigen Tag keine andre, als eine vornehmlich beschreibende Pflanzen- und Thierkunde. Die ganze organische Morphologie, die die vergleichende Anatomie, Embryologie und Paläontologie der organischen Welt umfaßt, ist ihm selbst dem Namen nach unbekannt. Während hinter seinem Rücken im Bereich der Biologie ganz neue Wissenschaften fast zu Dutzenden entstehen, holt sein kindliches Gemüth sich noch immer „die eminent modernen Bildungselemente der naturwissenschaftlichen Denkweise" aus Raffs Naturgeschichte für Kinder und oktroyirt diese Verfassung der organischen Welt ebenfalls der ganzen „absehbaren Zukunft". Die Chemie ist, wie gewöhnlich bei ihm, auch hier total vergessen worden.

Für die ästhetische Seite des Unterrichts wird Herr Dühring alles neu zu schaffen haben. Die bisherige Poesie taugt dazu nicht. Wo alle Religion verboten ist, kann die bei den frühern Poeten übliche „Zurüstung mythologischer oder sonst religiöser Art" selbstredend nicht in der Schule geduldet werden. Auch „der poetische Mysticismus, wie ihn z. B. Göthe stark gepflegt hat", ist verwerflich. Herr Dühring wird sich also selbst entschließen müssen, uns jene dichterische Meisterwerke zu liefern, die „den höheren Ansprüchen einer mit dem Verstande ausgeglichenen Phantasie entsprechen" und das echte Ideal darstellen, welches „die Vollendung der Welt bedeutet." Möge er nicht damit zaudern. Welterobernd kann die Wirthschaftskommüne erst wirken, sobald sie in dem mit dem Verstande ausgeglichenen Sturmschritt des Alexandriners einherwandelt.

Mit der Philologie wird der heranwachsende Zukunftsbürger nicht viel geplagt werden. „Die todten Sprachen kommen ganz in Wegfall . . . . die fremden lebenden Sprachen aber werden . . . . etwas Nebensächliches bleiben." Nur wo der Verkehr unter den Völkern sich auf die Bewegung der Volksmassen selbst erstreckt, sollen sie Jedem in leichter Weise, je nach Bedürfniß, zugänglich gemacht werden. „Die wirklich bildende Sprachschulung" wird gefunden in einer Art allgemeiner Grammatik und namentlich in „Stoff und Form der eignen Sprache". — Die nationale Bornirtheit der heutigen Menschen ist noch viel zu kosmopolitisch für Herrn Dühring. Er will auch noch die beiden Hebel abschaffen, die in der heutigen Welt wenigstens die Gelegenheit zur Erhebung über den beschränkten nationalen Standpunkt bieten: die Kenntniß der alten Sprachen, die wenigstens den klassisch gebildeten Leuten aller Völker, einen gemeinsamen erweiterten Horizont eröffnet, und die Kenntniß der neueren Sprachen, vermittelst deren die Leute der verschiedenen Nationen allein unter einander sich verständigen und sich mit dem bekannt machen können, was außerhalb ihrer eignen Grenzen vorgeht. Dagegen soll die Grammatik der Landessprache gründlich eingepaukt werden. „Stoff und Form der eignen Sprache" sind aber nur dann verständlich, wenn man ihre Entstehung und allmählige Entwicklung verfolgt, und dies ist nicht möglich, ohne Berücksichtigung erstens ihrer eignen abgestorbenen Formen und zweitens der verwandten lebenden und todten Sprachen. Damit sind wir aber wieder auf dem ausdrücklich verbotenen Gebiet. Wenn aber hiermit Herr Dühring die ganze moderne historische Grammatik aus seinem Schulplan ausstreicht, so bleibt ihm nichts für den Sprachunterricht, als die altfränkische, ganz im Styl der alten klassischen Philologie zugestutzte, technische Grammatik mit allen ihren, auf dem Mangel an geschichtlicher Grundlage beruhenden Kasuistereien und Willkürlichkeiten. Der Haß gegen die alte Philologie bringt ihn dazu, das allerschlechteste Produkt der alten Philologie zum „Mittelpunkt der wirklich bildenden Sprachschulung" zu erheben. Man sieht klar, daß wir es mit einem Sprachgelehrten zu thun haben, der von der ganzen, seit sechzig Jahren so gewaltig und so erfolgreich entwickelten historischen Sprachforschung nie reden gehört hat, und der daher „die eminent moderne Bildungselemente" der Sprachschulung nicht sucht bei Bopp, Grimm und Diez, sondern bei Heyse und Becker seligen Andenkens.

Mit allem Diesem wäre aber der angehende Zukunftsbürger noch lange nicht „auf sich selbst gestellt". Hierzu gehört wieder eine tiefere Grundlegung, vermittelst der „Aneignung der letzten philosophischen Grundlagen". Eine solche Vertiefung wird aber . . . nichts weniger als eine Riesenaufgabe bleiben" seitdem Herr Dühring hier reine Bahn gemacht hat. In der That, „säubert man das wenige strenge Wissen, dessen sich die allgemeine Schematik der Seins rühmen kann, von den falschen, scholastischen Verschnörkelungen, und entschließt man sich, überall nur die" von Herrn Dühring „beglaubigte Wirklichkeit gelten zu lassen", so ist die Elementarphilosophie auch der Zukunftsjugend vollständig zugänglich gemacht. „Man erinnere sich der höchst einfachen Wendungen, mit denen wir den Unendlichkeitsbegriffen und deren Kritik zu einer bisher ungekannten Tragweite verholfen haben" — so ist „gar nicht abzusehen, warum die durch die gegenwärtige Vertiefung und Verschärfung so einfach gestalteten Elemente der universellen Raum- und Zeitauffassung nicht schließlich in die Reihe der Vorkenntnisse übergehen sollten . . . die wurzelhaftesten Gedanken" des Herrn Dühring „dürfen in der universellen Bildungssystematik der neuen Gesellschaft keine Nebenrolle spielen." Der sich selbst gleiche Zustand der Materie und die abgezählte Unzahl sind im Gegentheil dazu berufen, den Menschen „nicht nur auf eignen Füße stehn, sondern auch aus sich selbst wissen zu lassen, daß er das sogenannte A b s o l u t e u n t e r d e n F ü ß e n h a t."

Die Volksschule der Zukunft, wie man sieht, ist nichts als eine etwas „veredelte" preußische Pennalia, auf der Griechisch und Lateinisch durch etwas mehr reine und angewandte Mathematik und namentlich durch die Elemente der Wirklichkeitsphilosophie ersetzt und der deutsche Unterricht wieder auf Becker selig, also etwa bis auf Tertia heruntergebracht wird. Es ist in der That „gar nicht abzusehn", warum die nunmehr von uns auf allen von ihm berührten Gebieten als höchst schülerhaft nachgewiesenen „Kenntnisse" des Herrn Dühring oder vielmehr was nach vorgängiger gründlicher „Säuberung" überhaupt von ihnen übrig bleibt, nicht sammt und sonders „schließlich in die Reihe der Vorkenntnisse übergehen sollten", sintemal sie diese Reihe in Wirklichkeit nie verlassen haben. Freilich hat Herr Dühring auch etwas davon läuten gehört, daß in der sozialistischen Gesellschaft Arbeit und Erziehung verbunden, und dadurch eine vielseitige technische Ausbildung, sowie eine praktische Grundlage für die wissenschaftliche Erziehung gesichert werden solle; auch dieser Punkt wird daher für die Sozialität in üblicher Weise dienstbar gemacht. Da aber, wie wir sahen, die alte Arbeitstheilung in der Dühringschen Zukunftsproduktion im Wesentlichen ruhig fortbesteht, so ist dieser technischen Schulbildung jede spätere praktische Anwendung, jede Bedeutung für die Produktion selbst, abgeschnitten, sie hat eben nur einen Schulzweck: sie soll die Gymnastik ersetzen, von der unser wurzelhafter Umwälzer nichts wissen will. Er kann uns daher auch nur ein paar Phrasen bieten, wie z. B.: „die Jugend und das Alter arbeiten im ernsten Sinne des Worts". Wahrhaft jammervoll aber erscheint diese haltungslose und inhaltslose Kannegießerei, wenn man sie vergleicht mit der Stelle im Kapital, S. 508—515, wo Marx den Satz entwickelt, daß „aus dem Fabriksystem, wie man im Detail bei Robert Owen verfolgen kann, der **Keim der Erziehung der Zukunft** entsproß, welche für alle Kinder über einem gewissen Alter produktive Arbeit mit Unterricht und Gymnastik verbinden wird, nicht nur als eine Methode zu Steigerung der gesellschaftlichen Produktion, sondern als die einzige Methode zur Produktion vollseitig entwickelter Menschen."

Uebergehn wir die Universität der Zukunft, in der die Wirklichkeitsphilosophie den Kern alles Wissens bilden wird, und in der neben der medizinischen auch die juristische Fakultät in voller Blüthe fortbesteht; übergehn wir auch die „speziellen Fachanstalten", von denen wir blos erfahren, daß sie nur „für ein paar Gegenstände" gelten sollen. Nehmen wir an, der junge Zukunftsbürger sei nach Absolvirung aller Schulkurse endlich soweit „auf sich gestellt", daß er sich nach einer Frau umsehen kann. Welchen Lauf der Dinge eröffnet ihm hier Herr Dühring?

„Angesichts der Bedeutsamkeit der Fortpflanzung für Festhaltung, Ausmerzung und Mischung, sowie sogar für neue gestaltende Entwicklung von Eigenschaften, muß man die letzten Wurzeln des Menschlichen oder Unmenschlichen zu einem großen Theil in der geschlechtlichen Gesellung und Auswahl und überdies noch in der Sorge für oder gegen einen bestimmten Ausfall der Geburten suchen. Das Gericht über die Wüstheit und Stumpfheit, welche in diesem Gebiet herrschen, muß praktisch einer späteren Epoche überlassen bleiben. Jedoch ist wenigstens soviel von vornherein auch unter dem Druck der Vorurtheile begreiflich zu machen, daß weit mehr als die Zahl, sicherlich die der Natur oder menschlichen Umsicht gelungene oder mißlungene Beschaffenheit der Geburten in Anschlag kommen muß. Ungeheuer sind allerdings zu allen Zeiten und unter allen Rechtszuständen der Vernichtung anheim gegeben worden; aber die Stufenleiter vom Regelrechten bis zur Verzerrung in das nicht mehr Menschenähnliche hat viele Sprossen... Wird dem Entstehen eines Menschen vorgebeugt, der doch nur ein schlechtes Erzeugniß werden würde, so ist diese Thatsache offenbar ein Vortheil." Ebenso heißt es an einer andern Stelle: „Der philosophischen Betrachtung kann es nicht schwer fallen, das Recht der ungeborenen Welt auf eine möglichst gute Komposition... zu begreifen... Die Konzeption und allenfalls auch noch die Geburt bieten die Gelegenheit dar, um in dieser Beziehung eine vorbeugende oder ausnahmsweise auch sichtende Fürsorge eintreten zu lassen". Und ferner: „Die griechische Kunst, den Menschen in Marmor zu idealisiren, wird nicht das gleiche geschichtliche Gewicht behalten können, sobald die weniger künstlerisch spielende und daher für das Lebensschicksal der Millionen weit ernstere Aufgabe in die Hand genommen wird, die Menschenbildung in Fleisch und Blut zu vervollkommnen. Diese Art Kunst ist keine blos steinerne, und ihre Aesthetik betrifft nicht die Anschauung todter Formen" u. s. w.

Unser angehender Zukunftsbürger fällt aus den Wolken. Daß es sich beim Heirathen um keine blos steinerne Kunst handelt, auch nicht um die Anschauung todter Formen, das wußte er allerdings auch ohne Herrn Dühring; aber dieser hatte ihm ja versprochen, er könne alle Wege einschlagen, die ihm der Lauf der Dinge und sein eigenes Wesen eröffnen, um ein mitempfindendes weibliches Herz sammt dazugehörigem Körper zu finden. Keineswegs, donnert ihm jetzt die „tiefere und strengere Moralität" entgegen. Es handelt sich zuerst darum, die Wüstheit und Stumpfheit abzulegen, die auf dem Gebiet der geschlechtlichen Gesellung und Auswahl herrschen, und dem Recht der neugebornen Welt auf eine möglichst gute Komposition Rechnung zu tragen. Es handelt sich für ihn in diesem feierlichen Moment, darum die Menschenbildung in Fleisch und Blut zu vervollkommnen, sozusagen ein Phidias in Fleisch und Blut zu werden. Wie das anfangen? Die obigen mysteriösen Aeußerungen des Herrn Dühring geben ihm nicht die geringste Anleitung dazu, obwohl dieser selbst sagt, es sei eine „Kunst". Sollte Herr Dühring vielleicht auch schon ein Handbuch zu dieser Kunst „schematisch vor Augen" haben, ähnlich etwa wie deren so mancherlei heutzutage verklebt im deutschen Buchhandel umlaufen? In der That befinden wir uns hier schon nicht mehr in der Sozialität, sondern vielmehr in der Zauberflöte, nur daß der behäbige Freimaurerpfaff Sarastro kaum als ein „Priester zweiter Klasse" gelten kann, gegenüber unserm tiefern und strengern Moralisten. Die Proben, die jener mit seinem Liebespärchen von Adepten vornahm, sind ein wahres Kinderspiel gegen die Schauerprüfung, die Herr Dühring seinen beiden souverainen Individuen aufnöthigt, ehe er ihnen gestattet, in den Stand der „sittlichen nnd freien Ehe" zu treten. So kann es ja vorkommen, daß unser „auf sich selbst gestellter" Zukunftstamino zwar das sogenannte Absolute unter den Füßen hat, einer dieser Füße aber um ein paar Leitersprossen vom Regelrechten abweicht, so daß böse Zungen ihn einen Klumpfuß nennen. Auch liegt es im Bereich der Möglichkeit, daß seine herzallerliebste Zukunftspamina auf besagtem Absolutem nicht ganz grade steht, in Folge einer leichten Verschiebung zu Gunsten der rechten Schulter, die der Neid sogar für ein gelindes Buckelchen ausgibt. Was dann? Wird unser tieferer und strengerer Sarastro ihnen verbieten, die Kunst der Menschenvervollkommnung in Fleisch und Blut zu praktiziren, wird er seine „vorbeugende Fürsorge" bei der „Konzeption", oder seine „sichtende" bei der „Geburt" geltend machen? Zehn gegen Eins, die Dinge verlaufen anders; das Liebespärchen läßt Sarastro-Dühring stehn und geht zum Standesbeamten.

Halt! ruft Herr Dühring. So war es nicht gemeint. Laßt doch mit Euch reden. Bei den „höheren, echt menschlichen Beweggründen der heilsamen Geschlechtsverbindungen . . . ist die menschlich veredelte Gestalt der Geschlechtserregung, deren Steigerung sich als leidenschaftliche Liebe kundgibt, in ihrer Doppelseitigkeit die beste Bürgschaft für die auch in ihrem Ergebniß zuträgliche Verbindung . . . . es ist nur eine Wirkung zweiter Ordnung, daß aus einer an sich harmonischen Beziehung auch ein Erzeugniß von zusammenstimmendem Gepräge hervorgehe. Hieraus folgt wiederum, daß jeder Zwang schädlich wirken muß" u. s. w. Und hiermit erledigt sich Alles aufs Schönste in der schönsten der Sozialitäten. Klumpfuß und Buckelchen lieben einander leidenschaftlich, und bieten daher auch in ihrer Doppelseitigkeit die beste Bürgschaft für eine harmonische „Wirkung zweiter Ordnung", es geht wie im Roman, sie lieben sich, sie kriegen sich, und all die tiefere und strengere Moralität verläuft wie gewöhnlich in harmonischen Larifari.

Welche noblen Vorstellungen Herr Dühring überhaupt vom weiblichen Geschlecht hat, ergibt sich aus folgender Anklage gegen die heutige Gesellschaft: „Die Prostitution gilt in der auf Verkauf des Menschen an den Menschen gegründeten Unterdrückungsgesellschaft als selbstverständliche Ergänzung der Zwangsehe zu Gunsten der Männer, und es ist eine der begreiflichsten, aber auch bedeutungsvollsten Thatsachen, daß es etwas Aehnliches für die Frauen nicht geben kann." Den Dank, der Herrn Dühring für dies Kompliment von Seiten der Frauen zu Theil werden dürfte, möchte ich nicht um Alles in der Welt einheimsen. Sollte indeß Herrn Dühring die nicht mehr ganz ungewöhnliche Einkünfteart der Schürzenstipendien gänzlich unbekannt sein? Und Herr Dühring ist doch selbst Referendar gewesen, und wohnt in Berlin, wo doch schon zu meiner Zeit, vor sechsunddreißig Jahren, um von den Lieutenants nicht zu reden, Referendarius sich oft genug reimte auf Schürzenstipendiarius!

Man gestatte uns, von unserm Gegenstand, der sicher oft trocken und trist genug war, in versöhnend-heiterer Weise Abschied zu nehmen. So lange wir die einzelnen Fragepunkte abzuhandeln hatten, war das Urtheil gebunden durch die objektiven, unbestreitbaren Thatsachen; es mußte nach diesen Thatsachen oft genug scharf und selbst hart ausfallen. Jetzt, wo Philosophie, Oekonomie und Sozialität hinter uns liegen, wo das Gesammtbild des Schriftstellers vor uns steht, den wir im Einzelnen zu beurtheilen hatten, jetzt können menschliche Rücksichten in den Vordergrund treten; jetzt wird es uns gestattet, manche sonst unbegreifliche wissenschaftliche Abirrungen und Ueberhebungen zurückzuführen auf persönliche Ursachen, und unser Gesammturtheil über Herrn Dühring zusammenzufassen in den Worten: U n z u r e c h n u n g s f ä h i g k e i t   a u s   G r ö ß e n w a h n.

Sinnentstellende Druckfehler.

Seite 10 Zeile 17 von oben lies: geht auf **in** die positive u. s. w.
„ 10 „ 24 „ „ „ 1831.
„ 18 „ 10 „ unten, das Komma nach: „Wissenschaften" zu streichen.
„ 34 „ 18 von oben, lies: auf einen von Kant u. s. w.
„ 39 „ 1 „ unten „ nun aber das u. s. w.
„ 41 „ 5 „ „ „ hülflosen Verirrung u. s. w.
„ 49 „ 8 „ oben „ größere Wärmemenge u. s. w.
„ 56 „ 3 „ „ „ Herrn Dühring selbst, der u. s. w.
„ 71 „ 4 „ „ „ werden wir diesmal u. s. w.
„ 90 „ 7 „ „ „ Tatarenstamm.
„ 97 „ 9 „ „ „ Fachstudium.
„ 112 „ 6 „ „ „ $A^{1/2}$.
„ 112 „ 12 „ „ „ $\sqrt{-1}$ (ebenso Z. 15 v. oben)
„ 126 „ 4 „ „ „ bedeutendsten Theil.
„ 126 „ 19 „ „ „ dieselben Krämpfe.
„ 136 „ 12 „ „ „ der seichteste Abklatsch.
„ 136 „ 14 „ „ „ und getrübt wird.
„ 139 „ 4 „ „ „ Kapitalisten.
„ 143 „ 1 von unten „ Staats, der Gewalt.
„ 158 „ 4 „ „ „ hängen vor allem **ab** von der u. s. w.
„ 162 „ 11 von oben, „ von selbst unter u. s. w.
„ 164 „ 8 „ „ „ Grundsätzen.
„ 165 „ 15 von unten, „ „politische" vor: „Ursache" zu streichen.
„ 197 „ 3 „ „ „ der Verkäufer sie u. s. w.
„ 227 „ 16 von oben, „ etwas Unerhörtes.
„ 270 „ 3 von unten, „ deutscher Industrieller.
„ 271 „ 18 „ „ „ Ihre geschichtlichen u. s. w.
„ 299 „ 6 von oben, „ in den Privatprodukten.
„ 299 „ 22 von oben, „ Werthform der Produkte.
„ 313 „ 20 „ „ „ Moment darum, die Menschenbildung u. s. w.